聖經研究叢書

列王紀
神學註釋

利法特 著
李金好 譯

▼

聖經研究叢書

列王紀神學註釋

1 & 2 Kings

作者
利法特 Peter Leithart

譯者
李金好

責任編輯
林諾欣、梁冠霆

裝幀設計
奇文雲海 · 設計顧問

■

出版／發行
基道出版社
香港沙田火炭坳背灣街26號富騰工業中心1011室
LOGOS PUBLISHERS
Unit 1011, Fo Tan Ind. Centre, 26 Au Pui Wan St., Shatin, Hong Kong
電話：(852) 2687-0331 傳真：(852) 2687-0281
網址：http://www.logos.com.hk

承印
海洋印務有限公司

●

3/2011 初版
Cat. No. LP177
ISBN: 978-962-457-413-5

刷次	10	9	8	7	6	5	4	3	2	1
年份	2020	2019	2018	2017	2016	2015	2014	2013	2012	2011

神學註釋系列總序

基督教是個閱讀、講解新舊約聖經的宗教。閱讀和講解新舊約聖經是跟三一上帝相交，建立和更新信徒及信仰羣體的生命，更深的愛上帝也彼此相愛。這是閱讀和講解聖經的目的。因此，我們要進一步提問：怎樣閱讀和講解聖經，才能有益我們這羣走天路歷程的信徒呢？

我們提出這樣的問題，是因為今天經過現代的歷史鑑別方法的洗禮之後，聖經首先是古代歷史文獻，因此在閱讀和解釋聖經的時候，不免逐漸首先注意歷史的文化和處境，而忽略神學的關注的優先性。以歷史鑑別方法寫成的釋經書著重歷史意義的重尋、重溯，如語言、文體、社羣生活、意識形態，神學是歷史地解釋聖經後而有的成果。這是現代釋經學者通行做法。

相對來說，前現代的釋經著作，則以神學為首出。聖經被視為三一上帝賜給基督信仰羣體的禮物，用以塑造、養育、教化信徒忠於三一上帝地生活、敬拜。反過來，信徒忠於三一上帝地生活、敬拜，也塑造、養育、教化他們對聖經的閱讀和解釋。這是一種解釋的螺旋。在這種解釋的螺旋之中，神學是首要的；神學地解釋聖經，這是因為聖經乃三一上帝向我們所發出的話語。是以，神學更多時候是一種釋經的方式，而非釋經的結果。

過度著重歷史鑑別的聖經解釋方法，陷進的危機是從文本轉移到文本所處的古代世界，以為文本是一扇窗戶，要看的是窗戶外面的風景世界。結果，我們忽略文本自身的世界，不再注意文本呈現的故事——一個上帝在世與人相交充滿恩情也反覆被背叛離棄的故事。我們不再活在這樣的故事之中，生命與踐行不再被其塑造、養育、教化。

歷史鑑別的釋經方法，把前現代在解釋聖經時所具有的神學的、教會的關懷，從歷史研究的關懷中分別了出來，高抬歷史研究的方法以尋找真實的世界，而排斥及貶低神學及教會所關心的聖經文本世界。許多聖經學者從此只問歷史研究的方法，而不再理會自身的認信傳統，甚至致力把後者壓抑及清除，而以為這樣的解釋聖經，才最準確，最能接近實在，卻不知道他們愈來愈遠離聖經文本的世界。

上世紀最後十年開始興起的神學的解釋（theological interpretation），是在一種轉變的氛圍底下出現的。簡單地說，相對於歷史鑑別方法所處身的現代場境，神學的解釋所處身的就是後現代場境，這場境使得歷史鑑別方法不再惟我獨尊，並且讓出空間和可能性，叫神學解釋的策略浮現。在這裏要指出的是，這兩種解釋聖經的方法，其實底子是一樣的，都是透過鏡片、通孔來進行的，只是鏡片有別、通孔不一而已。

然而，如果新舊約聖經首先是教會這個信仰羣體閱讀和講解的文本，那麼我們就需要踐行神學地閱讀和講解聖經，並且賦予這種方法首要性。可是，這也不是完全否定、排斥歷史鑑別的釋經方法。只是，其中的涵意乃在於解釋聖經首先是教會所踐行的責任，而不能完全讓位於學術圈子。信仰羣體的生活和敬拜不能全然假手於學術的聖經研究，卻是這個羣體自身的不可推卸的責任，她依據自身的神學傳統來閱讀和講解聖經，以塑造她自己的身分，養育和教化其生命。

我們需要重新學習神學地解釋聖經，因為我們繼承的主要是現代的釋經方法，對前現代的不甚了了，或錯誤地了解也錯誤地使用。我們需要重新學習透過閱讀和講解聖經的文本世界，來理解和安排外面的世界，而非倒轉過來，使用外面的世界來理解聖經的文本世界。如果我們持守唯獨聖經，那麼我們就要逆轉這兩個互有分別的世界，採取聖經所塑造的神學傳統來對聖經進行神學的解釋。

神學的解釋跟歷史的鑑別方法同樣是多元的，卻各自為自己的不同前設所指引和規限。舉個例子來說，初期教會愛任紐（Irenaeus）就以他稱之為使徒信仰（apostolic faith）的信仰規條／準則（Rule of Faith），來解釋聖經。教會的信仰規條／準則是一個框架，以耶穌基督死亡和復活為焦點來架構整個三一上帝的諸種經世活動，而成一融貫的撮要敍述。前現代的教會就在這個框架之內解釋不同的經卷，並且發展出不同的神學解釋方法。

後現代的信仰羣體在經歷了現代性的洗禮之後，它要在斷裂中再度接上傳統，就得重新學習。只是，這不能簡單地直接地回到前現代，不能簡單地否定歷史鑑別的釋經方法，卻要恰當地挪用其研究成果。換句話說，在後現代的情境中實踐神學解釋，並非易事；我們對此不但陌生，更沒有經驗如何整合歷史鑑別的方法，使之成為神學的解釋的一個環節。但是，教會需要這樣閱讀和講解聖經，因為這樣才是忠於三一上帝對聖經所作的定性，才能有益於信仰羣體自身之塑造、養育、教化。

延伸閱讀

1. Fowl, Stephen E. *Theological Interpretation of Scripture*. Eugene: Cascada Books, 2009.
2. Treier, Daniel J. *Introducing Theological Interpretation of Scripture: Recovering a Christian Practice*. Grand Rapids: Baker Academic, 2009。中譯：特雷耶：《聖經的神學詮釋》。紀榮智譯。香港：天道，2010。

進深閱讀

1. Fowl, Stephen E., ed. *The Theological Interpretation of Scripture*. Oxford/Malden: Blackwell, 1997.
2. Fowl, Stephen E. *Engaging Scripture: A Model for Theological Interpretation*. Oxford/Malden: Blackwell, 1998.

註釋系列

1. Brazos Theological Commentary on the Bible.
2. The Two Horizons New / Old Testament Commentary.

鄧紹光
香港浸信會神學院
基督教思想（神學與文化）教授
二〇一一年一月一日

曾序

在這個充滿懷疑論和宗派主義的時代，聖經一直為人所利用、濫用及批評，嚴重得幾乎無可挽救。大部分批判性的註釋書一方面聚焦於不重要的文法細節，一方面提供能以增進對經文的理解的最新和最重要的學術研究。若干註釋書有那麼明顯的宗派味道，甚至所呈現的經文風格，跟原來的色彩迥然不同。由這所有的註釋書所產生的問題，是來自（有時候是偏狹的）宗派傳統與聖經的學術研究之間的張力。聖經研究不一定需要這樣緊張。

近年來，人們嘗試去追溯教會的聖經解讀的歷史根源，美國校園出版社（Intervarsity Press）的「古代基督教聖經註釋系列」（Ancient Christian Commentary on Scripture），是可喜而相當需要的第一步。這個受大眾喜愛又易懂的系列，已由台灣校園書房（Campus Evangelical Fellowship）翻譯成中文，這種令人欽佩的努力是相當需要的。可是這還不夠。這系列同樣容易被一些持有特定議程的經評家所濫用。有的把它當作是資料或詮釋的模範來讀，不明白「為甚麼」教父們會這樣或那樣解讀聖經。很多現代讀者不理解教父們及其眾多對手所處的希羅背景，整個修辭過程完全被忽略掉，以致這樣寶貴的一件工具被現代人不加鑑別地使用，帶來無益的效果。

對聖經研究的一般概念究竟有甚麼問題？在晚上團契平常的查經聚會裏，我們經常聽見這樣的話：「但是聖經說……」可是，聖經「真的」說話嗎？我們怎麼知道？有人認為，批判工具可以帶來更好的主意。這一切問題都是由一個問題產生的，就是幼稚地解釋唯獨聖經的教義。一般的理解是，改教者所主張的唯獨聖經實際上是指基督教信仰只需要聖經(或我們解讀聖經的方式)來建構教義，這相當於提供大量的支持經文。很多新教徒由於無端害怕落入羅馬天主教的錯誤中，就把我們的傳統連宗教一起拋棄了，結果是一種詮釋上的相對主義，這樣的相對主義既不理性，又不健康。這可不是改教者的觀念。我們只需要隨便翻翻加爾文(John Calvin)的《基督教要義》(*Institutes of Christian Religion*)，就可看到其中提到各個教父和各種傳統：特土良(Tertullian)、屈梭多模(Chrysostom)、安波羅修(Ambrose)、耶柔米(Jerome)、奧古斯丁(Augustine)等。換句話說，改教者常常是與他們的傳統對話的，即使在他們解經之時，也是如此。這些人也就是主張唯獨聖經的那羣人。他們這樣做的時候，是一面與他們的傳統有批判性的交流，一面解經的。

快進到今天，歷史是偉大的老師，觀乎現今的情況，我們需要一系列回歸到改教傳統而不黏附著這個或那個宗派的關注的註釋書。這系列的註釋書不但應當強力地、並且批判性地與經文互動(像聖經研究學者們通常所作的)，而且也應當在教會傳統中與經文互動。「布拉索斯神學註釋系列」(Brazos Theological Commentary Series)填補了這空白。

這套叢書把聖經看作是一幅有關上帝真理的更大拼圖的一部分。它沒有單獨行事，撇除那讓我們有今天的教會的堅固傳統。就最基本的層次來說，這套註釋書是基督教的，又是大公的。它是基督教的，因它的基本認信是〈尼西亞信經〉；它又是大公的，因為無論是新教或羅馬天主教，都贊同這份信經。它把廣泛隸屬不同神學傳統的人聚合起來，組成一個學者羣來解讀聖經；這學者羣一方面敏鋭地意識到「我們過去所到的地方」，一方面堅定地活在眼前。由於這一種努力，這套叢書的作者不僅僅是解經，以現代方法來處理古代文本，而他們也走過教父們所走的路（他們完全知道這些教父的背景和限制）。最後的製成品是一種神學詮釋，這種神學詮釋不受宗派教條所限，令人驚訝，同時也尊重聖經的語境。

這本註釋書特別令人高興的一個優點是，它的格式方便用家。逐個部分來解釋聖經是向來頗有用的一種格式。即使就現代平信徒的水平來説，其內容也不難明白。明顯，不同的註釋書作者作出頗為多樣化的詮釋，這就是詮釋和傳統多元化的美妙之處。我們不一定要贊同每一種詮釋或每一個詮釋者，但我們肯定可以問，他們為甚麼和如何有這個想法，而不是全盤拒絕或全盤接受它。

這系列註釋書在多方面挽救了許多人對教會傳統或教義學作為詮釋工具的信心。在現實裏，我們總是通過我們本身的傳統來作出詮釋的，或是通過宗派，或是通過我們自身的經驗。困難是，我們是否意識到那個傳統，並且批判性地使我們自身的傳統與之銜接。也許銜接傳統的最佳地方是與「其他」傳統銜接。「布拉索斯神學註釋系列」已成功做到這一點，它在尊重教會傳統及尊重聖經文本之間取得健康的平衡，它將會填補在神學、教會歷史與聖經研究之間相當需要的空白。

曾思瀚
香港浸信會神學院
新約副教授
二〇一〇年將臨節

蔡序

現代聖經研究的起點一般追溯到德國神學家加布勒（Johann Philipp Gabler）於一七八七年在瑞士的阿爾杜夫大學（University of Altdorf），以拉丁文發表他的就職演辭，那題目是："Oratio de justo discrimine theologiae biblicae et dogmaticae"（〈關於正確區別聖經神學和教義神學〉）。當中加布勒明言，聖經神學應該被納入歷史研究的範圍，讓人可以按照研究歷史的方法來回復聖經原來的面貌，並強調我們對聖經的解釋不應受到傳統教義的影響，從而找出聖經作者於這些古代文本中的原意。這篇演辭發表於法國大革命的前夕，可說為現代聖經研究掀起一場旗幟鮮明的革命，亦因此出現了聖經鑑別學（biblical criticism）。在過去二百多年來，不同的聖經鑑別學因著其徹底科學化和歷史性的進路，大大增進我們對聖經的了解。加布勒與及其後的現代聖經學者，其出發點是很明顯的：有誰希望見到自己苦心經營的聖經解釋，竟然不過是一廂情願的夫子自道，或將傳統教義投射進經文的陳腔濫調。事實上，「釋經」一詞在英文是"*exegesis*"（"to lead out"），而用作指「將自己意思讀進經文」的"*eisegesis*"("to lead into"),一般都含有貶義。

然而,愈來愈多人對聖經歷史鑑別表示不滿。一方面批評這些做法將聖經變成一份歷史文獻,而聖經研究只是少數學者才懂的象牙塔式討論;另方面,不論是來源、形式,以至編輯鑑別的學者,他們往往將一大段經文切割成無數段落,進一步肢解成一些被視為毫無關係的碎片。經過這些步驟,我們手上的聖經變成幾乎不能讀得明白的大雜燴,一段經文可能辨別出三、四個編輯的層次(redaction layers)!例如,沃爾夫(Hans Walter Wolff)在其阿摩司書註釋中,便將全卷阿摩司書分成六個編輯階段;傅梅倫(J. Vermeylen)則視以賽亞書一至三十五章為以色列人五百年來宗教經驗的總結。

耶魯大學(Yale University)的舊約教授蔡爾滋(Brevard S. Childs),本來是一位持守聖經鑑別的學者,但自上世紀六十年代開始,他孜孜不倦發表許多文章、書刊,以至釋經書,重新思考聖經鑑別這些解釋聖經的標準方法。蔡爾滋認為,決定一整段經文意義的,並不在於原來不同階段的作者,而是在於整理聖經書卷的匿名編者。故此,聖經研究的出發點並非那些假設性的底本,或經由科學方法分離出來的片斷殘篇,而是經歷正典化定型的最後文本(final text),即我們手上聖經的形式,這個文本亦是後世信徒解釋上帝話語的根據。所謂正典進路(canonical approach),正是要從信仰羣體於訂定正典書卷整體的神學來解釋每一段經文。故此,不論猶太羣體或基督教會,皆從他們信仰立場出發來解釋聖經,所得出的結果造就歷世歷代的信徒,而信徒的信仰經驗又豐富了我們對聖經的解釋,二者的往返回饋形成一個解釋的循環(hermeneutical circle),缺少任何一方均不能稱為一個完整的解釋過程。

自上世紀九十年代興起的神學詮釋,說穿了便是依循教會歷代所形成的大公神學傳統來解釋聖經,而這種大公傳統的神學是以聖經權威和信徒信仰經驗作為依據的。開始時，一些教義神學家不滿他們被排拒於聖經研究的門外，他們對聖經解釋無從置喙，但他們是神學工作者，也是教會的牧者，需要每週在講壇上宣講上帝的話語。聖經學者過去以一種近乎霸權式的態度來壟斷聖經的解釋，這個現象因著神學詮釋的出現而得以扭轉。

神學詮釋，一個既古老復嶄新的閱讀聖經的方法，是上帝在二十一世紀給祂子民一份最好的禮物，教導信徒懷著敬虔的心重新閱讀上帝的話語，藉以滋潤萬千枯竭的心靈。

蔡定邦
信義宗神學院
舊約副教授
二〇一一年三月一日

鳴謝

按其本質而論，註釋書是外加的諸文本（extratexts），它們很倚重其對所評論的經文所賦予的意義，但這本註釋書卻冒著一個危險，就是它經臨牀診斷為是和經文有著相互倚賴的關係。讀者若不熟悉列王紀的輪廓，本書對他們來說就近乎是不可理解的；也許，惟有當讀者捧著打開了的聖經在面前，並願意不時停下來，細讀所引述所討論的經文時，這本書才顯出它的意義。這還不止，本書的焦點狹窄，狹窄得過分而說不過去。我只偶爾地處理歷代志與列王紀的對觀問題（synoptic problem）；我也只在幾處順帶提到列王紀內部的年代問題，又或比較複雜的，協調列王紀的資料與聖經以外的資料的問題；我略過了許多經文，內中包括不少吸引人和造就人的細節。這一切都是說：誰要是沒有聖經在手而看這本書，他就很可能會迷失；誰要是在沒有其他註釋書的協助之下而使用本書，他就很可能只獲得對列王紀一個極其狹窄的觀點。那些分布在本書各章的註釋，以及在書末的參考書目，都提醒讀者要進行我認為是最受益的補充閱讀，我亦鼓勵讀者要善加運用這些作品。

就連那些我選擇了去處理的議題，我也曉得自己是處理得多麼
的不足和不完全。要說的話，疏忽之處和弱點都有許多，但我在此
只提幾個例子，以說明最多漏洞的問題在哪裏：我把所羅門的統治
當作是一篇獨立的敍事文來處理，使之與整卷列王紀割裂；我**曉得**
列王紀上三章 15 至 28 節中所發生的事，乃是過於我所能領悟的；
有關聖殿的議題是那麼的複雜和引人入勝，這遠超過我所擁有的篇
幅和才能所能表達的；我未能為亞蘭在以色列歷史中的意義給予一
個公道的處理；對我來說，以利亞和以利沙在很多方面仍是難解的
14 謎團；我把猶大國的後期歷史處理得遠較我所喜歡的膚淺；諸如此
類。除了對這卷書還有許多其他不解的地方以外，我也不能裝作徹
底理解整卷列王紀是如何配合整體的聖經正典，特別是它在耶穌的
故事中所扮演的不可或缺的角色——而耶穌的故事正是聖經最重
要的故事。然而，聖經的啟示來自一位無限的上帝，祂的深處是我
們永不能測度的，如果我至少能讓讀者意識到那個我無法探究的奧
妙的話，本書也就能在造就基督的教會上有若干的貢獻了。

有許多人促成了本書的寫成，我要向他們表示謝意。我首先感謝仁奴（Rusty Reno），讓我有此榮幸，得以被邀為本系列（編按：即「布拉索斯神學註釋叢書」〔Brazos Theological Commentary on the Bible〕）撰寫一冊。我又感謝他迫使我續寫一份我天真地希望是已經寫好了的文稿，並為我的初稿提供了誠實和有益的反饋意見。活茲（Michael Root）也曾給予我鼓勵，並為本書的初稿提供編輯上的指引。我也感謝克拉普（Rodney Clapp）、庫柏（Rebecca Cooper），以及布拉索斯出版社（Brazos）的編輯部同工，給予本書在風格和實質上的改良。在研究工作上，我感謝史密夫（Nate Smith）和塞飛利（Michael Saville），他們曾是聖路易市（Saint Louis）聖約神學院（Covenant Seminary）的學生，幫助我查找和影印文章。我還要感謝安盧（Tim Enloe），沒有他的協助，我就決不

能按時把稿子完成，他把我草擬的初稿，轉換成一份符合出版社格式要求的文稿。還有蔡爾殊（Vicki Church），她幫助我製作了一份修訂好的稿子。

我有兩次機會在聖經視野（Biblical Horizons）夏季研討會中教導列王紀，我想感謝聖經視野的總監喬丹（James B. Jordan），為著他所給我的這些機會，並為著他不斷給我啟迪（如他往常一樣）而感謝他。我在數年前開始深入研究列王紀，當時我正在由愛達荷州莫斯科（Moscow, Idaho）的基督教會（Christ Church）所主辦的主日學課上教導列王紀。我要向基督教會的威爾遜牧師（Pastor Douglas Wilson）、眾位長老和忠心出席該課程的學生表達謝意。我也有一年多的時間在三一改革宗教會（Trinity Reformed Church）講道，以列王紀為題材。我感謝布拉奇（Patch Blakey）和舒里特（Chris Schlect）兩位長老，以及三一改革宗教會的會眾，因他們容許我講道並加以鼓勵。我間中（經常？）會因為最後期限逼近而拼命搏殺，我的家人如常地表現出一種近乎屈尊的寬容態度，我對他們表示感激，特別是對內人諾爾（Noel）的感激；在將近四分之一個世紀的年日裏，她的勇氣和堅毅令我對她肅然起敬。

最後，我十分感謝比設小組（Pesher Group）的組員——阿佩爾（Joshua Appel）、約殊．戴維斯（Josh Davis）、森普特（Toby Sumpter）、赫肯（Brent Harken）和來斯（Peter Roise），他們在過往幾年裏，對列王紀有富啟發性的討論。他們比我更明白，這本註釋書是多麼應該歸功於他們的亮光和建議。那些星期四的下午，我們坐在尊美餅店（Zume Bakery）對開、友誼廣場（Friendship Square）的邊緣上，在下午的陽光裏啜著咖啡，而眼前則是打開了的列王紀。這些情景教我強烈地預嘗到我所期待著要認識的終末性的榮耀。肯定地說，新的大地將會像那樣的情景，只是將來的咖啡要好上無限倍。我不能在每一點上提及他們的功勞，藉以報答他們給我的幫助，故此，我以感激和愛，把這本書獻給他們。

我在二〇〇五年十月三十一日的宗教改革紀念日，完成了本書的初稿，那完全是一份天賜的禮物。據我理解，列王紀不但印證了改教者的宣言（恩典全然是賞賜），以及他們嚴格的要求（要全然忠於三一上帝）；而且它也提醒了我們那不幸的分裂，這分裂是那麼早和那麼深刻地削弱了宗教改革運動的力量。本書（連導論在內）以四十章的篇幅結束，這也可算是如有神旨的「巧合」，但這也是令人喜悅的天意。這樣的結構，將會令基督徒讀者想起大齋期的四十天，在其中，教會走過悔改的曠野，朝著復活節的應許之地進發。列王紀講述一段分裂與被逐的歷史，一段忽略並濫用聖殿而最終導致聖殿被毀的歷史，一段關於十字架和墳墓的歷史。雖有光輝燦爛的時刻，但總體來說，這故事大抵上是大齋期的故事，是以色列受苦和疏隔的故事，它正代表著新以色列的受難，以及新以色列所期待已久的復興。

寫於毗努伊勒堂（Peniel Hall）

二〇〇五年聖誕

目錄

導論
列王紀作為福音書

列王紀上及下組成一篇連貫的敘事文，以及單一的一卷書，基督徒一般將其視之為歷史書。而自從諾夫（Martin Noth）在一九四〇年代發表他的著作以來，很多學者都假定了列王紀是一篇較長的敘事文的結語；這篇較長的敘事文稱為「申命記歷史」（Deuteronomistic History），它涵蓋了申命記、約書亞記、士師記、撒母耳記和列王紀。[1] 把這些書卷歸類為歷史，其根本理由很明顯，因為作者對年代排列有興趣，他又著力記述以色列的君主制度，並注意以色列與各個外邦民族的關係。

雖然如此，並非所有讀者都認為，列王紀主要是有關歷史的書卷。猶太人久已把列王紀歸入前先知書一類，這個看法雖然比典型的基督教看法較難明白，但就該書的內容而論，倒是一個合宜的看法。列王紀是具有先知性的，它明顯把注意力集中在耶和華〔譯按：原書作 Yahweh，本書譯作「耶和華」〕的眾先知其言行上。所羅門登上大衛的王位，拿單是幕後策劃人（王上一 5～53）；亞希雅先知向耶羅波安一世透露，他已被揀選去統領十個支派（十一

26～40）；在有關耶羅波安的統治的紀錄中，插入了一大段關於
先知的敘事文（十三1～32）；米該雅預言亞哈陣亡（二十二5～
28）；以賽亞在希西家統治期間是個突出的人物（王下十八～二十
18 章）；當約西亞王的祭司希勒家在聖殿裏發現律法書之後，他諮詢
女先知戶勒大（王下二十二14～20）。較次要的先知散布全書（王上十二21～24，十六1，二十35～43；王下九4，十四25）。書中也重複提及了先知羣，有真先知（王上十八3～4，二十35；王下二3～7，四1、38）和假先知（王上十八19～20，二十二6、12；王下三13）。據我計算，所提過名字的男女先知共有十個：拿單、示瑪雅、亞希雅、耶戶、以利亞、米該雅、以利沙、約拿、以賽亞及戶勒大。列王紀的結構安排，加強了這個先知性的重點。該書的開頭，用了共十一章的篇幅來記述一個王——所羅門——可是，該書接下去只是蜻蜓點水式地記載諸王幾十年的事迹，每個王所佔的篇幅不多於一章；直至我們來到暗利王朝，作者才把列王紀的整個中心部分，用來記錄暗利王朝（王上十六21～王下十一20）。在這些章節中，諸王退到故事的背景裏，因以利亞和以利沙兩位先知，佔據了舞台的中央。

朝代與王國的興衰，取決於諸王如何對待先知，以及他們對先知的預言有甚麼反應。耶和華借助耶戶來摧毀亞哈全家，為報應後者殺害先知的仇（王下九7）；以色列和猶大的覆亡，是因他們拒絕聽從耶和華先知們的聲音（十七13、23）。同樣重要的是，先知的預言模造了各國的命途；這一點，由敘事者（narrator）藉著重複指出先知所預言的事件得到實現而帶出來的（王上十四18，十五29，十六12、34，二十二38；王下一17，九26，十17，十四25，二十三16，二十四2）。對於那些信任和尊敬先知的人來說，耶和華的話是賜生命和健康的話語（王上十七5、15～16；王下二22，四44，五14，七16，八2），而那些棄絕先知的人，就要面

對祂的憤怒。

從一種較特殊的意義來看，列王紀也是具有先知性的。據高文（Donald E. Gowan）所見（Gowan 1998），向古以色列傳話的先知們，並不是傳講一套有關道德改革的律法主義的信息，而是傳講一個有關信靠那使死人復活的上帝的福音性信息。打從人類在伊甸園的初期起，罪的詛咒便是「你必定死」；就是到了耶和華在西奈山上和以色列人立約之後，這個詛咒還是沒有離開以色列。先知的信息不是「以色列犯了罪，所以，以色列需要接受應得的懲罰，不然的話，它就要死」，而是「以色列犯了罪，所以，以色列必定要死，而它惟一的盼望，就是把自己交託給上帝，祂在死亡的那一端會賦予它新的生命」；或甚至是，「以色列犯了罪，以色列是已經死了，它要緊緊依靠著那使死人復活的上帝」。這正是列王紀的先知性信息；它有系統地拆除以色列對一切事物的信靠，勸以色列只要信靠上帝那全能的憐憫和忍耐。

譬如說，列王紀上開頭的幾章，突出了所羅門的智慧。智慧是所羅門王最超卓的美德（王上三 3 ～ 14；箴四 7 ～ 9，八 1 ～ 11），但他的智慧，並沒有防止他不落入持續的偶像崇拜中，這導致大衞的國度分裂和縮小了（參列王紀上十一章 1 至 43 節及十二章 1 至 24 節的註釋）。在所羅門之後，列王紀再沒有提到智慧。「智慧的」（wise）和「智慧」（wisdom）這兩個詞語，在列王紀上一至十一章
出現了共二十一次，但之後的經文就再沒有出現了，而以色列或猶 19
大國，亦再沒有一個哲王（philosopher-king）——一個坐王位的智者。書卷開頭所極力讚揚的王者智慧並不能救人，這顯示了以色列對復興（restoration）、祝福和生命的盼望，並不在於人的智慧，儘管它可以是那麼的高超。

因此，把列王紀當作是智慧文學來讀，可以使我們獲益良多，雖然這是個頗違反直覺的方式。箴言描述智慧是通往生命和繁榮的

道路：箴言對那些效忠於智慧婦人（Lady Wisdom）的人說，他們將得到隨她而來的「豐富尊榮」和「恆久的財並公義」（箴八 18）。據箴言所記，世上有穩定的規律，有一位公義的上帝監察著道德的因果律，祂賞賜那些敬畏祂的人。不過，雖然如此，舊約的智慧文學有不少是告訴我們一個表面上看來是相反的信息。約伯在他一切的行徑上都是無可指摘的，但他受盡了使他極其苦惱的虧損，以致他下結論說，耶和華離棄了他。而傳道書就反覆出現一個信息，似乎是直接向箴言挑戰。這信息就是：智慧人和愚昧人都正在步向墳墓（傳二 14～16）。箴言和傳道書兩者並沒有衝突，它們表現了聖經中的智慧觀的兩極：如果說，箴言教導我們，耶和華是按著道德律操作的話，那麼，傳道書就教導我們，這條規律一如耶和華自己那樣，是在我們所能理解的範圍之外的；那結果就是，我們經驗到的世界就如「霧氣」（vapor，הבל；這字經常被誤譯為「空虛」〔vanity〕），當我們致力要理解它或控制它的時候，它就溜走了。

我們可以把列王紀看作是對箴言的觀點加以歷史的認可（endorsement）。優秀和忠心的王，獲得難以置信的財富和名聲（所羅門），並神蹟性地從敵人手中被解救出來（希西家；王下十八～十九章）。而差勁的王，則以先知刺痛的責備來支撐自己，在戰場上意外陣亡（王上二十二 34～36），而且被野狗和到處覓食的飛鳥所吞吃（十四 11；王下九 36～37）。儘管對惡人的審判無疑是列王紀的一個重要主題，但全篇敘事文的整體效果則是相反的，是較接近傳道書，而不較接近箴言。壞的王跟正直的王獲得解救的頻率是一樣的：亞哈在被亞蘭人的箭「偶然」射中之前，兩次打敗亞蘭人（王上二十章），而亞哈的兒子也曾兩次打敗亞蘭人（王下六～七章）。以色列的惡王約阿施擊潰了正直的猶大王亞瑪謝（十四 8～14），而在約哈斯和同樣邪惡的耶羅波安二世作王期間，耶和華也帶領以色列勝過亞蘭（十三 22～25，十四 23～27）。列王紀——

特別是列王紀上一至十一章——所敍述的君王智慧，其作用是有限的，但就全書來説，列王紀展示了傳道書的智慧；這種智慧發現，歷史是難以捉摸、深不可測，以及不受控制的。因此，就著列王紀對「智慧」的處理來説，列王紀乃是先知文學，它表明了一點：智慧雖然重要，但在保證以色列的健康和得救上，最終它是徒勞無益的。

列王紀的先知性特點，在它對摩西律法（Mosaic Torah）的處理
上，也是很明顯的。申命記十七章18至20節訂明，以色列的王
要「平生」存放一本律法書在他面前，而約書亞記一章8節就保證，
如果約書亞「謹守遵行」律法書上「所寫的一切話」，就可以征服敵 20
人、亨通順利。特別是，如果我們把列王紀當作是申命記歷史的一部分來讀的話，我們會預期，它的王是響應於律法的。可是，列王紀所記載惟一和律法有牽連的王就是約西亞；當聖經向我們肯定他是盡心盡力地守律法（王下二十三25）之後不久，我們就得知，耶和華依然有意滅猶大國：「然而，耶和華向猶大所發猛烈的怒氣仍不止息」（二十三26）。在以色列由君主統治的整段歷史中，律法被忽略，遭人遺忘，並且當它最後被重新重視的一刻來到之時，即使是可以想像到的最徹底的順服，也還是無濟於事。以色列一旦犯罪，智慧仍救不了以色列和猶大；對律法的順服也是一樣。這詛咒對南國和北國依然有效力：「你必定死。」

列王紀上八章是全書具關鍵性的一章，這章紀錄了在耶路撒冷的所羅門聖殿的獻殿禮。這聖殿不但對耶路撒冷的日常生活和以色列的禮儀生活來説是重要的附加物，對耶和華與祂的子民的約的協定來説亦然。據所羅門斷定，聖殿是以色列落入審判之時的避難所。正如列王紀上八章1至66節的詮釋所詳述的，所羅門提到不少申命記二十八章所列出的約的詛咒，並請求耶和華介入——當以色列以禱告轉向聖殿的時候，要救他們脱離詛咒。所羅門聖殿所

起的作用，是作為耶和華和祂百姓的中介，而耶和華的反應是，承諾祂的眼睛和祂的心會在聖殿裏看顧他們並作出回應（王上九 3）。可是，到列王紀上九章以後，聖殿從視線上消失了，它淪為金銀的來源，讓大衛家的君王，得以繳付罰款給犯境的外邦人（十五 18）。所羅門聖殿是年幼的約阿施王子的避難所，他後來修理聖殿的破壞之處（王下十一～十二章）。可是沒有一個大衛家的君王，曾在聖殿裏或面向聖殿禱告，直到希西家遇到亞述的威嚇，情況才有所改變（十九 1）。接續的一代，希西家的兒子瑪拿西卻污穢了聖殿，比猶大國任何一個王更甚；他在聖殿的範圍內，豎立亞舍拉柱像。經過一段聖殿屢次被忽略和妄用的歷史後，列王紀的結局是，尼布甲尼撒前來毀滅這殿（二十五 8～24）。

智慧不能救以色列免於分裂；律法不能救猶大免於被毀；代表希望的最後一個庇護所——聖殿——被一個巴比倫王拆毀和焚燒。所有叫以色列成為以色列的東西——君王與祭司、律法與聖殿——都被摧毀了。作為一篇具先知性的敍事文，列王紀清楚地表達出一點：在以色列之內，並沒有給以色列的拯救。既已毀約，以色列就要面對約的詛咒：你吃的日子，你要被驅逐離開這園子；你必定死。

然而，如果我們的考量就在這裏結束的話，那就會對列王紀、特別是就基督徒對列王紀的解讀造成不公。說到底，就基督徒的解讀來說，列王紀是具有先知性的，因為它指向、預期並預示了耶穌基督的福音，而基督徒對列王紀的解讀，必須把它視為主要是福音性的，而非歷史性的、先知性的，又或者是表現智慧的文學。

21 從多方面看，列王紀是一卷福音性的書卷。一方面，它揭示了耶穌基督的父上帝；這位上帝乃充滿堅忍、且富耐性，祂是那麼的愛世人，甚至交出祂獨生的兒子。這個看法，肯定地說，並不是人們一般對列王紀的恰當神學的看法，而且當然有許多證據，證明以色列所信奉的耶和華，是一位忌邪和會發義怒的上帝。在以色列實行君主制的初期，主早已發出警告，說以色列和猶大以他們的偶像惹動祂的怒氣（王上十四 9、15，十五 30，十六 2）。在聽見律法書上所寫的以後，約西亞知道主的憤怒是「大」的（王下二十二 13），而敍事者也搜羅希伯來文中用來描述憤怒的詞彙，以對主使猶大遭遇被擄的命運的理由，加以述詳：「耶和華向猶大所發猛烈的怒氣仍不止息」（二十三 26）。尼布甲尼撒的入侵是「由於耶和華的怒氣」而發生的（二十四 20）；那焚燒耶路撒冷的火，最終不是來自巴比倫，而是來自那本身是烈火的上帝。北國王朝一個接一個地敗落，每一個王朝的敗落，都比之前的更慘烈（王上十五 25～28，十六 8～14），這不斷失敗的歷史，在耶戶剷除亞哈家時來到高潮（王下九～十章）。耶和華差遣以利亞去啟動亞蘭人對以色列的戰爭（王上十九 15～18），亞蘭人逼得撒馬利亞的居民互相殘食（王下六 24～31），焚燒保壘，屠殺壯丁，剖開孕婦（八 12）。從表面看，列王紀似乎足以支持馬吉安派（Marcionite）的觀點：以色列的上帝是一個和耶穌的父不同的上帝；列王紀似乎顯示了一位急躁易怒的上帝，而不是福音書中富憐憫的上帝。

可事實上，列王紀作為一個整體，倒證明了馬吉安的神學是錯誤的。雖然列王紀顯示了上帝必要對不忠的以色列施行審判，但書中所顯示的上帝卻不是易怒和具報復心理的，祂不是一個容易失控而發怒的上帝。而事實恰好相反，當仔細閱讀列王紀時，我們就會看見這樣的一位上帝：祂總是比人們所要求、所想像或所應得的施予更多（王上三 10～14；王下三 17～18，四 8～17），祂具有無限的、不可思議的、叫人驚奇的忍耐。

所羅門建殿的工程完成後，耶和華就在夢中向他顯現，警告他：如果他想聖殿屹立不倒的話，他必須效忠於耶和華：「倘若你們和你們的子孫轉去不跟從我，不守我指示你們的誡命律例，去事奉敬拜別神，我就必將以色列人從我賜給他們的地上剪除，並且我為己名所分別為聖的殿也必捨棄不顧」(王上九 6～7)。所羅門後來離棄耶和華，迷戀別的神明(十一 1～8)，惹動耶和華的怒氣(十一 9)，但聖殿依然屹立。埃及的示撒把聖殿的寶物奪去，把它們帶到埃及(十四 25～28)，但聖殿依然屹立。猶大國的王一個不如一個：聖殿被忽視及遭搶掠；亞哈斯以自己所設計的祭壇代替摩西的祭壇，改變聖殿的佈置(王下十六 10～18)，但聖殿依然屹立。

至於北國，耶羅波安一世建造了金牛犢的神龕後不久，就有來
22 自猶大的一個神人責備他，這神人以祭壇裂開作為預兆，並預言大
衛家將有一個名叫約西亞的王在猶大興起，他必會毀壞耶羅波安的
祭壇(王上十三 1～5、32)。我們翻開列王紀上十四章，預期會見
到大衛家一個名叫約西亞的王，但我們遍尋不著。十年又十年，歷
史在推進，還是看不見約西亞的蹤影。到我們終於看見約西亞的
時候(王下二十二～二十三章)，我們的思維已經被編年史的細節
所充塞，因而變得麻木，我們很可能已忘記了一切有關神人所預言
的事。每一個王，除了沙龍以外(十五 13～16)，都沒有離開尼八
的兒子耶羅波安使以色列人陷在罪裏的那罪，我們還是看不見約西
亞。如果我們留心閱讀的話，就會發現，每次提到耶羅波安的金
牛犢神廟的時候(有六十次以上提到它)，都使我們想起耶和華預
言要毀滅伯特利的聖所。而每一次我們都想：祂怎麼可以任由他
們犯罪而坐視不理？耶和華**在**哪裏？地上果真有一個施行審判的上
帝嗎？

耶和華給以利亞一個使命，要他膏立三個毀滅者——亞蘭國的哈薛、以色列國的耶戶，和沙法的兒子以利沙——為要執行祂對以色列的審判(王上十九 15～18)。頭兩個人在十章經文之後才出現；與此同時，在幾次亞哈與亞蘭人的爭戰中，耶和華都幫助亞

哈獲勝（王上二十章）。雖然耶和華宣告了亞哈家最後要被毀滅的命運（二十一 17～24），但當亞哈身披麻衣，意氣消沉的時候，祂就變得寬大溫和，暫緩施予刑罰。在亞哈的兒子作王的時候，耶和華宣告要毀滅亞哈家，可是後來亞哈的兒子亞哈謝死在牀上，由亞哈的另一個兒子延續這個王朝（王下一章）。

我們從列王紀所得的印象，並不是上帝是一個小氣又容易發怒的紀律執行者。如果要說的話，不如說，列王紀的上帝是不負責任地縱容祂的子民；祂似乎並沒認識到，不用法律和秩序，是不能管治世界的。到了列王紀下二十五章，猶大被擄到巴比倫的時候，我們不是說：「啊，多麼嚴厲的一個上帝！」如果我們留心閱讀的話，我們會說的是：「時候差不多了！祂怎麼那麼遲？」列王紀的神學，其叫人不悅的地方，並不在於上帝對無辜之人發怒；其叫人不悅的地方，正是叫約拿不悅的一點 —— 上帝的憐憫、祂對脾氣暴躁和反應遲鈍的人展示了非屬地的忍耐。

耶和華的耐性在祂對待大衛王朝的表現上尤其明顯。一如馮·拉德（Gerhard von Rad）所提出的（von Rad 1953），上帝的這個承諾 —— 大衛的王朝將要在以色列永不衰落（撒下七章）—— 是列王紀的背景的一個重要部分，全書的結構也突顯了這個主題。[2] 從全書結構來看，列王紀是連篇嵌入（embedded）的敘事文，在全書層層疊疊的架構之內的各篇敘事文，全都有一個基本上相同的輪廓。「大衛—所羅門」與「暗利—亞哈」是平行的一對，而耶羅波安一世與大衛和暗利，也有著一些相同的人物細節。而且，列王紀在描述暗利王朝、撒馬利亞和耶路撒冷的衰亡上，也把它們看作是三件平行的事件（參列王紀下二十三章 31 節至二十五章 30 節的註釋）。暗利王朝以一場大屠殺和在耶路撒冷的巴力廟的滅亡作為結束（王下九～十章）；在北國敗落和被擄之後，約西亞把北國最主要的神廟，即耶羅波安在伯特利所設立的神廟拆毀了（二十三 15～20）；

然後巴比倫人來把猶大和耶路撒冷的居民擄去，並燒毀所羅門的聖殿。值得注意的是，在每一次這樣的毀壞行動之後，接下來馬上有大衛王朝的復興。亞哈家敗落，禍及大衛家，幾乎要把大衛家吞沒了（十一 1），但耶和華保存了約阿施，重新把大衛家的一個子孫安置在王位上（十一 4 ~ 20）。亞述征服了北國和它的首都撒馬利亞（十七 1 ~ 6），並威脅耶路撒冷的安全（王下十八～十九章），但恰好在這時候，耶和華讓公義的希西家登上王位，耶路撒冷因他的禱告而得拯救。在巴比倫把猶大國擄去之後，列王紀的最後一幕展現了一幅猶大的約雅斤從一個囚徒被提升至與巴比倫王一同坐席的圖畫（王下二十五 27 ~ 29）。以下圖表為整卷書的結構提供了一個藍圖：

聯合王國	聖殿被毀	猶大敗落 → 大衛家復興
耶羅波安一世	伯特利被毀	以色列敗落 → 大衛家復興
暗利	巴力廟被毀	暗利家敗落 → 大衛家復興

如果我們透過上文所述的先知性觀點來看這個結構，我們就會看出，列王紀有一個強烈的福音性的觀點。大衛的子孫犯了罪，他們和他們的王國必定要死，但耶和華不容讓死亡來決定一切；大衛家的王國雖然被滅，但耶和華對大衛的承諾依然有效。列王紀告訴我們一個故事，就是大衛王朝死而復活的故事、大衛子孫死而復活的故事。

於是，從兩種意義來說，列王紀為上帝提供了一個辯解 (justification)，這辯解在福音中得以完成。一方面，上帝的公義，從祂沒有對罪永遠佯裝看不見的這一點上顯明出來。祂會一直等候，直到亞摩利人的罪惡貫滿盈（創十五 16），但祂不會不懲罰有罪的人。另一方面，列王紀讓我們看見，祂之所以好像延遲執行公義，是由於祂信守與亞伯拉罕、以撒、雅各和大衛所立的約：

祂的憐憫總是公義的（王下十三 22～25，十四 26～27）。列王紀彰顯了耶和華的榮耀，這榮耀曾經在西奈山上顯現給摩西看：「耶和華，耶和華，是有憐憫有恩典的上帝，不輕易發怒，並有豐盛的慈愛和誠實，為千萬人存留慈愛，赦免罪孽、過犯，和罪惡，萬不以有罪的為無罪，必追討他的罪，自父及子，直到三、四代」（出三十四 6～7）。列王紀彰顯了耶和華的榮耀，這榮耀體現在耶穌身上。

甚至對智慧、律法和聖殿的評論，也最終在福音中達至圓滿。
保羅從以色列的歷史中所見的，對於那深具保羅風格的列王紀作者
來說，早就是顯而易見的了。智慧不能使大衛王朝屹立不倒，律法
和聖殿亦然。可是，智慧、律法和聖殿所做不到的事，上帝已經在 24
兑現祂一切的承諾之時做到了（羅八 1～4）。到最後，大衛惟有死
而後生，而大衛的王國，也只有透過被擄的這個墳墓，在遙遠之地
得到保存。列王紀說明了君王的智慧無濟於事，卻同時暗示，以色
列需要、並會得到一位不但擁有智慧，而本身也就是智慧的王。它
讓我們看見，完美地遵守律法，並不能化解多個世紀以來的悖逆不
忠，又同時宣告，承諾將有一位成為肉身的律法，祂的靈要把律法
寫在人的心版上。我們看見聖殿變為一堆焚燒過後的廢墟，但我們
卻得到鼓勵，要盼望一座活的聖殿，一座有血有肉的殿，祂把以色
列（它本身也是活的聖殿）聚攏起來。

以色列的歷史不但是福音性的，也是教會性的，是上帝的**子民**的歷史。在宗教改革運動期間，列王紀為有關教會論的反省，提供了重要的聖經根據（Radner 1998, chap. 1），人們把列王紀那分裂了的以色列，看成是後宗教改革運動時期（post-Reformation）的歐洲那分裂了的基督教國家（Christendom）的象徵。當然，人們從列王紀這篇敘事文所讀出來的，有著形形色色的教會歷史論。天主教徒把自己等同猶大，斥責新教徒，指他們冥頑不靈，拒絕順從彼得

的管轄權，就如以色列拒絕順從大衛家的王那樣。天主教徒給新教徒的罪名會是：他們把聖經或某個解釋聖經的個體偶像化了。站在新教徒的一面來說，他們把天主教的崇拜看成是與尼八的兒子耶羅波安所犯的罪的同類（他使以色列人陷在罪中），他們也許正在等待一個約西亞來把金牛犢拆毀，並在壇上焚燒人的骨頭。在許多議題上，我是和路德（Martin Luther）和加爾文（John Calvin）站在同一陣線的，但這裏不是我交代原因的地方。無論如何，列王紀實際上為教會的分裂和重新聯合提供了另一個選擇，這個選擇是一個要嚴肅得多、但帶來更大的盼望的觀點。從這個觀點來看，把以色列和猶大等同後宗教改革運動的基督教教會的某個派系是不可能的，也大概是不合宜的。我想提出一種見解，以代替對列王紀的解釋的一些黨派之爭。我的見解是：把分裂的基督教國家的故事，放置於一個福音性的框架之中。

列王紀把教會分裂的問題，聚焦在偶像崇拜的議題上，這對起步者來說是有幫助的。當後宗教改革運動的教會史故事，被說成好像不過是一場為稱義的細節而發生的辯論時，宗教改革運動就可能被視為是由一種令人生厭的神學精確主義（theological precisionism）所推動的改革。沒有一個讀過路德或加爾文的文章的人會犯上這個錯誤，但他倆的繼承人，卻不是經常抓住改教者的宣言的寬度或焦點。路德和加爾文二人，都反對中世紀後期基督教的偶像崇拜，這偶像崇拜混進了神人合作說的救恩論（synergistic soteriology）中，並在一大堆由人所創造的靈修和禮拜的習慣中蓬勃生長。正如拉德納（Ephraim Radner）所指出的，就列王紀來說，分裂不是後來被擄的原因；更確切地說，分裂本身是對一種較根本的背道的懲罰（Radner 1998, 36 ～ 37）。列王紀把普世教會合一的努力，聚焦在偶像崇拜的議題上，並提出一個警告：人們就稱義一事所公布的形形色色的聯合聲明——雖然它們也許重要——始終還是沒有針對教會分裂的成因。

那分裂以色列的崇拜上的差異，並不是關乎一些可行可不行的 25
事。北國的偶像崇拜是對南國君王的誘惑，而最終他們也屈服於這種誘惑之下。敘事者或明或暗地批評那些參與北國的偶像崇拜、尋求和以色列王結盟，或隨從以色列王的行徑的大衛家的君王。當耶和華差派猶大的一個神人到伯特利耶羅波安一世新建的神龕那裏和他對質的時候，祂不准那神人在伯特利吃喝，結果他因為沒有聽從而遭到嚴厲的審判（王上十三章）。猶大國的約沙法兩度與暗利王朝的王合作（王上二十二章；王下三章），兩次遠征都沒有好收場（王上二十二 29 ~ 36；王下三 27）。雖然敘事者大體來說是嘉許約沙法的，但他批評約沙法與以色列王和好（王上二十二 44 ~ 45）。約沙法的兒子娶了亞哈的女兒為妻（王下八 16 ~ 19），這是亞哈試圖要重新統一以色列的舉動，讓它歸於一個暗利家的王統治的幾個徵兆之一；那幾乎把大衛的譜系摧毀了（九 26，十一 1 ~ 3）。只要以色列一天還繼續它的偶像崇拜，猶大王的明智做法，就是要與其保持距離。

可是，整卷列王紀讓我們清楚看見，縱然以色列和猶大多次背道，但它們卻仍是耶和華所注意所關懷的對象。無論是以色列和猶大作為一個整體，或是以色列和猶大作為分開的國家，它們都始終是上帝的子民。就猶大而論，這一點更是明顯，因為耶和華在猶大面臨一次又一次的危機之中，仍「為大衛」保存了「燈光」（王上十一 36，十五 4；王下八 19），從耶和華對北國的忍耐和信實看來，這也是很明顯的。有一個先知介入，阻止羅波安攻擊他北方的「兄弟」（王上十二 21 ~ 24）；而耶和華繼續不斷地派遣先知去呼籲以色列諸王悔改的這個事實，也是祂持續不斷的憐憫的記號。耶和華揀選一些王朝，然後又棄絕它們，但祂對這些王朝所統治的人民的關注始終如一。在以色列國歷史的後期，在歷代諸王都犯了耶羅波安一世所犯的罪之後，以及暗利王朝效忠巴力，並向耶和華的先知宣戰之後，耶和華還是不願意離棄祂的百姓（王下十三 22 ～ 25，十四 23 ～ 27），祂對他們以及他們祖先的慈愛是何等的深。耶和華把這反叛的百姓視為祂自己的子民，以約來維繫雙方的關係；「耶和華卻因與亞伯拉罕、以撒和雅各所立的約」（十三 23），仍憐恤他們。雖然以色列和猶大在政治上和崇拜上都分開了，但耶和華還是透過同一塊約的濾鏡來看待它們二者。

耶和華不但繼續視以色列為祂的子民，列王紀還描述祂的計
劃，就是要使以色列歸回祂自己，並把已然分開的上帝的子民重新
聯合起來。這計劃在許多地方都是充滿弔詭的。耶和華的靈進入
這分裂的王國並使之恢復過來。恢復的方法卻是異於直覺的，就是
再次使它分裂，因為聖靈的劍 —— 先知的話語 —— 是把夫妻、兄
弟、母女、父子分開的。處於列王紀中心位置的，是一大篇論以
利亞和以利沙的先知職事的敘事文，他倆不但挑戰暗利家諸王的偶
像崇拜，更在北國領導一個復興運動，即所謂「先知門徒」（sons
26 of the prophets；譯按：直譯是「先知之子」，下同）的團體。耶和
華藉以利亞和以利沙，在以色列國內組成一個不與巴力親嘴的團體
（王上十九 18）；這團體因緊緊依附先知 —— 傳遞耶和華的臨在和
生命的人 —— 而享受到生命和豐富的收穫。

就如在列王紀上十七章 1 至 24 節的註釋將會詳細闡明的，把這些先知團體說成是「餘民」，是具誤導性的。在下述的一種看法下，這個名稱尤其具誤導性：整個以色列國會由一批餘民所置換，而這批餘民就被視為「真以色列」（true Israel）。自從宗教改革運動以來，不論是在天主教徒和新教徒之中，先知團體即「真以色列」的這個看法，以及當代教會裏的某個教會團體即「真教會」的這個推論，都有力地支持了某些教派那退隱的諸教會論；但是，這樣的一種教會觀，卻不能從列王紀得到支持。

以利亞及特別是以利沙在以色列組成一個另類的團體，它與以色列拜偶像的國家教會並列，起著「教會中的教會」（*ecclesiola in ecclesia*）的功能。我在列王紀下四章1至44節的註釋說明，以利沙可以說是一座活的聖殿，他為北國人民提供了南國的聖殿所提供的東西；而且有迹象顯示，先知門徒的作用，就是作為那些在暗利家諸王的神廟所奉行的祭司之外的另一個選擇。然而，綜觀整篇列王紀的敍事文，先知團體這個「自由教會」的向度，乃是受幾個因素所限定的。跟一些餘民教會論（remnant ecclesiology）所主張的相反，耶和華並沒有從王宮轉離，單單照料先知門徒；相反，以利亞多番指責暗利家諸王，要求他們悔改（王上十八16～19，二十一17～24；王下一1～16）。又，儘管以利沙作為先知門徒的領袖，對偶像崇拜十分厭惡，但他也多番向暗利家的約蘭王提出忠告並幫助他（王下三13～20，六8～14，七1）。耶和華沒有輕易放棄北國，祂的先知也沒有。進一步來說，先知門徒在列王紀下六章之後再沒出現，除了那膏立耶戶的惟一一個先知之外（九1～10）。這表明了先知門徒所領導的更新運動，並不是一個徹底解決以色列的偶像崇拜的方法，亦不見得比君王的智慧、遵守律法或聖殿有效。當亞述人入侵，要滅撒馬利亞的時候，並沒有在效忠和不效忠於先知的人之間作出區分。整個以色列——先知門徒連同背道的貴族和君王——都遭遇被擄的命運。以色列被擄去遠方之後，在許多方面都看不出更新運動的成員和其餘的以色列人有甚麼分別。

但卻不是在所有方面上，那些聽從猶大的先知的人，都充分裝備好去抗拒各種試探及面對被擄的挑戰；他們不都因（照耶利米的指示）向尼布甲尼撒投降，便在巴比倫入侵之時生存下來，並維持他們作為上帝子民的身分和崇拜，以及拒絕在外邦人之間被同化。耶和華從被擄之地帶回來的以色列是餘民，是生還者，他們不但在肉體上，也在文化和宗教上存活下來；他們以**以色列的身分**存活下來。以利亞和以利沙在墮落的世代中堅守信仰，為這殘餘的以色列預備道路。

27 藉著在北國堅守信仰，先知團體也保存了聯合全國的盼望。在南北國的後期歷史，曾出現過片刻的短暫聯合。雖然有可能耶戶王朝多少曾把以色列和猶大重新聯合起來（參列王紀下十四章 1 至 29 節的註釋），但教會性的分離和重新聯合是在主前七二二年撒馬利亞淪陷之後才達到高峯。雖然在列王紀只是輕描淡寫，但從整體的聖經見證可以清楚看見，大衞家的君王在猶大國衰弱的日子曾把全國聯合起來。據歷代志下三十章所記，希西家邀請「全以色列，從別是巴直到但」——作者所採用的對合法（merism）是傳統以來用來描述聯合王國的疆界的——一起守逾越節，驛卒把邀請信「傳遍以色列和猶大」（代下三十 5～6）。不是每一個人都作出回應（三十 10），但「亞設、瑪拿西、西布倫中也有人自卑，來到耶路撒冷」（三十 11）；毫無疑問，那些對希西家的邀請作出回應的人，是緊緊依附著先知門徒的，而由此維持著對耶和華那忠心的崇拜。雖然列王紀不理會希西家的逾越節，好突出約西亞的功績，但約西亞廢除偶像的改革擴展到伯特利和「撒馬利亞的所有城市」（王下二十三 15～20）；列王紀強烈暗示了約西亞的逾越節是全以色列的節慶（二十三 21～23；比較代下三十五 16～19）。

正如約西亞所著手辦理的其他事情一樣，約西亞邀請以色列重新聯合起來，歸入一個大衞家的王的這個做法，是徒勞無功的。約西亞把王國聯合起來才不久，被巴比倫擄去的命運就來到了，當尼布甲尼撒圍攻耶路撒冷的時候，他是在攻擊一個新近才在崇拜上——要不是在政治上——重新聯合起來的以色列的首都。約西亞王對律法的遵從，以及他促進合一的努力，都不能挽救以色列免於被擄的命運。約西亞要重新把以色列聯合起來的努力，就像他恪守摩西律法那樣（出於本分但注定要失敗）同樣正確，但他並不是把「猶大的杖」和「以色列的杖」接連成為持久一體的那位，而是耶和華；以色列和猶大雖然被擄，但以西結的應許言猶在耳：「我要將約瑟和他同伴以色列支派的杖，就是那在以法蓮手中的，與猶大的杖一同接連為一，在我手中成為一根……我要使他們在那地，在以色列山上成為一國，有一王作他們眾民的王。他們不再為二國，決不再分為二國」（結三十七 19、22）。當以色列人重返應許地之時，他們跟那先前被趕出這地的人民不同，他們是很不一樣的人民。他們沒有君王，第二聖殿看來只是所羅門聖殿的一件可憐的複製品（該二章）。但是人可以看出，他們是同一個民族，被稱為「以色列眾人」（all Isreal），或較簡單地，被稱為「猶太人」。猶大和以色列之間的分隔不再存在。在希西家和約西亞統治期間，從南北兩地來守逾越節的忠信子民，是在亞述摧毀撒馬利亞之後留在應許地的「餘民」。他們也預期，在被擄之後，在第二聖殿聚集的餘民「以色列眾人」，將會重返故鄉（拉十 5；尼七 73）。

由此可見，列王紀的教會論是十分福音性的，而以色列分裂的 28
歷史，就成為了一唯靠恩典（*solo gratia*）的具體象徵。[3] 在一分裂的教會中的基督徒，必須效法約西亞的熱誠，盡力把教會重新聯合起來，但列王紀則清楚顯明，我們對合一的盼望，並不在於人在統一教會上所作的努力。最終來說，不論教會是如何勤勉和忠誠地費盡工夫，只有主能夠把羅馬與威丁堡（Wittenberg）和日內瓦聯合起來，更不要說君士坦丁堡（Constantinople）和莫斯科了。因此，對教會重新合一的盼望，是跟福音的盼望一樣的。對未來將有一個單一的團體的這個盼望，乃在於上帝：祂曾經起誓承諾，要藉著亞伯拉罕的後裔賜福萬族；祂曾經應許，要從各族、各方、各民、各國聚集人羣成為一個團體，在其中，不分猶太人和希臘人，不分為奴的和自主的，並且肯定地說，不分長老宗和循道宗，也不分新教和天主教。一分裂的教會對重新合一的盼望，是在於那位總是把以色列從被擄之地召回、總是使死人復活的上帝。

註釋

1. 諾夫那具原創性的主張可見於 Noth 1957。自此以後，諾夫那具原創性的論點的好些細節，都曾受到人們的質疑；而且，關於申命記歷史的各種編修學說，也引起不少爭論。有些人則對申命記歷史的存在提出問題（Knaut 2000）。有關諾夫論點的發展以及其各種學說組合的近期概覽，參 Romer and de Pury 2000。本註釋書把列王紀看作是一個文學和神學的整體，並不涉及有關文本來源的討論。我假定了該書是在被擄時期寫成的，主要的對象是被擄的以色列人。
2. 詳情請看本註釋書的其餘部分及 Leithart 2005a。
3. 幸虧有仁奴（Rusty Reno）提出這個說法。

列王紀上一 1～53

在當代的學術界，列王紀上一至二章經常被視為是由撒母耳記下九章開始的「繼位敘事」（Succession Narrative）或「宮廷歷史」（Court History）的結語（例如 Ackerman 1990）。這兩章經文和撒母耳記下的延續性是顯而易見的：列王紀上一至二章結束了大衛這位撒母耳記下的主角的生平，而把大衛刻劃成一個苟延殘喘、無能的跛腳鴨，也跟撒母耳記下十一至二十章的描寫一致；在撒母耳記下十一至二十章，大衛是作為一個被動而非主動的角色，以及是撒母耳記上那強壯健全、面色紅潤的少年人的一個微弱影子。據撒母耳記所記，大衛的人生是跟隨著雅各的人生故事的模式（Leithart 2003d），而這個預表則延續到列王紀上一章，因為在大衛為未來作出安排以後，他就像雅各那樣，在臨終的牀上屈身下拜（王上一47；比較創四十七 31）。列王紀上一章與撒母耳記下十一至十二章的關連尤其密切。從撒母耳記下十二章到列王紀上一章，一直沒提到拔示巴、先知拿單和所羅門，但在列王紀上一章，三人再次、也是最後一次聯合起來。大衛犯的姦淫是從他在牀上開始的；那時，他的軍隊正在圍攻拉巴（撒下十一1～2）。當他的人生接近尾聲時，他與美貌的亞比煞同睡；與此同時，一場王位爭奪戰也在他身邊發生（王上一1～4）。當大衛犯罪的餘波未了之時，押沙龍曾經挑戰大衛的王位（撒下十五章）；在新的形勢下，亞多尼雅——一個新的押沙龍（王上一5～6）——亦起來挑戰所羅門。

然而，從聖經的正典來說，列王紀上一章並不是撒母耳記的敍事的結束，而是開始一段新的敍事。在這一點上，列王紀跟聖經內外的其他古老文獻都大不相同。創世記引出雅各的死亡，申命記則以摩西的死告終，約書亞記有約書亞的死亡，撒母耳記則有掃羅的死亡，而《伊里亞德》（*Iliad*；譯按：荷馬史詩）亦以海特（Hector）之死完結。列王紀所提及的牀，其中很多是臨終的牀（deathbed；王上十七19；王下一6，四32，二十1～11），而很多君王的生平，都以該王與列祖「同睡」作結（王上二10，十一43，十四20、
30 31，十五8、24），其他的敍述則以臨終的牀或葬禮**作結**。但值得注意的是，列王紀在這裏是以猶大的猛獅「年紀老邁」作為開始（王上一1；比較書二十三1）。這是不是預示著大衛王朝及以色列後來的敗亡，並且被棄置於被擄的墳墓的這個命運？大衛王所代表的以色列，是不是早在故事開始之前已經注定滅亡了？抑或，列王紀以臨終之牀**開始**，是用以表達，歷史是緊接著死亡而推進的，並暗示了一個復活的盼望？

在列王紀，生病或受傷的君王及王子重複出現（Cohn 1985），這象徵了生病或軟弱的王國（Hobbs 1985, xxxvi），並突顯了私人和公共生活的不可分離性。列王紀上一章1至4節固然是這類場景的第一幕，當中所用的語言，更暗示了大衛一種較明確的軟弱，因為開首幾節所用的多個字眼，在舊約聖經別的地方，乃是用來表達性方面的意涵的（Provan 1995, 27～28）。性能力從象徵上和實際上來說，都是與政治方面的能力相關的，因古代的君王不但要從

生育兒子一事上，顯現其政治上的雄渾，而且，古代的君王也需要一個繼承人，以保證其王國能延續下去（Nelson 1987, 16; Walsh 1996, 5）。大衛的僕人找來一個美貌的女子使他「得暖」，但他對亞比煞的被動性，預示了他在回應亞多尼雅的陰謀一事上的疲乏無力。「知道」一詞，最先是指性能力（王上一 4），在本章各處發出回聲，令我們聯想到大衛所不知道的一切事情。[1]

當大衛在跟一個美貌女子共聚的時候，亞多尼雅發動了一場政變。在押沙龍死了以後，哈及的兒子亞多尼雅是大衛餘下的兒子中最年長的（撒下三章），因此，他預期自己會繼承大衛的王位也不是沒理由的。亞多尼雅像他同父異母的哥哥押沙龍那樣俊美（王上一 6；撒下十四 25），他又跟隨押沙龍的榜樣，組織一隊馬兵，並派五十個人在他前頭奔走；當他穿過耶路撒冷的街道時，這些馬兵和隨從就圍繞在他的周圍（王上一 5；撒下十五 1）。這羣隨從者乃是抄襲複製耶和華榮耀的戰車，即那圍繞在耶和華四周的無數活物（結一章）。簡而言之，亞多尼雅所從事的活動，就是把自己當作是配受「耶和華之子」的稱呼（撒下七 14）。他積極地謀取這個地位，屢次與約押和亞比亞他商議。[2] 大衛的軟弱，為這個野心勃勃的兒子開了一道門：即使是在亞多尼雅開始聚攏他的支持者的時候，大衛還是沒有做些甚麼來使他「苦惱」。說來諷刺，「亞多尼雅」（Adonijah）這名字的意思是「耶和華是主人」；雖然他努力要使自己成為主人，但他的人生卻展示出一點：耶和華確實是主人。亞多尼雅是一個像亞當的人物，他試圖要奪取王國中的禁果，結果被逐出去。

亞多尼雅在一次宴會中開始試圖奪取王位，宴客的名單（王上一 9～10）在本章中提及了幾次，因此，「邀請」（invite）或「召喚」（call，קרא）一詞，便成了一個主樂調（leitmotif）。**沒有**被邀的人與被邀的人顯得同樣重要，一章 9b 節至 10 節整齊的交叉對句，把重點放在沒有被邀的所羅門身上，他在一章10節初次被提及。

A　請他的諸弟兄，就是王的眾子，

　B　並所有作王臣僕的猶大人；

　B’惟獨先知拿單和比拿雅並勇士，

A’與他的兄弟所羅門，他都沒有請。

與人共席象徵了政治上的結盟。細看一下亞多尼雅的宴客名單，顯示了亞多尼雅與所羅門之爭是新舊之爭。亞多尼雅這個王位覬覦者，乃是一個徹頭徹尾屬於舊統治方式的人，他選擇了以約押和亞比亞他作為他的盟友，這二人是在大衛統治期間大衛的部屬——甚至可以說是他的心腹。所羅門的盟友也是從前協助大衛治國的人——先知拿單、比拿雅和撒督——但他們是較近期的一批。從大衛過渡到所羅門，不只是從一個王過渡到另一個王，而是在治國上的更替，是一個新統治方式的形成（Provan 1995, 25; Walsh 1996, 8）。

亞多尼雅雖然有強大的盟友，但卻接觸不到大衛，也進不了他的臥房，而私人的接觸，往往是在政治上成功的關鍵。拿單提出要「救」拔示巴和她的兒子，他在拔示巴的合作下設計了一個回應（Mulder 1998, 53），並分兩個階段把他的計劃付諸實行，這就是以「雙重的見證」說服大衛。拔示巴先向大衛提出請求，並以「婢女」這卑微的身分自稱，她不把大衛當作是她的丈夫，而是把他當作她的「主」、她的「王」來提出請求。[3] 拿單指示拔示巴要把她的請求建基於大衛之前的一個誓言。解經家有時候指，這個誓言是編造出來的（Nelson 1987, 20），大衛是被愚弄而掉進虛假的回憶裏（王上一30）。不過，據歷代志所記，大衛是在他還在作王的時候就選立所羅門的（代上二十三1，二十九22）。根據歷代志的觀點，亞多尼雅不是試圖去填補一種權力真空，而是去推翻一個正在以皇儲身分與大衛共同執政的太子。拔示巴這名字的意思是「誓言之女」（daughter of oath），她提醒大衛，他早前已作出承諾，並請求他要信守諾言。拔示巴離去後，就輪到拿單進入王的房間，以印證拔示巴的話。

故事說到這裏，大衛只講了兩個字 מה־לך（「你要甚麼？」；王上一16）。這兩個字與 מלך（「王」）一語相關，並且經文強調王所**不**曾說過的話（一6、27）。在列王紀的另一個地方所發生的一幕情景裏（如：王下二十1～11），先知的介入激勵了一個王，使他從病牀上起來。大衛一開口講話，事情的方向就轉變了。他第一個說出來的字是「召喚」（call，קראו־לי；王上一28）；當大衛把亞多尼雅所沒有宴請的人——拔示巴和後來的撒督、拿單和比拿雅——聚集起來時（一32），[4] 他的邀請回應並破壞了亞多尼
雅的邀請。他承認早前曾起誓把國讓給所羅門，並以第二次的起 32
誓加強了之前的誓言，即以雙重的誓言，回應了王后和先知的雙重見證。

私下說的話是不夠的，在這類權力鬥爭裏，必須以典禮應付典禮。大衛發出公開的邀請，以回應亞多尼雅的邀請（王上一32），並指示僕人關於加冕大典的事宜。所羅門坐上大衛的騾子，代表所羅門要坐上大衛的王位（一38）。騎著牲口是古代常用的意象，即代表統治，這正如騎牲口者調動所騎的強壯動物一樣，君王指導著國家的方向。騾子是混種動物，這或許是指所羅門的國家有猶太人也有外邦人。除了是混種的動物外，騾子也像基路伯，反映了那拖拉著耶和華的座駕車的活物的複合特性（基路伯有四張臉：牛、獅、鷹、人；結一章）。亞多尼雅試圖把自己表現為「耶和華之子」，坐在榮耀的戰車上，以此抓住有利的機會，但到了最後，大衛指定所羅門為耶和華之子，讓他騎上一只像基路伯的牲口，如

同他神聖的父那樣。大衛吩咐臣僕把所羅門帶到基訓泉，這泉緊接著城的東面，它是大衛城的主要水源（王上一 33）。亞多尼雅和所羅門都在山谷的水泉旁、類似伊甸園的環境下舉行登基大典（創二 13；Mulder 1998, 65）。敘事者採用了實際上是和大衛的講話一樣的語言，來描述大典的進行（王上一 33 ～ 40），以強調臣僕們是不折不扣地遵從了王的吩咐。

大衛的吩咐也許令人聯想到，那是一個私下進行的儀式，但在一章 39 節忽然出現「眾民」。[5] 所羅門不是在暗地裏被膏立為王的，也不是只由幾個年老者使其坐上王位，而且他所邀請的賓客，也不像亞多尼雅那樣，只限於「猶大人」（王上一 9）。相反，當撒督從「帳幕」中取了盛膏油的角來，並用膏膏所羅門的時候，「所有的民眾」都高呼所羅門為王（一 39）。這「帳幕」指的可以是安置在基遍的摩西會幕（三 4），也可以是指大衛在把約櫃運回京城時在耶路撒冷所設立的帳幕（撒下六 17）。無論是哪個情況，撒督所用的油都是來自耶和華的帳幕的；那代表了從上澆灌下來的聖靈的一次屬天的膏立行動。當所羅門上來登基，眾民列隊跟隨著他的時候，他們「吹角，大大歡呼」（王上一 40）。像那位被天父的靈所膏立的、大衛那更大的子孫那樣（太二十一 1 ～ 11），當所羅門進入耶路撒冷城（騎著騾子！）的時候，眾人都慶祝迎接。所羅門進入耶路撒冷，是以興建聖殿者的身分登基；而耶穌之進入耶路撒冷，則是為了預言聖殿被毀（二十一 12 ～ 17）。

敘事者讓我們聽見從汲淪谷傳到隱．羅結的歡呼聲；在隱．羅
33 結，亞多尼雅和他的同國人剛好用完了筵席（王上一 41 ～ 48）。亞
多尼雅和約押都聽見響聲——尤其是那吹出終末性滅亡的羊角號
的聲音——並在思想它的意義；這時候，亞比亞他的兒子約拿單
來到了。約拿單的描述補充了幾項細節，他向在恐懼中的亞多尼雅
及其同盟，證實了響聲的意思。到這個時候，所羅門登基的事已成

事實。約拿單又提到大衛的臣僕所給他的祝福；在比拿雅的領導下，大衛的臣僕表達了他們的願望：所羅門的名字和國位將超越他偉大的父親。約拿單又敘述大衛的反應，那是一個崇拜的行動，大衛不但為著上帝賜他一個王位繼承人而稱頌上帝，他更為著上帝保存了他的性命，讓他能夠活著看見這個繼承人而稱頌祂。亞多尼雅的加冕大典一下子解散了。所有被亞多尼雅「邀請」的賓客都不見了，各自溜回家去，他們沒有嘗試作出反擊；各人都「四散」了（一49）。

敘事者以一連串簡短的語句，敘述亞多尼雅逃到基遍，抓住摩西祭壇的角的經過：他懼怕，他起來，他去，他抓住（王上一50）。據律法所記，殺人者即使抓住了祭壇的角，也還可以把他捉去懲處（出二十一14）。但所羅門以寬厚仁慈的一著開始他的統治；他答應亞多尼雅不懲罰他，只要亞多尼雅不要做出觸怒他的舉動。亞多尼雅的反應是採取拔示巴、拿單和大衛一切臣僕的姿勢：在所羅門面前下拜。那想要「讓自己高升」的人謙卑下來了。

就如書卷的古代及現代名稱所顯示的（英文：Kings；《七十士譯本》〔Septuagint〕：Βασιλειῶν；米索拉抄本〔Masoretic Text〕：מלכים），列王紀講的是以色列國和猶大國的政治歷史。因此，它與被列為「政治神學」的一類文獻（這類文獻愈來愈多）所談的事情是有著交疊的關係的。然而，近年對政治神學的研究，卻是那些從事學術的神學家所具備的第二天性的精妙語言來進行的；這些神學家所參與的政治鬥爭，充其量只是各部門在每年的財政預算上的競爭，沒有更嚴重的了。[6] 舉例說，坦妮（Kathryn Tanner）在《政治神學伴讀》（*Blackwell Companion to Political Theology*）一書所收錄的一篇文章中，思量基督徒所認信的三一的政治含義，她力言神學家不應該把焦點放在（於社會及政治生活中）模仿三一的模式上，而應該集中研究，在三一上帝中有分，這是如何模造了人際關係：

「人際關係——那始終完全是人類之間的事情——只是三一上帝在其自身生命中的互相聯繫的影子。人類不是藉著複製三一上帝的內部關係而達到該種關係的高度，而是藉著以一個受造物的身分與三一上帝融合」(Tanner 2004, 329)。坦尼的論點本身是完全無可反駁的，她的說法突顯了上帝的生命是如何進入實際的社會歷史。但說到三一關係的這種「道成肉身」對實際政治的確切影響，文章始終交代得極其含糊。

34 當神學家試圖「根據某種基礎」來做政治神學的時候，他們經常採納尼布爾(Reinhold Niebuhr)的唯實論(realism)的某種變體；尼布爾的唯實論所注意的，是處於社會和政治局面的人的特定關注和行動。特別是，唯實論者容易承認，在政治生活中免不了有高壓政治和衝突。對尼布爾來說，所有政客都是利益的僕人，因此不能簡單地以游說的方式達至公義；戰爭是無可避免的，只有運用權力才能達至公義(Niebuhr 1932, xv)。不過，米爾班克(John Milbank)指，尼布爾的唯實論經常是建基於有關實在的本性的一些假設，這些假設是和基督教的信念相違背的。尼布爾假定了「有某種中立的『實在』，基督徒可以在此發揮他們的洞察力」。然而，基督徒必須假設「**整個**基督教的敍事，告訴了我們事物的真相如何」；又，如果這是正確的話，「我們便沒有其他途徑告知我們事物的真相，也沒有任何其他方法，讓我們解決這個問題」。相反，追隨尼布爾的唯實論者，他們在假定了實在是能夠憑經驗、從中立性去評定的時候，卻經常背叛了基督教對歷史的整體理解(Milbank 1997, 250)。簡言之，對基督徒來說，對世界的一種唯實論式理解，並不在於有關事實的勘查和臆測，而在於把其中的記號，當作是**引導我們認識終極的意義和成因的線索**，並對此進行一種評估性的理解(Milbank 1997, 244；粗體為原文的強調)。

有關政治神學的議題，必然是和歷史編纂(historiography)的難題相關的。世俗的歷史編纂——這種編纂，必然把所有事件都當作是純粹內在的因素和動機之產物——只可能得出一種世俗的政治神學。假如教會要提出一套對政治的神學理解，它也必須提出一套神學的歷史編纂觀，那就是說，它必須提出一套有關護佑的教義（doctrine of providence）。不幸的是，有關護佑的教義——假如在現代神學中是有所發展的話——表現了我們在政治神學上所見到的那種傾向概括和抽象的趨向。十九世紀任教於普林斯敦神學院（Princeton Theological Seminary）的神學家霍奇（Charles Hodge）等加爾文主義者（Calvinists），他們曾毫不遲疑地說：「上帝用絕對的控制權使用萬國，就如一個人使用杖或竿那樣。它們在祂手中，祂利用它們來成就祂的計劃」（Hodge 1986, 1.588）。又或者，他們會毫不遲疑地說，就連犯罪的行動「也在上帝的控制之下，這些行動只有在祂的准許之下、且為執行祂的計劃而發生的。祂在人類行使他們的邪惡本性之時引導著他們，好叫邪惡所彰顯的特定形式，是由祂的旨意所決定的」（Hodge 1986, 1.589）。可是，一旦把這些概括的說法，化成具體的事件，他們就無言以對，除了那些最極端的加爾文主義者仍堅持他們的理論之外。當以「波布政權」（“the Pol Pot regime”）來代替「萬國」（nations）時，神學家就開始要四處尋找蔭庇；當再以「施墮胎手術的手術刀」來代替霍奇於最後一句話中的「它們」時，那跟隨的神學家大概就幾近於無了。

聖經自身所展現的、包括有護佑在其中的歷史編纂法，足以容納這些挑戰。聖經雖然多方教導我們，上帝為著祂的子民和世界的好處，管理著、支配著並精心安排一切的事，包括不公義和強暴在內（例如：羅八28），但聖經卻沒有把祂的治理，表現為一種抽象的概念。一套以聖經為基礎的政治神學，會是一種從下而上的政治
神學。相信護佑不一定帶來安慰，卻激發了耶利米哀歌和約伯記的 35

寫成，以及哈巴谷先知的呼求，和羅馬書八章所給我們的保證。承認護佑，將同時喚起人面對罪惡時所引發的痛苦，以及在耶和華勝過罪惡時所引發的歡慶。一種基於聖經的歷史編纂，筆下不可能是斯多亞式的（stoic）平靜，而必須以披麻蒙灰、載歌載舞的行動寫成。

上述是列王紀上一章所隱含的神學的歷史編纂觀。故事中所描述的衝突、利益、操控和性慾，可說是直言不諱，但與此同時，作者堅信，耶和華的確是藉著這些現實政治（*realpolitik*），來實現祂對以色列和萬國的計劃。就本章大部分的篇幅來說，耶和華一直——就如在以斯帖記那樣——是隱藏的上帝（*Deus absconditus*）。經文提及耶和華的地方，只見於故事中一些角色的言談中（王上一 17、29～30、36～37），並於一章 48 節達到高峯；在那裏大衛形容所羅門的繼位是耶和華的恩賜。這由約拿單所轉述的最後一處經文，曾被解釋為是一種冷嘲熱諷的宣傳語——這猶如大衛是為那不過是「涉及王室計謀的一個卑下的故事」所提供的一種敬虔的虛飾。但列王紀的作者並沒有這樣的諷刺話，他在這場繼位之爭之內，看得見那些「引導我們認識終極的意義和成因的線索」（Milbank 1997, 244）。在列王紀的作者看來，耶和華確實利用了一位有遠見的宮廷先知的合時策略、一位王后在修辭學上和在性方面的吸引力，以及「眾民」喝采的民主力量，把所羅門安置在王位上。

不少政治神學的重要缺漏之一，就是對私人生活和公共生活採取不適當的描述。無論政治神學是如何具體和精準，它往往由於受資料來源所限，而被迫去處理政治生活的公共層面；這公共層面，其實是從私人的處境、利益、影響力、慾念和盼望所組成的一個隱閉、無法穿透、密集而複雜的網絡中衍生出來的。列王紀的作者，以敘事文的形式建構他的政治神學，所以他把公共與私人生活的相互作用，表現出一種富莎士比亞式的色彩；他認識到，重大的公共事件，往往產生自個人的、微細的私人事情。列王紀上採取了合宜的手法，先由戶內開始，即最先從大衛的牀和臥房內的親密行為開始，然後轉移到公共空間，在這空間裏，乃是膏立君王、向君王歡呼的地方。關鍵的決定是在暗中進行的，雖然在暗中做的事，最後都會在房頂上被宣揚出來。[7]

最終來說，這篇有關從一個統治方式到另一個統治方式的危機過渡的政治敍事，預示了從舊到新的統治方式的一次更重大的過渡。它也預示了大衛那個更偉大的兒子的加冕儀式，這個兒子是主所差來的君王，是要實現主對以色列所起的誓。這位君王不是以油、而是以無量的聖靈來膏立的，祂騎驢進入耶路撒冷，坐上十字架的王位。耶穌的國度像所羅門一樣，是在這個充滿罪惡的世界，在政治衝突和自我的利益之中產生的；祂的父親扭轉了狂暴的罪人，使他們的計謀變為無效，好設立耶穌為主、為基督。

註釋

1. ירע 這個動詞一共用了四次（王上一 4、11、18、27）。此外，當中亦多次提及比拿雅的父親耶何耶大（「耶和華知道」），其名字中含有同一個動詞。
2. Mulder 1998, 46；這裏看法也是一樣，他認為列王紀的眾數名詞「他的話語」（ויהיו דבריו）含有這個意思。
3. 此語在文中出現多次，與亞多尼雅的名字一語雙關（Walsh 1996, 11）。
4. 這是故事中頭一次有人因獲得大衛的批准，而來到大衛的面前。亞比煞是「被引到」大衛的面前，拔示巴和拿單卻是不請自來的。但拔示巴現在是被大衛傳召「進來」的。現在拔示巴不是屈身俯伏，而是站著（代替了亞比煞；列王紀上一章 28 節用的動詞和一章 2 節所用的一樣），她恢復了自身作為王后的地位，有進入王的臥房的權利，並恢復她作為王太后的身分。
5. 撒督、拿單和比拿雅一行人等從城內走到基訓，他們並領著那騎著王的騾子的王的兒子前行——這個場面無疑會吸引了耶路撒冷居民的一些注意。

6. 雖然我在幾個層面上不贊同該書的政治觀，但克凡挪（William Cavanaugh）在一九九八年出版的著作的確是一部出色的作品；他沒有犯上概括化的毛病，因為他密切注意到政治生活的具體細節。
7. 牀和臥房在列王紀扮演著一個重要的角色，並多次帶出了私人生活和公共生活的相互作用；參例如：列王紀上十七章 19 節，二十章 4 節；列王紀下一章 4 節，四章 29 至 37 節。

列王紀上二 1～46

列王紀上二章是由兩個部分組成的，每部分均以多重的首尾呼應 36
作為標記。第一部分即二章 1 至 11 節的首尾呼應，這是由大衛那即將來臨的死亡和提及他「與列祖同睡」(王上二 1、10)的經文，以及對「日子」一詞的重複使用(二 1、11)所構成的。[1] 在這個框架之內，是大衛對所羅門的最後一篇講話。第二個主要部分(二 12～46)的首尾呼應，開頭時提到所羅門作王(ותכן מלכתו מאד；二 12)，結束時則提到所羅門遵從大衛的吩咐，堅定國位(והממלכה נכונה ביד־שלמה；二 46)。

大衛給所羅門的囑咐是聖經中幾篇重要的臨別贈言之一(例如：約十三～十七章)，那和它最類似的一篇是摩西給約書亞的訓勉。摩西鼓勵以色列人，特別是約書亞，要在進入迦南時「剛強壯膽」(申三十一 1～8)，耶和華又把是項勸勉重複一遍(書一 7～8)。大衛對所羅門說的也是同一番話；因此，摩西對於約書亞的作用，就相當於大衛對於所羅門的作用。所羅門是「新的約書亞」，他在繼位初期，便剷除了那殘留在大衛國度裏的「迦南人」，把「安息」帶給這片土地；又為耶和華建造聖所，重述了發生在約書亞身上的連串事件（那些事件在約書亞記十八章1節達到高峯）。既然建造聖殿是完成征服的最後階段，那麼，以耶和華的殿取代迦南神龕的這項工程，也就特別需要那像約書亞所擁有的力量、勇氣和決心了。

大衛對所羅門所必須遵從的律法重複加以描述，這在某些方面，是申命記的勸勉的翻版，但是大衛用了**七個**片語來形容律法（王上二3），這無形中暗示了一點：這裏和創世敘事（creation narrative）的七日結構是有關連的。這個取材自伊甸園的典故，更由於使用「成功」（שכל）這個動詞（二3）而被加強了；這個詞在
37 創世記三章6節中用來形容「知識樹」，即「可使人有智慧」的能力（參撒上十八5、14～15）。律法對於那些遵從它的人來說是一棵知識樹，是一棵能使人有智慧去分別善惡的樹。如果所羅門聽從大衛的話，他就會以新亞當的身分，在以色列建立一個「新的創造」。[2] 正如我們稍後會明顯看見的（參列王紀下十七章1至41節及二十二章1節至二十三章30節的註釋），以色列並沒有遵守律法的條文或精神，結果它被逐離開應許之地。

如上所述，這一部分的首尾呼應在於提到所羅門（王上二12、46）、「大衛的王位」（二12、45）和動詞「堅定」（כון；二12、45～46）。最後的這個動詞，除了在經文的框架內使用了三次之外，在二章24節還有第四次的使用。這四次的重複使用，暗示了大地的四角或房屋的四塊房角石，即表示所羅門的工作奠定了「以色列家」的基石。在別的經文裏，這個動詞有時候用來形容耶和華的創造之工：祂以智慧立定諸天（箴三19；耶三十三2），是一切創造的屬天君王（詩九十三1，一〇三19）；祂建立大衛家，以之為新的創造（八十九37），並且，人間的君王必須力求把王位奠定在公義之上（箴十六12）。所羅門因堅定他的國而效法了他在天上的父親，而四重堅定則是表達創造的另一個意象，即再次表示，耶

和華以所羅門作為新的亞當，讓他管治一個新的世界。

從列王紀上二章4節到二章5節的轉變，在解經家中間引起驚愕，有很多解經家選擇了一個理論，就是認為二章1至4節是插入的語句，用來平衡二章5至9節對大衛的負面描述。列王紀上二章5節的開頭是一個反意的質詞（disjunctive particle）和一個加強語氣的代名詞（emphatic pronoun），但除非我們認為敘事者（或編修者）有一種年代錯置、語帶諷刺的超脫，不然的話，我們必須有一個結論：按照敘事者的意思，二章5至9節是二章1至4節的續編。以**王者的身分**遵守七重律法並奠定世界的四角，意味著要對作惡的人使用刀劍。這種關係不但是從兩者的並列而被清楚顯示出來的，也是從連結兩部分的概念上的關聯而可看出來的。從「亨通」所含的伊甸園色彩顯示，所羅門以高壓手段，從他的國中除去兇暴的人的做法，是以一個「真亞當」的身分行事，他向那個要在「大蛇之石」旁邊（列王紀上一章9節的「瑣希列」，其意思是「滑行」）稱王的亞多尼雅施行報復。[3] 當敘事者以重要的範例，說明所羅門在審判上具備智慧的時候，他把所羅門描繪成一個需要使用刀劍的人（王上三24），這叫人驚訝。

大衛知道，所羅門即位之時，以色列的花園房子正受著從上一
代留下來的「多個惡魔」的威脅。其中的頭號威脅是亞多尼雅，他 38
像惡魔似的，企圖奪取王的新婦（王上二13～18）。他用拔示巴作為中間人，求所羅門把亞比煞賜給他。亞比煞既然是大衛牀上最後的一個伴侶，雖然大衛從未「認識」她，她也無疑是所羅門從父親所繼承的王室的一部分（撒下十二8），而亞多尼雅的請求，乃是他再次要求得到王權的表現（Walsh 1996, 50; Mulder 1998, 108）。「王國」一詞（מלוכה），無論從象徵意義或從文法來說都是陰性的，在繼位之爭期間，據亞多尼雅所述，以色列表現得像一個為著不同追求者而感到左右為難的愛人（王上二15）。君王是他所擁有的「王

國—新婦」(nation-bride)的丈夫，而君王所擁有的實際的新婦，代表了他的土地和王國。所羅門必定是把亞多尼雅的請求，看作是他早前的謀反死灰復燃(二 22)，是企圖奪取所羅門所保護的以色列「新婦」的表現。[4] 列王紀上二章 24 節含有一些重要的語句，暗指大衛之約(撒下七章)，這意味著所羅門起誓要把亞多尼雅處死一事，無論就保全耶和華所成就的事來說，或是就保全所羅門的王位或保全大衛家來說，都是重要的。

所羅門看出，亞多尼雅所提出的請求一事，以及大衛的舊部下現在又重新力求得到國家控制權一事，兩者之間是有關係的，因此，他馬上著手保護大衛的家，以防落入亞比亞他和約押的手。他以溫和的手段對待亞比亞他，把他逐回亞拿突去(王上一 26；參耶一 1)，其中所用的一個動詞，也用在出埃及(出十二 39)、亞當和夏娃被逐離開伊甸園(創三 24)，以及該隱被逐離開這地(四 14)等事上。亞比亞他被廢，正好應驗了耶和華向祭司以利的家所發出的攻擊的話語(撒上二～三章)，也就是列王紀所應驗的第一個預言。

約押是有分參與謀反的最後一個重要成員，他逃到祭壇那裏尋求庇護，一如亞多尼雅先前所做的。約押不肯從壇上下來，所羅門就把他當作是殺人犯般看待(他確實也是殺人犯)，命人把他帶離祭壇邊，把他處死(出二十一 14)。大衛說約押是有罪的，因為他「在太平之時流戰爭的血」(וישם דמי־מלחמה בשלם；王上二 5)。一般來說，血是「傾倒」出來的，但這裏譯作「流血」的希伯來字眼是動詞 שים(一般譯作「安置」或「安放」)。這個用法在其他經文中只見於申命記二十二章 8 節；那裏的經文警告說，由於疏忽而產生的意外，會讓「流血的罪歸給你家」(תשים דמים בביתך；Mulder 1998, 93～97, 119～120)。當作者轉而描述，所羅門的做法是履行大衛的吩咐時，他所用的語言，再次強調了所羅門的行動是合乎摩西律法的公義要求的。據所羅門斷定，約押得到了應得的報應：所羅門向比拿雅下令處死約押，但那「使約押流人血的罪歸到他自己的頭上」（והשיב יהוה את־דמו על־ראשו）的是耶和華（王上二 32）。

所羅門在二章 31 至 33 節的講話，其中的交叉結構加強了把約 39
押處死與把罪咎從大衛家清除之間的關係，這生動地展示了經文所敍述的「轉向」（Walsh 1996, 58）：

A　殺死他，將他葬埋，好叫流人血的罪不歸我和我的父家
　B　耶和華必使流人血的罪歸到他自己的頭上
　　C　因為他殺了兩個比他又義又好的人
　　　D　大衛卻不知道
　　C'　押尼珥和亞瑪撒
　B'　流人血的罪必歸到約押和他後裔的頭上
A'　惟有大衛和他的後裔必從耶和華那裏得平安，直到永遠

所羅門把約押處死是一次具潔淨功效的獻祭，使所羅門免受約押的罪的惡果所影響。

對示每，所羅門同樣宣告，耶和華「必使你的罪惡歸到自己的頭上」（王上二 44）。示每的過犯是詛咒大衛，祈求流掃羅血的罪歸到大衛的頭上，宣稱「耶和華已經把流掃羅全家的血歸還給你」（השיב עליך יהוה כל דמי בית־שאול；撒下十六 8）。

在懲罰示每之時，所羅門執行一種雙重的轉向：示每所希望那歸給大衛的流人血之罪，終於歸到他自己的頭上。[5] 所羅門把示每處死，是實行了摩西律法的公義精神。與此同時，所羅門認識律法上「更重的事」（太二十三 23），給予示每緩刑，讓他遭受軟禁。示每用象徵式的行動來把大衛「用石頭打死」，但所羅門看他是犯了誤殺而非謀殺的罪，把他拘禁在耶路撒冷——耶路撒冷猶如一

座「逃城」(民三十五 9～34)。示每跟掃羅是親戚，同是便雅憫族人。大衛躲避掃羅期間，他曾在亞吉那裏獲得庇護(撒上二十七章)；當示每的奴僕後來逃到亞吉那裏的時候，示每重複了掃羅對大衛的追擊行動，追趕他的奴僕以至於進入非利士人的領土(王上二 39～40)。掃羅家是在「第三年」來到終結的(二 39)；這「第三年」是轉化、審判和復活的一年。掃羅家由於一件概括了掃羅捕殺受膏的大衛的事情，便從歷史上消失了(Ackerman 1990, 54)。所羅門扮演著復仇者的角色，為報流人血之罪，當示每一離開耶路撒冷，所羅門就執行死刑(二 41～45)。

所羅門在「奠定」他的政治世界一事上，效法了創造主耶和
華，但他的做法是藉著把摩西律法的公義作一種暴力式的應用。
致命的暴力行為，乃是把以色列確立為一個流奶與蜜的「花園地」
(garden land)這「創建性」行動的一部分，就如約書亞早前對迦
南所採取暴力的行為，這使以色列在應許地建立起來。在女性主
義者對贖罪理論(atonement theories；它們暗示父上帝是一位虐
40 兒的家長)的批判、重洗派(Anabaptist)神學家(以非暴力為其整
體神學綱領)及後現代哲學的影響下，很多近期神學當遇到這類
經文就會變得臉色蒼白。溫克(Walter Wink；Wink 1998)完全拒
絕他所稱為「救贖性暴力」(redemptive violence)的東西，而神學
家韋法(Denny Weaver)則試圖建構一種非暴力的贖罪概念。安
瑟倫(Anselm)等人抱持著一種被認為是暴力和非歷史的補償論
(satisfaction theory)，即是把魔鬼從救贖一事上剔除；有的理論則
把耶穌貶為一個處於不公義之下的被動受害者。韋法提出新的理論
以代替這些贖罪理論：他勾畫一個「敘事性的得勝基督」(narrative
Christus Victor)的贖罪理論版本。他從福音書和啟示錄取材，主
張上帝的統治是在地上的，但福音書和啟示錄二者都「表達得很清
楚，勝利的發生並不是藉著刀劍和軍事上的力量，而是非暴力地藉

著死亡和復活」。啟示錄中的戰爭意象是指基督和撒但之間的「對抗」，那「不是在宇宙間發起的一場真實的戰爭」，而是「我們所生活的世界在一世紀所發生的事情」。耶穌決不是被動的受害者，而是「行動主義者，其使命是使上帝的統治成為可見的」；祂將上帝的統治體現出來，這正威脅著那些殘暴的勢力，因此他們把耶穌殺了」（Weaver 2001）。

可是，如果從後現代的分析觀點去檢視的話（這些分析沉醉於揭示那隱藏於每一個微笑背後的匕首），韋法的非暴力贖罪觀就顯得天真和隨意了。一方面，他為暴力所下的定義靈活得不只包括「公然的暴力」（overt violence；在戰爭和死刑所使用的），也包括了「制度上的暴力」（systemic violence；例如種族主義、性別歧視和貧窮；Weaver 2001）；可是另一方面，不知怎地，耶穌與世界諸勢力的對抗，卻始終被看成是非暴力的。結果是，暴力的意思不外乎是「韋法所不認可的行動」。正如波爾斯瑪（Hans Boersma）所言：「暴力不一定是身體上的」。他指出：「堅持使用絕對的非暴力，往往是出於一種對暴力的隨意理解，那就是，把暴力看成是身體上的東西，以致我們樂於接受自己參與在經常是同樣具侵略性的、其他形式的鎮壓和武力之中」（Boersma 2004, 44）。

然而，基督教神學卻不能接受列維納斯（Emmanuel Levinas）和德里達（Jacques Derrida）等後現代思想家對暴力的分析。在德里達看來，暴力是無處不在的惡。一切要判斷「他者」或把「他者」歸類的努力，都構成了侵犯個人獨特性的暴力行為；愛和公平要求絕對的開放、無條件的接納。可是，絕對開放是無法達成的理想。德里達知道，所有社會秩序和文化秩序都離不開分類；據他的理論所推斷，它們全都包含著暴力的種子（Boersma 2004, 28～39）。人類無可避免地被困在一個含有暴力的秩序之內，這秩序頂多只能被改良，通常是藉著反暴力的行動。正如米爾班克

（John Milbank；Milbank 1990b）和哈特（David Bentley Hart；Hart 2003）所力言的，這個對暴力的後現代分析，有賴於與美索不達米亞和希臘的異教神話相似的一種「暴力的存有論」（ontology of violence）。古老的神話描繪出一個有根本衝突的世界，或在各個下級神明之間，或在主管著秩序和混亂的形而上學的原則之間。在巴比倫或海希奧德（Hesiod；譯按：希臘詩人）所寫的創造神話裏，創造本身是一個暴力行動，統治一切的上帝藉著智謀或藉著去掉敵方的勢力或兼用二者來克勝對手。對比之下，基督教承認，一切
41 事物的超越來源是那具完備的愛兼完美和諧的父、子、聖靈的聯合體；而且，創造之所以存在，是由於藉言說發出的一次和平的施予行動。

不過，列王紀以及聖經的其他部分，乃認可在某些場景下的暴力。而且，正如波爾斯瑪所主張的，在救贖一事上，有不能根除的暴力成分。從聖經的觀點看來，雖然暴力是對那原本是和平的世界的一種侵擾，但它卻可以是具有救贖效力的。在我們目前介乎人類墮落之後（postlapsarian）及終末來臨之前（preeschatological）的狀態裏，暴力不但（有時候）是一種需要的惡，也（有時候）是一種有正面作用的善。列王紀上二章對這種說法提供了一個特別重要的解說，這讓我們看見，在這個墮落後和終末前的世界裏，暴力是用來建構聖經所謂「和平」的繁榮社會的必須條件。以暴力的方式執行公義是建構新的創造的狀態的方法之一。就如波爾斯瑪所說的，「上帝的款待必須要有暴力，正如祂的愛使憤怒成為必須的」；「上帝的暴力……是一種方法，上帝藉此達至純全款待的終末性狀況」（Boersma 2004, 49）。就如列王紀上二章所明示的，暴力（一如憤怒）並不是上帝的專利；所羅門作為「憤怒的執事」（羅十三4；編按：經文乃按英文原書翻譯），他所建立的以色列，是終末來臨時那充滿不斷的歡欣和純全款待的景況的一個預覽（王上四～五章）。

然而，所羅門這種使用暴力的方式所確立的，不過是那位更大的所羅門的一個微弱影子，後者最先是藉著遭受暴力、而不是施展暴力來建設一個新的創造。[6]

列王紀上二章的大部分篇幅，都是講述所羅門王國的「奠定」，那只可以通過剷除王國的敵人而達成。可是他在保護著甚麼？他所建立的國度又是甚麼？大衛在鼓勵兒子強烈地對付宿敵之時，他也吩咐所羅門要答謝基列人巴西萊，因在押沙龍叛變中，當大衛逃離耶路撒冷的時候，他曾供養大衛（撒下十七27～29；Provan 1995, 35）。巴西萊祝福了主所膏立的人，亞伯拉罕的真子孫，自己也就蒙了祝福。他供養了大衛，於是他的子孫也得到供養。這為所羅門以暴力執行公義的目標提供了線索。把敵人處死明顯不是政治行動的最終目的，也不是只為鞏固權力、實行控制，以及為保持某程度的秩序的一種策略。必先把敵人除掉，然後才有空間擺設筵席；必須把恐懼消除，然後才讓喜樂進來；保證國家的疆界安全穩妥，然後國民才可以在主面前吃喝歡欣。所羅門把國家的敵人處死，結果國家的朋友就能在安全、和平、喜樂的氣氛下吃喝。於所羅門或於耶穌來說都是一樣：筵席是國度的中心。

註釋

1. 根據希伯來文，開頭的經節是「日子近了，大衛臨近死亡」，而二章11節的開頭就是「大衛王統治以色列的日子」。
2. 這份清單的另一個令人側目之處，就是在一篇對未來的王的訓話中採用大量有關祭司職務的術語（Mulder 1998, 89）。在這清單的不少篇幅的字裏行間，其所隱含的命令就是「防備」。所羅門將要作王，但他將要像祭司那樣，必須盡防備之職，預防有人入侵國土的「神聖空間」或預防有人違反摩西律法的「神聖話語」。關於祭司的防備之職，參 Milgrom 1970。

3. 在別的地方，列王紀從相反的方向提出相同的一點。先知公開抨擊亞哈**不肯**對敵人用劍的做法：「你的命就必代替他的命，你的民也必代替他的民。」（王上二十 42）
4. 有解經家一廂情願地認為，經文暗示拔示巴是個天生的媒人；又或，她也許太天真，不明白亞多尼雅的請求的弦外之音。這兩種看法都不可能。拔示巴在列王紀上一章就顯明她是個夠明智的通訊員，而承繼先王妻妾的習俗是那麼的流行，她是不可能不知道的。雖然她給亞多尼雅一個含糊的反應，但她知道自己在做甚麼。她**沒有**說，她會「為你」向所羅門提說，而是說，在王面前「提到你」（Walsh 1996, 51）。
5. 雖然大體來說，沃爾什（Jerome Walsh）對所羅門在列王紀上二章所採取的行動持負面的看法，但他承認一點（Walsh 1996, 64）：根據以牙還牙的原則，所羅門把示每處死是合理的。
6. 可是，**不施行**暴力的基督、**單單**承受暴力的基督，並不是新約聖經所描繪的基督。所羅門和耶戶（見列王紀下九章 1 節至十章 36 節的註釋）都是基督的預表，就如受苦的僕人是基督的預表一樣；而啟示錄的基督，也決不只是暴力下一個被動的受害者而已（啟十九 11 ～ 21）。

列王紀上三 1～28

在《神學大全》（*Summa theologiae*）接近開頭的部分（Aquinas 42
1920, part I Q. 1 art. 6），阿奎那（Thomas Aquinas）問：神聖的教義是否為智慧？這問題有一段錯綜複雜的歷史。知識（*scientia*）和智慧（*sapientia*）的分別，早見於古代的哲學文獻，但最重要的神學討論是由奧古斯丁（Augustine）提出來的。據奧古斯丁所言，*scientia* 是與歷史和經驗有關的理性知識，它在神學上扮演著一個角色，因為神學是和基督教故事的歷史事件有關的（Augustine 1998, 13.24）。對比之下，關於 *sapientia* 的知識則是渴望以上帝為樂，可以定義為敬虔、崇拜或愛（Augustine 1998, 14.1, 12.22）。就如當今擁護「智慧」（sapiential）神學的學者之中、最能清楚表達自己的看法的克利（Ellen Charry）所指出，那分別「最終是信仰的知識和愛的智慧兩者之間的分別，這其中最大的是愛」。追求「科學的」（scientific）知識的目的，是上升到對上帝的愛，即 *sapientia*：「對上帝的知識和愛，構成了真正的基督教的敬虔」（Charry 1993, 94）。

到了阿奎那的時代，*scientia* 和 *sapientia* 之間的奧古斯丁式的分別乃消失了，阿奎那視神聖的教義為一種智慧的形式，是依賴亞里士多德（Aristotle）過於奧古斯丁的；他在討論基督教教義的智慧特性的時候，毫不含糊地引述了亞里士多德的《形上學》（*Metaphysics*；Aquinas 1920, part I Q. 1 art. 6）。亞里士多德解釋知識與智慧的分別，是對果（effects）的知識和對因（causes）的知識的分別（*Metaphysics* 1.1）；神聖的教義是一種智慧，因為它從果進到背後的因。智慧人懂得「鋪排和判斷」；當他或她「考慮到在某個秩序之內最高的原則」時，他或她就是在該範圍內有智慧。在建築的範疇，建築師是有智慧的；而切割木材和石頭的工人則擁有一種次等的智慧。在倫理學的範疇，智慧人懂得讓自己的行動趨
43 向一個「合適的目標」。神聖的教義顧及萬物的因和目的，即是上帝，所以研究神聖的教義的人是最有智慧的，他們不單是在某一個範圍內有智慧，而是「絕對地」有智慧（Aquinas 1920, part I Q. 1 art. 6）。[1]

大體來說，歷史上的討論，錯過了聖經智慧的觀點。奧古斯丁假定了類似一種柏拉圖式認識論上的二元論，即把可感覺到的和僅藉著智力可理解的知識分開，以形而上的二元論為基礎，區分理形的世界（the world of forms）和經驗的世界（the world of experience）；而阿奎那的概念，雖然在多方面比較可取，但也畢竟是過於偏重智性，以致沒能抓住聖經的概念。聖經裏的智慧，往往與伐木者的技術的關係密切，比其與神祕主義者的忘我境界的關係更為密切。智慧的希伯來文 חכמה 常常是指「藝術家的技巧」（出二十八3，三十一3，三十五31；王上七14），而即使經文所指的與藝術無直接關係，也還沒有忽略富美感和實用的層面。家具製造者在他的技能上表現智慧，不只是藉著知道「因」，而是藉著卓越的手藝本身。音樂家在創作音樂上表現智慧；父母在教養和指導孩童上表現智慧。這些努力都包含特殊的技術或工藝；而整體來說，

箴言是一卷指導人過老練的生活的書，它教導人怎樣建構一種具吸引力的、合宜而美麗的人生。耶穌——智慧的化身——正好是從這個意義來說的智慧；正如庫薩的尼古拉斯（Nicholas of Cusa）所言，耶穌把父上帝的藝術體現出來，祂是把這世界的原料和廢物塑造成上帝國裏的東西的工匠，也是教導門徒如何建造得穩妥的老師（太七 24～27）。

列王紀上三章是聖經中論智慧的偉大篇章之一，它把智慧穩妥地安置在這個實際的——在這個情況下是政治的——處境裏。可是，本章開頭時看來有不祥的預兆，所羅門做了有人認為是違反申命記律法的事情。所羅門「作了法老王的女婿」（ויתחתן שלמה את־פרעה），這顯然違反了申命記七章 3 節；該處禁止以色列人「作迦南人的女婿」（ולא תתחתן）。有人認為，所羅門成為法老的女婿，實際上就是讓自己處於埃及王的從屬地位，把出埃及一事逆轉了（Walsh 1996, 70）。然而（與此相反：Provan 1995, 44～45），我們馬上就知道，所羅門「愛耶和華」（王上三 3）；由是，「他的婚姻是犯罪的」這個看法就站不住腳了。這裏與十一章 1 至 8 節的判斷不同；該處說：所羅門戀愛外邦女子，她們使他的心轉離耶和華。作者大概不是一個不加批判的所羅門其擁護者，但他並沒有就迎娶法老的女兒一事批評所羅門（三 2）。所羅門娶法老女兒一事，反倒兌現了上帝對亞伯拉罕的應許，那就是賜福萬族。不過，所羅門後來娶了眾多外邦女子，加添了罪過，這提示了一點：這個應許的圓滿兌現，還在等待一個新的盟約，即一個屬於靈而非屬於字句的約。所羅門
娶法老女兒一事乃指向耶穌：耶穌像所羅門一樣，從萬族中揀選新 44
婦，和她立約；但耶穌不像所羅門，倒是由始至終忠於祂的父。[2]

列王紀上三章以所羅門求智慧作為主導，在三章 4 至 15 節有詳細記述，這部分以所羅門在其中敬拜的兩個神龕作為框架：一是在基遍摩西所設立的會幕，一是在耶路撒冷大衛為約櫃所設立的神

龕。所羅門從一個神龕來到另一個，是第二次的登基，他由古舊的摩西制度進到耶路撒冷這個新的首都。在耶路撒冷，所羅門成了舊約聖經中在約櫃前**站立**的第一人（王上三 15）。在他獲得智慧後，所羅門即時在耶和華的約櫃/寶座前有一個身分地位，那就是作為王（耶和華）的僕人，隨時準備好去「侍立並服事」耶和華，就如所羅門的僕人在他面前「侍立並服事」他那樣。

耶和華在夢中向所羅門顯現，這是耶和華向君王啟示的典型方式；這裏是聖經所記耶和華向所羅門兩次顯現之中的第一次（亦參：王上九 2）。耶和華邀請所羅門選擇一份禮物，所羅門所求的是以平行的兩串語句來鋪排的（Walsh 1996, 74）：

A　耶和華對大衛仁慈（三 6a）
　B　大衛對耶和華忠心（三 6b）
　　C　耶和華賜大衛一個兒子（三 6c）
A'　所羅門接續大衛作王（三 7a）
　B'　所羅門年輕，沒有經驗（三 7b ～ 8）
　　C'　賜一顆聆聽的心（三 9）

這個結構的框架兩次提到「心」：大衛心裏正直（三 6），[3] 而所羅門則祈求一顆「傾聽」或「聆聽」的心（לב שמע；三 9）。所羅門對智慧的關注的中心，是他自己的心的狀態（Walsh 1996, 73）。真正的智慧不只是狡猾，或用奸狡的手段去得到自己想要的東西的能力，而是出自一顆效忠於耶和華、忠於祂的做法的心。當所羅門的心走歪了，他後來也就敗落了（十一 4），那絕不是偶然的。

所羅門求智慧，更明確地說，是求能「辨別善惡」（להבין בין־טוב לרע；王上三 9）。這裏所用的片語與在創世記二至三章裏用來形容園子裏的樹（עץ הדעת טוב ורע），即一棵給人智慧的樹的語句相似

(Deurloo 1989, 12)。因此，所羅門的祈求，可以說是祈求能得以
接近那棵不准亞當接觸的樹。就如亞當那樣，所羅門在獲得新婦之
前先「沉沉大睡」，但所羅門醒來時則有智慧婦人 (Lady Wisdom) 45
為伴。就如在列王紀上二章的那樣，所羅門是一個新的、改進了的亞當。在祈求得到智慧去「判斷」(三 9) 一事上，所羅門尋求妥善治國的技巧；他想要成為像比撒列的君王 (出三十一 2 ～ 5)，好讓他的國家像會幕那樣，成為彰顯榮耀的地方。要是以智慧實行出來的話，政治是一種手藝，其製成品是和諧和美麗的社會。耶和華承諾把所羅門沒有求的一切東西都加給他 (王上三 10 ～ 14)，這無疑為所羅門在箴言裏的教訓注入靈感，在箴言一書裏，他強調智慧是當尋求的最主要的東西；當追求智慧時，尊榮、財富和卓越就都隨之而來 (例如：箴八 12 ～ 21)。就如保羅筆下所言，耶和華豐豐富富地賜給我們，超過我們所求所想 (弗三 20)。祂是施予的上帝。

所羅門在審判兩個妓女一事上，展示了耶和華所給的智慧 (王上三 16 ～ 28)。在某個層次上，這是一個直截了當的故事，展示了所羅門不可思議的能力，他解開了一個裁判之謎：他是所羅門偵探，大衛之子中的英雄。然而，從不尋常的經文風格和濃烈的預表色彩看來，經文的意義並不停在這個層次上。故事中沒有一處提到所羅門的名字 (Walsh 1996, 78)，他總是被稱為「王」(המלך；在三章 16 至 28 節中用了十次)，而兩個女人則被稱為無名的「妓女」(三 16)，或更多的時候，以「女人」稱呼之 (經文中出現了七次)。英文譯本聖經把兩個女人分別譯為「第一個」和「另外一個」(三 22)，但在希伯來文是分不出來的：所羅門總結了「這個」和「這個」的爭論 (三 23)。這幾個角色有原型的意味，兩個對立的女人為那活著的孩子變成了分不清的、「彼此類同的對手」。[4]

故事大部分是對話，而且是重複的對話。兩個女人不但不能區

分，她們的見證實際上也是循環的說話。列王紀上三章22節是交叉式結構（Nelson 1987, 38; Walsh 1996, 81），而在接下來的一節，所羅門就以顛倒的次序重複兩個女人的說話。所羅門的判決也是另一次引述女人的話——孩子的母親說：「將活孩子給那婦人吧，萬不可殺他」（王上三26）；而所羅門就以差不多一樣的字句來回應：「將活孩子給這婦人，萬不可殺他」（三27）。所羅門配備了上帝所賜的智慧，撕破了一層又一層重複的見證和反見證，這表現了一點：耶和華的確把一顆「傾聽」的新心賜給他了（三9），這顆心與示瑪（Sheme；「聽啊，以色列」；申六4）的認信和諧一致。所羅門的智慧並不「在律法之外」，可是，它也不是把某個條例加以簡單應用。所羅門跟亞當不同：亞當從女人的手中接過禁果，而所羅門則以明辨的心聆聽兩個女人的說話，並作出正確的裁決。這還不止，所羅門所作的裁決，更暴露了兩個女人的心，這顯示了他有上帝所賜「分辨善惡」的能力。孩子的真正母親以「慈心」，又或（比較富色彩的來說）以「骨肉之情」（wombliness，רחמיה；與「子宮」〔womb〕有關）來回應。[5]

46 從列王紀的文脈看來，這故事與列王紀上一至二章所記的事件，在重要的點上有相似的地方：

王上一～二章	王上三章
兩個母親：哈及和拔示巴	兩個母親
兩個兒子：亞多尼雅和所羅門	兩個兒子
拔示巴為孩子的生命提出請求	母親為孩子提出請求
拔示巴為後來死去的亞多尼雅求情	其中一個母親接受兒子的死
亞多尼雅死了	一個兒子死了
所羅門從危難中被解救出來	兒子從危難中被解救出來
大衛作出了對拔示巴有利的裁決	所羅門作出裁決

所羅門運用上帝所賜的巧妙智慧，這智慧曾讓他勝過對手亞多尼

雅而坐上王位。難怪以色列人「見他心裏有上帝的智慧」(王上三28)。

還有，兩個妓女所說的故事與逾越節有一種離奇的相似性。交換兒子是在夜裏發生的，正如逾越節的情況(出十二29)，又，就如逾越節的情況，當一個男孩死去的時候，另一個男孩就得到拯救。這暗示了假的母親是埃及，是個像法老的女人，她悶死了自己的孩子之後，就要把以色列的孩子們丟進尼羅河去。王憑著耶和華所賜的智慧，帶來殺人的刀，正如耶和華的天使在法老的威脅之下，釋放了以色列的眾子。逾越節本身是把捆綁以撒一事(創二十二章)再次執行，而列王紀上三章也充滿了這個故事的影子。不論是真母親或假母親，都願意「犧牲」那活著的兒子，只是真母親「犧牲」自己的兒子是為了救他，而假母親犧牲那兒子卻是要毀滅他。所羅門通過他的測試，辨別出誰是那個真以色列人，那個亞伯拉罕的真女兒；這個真女兒像亞伯拉罕那樣，為救自己的孩子，憑信心放棄他。在亞伯拉罕獻以撒之後，創世記二十二章17節記載了耶和華第一次應許以色列人要像海沙增多；列王紀上三至四章出現了類似的進程：一個妓女像亞伯拉罕所做的那樣，放棄自己的兒子，而在接續的一章，我們看到，以色列人變成了「像海邊的沙那樣多」(王上四20)，這是第一次把這片語用來描述以色列的實際情況(而不是對未來的應許)。

在列王紀提及妓女和賣淫的其他經文，都是與亞哈的偶像崇拜有關的(王上二十二38；王下九22)。把不忠的以色列比作妓女的這個意象，在先知傳統中是常見的(何一～三章；耶三章；結十六章)，其中最引人注目的，就是以西結把耶路撒冷和撒馬利亞比作互為姊妹的兩個妓女的比喻(結二十三章)。兩個妓女代表分裂了的王國的兩個部分，雙方都爭取對那後裔的擁有權。妓女以色列像埃及那樣殺死自己的兒女，但總會有一個新婦會保護那後裔(王下十一 1～3）。所羅門在兩個女人之中作出選擇，這讓我們想到箴言；箴言說王子必須在智慧和愚昧之間作出選擇——智慧和愚昧都同被描述為女人（雖然只有愚昧被描述成妓女）。

列王紀上三章 18 節提到「第三日」，它暗示了這裏跟聖經的其他「第三日」事件是有關連的，特別與耶穌的復活有關連。這裏又和列王紀上一章所引出的、在創世記裏很常見的主題「替代的兒子」有關。我們往前看新約，兩個互相爭競的母親，預示了加拉太書四章的兩個母親，即代表舊的猶太教的「亞伯拉罕的妻子」和與耶穌相連的「新以色列」。第一個以色列——屬肉體的以色列——死去以後，蒙拯救的只有那些尋求那活著的孩子的人；這活著的孩子，就是屬靈的孩子，是在第三日從死裏被救出來的。

註釋

1. 進一步的討論，參 Marshall 2005。
2. 經文提到所羅門在邱壇敬拜上帝（王上三 3），這被視為對他的一種批判。然而，當所羅門在基遍那「極大的邱壇」敬拜時（三 4），耶和華向他顯現並答應給他智慧。在所羅門統治的初期，當中央聖所還沒有發揮作用時，像基遍那裏的邱壇是被容忍的。不過，到所羅門獲得了用來建造聖殿的智慧之後，他馬上轉到耶路撒冷那擺放約櫃的神龕那裏，並且不再回基遍去了。
3. 也許所有三項對大衛的忠誠的描述，都是由「心」來限定的。那就是說，大衛不只表現了正直的心，也表現了他的心是有「真理和正義的」。
4. 本段經文是吉拉德（René Girard）經常描述的現象的一個典型例子。
5. 列王紀上三章 26 節的句子次序，清楚顯示了先開口的是孩子的母親，接著是那個假母親。這確實是峯迴路轉的：兩個女人正為那活著的孩子的監護權爭吵著，而真母親竟把她的權利讓給對手。而**就在這一刻，她勝出了**；假母親硬著心腸，要求所羅門把孩子殺死。從現實來說，我們應該把兩個女人的反應理解為是同時出現的，但經文所記的次序是耐人尋味的，它真實地把假母親的妒忌心理描畫出來了。

列王紀上四 1～五 18

如上所述，列王紀上二章的開頭，是以約書亞預表所羅門的。大衛勸所羅門要「剛強壯膽」並遵行摩西的律法（王上二 2～3），就如摩西在約書亞進攻迦南時，勸約書亞要剛強壯膽一樣（申三十一 6～7；書一 6）。約書亞的探子在妓女喇合家裏留宿，而所羅門就在兩個妓女的案件上作出裁決。約書亞帶領以色列攻打耶利哥和艾城，而所羅門就統治幼發拉底河西面的諸王（王上四 21）。所羅門把國土分為多個行政區（四 7～19），就如約書亞早前把迦南地分給各族那樣（書十三～二十一章）。外邦的基遍人欺騙約書亞與他們結盟（書九章），而泰爾的希蘭這個外邦的統治者就與所羅門結盟（王上五章）。在這兩次事件之間，以色列從來沒與外邦人立約。所羅門告訴希蘭，以色列境內「太平」（ועתה הניח יהוה；五 4），這也是約書亞打敗南北的迦南人之後所達至的狀況（書十一 23）。約書亞在示羅設立會幕（十八 1），成為他征服迦南的高潮，而所羅門統治的高峯，就是興建聖殿（王上六～七章）。

約書亞把以色列領進一片流奶與蜜的土地上，這是一片食物豐富的土地，這一點在所羅門統治期間也得到了更圓滿的實現。列王紀上四章的結構，是以所羅門席上的豐富食物為中心的：

A 所羅門的官員和副官（四 1～19）
　B 猶大和以色列吃喝快樂（四 20）
　　C 所羅門統治大河到埃及的諸國（四 21）
　　　D 所羅門席上的食物（四 22～23）
　　C’ 所羅門統治大河西面的一切（四 24）
　B’ 猶大和以色列過著安全的生活（四 25）
A’ 副官為所羅門的家屬提供食物（四 26～28）

所羅門的統治不只實現了約書亞征服迦南的承諾，也表現了耶
和華是信守祂對亞伯拉罕的眾多應許的。在所羅門的統治之下，以 49
色列過著平安、和諧、安全和喜樂的生活。以色列人最終變成了多如海邊的沙（王上四 20；比較創二十二 17）；這個描述在亞伯拉罕與所羅門之間，只適用於以色列的敵人，即假的以色列身上（書十一 4；士七 12；撒上十三 5；撒下十七 11）。「像海邊的沙」一語，在列王紀上四章 29 節再次出現，在那裏，該語是用來形容所羅門的「心」的寬廣的。所羅門有一顆「傾聽的心」（王上三 9），這智慧的心廣闊得足以統治無數的國民。所羅門的王國從地中海伸展到幼發拉底河，北至但，南至別是巴（四 25；比較創十五 18），擴展到地的四極。而且，在所羅門的領土之內具統治力的諸王，成為了向他進貢的附屬邦國，他們把自己的榮耀帶來給所羅門（王上四 21；比較啟二十一 24）。在所羅門統治下，以色列作首不作尾（申二十八 13）。

在以上的類比背後，列王紀上四章又向我們顯示出，所羅門也是更偉大的亞當。他超越了亞當，吃的是智慧樹上的果子，藉著組

織國家、與泰爾王希蘭建交，以及建造聖殿（出三十一3），他表現了他的智慧。這一切智慧的表現，為所羅門帶來了榮耀，那是超過了和他同代的任何一個王的榮耀，並局部恢復了伊甸園燦爛的光輝。在列王紀上四章21節，敘事者用 מושל（統治）一詞，而在四章24節，所用的動詞則是 רדה（有支配權）。前者與四章32節「箴言」或「謎語」所用的字眼 משל 是一語雙關的，這強調了所羅門是藉智慧來統治他的王國，這智慧正是他能夠講說箴言和解開謎語的智慧。後一個動詞，在創世記一章26節則用來表達亞當在世界的使命。所羅門藉著對以色列周圍的各國「有支配權」，履行了亞當要統治和征服大地的使命。和這個描畫所一致的是，所羅門對自然世界的認識，涵蓋了各種各類的受造物：野獸、飛鳥、爬蟲和魚（王上四33；比較創二19～20）。以色列被召成為亞當的族類，而所羅門就是實踐這呼召的最重要的榜樣；他是那個更偉大的、像亞當的人，統治著亞當的族類，其中的人多如繁星和海沙。

大部分基督教神學傳統，都把上帝的形象理解為主要是、或完全是屬於靈魂部分的一種個人素質。在阿奎那（Thomas Aquinas）看來，「上帝的形象只是思維上的事」，而在人類之內明顯存在的「形象」（image），乃不同於在其餘的創造之內所找到的像上帝般的「痕迹」（trace）。就形象來說，人類是「在種類上與上帝相似」，而「痕迹」就只不過是「因著某種效果而與某物相似」，就如足印是動物的痕迹那樣。理性的人在種類上是和上帝相似的，因他們不但有分於生命和存有，「也在智力上有分」，而「其他受造物就沒有理解力，雖然——假如我們思想到它們的氣質的話——我們從它們的身上可以看見，那創造它們的大智性的若干痕迹」。再者，人類反映了三一上帝所發出的言語和愛：「在理性的人身上……我們找到從智性所發出的言語，以及從意志所發出的愛」，這構成了三一上帝「某程度上的種類代表」（Aquinas 1920, part I Q. 93 art. 6）。

加爾文（John Calvin）宣稱，上帝的形象在靈魂中有它「正當 50
的位置」。雖然他承認，人類有「外在的形式」，「它把我們從無理性的牲畜區分和分別出來，同時讓我們與上帝更緊密相連」，但從這些外在記號所看見、所反映的上帝的形象，卻是屬靈的。加爾文從新約中有關恢復上帝的形象的教導往後推論，以解釋上帝的形象的本質。他引用歌羅西書三章10節及以弗所書四章24節，得出一個結論：「〔保羅〕首先把知識安放好了，然後是仁義和聖潔。我們從這一點推斷，首先，上帝的形象是可見的，從人的思維、正直的人心，以及健全的各個部分可以看出來」（Calvin 1960, 1.15.3～4）。加爾文明確地拒絕傳統的奧古斯丁觀點，即上帝的形象是三一上帝在其有分於祂生命中的靈魂上的印記；他也拒絕上帝的形象包括了人類對動物的支配權的說法。他說：「上帝的形象應該在他裏面、而不是在外面尋找的，那就是靈魂內在的善」（Calvin 1960, 1.15.4）。加爾文沒有解釋或維護這個句子的意義，他堅決主張上帝的形象是存在於人類之內、而非存在於關係上，這或許提供了理據，使加爾文和笛卡兒（René Descartes）的「自我表現主體」（self-present subject）看來有一定的延續性。在加爾文看來，人類完全是在不毛之地之上單獨存在的上帝的形象。與上帝的形象相似，頂多只和個人與世界的交往，或甚至與其他人的交往上有一點兒的關係。

今天，只有很少人會認為，加爾文對上帝的形象的討論，是與聖經的證據或人類的經驗相符合的；對於這一種不滿，巴特（Karl Barth）是要負很大的責任的。巴特重新提出奧古斯丁（Augustine）的見解，主張人類是和三一上帝的形象相似的，並給此注入了新的意義。巴特認為，人作為上帝的形象，這意味著「在上帝自己的領域和存有裏，有一個屬於上帝的、因此也是基於上帝自己的原型（prototype），而人類能對應於這個原型」。在上帝之內，有一種「我—你」(I-Thou)的關係，即「一種真誠和諧的自我相遇和自我發現；一種自由的共存和合作；一種開放的對質和相互作用」。人類是「這種屬上帝的生命形態的重複，是它的複製品和反照」。上帝只在人類之內創造一種「真正與上帝相配的部分」，這相配的部分，可以進入一種與上帝相交的、親切的「我—你」關係之內(Barth 1939～1969, 3.1.183～187)。

在創世記一章的文脈裏，「上帝的形象」所表現的上帝，正是創世故事所記、用言語來創造的上帝。當造物者照著祂的形象樣式造出一個受造物的時候，祂所造出的受造物，也是可以說話和創造的。人類是按照三一上帝的形象所造的，因他們受造的目的，乃是要與上帝及與其他人產生關係，又因他們概括了耶和華、祂的言語和聖靈的創造之工。當人類離開了與上帝和與其他人的關係，或離開了他們對創造的管治權，人類就不是上帝的形象。在發出言說和創造的生成(*poiesis*)上，人類反映了永恆地具創造力的上帝的形象，這位上帝也是言語(word)。所羅門在其統治以色列上，在其講說智慧的箴言上，在其對動物進行的科學研究上，以及在其創作的詩歌上，都反映了造物者上帝的形象。

51 作者在描述所羅門治國一事上，強調他是耶和華的形象。列王紀上四章1至19節敍述所羅門治國的行政人員，包括了他的內閣(王上四1～6)和供應宮廷所需的地方行政人員(四7～19)。四章1至6節列出的人被稱為「官員」、「首長」或「官長」。這個字的廣義用法(代上二十四3；但十20，十二1)，暗示了所羅門的家——耶和華及其「僕人—祭司」的「家」——與天堂相似；耶和華正坐在天堂的寶座上，被無數的屬天存在物包圍著(王上二十二19)。所羅門的家是由「祭司」(כהנים)監督的，正如耶和華的家(四2、4～5)。第二份清單有十二個名字，這個數目暗喻以色列早期歷史的支派結構。每個官員負責一個地區，在每年的其中一個月為所羅門的筵席供應食物。[1] 所羅門的組織沒有壓抑、反而促進了以色列的繁榮和歡樂：緊接著沉悶的行政人員名單的，是以色列和猶大「吃喝快樂」的斷言（四 20）。「吃喝快樂」這連串事情，典型地是和中央聖所及崇拜的活動有關的（申十二 7、18，十四 26，二十七 7）。即使是在建造聖殿之前，以色列全境早已變成了為耶和華的家而設的一個前院，一個歡宴之地。所羅門在司法上和行政上的智慧，所引出的目的（*telos*）是歡樂 —— 筵席的歡樂。

所羅門統治一個頗大的王國，其轄下有給他進貢的諸國。[2] 列王紀上四章 21 節的「大河」是幼發拉底河（書二十四 15；撒下八 3），所羅門的權力伸展遠至「埃及的邊界」。外邦人被納入 —— 雖然還是有點距離 —— 亞當的新族類的生活之內。敘事者列出所羅門席上每天吃的七種動物：牛、牧場上養的牛、羊、鹿、羚羊、麅子和「肥禽」（王上四 23）。這個數目再次提示了創造的主題：七種受造的動物是給所羅門的食物，正如上帝起初把受造的東西賜給亞當作食物那樣（創一 29～30）。所羅門的菜單，包括一些並不是在以色列的獻祭筵席上吃的肉類。獻祭用的動物代表著以色列，而潔淨的野獸就象徵了外邦中「敬畏上帝的人」（Jordan 1990b, 18～23）。就如外邦列國被納入所羅門的王國之內，「外邦的」動物被納入他的身體之內。那些「來與所羅門同席之人」（王上四 27）中，包括了訪客，所羅門的款待也惠及他們。所羅門的筵席像耶和華的筵席，是向所有人開放的；所羅門是新的約瑟，為飢餓的各國提供糧食。外邦人吃那從他席上掉下來的零碎，這預示了那個更大的所羅門 —— 他在世界的中央擺設筵席，豐盛得能餵飽全人類。

榮耀不是一個零和遊戲。因為這位智慧的新亞當坐在王位上，
全國就都沐浴在他的豐盛之中。所羅門有他自己美妙的筵席和豐 52
富的花園，而每個以色列人也有自己的葡萄園和果園，像伊甸園一
般（王上四 25）。葡萄樹和無花果樹令人聯想到以色列，特別是在

所羅門的榮耀統治期間的以色列（迦四 4；亞三 10）；當先知為葡萄樹和無花果樹的凋零哀哭的時候，他們是在為以色列從所羅門的榮耀敗落而哀悼它（賽三十四 4；耶五 17，八 13；比較以賽亞書三十六章 16 節那語帶諷刺的誘惑）。

列王紀上四章 29 節開始的一段以交叉結構寫成：

A　所羅門的智慧（四 29～34）
　B　希蘭差僕人去見所羅門（五 1）
　　C　所羅門給希蘭的信息（五 2～6）
　B'　希蘭給所羅門的回應（五 7～11）
A'　所羅門的智慧（五 12）

本段的開始是對所羅門的智慧的七重描述，本段的結束是論及所羅門的智慧的另一個句子。在這首尾呼應的框架之內，敘事者描述所羅門在與泰爾的希蘭王建交上的智慧。所羅門得到外邦人的協助來建造聖殿，這是一個象徵：從一開始，聖殿就是「萬民禱告的殿」。所羅門再次扮演亞當的角色，從以色列這個伊甸園走出去，到境外之地搜羅貨品，就如亞當要從園子擴展出去，搜羅財富和貨品，好榮耀耶和華在伊甸園的住處（Jordan 1988a, 147～148）。外邦人和以色列人聯手建造聖殿，這聖殿連接天與地，是把分散的列邦聯合起來的真巴比塔。[3]

註釋

1. 這些地區是不是與以色列早前的支派分區完全吻合，這是一個疑問。即使是完全吻合，也有多於一半的地區是以別的方法來界定的；大部分是由區內的重要城市來界定的。所羅門把境內的地區重新劃分，結果國家的運作就如一個有十二個州的君主國，而不是支派聯盟。

2. 這裏的「貢品」譯自 מנחה，它是「素祭」的常用字（利二章）。所羅門像他的父親耶和華那樣，接受地上萬民的「崇拜」。

3. 據沃爾什（Jerome Walsh）所記（Walsh 1996, 96～99），希蘭給所羅門的信是狡猾的一著，他成功改變了交易條件。他沒有准許所羅門的僕人和他的僕人在黎巴嫩一起做工，倒提出會把木材浮海運到以色列去；他沒有讓所羅門把工價給他的僕人（因那會暗示他們是所羅門的雇工），倒要求所羅門為他的王室提供食物。沃爾什的解釋是過分靈巧了。根據列王紀上五章14至15節，所羅門的僕人在黎巴嫩做工，這可以假定是和希蘭的僕人一起，就如所羅門起初所提議的。沃爾什為支持他的解釋，不得不說，雙方後來達成協議。一個比較簡單的推斷是：希蘭的條件不像沃爾什所想像的那樣，和所羅門的條件有根本上的差距。再說，沃爾什被迫把五章12節當作是對所羅門的智慧給予一種極具諷刺意味的評價。但那是很難站得住腳的，因為到目前為止，敘事者對所羅門的智慧表現了一種從沒消減過的熱誠，而且交易的結果是以色列和泰爾之間和平及友好的盟約。希蘭給所羅門的回應，顯示了他對所羅門的提議提出了一些細節上的修改，但所有的修改都是對所羅門有利的。所羅門要香柏木，希蘭就給他香柏木和松木（王上五8）；所羅門要人到黎巴嫩工作，希蘭就提出把木材運到所羅門那裏（五9），把本來會落在所羅門身上的運輸責任，歸到自己身上。敘事者表示，希蘭滿足了所羅門的願望（五10），所以明顯地，所羅門並非對該宗交易感到不滿。希蘭提出會照著所羅門的心願去做（五8），與此同時，他期望所羅門也會討他的歡喜（五9）。這一點惟有存心懷疑的人才會被瞞過去；對存心懷疑的人來說，所有事情都值得懷疑。話說回來，從表面看，這不過是誠實人做生意的方式，雙方都謀求好處。叫人印象深刻的是，希蘭謀求所羅門的喜悅和好處，而不是只求自己的喜悅和好處。這是敬虔人做生意的方式。

列王紀上六 1～38，七 13～51

53 所羅門像神明施行公義，以熟練的技巧管治一個細小的帝國，但他最偉大的成就，卻是為耶和華的名建造聖殿。[1] 同樣的說法，應用在耶穌這位更大的所羅門身上也是正確的；耶穌把祂的教會建造在承認祂是基督的彼得這塊磐石上，並應許地獄的門不能勝過它（太十六 17～18）。所羅門故事的中心篇章記述聖殿的建造；用神學的措詞來說，這部分的重點是教會論（ecclesiology）。

米尼亞（Paul Minear）在他的經典之作《新約中教會的形象》
（*Images of the Church in the New Testament*）的開頭幾頁說，新約
聖經表現了「一種思考方式，是由圖畫、類比和形象主導的」，又
說，教會的每個形象都是「共同的想像」，「比形象還要深邃」。對
54 比之下，在現代教會裏，要重新發現聖經的形象是很難的事，因為
它們來得並不自然，而且凡是試圖要解釋某個形象的意義的，都是
沒有結果的，這是個「死後僵硬的徵兆；眼睛和圖畫之間的緊密關
係已經失落了」（Minear 2004, 16～18；參 Dulles 1987）。現代的
思想，包括了現代的神學，在象徵性的（figurative）和非象徵性的

語句之間作出了區分，「我們假設了，清晰的思想和表達要求我們把兩者作出嚴格的區分，但新約聖經中並沒有這個要求」。新約作者用字句來表達象徵意義和字面意義，而他們的意思究竟是哪一種，經常沒有在任何上下文之中作出交代。在某些情況下（米尼亞引用「兒子身分」作為例子），象徵性的意義實際上取代了非象徵性的意義（Minear 2004, 18）。

因此，現代詮釋家在思想到聖經的形象時，先把象徵意義和字面意義分開，這個做法其實是錯誤的。譬如，「『聖殿』一字……可以指在某時某地的一座建築物，同時也可以指在該處發生的神人交往」，可是，「離開了該種交往的實況，該座建築物就不會成為聖殿，該種交往也不能跟某地聚集的一羣人完全分開」。米尼亞不贊同試圖把字面和隱喻的意義分開，他主張「明智的做法是，那預期重要的修辭法會比驟眼看去的有一個較為字面的指涉對象，而那表面看來是字面性的措詞，則會盛載更多象徵性的意義」（Minear 2004, 19～20）。

我們經常不可能把字面意義和象徵意義分開，不但如此，聖經也經常使我們不可能把一個形象跟另一個形象乾淨利落地分開。當保羅談到「基督的身體」長大成人，連於「元首」（弗四12、15）的時候，他把兩個形象不可能地融合起來了；但是，這樣的融合也不是由保羅首創的。所羅門的聖殿有多層重要意義，其中沒有一種可以被單獨分別出來，以作為聖殿的基本意義。當我們要從聖殿的形象進到教會論的時候，我們應該盡力讓這多個層面的意義不受打擾。聖殿教會論（temple ecclesiology），把聖殿概念本身所含有的許多別的聯想發揮出來。

神聖的建築物是聖經揭示教會本質的重要慣用語之一。律法書、歷史書和先知文學都用長長的篇幅描寫——有時候詳細得叫人感到麻木——以色列各個聖所的特色（出二十五～四十章；王上六～八章；代下一～七章；結四十～四十八章）。這些都叫基督徒讀者加倍害怕，原因是：第一，因為基督教的建築不再使用這些聖經藍圖；第二，因為這些描寫的其中很多細節皆含糊不清，所採用的字句有時候在記錄中僅用過一次，又或者，作者以熟悉的字句來表達陌生的含義。以色列的聖所，幾乎沒有一個是可以根據聖經的紀錄來建造的。不過這不是重點。聖經所記載的這些聖所，全是言語上的聖所，有關的經文對教會的意義，並不是要使教會能以重建一座聖殿，而是為要造就，即建立基督的身體。

55 從很多方面來說，聖殿和會幕都同樣表達了多重的意義和象徵，[2] 但聖殿決不是會幕的翻版。聖殿是常設的建築物，不是帳棚，它乃適合於以色列在應許地安居、免受仇敵侵擾的時期（王上五 4；申十二 10）的。再者，用來描寫聖殿的術語，跟用來描寫會幕的術語也不相同。會幕的三個部分是院子、聖所和至聖所。在列王紀上六章，「聖所中的聖所」（holy of holies）或「至聖所」（most holy place）只用過一次（王上六 16），而且一直沒提及院子，直到六章 3 節才含糊地提到一個「內院」。列王紀上六章沒有採用會幕的措詞，倒是把聖殿分為三部分，用詞分別是 האולם（「廊子」；六 3）、היכל（「中殿」或「宮殿」；六 3），以及 דביר（「內殿」；六 23）。

聖殿比會幕要大得多。會幕的大小是十肘乘三十肘，但聖殿就長六十肘、寬二十肘、高三十肘。會幕裏的至聖所是一個立方體，每邊長十肘，但聖殿裏的「內殿」則是每邊長二十肘（王上六 20）。所羅門把聖殿內部的大部分範圍（包括地板在內）都鋪上金子（六 20～22、28、30、32），這相對於會幕裏的幔子和泥土地面是一重要的提升。會幕已經夠榮耀，但所羅門建造的殿則是更加榮耀。聖殿的建造使以色列從榮耀進到更大的榮耀，這樣，所羅門的聖殿是邁向復活的。我們居住的肉身是帳棚，我們渴望脫下這些暫時的外衣，好穿上復活的身體作為永久的居所，這永久的身體/居所有聖靈作為擔保和頭款（林後五 1 ～ 10）。

列王紀上六至七章的文學鋪排，有一個重要的特徵。列王紀上六章 1 節說，所羅門是在他統治的第四年開始建造耶和華的殿，而七章 51 節就宣告（以所羅門的名字作為雙關語），所羅門「作完了一切的工」（ותשלם כל־המלאכה）。因此，建造耶和華的殿涵蓋了兩章經文。可是，在這兩章經文裏，敘事者把有關所羅門的宮殿——「黎巴嫩林宮」、寶座廳、審判廳、法老女兒的宮室——的資料都包括在內（王上七 1 ～ 12）。所羅門作為耶和華之子（撒下七 14），在他天父的殿（房子）旁邊建造自己的房子。在君主統治時期，耶和華的殿擴展到連王宮和其他公共建築物都包括在內，正如在被擄之後，耶和華的殿擴大至包括整個耶路撒冷城（耶三 16 ～ 17；結四十～四十八章）。

聖殿意味著甚麼？這意味著很多東西。以色列的聖殿是耶和華
的房子，是以色列的大君王的宮室。在整篇列王紀上六章，「房子」
（הבית）一詞是用來指稱「聖殿」的，而其內的大殿就稱為「宮室」
（היכל；拉四 14）；故此，所羅門的聖殿兌現了耶和華的應許，就
是要「住在以色列人中間」（王上六 13）。列王紀就如申命記，是 56
提及耶和華的「名」、而不是說耶和華自己住在聖殿之中（五 5）。
這術語可能代表著承認上帝的超越性，祂不能被困於人手所造的房
子裏（八 27），但從基督教的角度來看，「名」有尤其重要的意義。
一方面，「名」等同耶和華自己；另一方面，「名」又不同於耶和華
本身。這叫人想到，耶穌的福音所展現的在上帝的存在之內的區
分。「名」說明了耶和華在聖殿中的臨在形態，同一名字現正內住
於耶穌之內，又與那些和耶穌同住的人在一起。

聖所也是重演伊甸園的建築物。就以所羅門的聖殿來說，聖殿的內部是用木遮蓋的，牆上刻著果實、蔬菜和花朵（王上六 14 ～

18），還有基路伯守著內殿，正如他們把守著返回伊甸園之路那樣（創三 24）。這個伊甸園的主題，更由於多次在列王紀上六至七章使用「完成」（כלה）一動詞而被加強了（王上六 9、14、38，七 1、40），這個動詞並暗指創世故事（ויכלו השמים והארץ；創二 1）和出埃及記四十章 33 節有關會幕的經文（ויכל משה את־המלאכה）。會幕和聖殿都是「世界模型」，摩西和所羅門是效法那位神聖創造者的「諸創造者」。

雅斤和波阿斯兩根巨大柱子，乃是一個突出的伊甸園符號（王上七 15～22）。[3] 它們被安置在門口，類似看守聖所的基路伯；它們又像聖殿本身，包含著園子的主題，它們有形狀像百合花的柱頂和石榴。石榴和無花果，同是象徵著伊甸園般的迦南地結果纍纍（民十三 23，二十 5；申八 8）；所羅門在雅歌中提到石榴和百合花，以它們為愛情花園的裝飾品（石榴：歌四 3、13，六 7、11，七 12，八 2；百合花：二 1～2、16，四 5，五 13，六 2～3，七 2）。巨大的銅百合以石榴作為裝飾，說明了聖殿是耶和華與祂的新婦的「約會地點」。[4]

伊甸園是個水源充足的地方（創十三 10），聖殿也充滿著水。在摩西會幕的院子裏有一盆水（出三十 17～21），但水的份量跟聖殿裏的水比較起來就很少了。聖經廣泛運用水的形象，而且用法
57 複雜。在創造世界之時，耶和華把天上的水和天下的水分開（創一 6～8），又把天下的水和陸地分開，造出海洋（一 9～13）。天上的水是屬天的水，來自上帝，而天下的水就經常代表著危險的死亡之水（不過，洪水是這個象徵的用法的部分例外；比較創七 11）。水又是為潔淨所用的（例如：利十五章），而且，特別是當它以河流的形式出現時，便起著作為界線的作用。以色列從埃及出來，過了紅海才進入曠野；走過曠野，過了約旦河才進入應許地。海在舊約聖經中經常代表外邦列國，它包圍並威脅著堅實的應許地（詩

四十六；拿一～二章）。

這種象徵的使用，在聖殿裏有不少明顯的例子。銅海裏的水是從地面升起的，因此它代表了在上帝寶座前伸展出來的一片屬天的海（啟四～五章），祂坐在「內殿」的二基路伯之上。海本身是一片「穹蒼」，介乎在下的敬拜者和在上的諸水之間；而托住銅海的十二頭牛，就明顯代表以色列，特別指向其祭司職分（利四3；比較詩二十二12）。以色列的事奉是全球性的，伸展到地的四角，以面朝東南西北各方的牛為象徵（王上七25）。以色列是「亞特拉斯」（Atlas；譯按：希臘傳說中一神，因背叛宙斯而被罰以雙肩扛天），雙肩扛天。既然海特別和外邦列國有關，它也就代表了在舊約之下的世界政治形勢。跟表面所見的完全相反，動盪的列國是由居住於世界海邊一隅的一個默默無聞的民族來支撐著的，這民族具有祭司的身分。

除了銅海以外，泰爾的戶蘭又為聖殿造了十個盆座或十輛「戰車」（王上七27～39），它們代表了水從聖殿流出來。盆座分兩行排列，從聖殿東面的門口伸展至院子的進口處，每邊五個。它們形成了一條水道，於是每個來到主殿的人，都（在聖殿中）重演過紅海、走向西奈山的朝聖旅程，又重演過約旦河、進入聖殿所象徵的花園地。活水不受限於聖殿的院子裏，倒是流向地的四方，就像水從伊甸園流出來那樣（創二10～14；比較結四十七章）。以色列的聖殿是為列國提供活水的來源。

聖所是象徵「聖山」的建築物，就如伊甸園本身就是聖山一樣。當那曾顯現於西奈山上的榮耀雲彩停駐在至聖所的時候（出四十34～38），會幕成為了沙挪（Nahum M. Sarna；Sarna 1986）所說的「可攜帶的西奈山」。至於所羅門的聖殿，建築物本身是成金字塔形的，是一座具風格的山。[5] 敘事者提到出埃及事件（王上六1），
明顯提示了出埃及與聖殿的關係，這無形中透露了耶和華在出埃及 58

一事上的目的：祂是要把以色列領出來，讓它在所應許給亞伯拉罕的地上，在耶路撒冷的「新西奈山」上事奉祂。[6]

所羅門的聖殿有一張「臉」（על־פני היכל；王上六 3）、肋骨（צלעות；六 5、8）和肩膀（כתף；七 39），這是一座像身體的建築物。身體與建築物之間的這種隱喻式關係在雅歌中處處流露。聖殿有「肋骨」，這特別暗示了聖殿的建造與創世記二章夏娃受造的過程相類似；夏娃是由亞當的肋骨「造成」（בנה）的（創二 21～22）。聖殿／這身體確切的來說是新婦的身體：以色列的丈夫耶和華住在聖殿之中，猶如男人活在他的新婦之內。救贖歷史的流程是這樣：耶和華為亞當「造了」一個女人，而所羅門這新的亞當就為耶和華建造一個新婦。[7]

在列王紀上七章，有不少篇幅用於開列在聖殿的服事中所使用的銅器（王上七 40～47），以及金製的陳設品和器具（七 48～50）。銅器具是在院子裏用的，金器具則特別在聖殿使用。故此，器具的物料是和殿內的神聖程度相配合的；較不神聖的院子，以較不貴重和榮耀的銅來裝飾，而神聖的內殿則以金來裝飾。聖殿的這些器具都是指以色列人，各人以獨特的方式領受恩賜，好在服事上帝上貢獻所長。保羅說，教會也是一個「有許多肢體的身體」，而他同樣能夠把教會描述為「有許多器皿的大戶人家」（提後二 20）。那些在上帝的殿內作鏟子的，應用盡全力作鏟子；那些作燭花剪刀的，應為上帝的榮耀作燭花剪刀；盆和碗都應該全心全意投身於對上帝的服事中。

聖殿教會論，同時也是伊甸園教會論、聖山教會論、身體和新婦教會論。教會是伊甸園，因為在基督裏，教會是於五旬節那日聖靈從天上澆灌滋潤的地方，這聖靈就是活水的源頭，流到地上各方
59 （約七 37）。教會是那座真正的聖山，聖靈在密雲與火燄中臨在，在雷聲中可聽見上帝永活的話。在這裏我們可以近前來站著，與主

的榮耀面對面，被轉化成為這榮耀的一個形象；在這裏，我們可以圍繞在上帝的寶座前，與眾聖徒和殉道士一同歡喜聚集，上升至喜樂之境（來十二22～24）。教會是基督的家／新婦，基督藉祂的靈居住在其中。教會是耶穌的家／身體，祂是那真正的聖殿，是眾聖徒多元而統一的聯合體。

列王紀上六章1至13節打斷了所羅門的工程記述，把聖殿置放於申命記的文脈中。[8] 耶和華重複祂的應許，祂要「住在」以色列中間，永不「丟棄」它；但是耶和華清楚說明，祂的同在不是沒有條件的。假如以色列的王容讓國民把聖殿變成賊窩一樣，耶和華就聲言會撇棄這殿，讓它變得荒涼，就如祂撇棄示羅的會幕那樣（撒上四～五章；耶七章）。叫人驚訝的是，列王紀上六章12節的所有動詞，都是第二人稱單數，是針對所羅門說的，這顯示了如果要主與祂的民和祂的殿同在的話，就有賴於君王的表現。這是以色列歷史中摩西時期與大衛時期的主要分別之一。在律法時期，耶和華的同在有賴於以色列對主的忠誠；而在大衛時期，在這新的制度下，耶和華的同在，則有賴於以色列王對祂的忠誠。

然而，正如我們將會看見的（參列王紀下二十二章1節至二十三章30節的註釋），最終來說，即使是一個對主盡忠的王，也不能解除世世代代累積下來的偶像崇拜的惡果。在大衛時期的制度下，上帝是與亞當式的人類訂立盟約的，而人類之得救，就只能藉著成為末後的亞當的人性——上帝的人性——而達到。大衛之約是這個上帝所應許的新約的基礎。律法所做不到的，那給大衛的應許卻最終使之實現，因為教會所服事的君王，乃是一位順從與遵守主的一切誡命，並確保主恆常與其教會同在的君王。從現在到世界的終局，耶和華始終對亞伯拉罕和大衛信守承諾，因此世界總會有一個伊甸園、一座聖殿、一個新婦和一個身體，一個三一上帝藉聖靈同住的聖所。

註釋

1. 費理希(Amos Frisch;Frisch 1991)指出,有關所羅門的篇章,其結構把注意力聚焦在聖殿之上:

A 所羅門統治的開始(一 1～二 46)
　B 所羅門與主:忠誠和賞賜(三 1～15)
　　C 所羅門的榮耀:智慧、統治、財富和尊榮(三 16～四 34)
　　　D 預備建造聖殿:希蘭(五 1～18)
　　　　E 建造和奉獻聖殿(六 1～九 9)
　　　D' 緊接在建造聖殿之後:希蘭(九 10～25)
　　C' 所羅門的榮耀:貿易、財富、智慧和尊榮(九 26～十 29)
　B' 所羅門與主:不忠和刑罰(十一 1～13)
A' 所羅門統治的完結(十一 14～十二 24)

費理希的大綱跟學術界的共識不同,因他把列王紀上十二章包括在所羅門的故事主線之內,我認為這是很富啟發性的見解。他強調論聖殿的經文在結構上佔著中心的位置,但卻指出論聖殿的經文延展至比通常所見的更遠。所羅門要為耶和華建殿的意欲,最先在五章 5 節宣布,那就是在他請求希蘭的協助之時。所羅門在九章 10 至 14 節再次與希蘭交手,如此一來,希蘭的兩度出現,就構成了首尾呼應,而中間則夾著論聖殿的經文。費理希認為九章 1 至 9 節是主對所羅門的奉獻禱告的回應,並指該段經文與六章 11 至 13 節有相似的地方。那提到聖殿完工的最後一個句子,要到九章 25 節才出現;聖殿是列王紀上五至九章的中心關注。

2. 下文的不少內容,靈感來自 Jordan 1988a, chaps. 15～16。
3. 更詳細的討論,見 Jordan 1988b。
4. 柱子是人的象徵(詩一四四 12;賽十九 10),而柱子聯想到人類,這一點由於柱子的名字而被加強了(王上七 20):波阿斯是大衛家譜中一個祖先的名字(得四章),而雅斤的意思則是「他會建立」,這指向以色列祭司的建立功能。柱子和祭司之間的關連,乃由於柱子的構造細節而得到強化。大祭司的袍子周圍底邊上有石榴(出二十八 33),而柱子的柱頂也有石榴(王上七 18)。大祭司的頸項上戴著鏈子,這鏈子繫著以弗得上的胸牌(出二十八 14，三十九 15），而每根柱子的柱頂的底部，也有網狀的鏈子。柱子是聖殿本身的象徵，就如祭司的服飾也是聖殿的象徵一樣。柱頂周圍（王上七 17）及至聖所的進口處（六 21）都有鏈子。

5. 這可從房屋清楚看出來，愈是高層，房屋就愈寬廣（王上六 5～6），惟有聖殿本身愈來愈窄才有這個可能。參 Wiseman 1993, 108。
6. 經文提到「二月」（王上六 1），這暗示了另一個預表。在洪水故事中，事情有兩次是在「二月」發生的（創七 11，八 14）。這也不是列王紀上六章惟一一處暗喻洪水的經文。在六章 3 節所給的尺寸，採用了用來量度寬度和長度的標準用語，但兩者都見於創世記六章 15 節，那裏描述挪亞建造方舟。在列王紀上六章 4 節，「窗戶」一詞暗喻方舟的窗戶，那窗戶就是挪亞把鴿子接進來的窗戶（創八 6）。所羅門已經向希蘭表示，他在「挪亞時代」的形勢下作王（王上五 4）；如今他著手建造方舟，要在禱告的殿裏為萬民提供蔭庇。
7. 列王紀上七章 46 至 47 節告訴我們，聖殿崇拜用的銅的陳設品和工具，是在「疏割和撒拉但中間的約旦平原」鑄造的。耶和華在園子外造了亞當，把他帶進園子裏（創二 7～8），照樣，所羅門也效法耶和華，在花園地之外，在花園房子之外，造出銅器，把它們帶過河。這種關連是由於列王紀上與創世故事這兩處文字上的呼應而被提示出來的。所羅門用地上的泥土（במעבה האדמה）鑄造銅器，就像亞當是從泥土（האדמה）造的、從泥土得名那樣。還有，列王紀上七章 47 節說，所羅門「一切器具都沒過秤」（譯自《新美國標準聖經》〔New American Standard Bible〕），但希伯來文實際上是說「所羅門使一切器皿都安息」（וינח שלמה את־כל־הכלים），這裏暗喻上帝最初把亞當放置在伊甸園時，上帝給亞當的安息（וינחהו בגן־עדן；創二 15）。
8. 列王紀上六章 11 至 13 節是由一個雙重的首尾呼應所包圍著的：六章 9 節說，所羅門「建殿，並且完成了」（ויבן את־הבית ויכלהו），六章 14 節用實際上相同的字眼重複這個宣告（ויבן שלמה את־הבית ויכלהו）。

列王紀上七 1～12

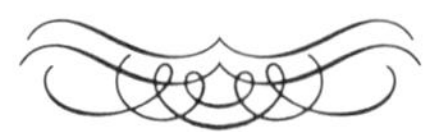

我在前一章已經指出，所羅門的宮殿已包括在「耶和華的殿」這較大的建築羣中（王上六 1，七 51）。所羅門是更大的亞當，他在其天父的旁邊坐上王位，與天父一同統治，作為那更大的大衛君王（Davidic king）——耶穌——的預表。這一點在七章 1 至 12 節中得到強調，該段經文讓我們看見，所羅門的宮殿是如何複製了耶和華的殿。

所羅門一共用了二十年在建築上（王九 10），七年在聖殿（六 38），十三年在他自己的宮殿上（七 1）。解經家有時候認為，所羅門花在自己宮殿上的時間，差不多是他花在聖殿上的時間的兩倍，那是他後來背道的早期徵兆（Provan 1995, 63, 69 ～ 70）。但聖經沒有一處為這一點批評他。表面上看，其中的邏輯就跟什一奉獻的邏輯一樣：一旦所羅門獻上了他的初熟之果，他的時間就被「非聖化」了；如此一來，他就能夠把注意力投放在建造自己的宮殿上。那認為所羅門的榮耀挑戰著耶和華的榮耀的反對意見，其背後是假設了一種錯誤的上帝論。上帝的榮耀不與人的榮耀爭競，上帝也不會藉賴吸取祂子民的榮耀來榮耀自己。祂是藉著慷慨豐富地賜下榮耀給人來榮耀自己，正如父藉著聖靈在子的身上榮耀自己，而子也藉著同一位聖靈在父身上榮耀自己那樣。耶和華把榮耀賜給所羅門，而這就使得耶和華的名在外邦人中間得榮耀，正正是因為這使所羅門的名字得榮耀。

列王紀上七章 8 節提到「他住的宮室」(וביתו אשר־ישב שם)，但那只不過是構成「王的宮殿」這建築羣的其中幾項建築物。大部分是公共建築，是為服務以色列而非為所羅門的個人用途而建的。建築羣有幾項獨立的建築物，各項都對應著聖殿的某一部分：

1. 第一項建築物是「黎巴嫩林宮」(בית יער הלבנון；王上七 61
   2～5)。林宮和耶和華的殿都是用香柏木遮蓋的(六 15，七 3)，二者都有「肋骨」(六 5，七 3)，二者都有窗戶(六 4，七 4～5)。確切的來說，林宮對應著聖殿的中殿或主殿(היכל)。
2. 有關聖殿的描述和有關所羅門的宮殿的描述，兩者都是從中殿開始的，兩者都繼而描述一個「門廊」或「前庭」(王上六 3，七 6)。就像聖殿的門廊那樣，有一個「柱廊」(אולם העמודים)從林宮的前方往外伸展五十肘，就是從林宮的前方伸出一個柱廊，林宮本身也是有柱子排列的。
3. 第三項建築物是「寶座廳」(אולם הכסא)或「審判廳」(אלם המשפט；王上七 7)，兩者都是指同一座建築物，因為寶座廳是所羅門施行審判的地方(אשר ישפט־שם；七 7)。它「從地到頂都用香柏木遮蔽」，此語也用來描述聖殿的中殿和內殿(六 16～17)。耶和華的殿也有一個寶座廳，即為安放約櫃而建的內殿(六 19)。寶座廳或審判廳對應於聖殿的至聖所。

聖殿和宮殿有若干相同的建築特色、相同的物料和相同的三進式結構。所羅門的殿像耶和華的殿：有其父必有其子。所羅門所住的房子，是在聖殿建築羣之內、模擬聖殿的樣式的，因此，所羅門明顯地顯示了，他的王權是上帝所認可的。他的王權從某種意義說，是神聖的王權。

神聖王權在古代世界為人所共知。人們往往相信，君王是神明的化身，又或至少是聖人。以色列的政治宗教制度在某些要點上，跟這常見的意識形態有所不同。以色列的王沒有被奉為神明，而他們也不是可以進出聖所的祭司君王。烏西雅試圖僭取祭司的權利，因而長了大麻瘋，結果完全被拒諸聖殿門外（代下二十六章）。以色列的君主制，其組成部分之一是「政教分離」，或說得準確些，是君主與祭司分離。然而，就如從列王紀上八章可清楚看見的，以色列的君王會以主席身分出席宗教慶典；而所羅門宮殿的建築佈局，也顯示了君王是代表耶和華的人。雖然以色列的王不是祭司，但他也不是一個世俗的角色。

韋格爾（George Weigel）力言，教會對權力的主張，挑戰著絕對權力所渴望的極權主義和「非聖化的」政治生活。對基督教來說，沒有任何人間的權力，可以聲稱擁有上帝的地位，因此「公眾權威所及的『範圍』，不用說是被理解為是受限制的（至少在原則上），這預備了一個文化基礎，在此之上可建構一套為大家共同接受的政治學；而一支防治極權主義的疫苗，就被注入歐洲的文
62 明血脈之中」。與此同時，基督教教導歐洲「世俗事物所應有的尊嚴：按照教會的教訓——從猶太人先祖承傳下來的——人類的任務是要把世界人性化；以基督教的措詞來說，意思就是學習在世界『賓至如歸』（at home），為將要來的世界作好準備」（Weigel 2005, 104）。在韋格爾看來，那並不意味著基督教接受一套世俗的政治學，因他的全文是充滿深情的請求，即呼籲歐洲要承認它在基督教文明發展上的根源，並放棄把基督教的上帝從政治生活剔除的這項

企劃。

有很多人，尤其是追隨洛克（John Locke）學說的美利堅共和國（American republic）的始祖們，牽強地把韋格爾等人真誠的洞見，說成是基督教為世俗政治而提出的辯護文，就好像基督教的政治奇才是從實踐一種完全從宗教規條下解放了的政治學而得到實現一樣。雖然洛克是基督徒，但他給國家秩序的目標所下的定義，卻是完全使用內在的（immanent）措詞：

> 在我看來，聯邦體是由人所組成的，以獲取、維護並促進他們自己的公民利益為惟一目標。這些公民利益我稱之為生命、自由、健康、身體的養尊處優，以及擁有外在之物，諸如金錢、土地、房屋、家具等。政府長官的責任，是藉著不偏不倚地執行平等的法律，一般而言保證所有人民，具體來說保證他的每一個臣民，都公平地擁有這些屬於今生的東西……政府長官的權限，只能及於這些公民的掛慮；而一切公民的權力、權利和統治權，都是受約束的，但只受限於促進這些事情之上。（Locke 1963, 9～10）

洛克的世俗政治學，是跟一種把教會貶為志願團體的低階教會論有關的，這個關係十分重要：

> 我說，那是一個自主的志願團體。沒有人生下來就是教會的成員；不然的話，父母的宗教信仰，就會按照對他們財產的繼承權傳下來給子女，每一個人都會像保有他的土地那樣保有自己的信仰；再沒有可想像得到的事，比這更荒謬的了。事情就是這樣。沒有一個人天生是與某個教會或教派結連的，每一個人都是自願地與該團體連接起來；

> 在這團體裏，他相信自己已經找到真正為上帝所喜悅的信仰表白和崇拜。因著救恩的盼望是他加入該團體的惟一原因，所以這可以是他留下來的惟一原因。因為，如果隨後他發現，他把自己連接於其上的這個團體，其在教義上有甚麼錯誤，或在崇拜上有甚麼不合適的地方的話，為何他就不可以自由地出去，正如他自由地進來一樣？沒有一個宗教團體的成員，可以為任何別的關係所束縛著，除非這些關係是從他對永生的期望所發出的。於是，教會就是一個其成員是自願地為這個目的聯合起來的團體。（Locke 1963, 9 ~ 10）

一個世俗的團體不能接受一種公眾的教會，就如它不能容忍宗教的目的或神學性的政治規範一樣。

63 正如米爾班克（John Milbank）所顯示的，世俗的領域並不是基督教發展的自然產物，而是由從異端和異教借來的題材所建構的東西（Milbank 1990b, part 1）。在開始的時候，而且歷經許多個世紀，並沒有世俗這回事。世俗的領域也不是一顆閃閃發亮的政治寶石，等待人把表面的神聖化層面刮去而發現它。至少，如果說基督教本身含有一種朝向世俗政治學的趨向的話，基督徒自己也是需要一段很長的時間才認識到這一點的，因為把基督教國家（Christendom）分為國家與教會是頗後期的發展。[1] 在授權儀式的爭論（investiture controversy）之前，整個基督教國家被視為一所教會，由君王和祭司攜手領導（Leithart 2003b；參 Gierke 1987, 22 ~ 23）。

近代政治學把所輸入的宗教成分去除以淨化政治，此舉是不是更健康，這是個疑問；而究竟在不認識到「政治權威是要對建基於神學的需求負責」的這一點下，基督教的政治思想能否從根本上去挑戰極權主義和世俗主義，這也還不是很清楚的。莫爾納（Thomas

Molnar）為世俗化權力的無能提出警告，這反映了近代政治生活的倒退：

> 政治權力從屬靈的權威下解放不久，它就失去了它的穩定性，並且馬上失去了它的正當性。向下的趨勢不能被制止。自然的後果是個人主義及其後的無政府狀態的出現。這也是羅馬史學家，以及記載自迦太基（Carthage）一役後羅馬的壯麗的希臘史家鮑利比斯（Polybius）的看法。這些史學家寫道，君主制讓路給由幾個人統治的政府，這幾個人出於嫉妒之心篡奪了王位。這寡頭政府接著又被羣眾革命奪取了權柄，於是羣眾取得了統治權。不久，接續而來的是一種普遍性的無政府狀態，接著又由類似國王的元首、凱撒之後的皇帝起來支撐局面。我們沒有證據顯示，這樣的循環曾經中斷過。（Molnar 1988, 104～105）

在我們的政治狀態中，基督教國家的餘民（總統在就職典禮上是把手按在聖經上而非可蘭經）是脆弱的餘民，這既沒有為我們提供行事為人的標準，也沒有提供對該等標準的責任感。奧多諾萬（Oliver O'Donovan）寫道：「由基督教國家所產生的政治學，其特色是認為，政府是有責任的。被基督的勝利所克勝的統治者只是短暫存在，並在基督的寬容之下為達到種種目的而存在」（O'Donovan 1996, 231）。所羅門的宮殿與耶和華的殿鄰接，正是該責任的標記，即表示無論君王的權力有多大，總有另一個更大的王權，祂是有權力去施行最後的審判的另一個王。

與此同時，如果說「政治學有其神聖成分」的想法已從近代政
治學中被剔除了，那未免是言過其實。與其說神聖成分是被除去 64
了，不如說它被重新分配。財產權、個人的自主，以及特別是憲法

所承認的政教分離的界線，統統都是以神聖的熱忱來保護的。正如鮑曼（Zygmunt Bauman）的見解：

> 在大部分對它的描述中，現代性被説成是一個世俗化（「一切神聖的事物都被世俗化了」，正如年輕的馬克斯〔Karl Marx〕和恩格斯〔Friedrich Engels〕的名句）和解魅化的時期。然而，較少提及的（雖然應該提及）是，現代性也把「國家」這個新的權威神格化和迷住了——那些聲稱以國家的名義説話行事的、由人所創辦的、並代表國家的機構亦復如是。與其説「神聖的成分」被否認，不如説它成為了一種「被不友善的接管」的對象：被另一種管理手法移除，並使之為新興的國家效勞。（Bauman 2005, 44）

基督教向世俗的政治學投降——政治學在現代教會裏更多是規律而非例外——簡直等於背道，這是否認了福音，因福音宣告耶穌是主。所羅門作為一個聖經人物，住在聖殿建築羣內，向我們展示了一點：地上一切的統治——不只是對以色列的統治——都被屬天的權力所覆蓋；並提醒我們，我們所傳的福音，是講説一位萬王之王。

註釋

1. 莎士比亞（William Shakespeare）的《理查二世》（*Richard II*）説出了中世紀和現代早期基督徒毫無疑問地接受的一條信條：「不是凡洶湧粗野的海水／都能把受膏君王的香膏從他身上洗掉／世人的氣息，不能罷免／上主揀選的代表」（*Richard II*, 3.2）。

列王紀上八 1～66

在前一章，我們看見聖殿這個主題為教會論提供了一個有用的入手方法，然而，聖殿教會論之所以存在，只因為基督本身就是耶和華的殿（約二 21）。列王紀上八章為聖殿基督論（templar Christology）提供了一個起點。

這樣的一種聖殿基督論是值得追求的；從傳統的基督論所引發的若干難題，便使這一點變得明顯。傳統的基督論是以取材自希臘哲學的實體（substance）、本性（nature）和位格（personhood）等範疇來建構成的，而非取材自聖經。這不是說，這些希臘範疇歪曲了其所表達的神學，而是說，利用聖經的範疇來積極地建構的基督論，或可避免一些在基督論方面的張力。

舉個例子，神學家科克莉（Sarah Coakley）在一篇論道成肉身的文章中，指出迦克墩基督論（Chalcedonian Christology）一個嚴重的神學問題：

〔理查〕諾理斯（Richard Norris）下結論說，〔迦克墩〕「似

> 乎堅持把互不相容的東西結合或聯合起來，正正因為它太認真地看待其物質模型（physical model）」。換句話說，他斷言，有關「兩性」的概念的具體化，導致人們假定了二者是「不相容」的。在教父們的辯論裏，這種錯誤的分離，導致人過分強調基督的神性（諾理斯說），而這種偏離正軌的概念的現代形式，則剛好是相反的：「一種新的基督一性說」——因它強烈地感覺到上帝和人之間的不相容性，所以人便不是傾向把基督約化為一個具備少許人性的神明，而是把基督約化為一個以少許神性為裝飾的人。（Coakley 1996, 147）

正如科克莉所解釋的：「然而，這兩種看法都是出於把『兩性』誤解為兩種『不能互換的相反事物』，即作為『**同**一等級的兩個項目』，
66 互相爭競，為求存在於同一個空間。」她力言，為代替這種假設，「我們在此需要某種『否定神學』（negative theology），即**否定**上帝和人之間的分別是一種『彼此相反』或『互相矛盾』的分別」（Coakley 1996, 147）。諾理斯聲稱，最終來說，問題不是「如何把兩件在邏輯上相反的事物配合成一，正如其古今的詮釋者所全部一致假定的；而是如何在理解上帝和受造物的關係上，免去一種二元的邏輯」（Coakley 1996, 147）。

用阿奎那（Thomas Aquinas）的措詞來說，科克莉所指出的問題是，有人或會以為，迦克墩基督論暗示了上帝（或神「性」）是某個種類——「本性」這個種類——的一員，在「本性」這個籠統的形而上的範疇之內，（至少）有兩個品種：神聖的和人性的。但阿奎那（Aquinas 1993, 16～18）說上帝不是某個種類的一員，他這樣說肯定是對的；由此推斷，「神性」也不應該被視為是「本性」這個種類的一員。情況有可能是，迦克墩使用「本性」一詞，只是就從

類比的意義上來說的，因此，神性是人性的源頭，人性是神性的複製品；這又意味著，儘管創造者和受造物之間有距離，二者之間還是有其相似性的。即使這是迦克墩信條（Chalcedonian formula）的意思，但我們還是要強調一點：道成肉身一事，並不是兩種本性為求存在於同一空間而互相爭競。

跟許多學者的見解相反，賴特（N. T. Wright）提出，一世紀的猶太人其實是有道成肉身的觀念的，這為思考道成肉身提供了一個起點。畢竟，「從一開始，聖殿的存在理由，全在於以色列的上帝居住在祂的子民中間，藉著每天和每年的獻祭，保證了他們和這位上帝的相交，以及從這位上帝而來的赦免」。據賴特所見，「聖殿成了新約基督論中久已被人遺忘的因素」，而他也強烈主張它的重要性。（Wright 1996b, 56）

賴特又在另一處地方強調，耶穌的事工是一個反聖殿的運動。猶太人正常地期望從聖殿得到的東西——與上帝的臨在相遇、慶典和食物、寬恕和潔淨、學習律法——門徒都逐漸期望從耶穌身上得到（Wright 1996a, 435～437）。賴特又與許多近代學者一樣，承認耶穌「潔淨聖殿」一事（太二十一章）的重要性。在是次對質裏，上帝那道成肉身的殿，預演了未來對建築上的聖殿的審判，這審判在耶穌的橄欖山講論中詳細地道出來了（太二十四章）。當真正的聖殿以人形來到，希律的石頭殿就得讓路了。路加以獨特的方式發揮這個聖殿基督論，即強調耶穌領受聖靈，正如耶和華的聖靈與榮耀，一度在聖殿中安坐在基路伯所在的寶座上一樣。在約翰看來，耶穌的死是一次聖殿被毀（約二19～22）；這個事實，由於馬可所記述耶穌被釘的過程與橄欖山講論的記錄之間在文字和概念上的相似而被強調了（Horne 2003, 166～168）。在列王紀的開展中，北國以色列的王耶羅波安一世及後來的亞哈，他們拒絕了所羅門的聖殿而建立了自己的殿，在以利亞和以利沙的先知職事中，北國將看見這反聖殿運動的一個屬於其自身的版本。

67 就列王紀上八章來說，聖殿基督論同時也是一個集體性或教會性的基督論。經文明顯地具有禮儀的特色。以色列人聚集在耶路撒冷，獻上禱告和祭物，慶祝一番，然後回家。「會眾」這名詞與相關的「聚集」（קהל）這個動詞，都散布在經文之中。八章 1 至 2 節用了這動詞來宣布集會的開始，當耶和華的榮耀充滿了至聖所的時候，所羅門「轉臉為全會眾祝福」（王上八 14）。他開始禱告的時候，「當著全會眾」轉向祭壇（八 22），接下來的四十節經文，他是在全會眾面前，面向祭壇禱告。禱告完了，他就轉向「會眾」並祝福他們。作者使用「會眾」一詞，暗示了這和以色列會眾在西奈山聚集是有關連的（出三十五 1；申四 10）；《七十士譯本》（Septuagint）把「會眾」譯作 ἐκκλησία，這預示了這個字在新約聖經中的運用。聖殿是會眾聚集之處，正如基督這殿是全體基督徒聚集圍繞的中心點一樣。

獻殿禮的其中一個重要時刻是，所羅門把約櫃從錫安的要塞運到聖殿山的時候。在大衛統治期間，王宮以及為約櫃而設的帳幕都位於城中的這個部分，但在列王紀上八章，所羅門把錫安的崇拜制度與摩西的會幕都納入聖殿去（Leithart 2003a）。所羅門把已然分開的以色列的崇拜，重新結合在一個單一的地點上。從撒母耳記上四章開始，約櫃的歷史就是一個死而復活的故事：會幕的「身體」被分開又重新聯合，這指向在耶穌肉身上上帝最終的會幕；耶穌先在十架上被撕裂，然後才復活過來，升到天父的「家」去。[1] 列王紀強調約櫃和其內的兩塊法版，說明了所羅門的典制與摩西之約之間的連續性（אשר כרת יהוה עם־בני ישראל；王上八 9）。聖殿變成了國家和個人的建築標記，表示耶和華的律法寫在他們心上。約櫃一被放進聖殿之後，耶和華就在雲彩中降臨，把殿神聖化，作為祂的聖地。聖殿是耶和華被尊崇的地方，這再次指向位於天國中央的耶穌。

雖然在獻殿禮中強調了約櫃，但約櫃從此就在列王紀中消失了，甚至在被尼布甲尼撒奪去的器具的清單中（王下二十五章），又或者在被擄之後帶回來的聖殿佈置之中，約櫃都沒有被提起過。它看來是在以色列史上的某個時刻遺失了，因為當龐培將軍（Pompey）來到聖殿的時候，他發現至聖所是空的。列王紀對約櫃這種輕描淡寫的處理手法，似乎表示約櫃所扮演的角色早被視為暫時性的。假如遺失它是悲慘的錯誤，那麼我們會期望，多少總會提到這種悲慘的情況；可是經文沒有提到。約櫃的作用是作為可搬運的耶和華的寶座，直到祂在聖殿裏安居為止，祂一進入聖殿之後，聖殿本身就被當作是耶和華的「寶座」。耶利米在耶利米書三章 11 至 18 節提出這一點；在該處他提到被擄之後的日子，那時約 68
櫃將會遭人遺忘。人再也不是以約櫃作為耶和華的寶座，而是整個耶路撒冷城要成為上帝的寶座。聖殿獻殿禮乃是將人的注意力從約櫃轉移到聖殿和耶路撒冷城的開始。在摩西時期，約櫃是耶和華的寶座；在大衞／所羅門時期，聖殿是耶和華的寶座；但到了復興時期，耶利米說，整座城要成為耶和華的寶座。

獻殿禮在其他好些點上與摩西之約有關連。獻殿禮是在「住棚節」舉行的，正是摩西所規定於七月的節期（王上八 2、65）。在這一點上，它與西奈之約成為對比；西奈之約是在三月間的五旬節訂立的。以農業的術語來說，五旬節是奉獻初熟之果的節期，是在開始收割、收割還沒有結束的時候舉行的。西奈開始了成熟的過程，而聖殿就完成了成熟的過程。當摩西之約訂立的時候有初熟之果，但伴隨著所羅門的獻殿禮而出現的，則有飽滿的穀物。

在某程度上來說，是次收割乃是收取萬民。聖殿的建造是以色列人和外邦人共同努力之下的冒險事業，因此它是一個「萬民禱告的殿」；作者在列王紀上八章 2 節用了腓利基人的叫法 **אתנים** 來指稱七月，正好提示了這一點。[2] 聖殿不但在以色列的歷史上，也在外邦人的歷史上寫下重要的一頁。而且，在「朝向」聖殿的崇拜中，外邦人也被包括在內（王上八 41 ～ 43）。所羅門期望外邦人聽到主的大名、祂「有力的膀臂和大能的手」（又是一個出埃及的主題：出三 20，六 1，十三 3），並轉向耶路撒冷禱告。以賽亞——更不要說耶穌——並不是首位把聖殿看作是世人崇拜的地方的人。從基督論來說，聖殿是聚集禱告的地方，這指向一件事：外邦人與猶太人要在未來同被納入一個新的身體。

所羅門在禱告中提及的好些詛咒，也出現在申命記二十八章那著名的詛咒清單中：

1. 敗在仇敵面前（王上八 33；申二十八 25、48）
2. 天閉塞不下雨（王上八 35；利二十六 19；申二十八 24）
3. 饑荒、瘟疫、旱風、霉爛、蝗蟲、螞蚱、災禍、疾病（王上八 37；申二十八 21 ～ 22、38、59）
4. 被擄（王上八 46 ～ 51；申二十八 58 ～ 63）

申命記二十八章和列王紀上八章結尾都提到被擄，這一點很重要。正如納爾遜（Richard Nelson）所指出的（Nelson 1987, 54），本章在列王紀上八章 46 至 48 連續運用了 שבה（「被擄」〔take captive〕）和 שוב（「歸回」〔return〕或「回轉」〔repent〕）作為雙關語。前一個字是指被擄（exile），被用了四次；後一個字被譯作「回轉」
69 （turn），指悔改和歸回，被用了三次，兩者共用了七次。兩個動詞交替使用，經文的結構加強了被擄和悔改的關係，這顯示 שבה（「被擄」）的出路是 שוב（「歸回」），不論是就字面的意義來說（歸回迦南地），或更重要的是就象徵的意義來說（歸向耶和華）亦然。在列王紀上八章，「回轉」有一個特定的焦點：經文不是勸以色列歸向律法，而是「歸向在這裏的〔耶和華〕」(ושבו אליך... בבית הזה；八33)。那使以色列的被擄命運完結的悔改，乃是轉向聖殿，最終來說是轉向耶穌這座活的殿。列王紀所顯示的悔改，並不是道德上的改良，而是憑信心轉向主——惟有祂醫治這地。正如我們會在這本註釋書所看見的，這個是以色列沒做到的事。

列王紀上八章有申命記二十八章的影子，這進一步顯示了所羅門的事物的秩序是建基於申命記的秩序的。然而，獻殿禮超過了摩西的秩序，為以色列提供了一個雙重的媒介。君王和聖殿共同作為以色列的媒介。所羅門的禱告是以回顧耶和華對大衛的應許為開始的，他的整篇禱詞植根於撒母耳記下七章，在那裏，大衛的「兒子」被理解為是「耶和華之子」，他代表著以色列人(出四23)。這一點從君王的禱告與民眾的禱告之間那微妙的相互作用中反映出來了：列王紀上八章28節提到「你僕人」(עבדך)的禱告，而八章30節就使用了在希伯來文是含有頭韻的語句(alliterative phrase)：「你僕人和你的民」(עבדך ועמך)。以色列人獲准在沒有王的介入之下，個別地來到耶和華面前，但所羅門的整篇禱詞，乃是祈求耶和華垂聽祂子民的禱告。個別的以色列人甚至個別的外邦人，都可以為個人和國家的患難禱告耶和華(王上八38、41～43)，但是大前提是，基督這受膏的君王先打開了一條溝通的渠道。

除此之外，聖殿本身也起著媒介的作用，它是連接天與地的傳訊交換台。耶和華承諾(與申命記十二章的語言一致)，祂的「名」要住在這殿；這與其說是耶和華使自己和聖殿保持距離(Provan 1995, 79)，不如說這是表示祂臨在的形態。從新約的觀點看，這「名」是與三一上帝的第二位，即上帝的「住址」有關的(Nelson 1987, 59)。但禱告不是獻給耶和華，而是「向著聖殿」或「向著耶路撒冷城」(王上八33、35、38、42、44、48)的。有人向著聖殿獻上禱告，這禱告就會被傳到耶和華那裏，祂會「從天上垂聽」——這片語在所羅門禱詞的七個代求中都重複出現。說耶穌是上帝的殿，這並不只是說，祂是上帝在地上的住址；也是說，我們面向祂禱告，透過祂，我們在天上的父會聽見我們的禱告。

雖然在獻殿禮中有獻上祭牲，但重點卻在禱告。在出埃及記的結尾，雲彩充滿會幕，主開始給予指示，教導有關獻祭程序的事情（利一～七章）。在列王紀上八章，**所羅門**（不是耶和華）開口說話，他不是把獻祭程序教導以色列，而是禱告。這禱告多少也是有關禱告的教導。禱告決不是要取代獻祭，但禱告卻開始把獻祭的
70 事從以色列崇拜的中心位置移離。獻上祭牲被轉化為獻上禱告和讚美，這是一禮儀上的轉變，趨向新約非血腥的崇拜（nonbloody worship）。[3] 在聖殿裏，耶和華近前來；祂不是站得遠遠地垂聽禱告，在遙控器上按一下。祂進入以色列的空間，張開眼睛，開通耳朵，去看和聽他們的呼求，向祂的子民伸出祂殿的膀臂。對這樣的一位上帝來說，道成肉身是世界上最自然的事。

列王紀上八章是列王紀的所羅門故事的高潮，在世界歷史上有其重要性。創造天地的耶和華，在耶路撒冷、在以色列國安居下來；而處於經文中心位置的七個代求，就為以色列在隨後多個世紀所要遇到的眾多考驗，提供了一個粗略的預覽：

在壇前起誓	所羅門作王
敗在仇敵面前	王國分裂
不下雨	以利亞和暗利家
饑荒、疾病、災禍	在撒馬利亞的疾病和饑荒
外邦人禱告	北國敗亡
出去打仗	猶大沒落
被擄	猶大被擄

儘管在列王紀所展示的不同階段，所羅門在禱告中所提到的不少災禍都發生了，但那為求赦罪和醫治、而以禱告或以求助於聖殿為出

路的君王，則幾近於無。偶然會有君王禱告或請人為其禱告的，而希西家實際上也曾在亞述圍困耶路撒冷之時走進聖殿裏（王下十九章），但這樣的例子很少，十分罕有。較常見的是，君王搶奪了聖殿的金子和銀子，用來作為給外邦侵略者的罰款。當巴比倫人前來摧毀聖殿時，猶太人把它當作是一道護身符，指望它的存在會救他們脫離國家覆亡的命運（耶七章）。

耶和華在以色列的中心建立祂的殿，並伸出祂的膀臂，向一羣頑固的子民發出邀請，這羣子民卻拒絕轉向祂，拒絕被醫治。關於這一點，從基督論的觀點來看也是意味深長的，因為當耶穌（祂以自己為殿）來到時，猶太人也是拒絕轉向祂的。列王紀的故事是聖殿被拒絕的故事，是受苦彌賽亞和中保被拒絕的故事——這聖殿雖然被摧毀了，但預定要在第三天復活過來。聖殿基督論因此是以十字架和空墳墓的故事來完成的。

註釋

1. 所羅門的獻殿禮中有一種實實在在的上升，因為在耶路撒冷城內的「大衞城」，其所在的山較摩利亞山，即聖殿山為低（王上八 3～4）。
2. 列王紀所提到的年代，總是有重要意義的。在列王紀的大部分篇幅裏，以色列的運作是按著以色列和猶大諸王的年分而進行的，但到了書卷的結尾，所有事情都以尼布甲尼撒的統治來計算日子。「外邦人的日子」就很實際的意義來說，就是以耶路撒冷淪陷、聖殿被毀作為開始的（參列王紀下二十三章 31 節至二十五章 30 節的註釋）。
3. 歷代志下六章 13 節以一種非常含蓄的方式表達了這一點。據該處經文所記，所羅門跪在一個平台上，而平台的大小是和摩西會幕中的祭壇一樣的（出二十七 1）。所羅門把自己當作祭牲一樣在壇上禱告；他的禱告是嘴唇的祭，其功效有如祭牲，這是獻給耶和華的芳香祭品，耶和華以赦免罪惡來回應之。至於音樂，同樣的論點也成立（參 Leithart 2003a）。

列王紀上九 1～28

71 費理希（Amos Frisch；Frisch 1991, 12）指出，列王紀上九章1至9節記錄了耶和華對所羅門的獻殿禱告的回應，它是列王紀上論聖殿的篇章的一部分。[1] 本章開頭記述所羅門的「第二個夢」（王上九2），即是第二重見證，一個「申命記」。在第一個夢完結後，所羅門從基遍上耶路撒冷，站在約櫃前（三15）；聖殿一旦完工，所羅門就常駐在耶路撒冷。所羅門在一個新的約的規範下運作；他在這個規範下，一年三次在耶和華面前獻上燔祭和平安祭（九25），就如他曾一度在存放約櫃的神龕前獻燔祭和平安祭那樣（三15）。在獻殿禮上，所羅門祈求主垂聽在聖殿中的禱告，而在這第二個夢裏，耶和華答應常常用睜開的眼睛垂顧聖殿。主的答覆顯示，耶和華與聖殿的關係並不「疏遠」或「有所保留」的。耶和華答應把祂的「名」安置在聖殿裏（九章3節運用三重的雙關語：לשום-שמי שם），祂的「眼」、祂的「心」也常在那裏。[2] 耶和華藉這些應許把殿「聖化」（הקדשתי），這表明了耶和華是臨在於聖殿中，因為聖所是藉著祂在榮耀中的來臨而被聖化的（出二十九43）。耶和華「垂聽」

(שמעתי) 所羅門，敘事者採用了申命記六章有名的摩西式認信所用的動詞。在摩西式認信中，摩西勸以色列要「聽」：耶和華是獨一的主，要以專一的心把自己奉獻給祂；而在所羅門的獻殿禮上，所羅門就呼求耶和華要「聽」。

第二個夢像先前的一樣，涉及有條件的應許。耶和華答應，如
果所羅門守祂的律例誡命，祂就會賜他長壽(王上三 14)，而在九 72
章 4 至 5 節祂答應，如果所羅門效法他父親的行為，大衛家的國度就會屹立不倒。以色列的命運有賴以色列對主的忠誠，但以色列的忠誠卻是和君王 —— 不單是所羅門，也包括了他的子子孫孫 —— 的忠誠息息相關的(九 6；比較撒下七 14)。從撒母耳記下十一至十二章看，以大衛作為衡量所羅門的標準，這令人感到好奇。以大衛作為正直的標準，這使人把注意力聚焦在姦淫這個議題上；這警告的餘下部分也是一樣：「轉去不跟從我」的意思是「去事奉別神，俯伏在他們面前」(王上九 6)—— 大衛可沒有做過這種事。上帝所求於所羅門的是一個正直的取向，他的腳要行走在耶和華的律例典章這條路上。

耶和華聲言，如果所羅門或他的子孫不跟從祂，祂就必定把以色列人從地上剪除(王上九 7)；其中採用了洪水敘事的用詞。因為土地是以色列人一切祝福(生命的恩賜、食物的恩賜，以及耶和華對以色列的恩寵一個主要的公開記號)的來源，因此，從地上剪除，會是一個同樣地公開的記號，表示著恩寵被移除。在聖經裏，「訂立」盟約的希伯來文是以「剪」或「切割」盟約來表示的，這一措詞是指在大部分立約儀式中實際出現的切割(切開動物，用來獻祭或吃用)，也指向違約者將有遭災之虞。切割也和割禮有關 —— 這又是身體上的實際切割。因受割禮而被切割的人，要是他們轉離耶和華去事奉別神的話，他們就是活「在詛咒之下」，活在將被「剪除」的陰影下。

耶和華也聲言要把聖殿從祂面前「送走」。動詞「送走」(send out，שלח)曾用來描述亞當和夏娃被逐離開伊甸園(創三23)，它也可用來指離婚所涉及的「休棄」(申二十二19、29；賽五十1)。「送走」的特定對象是聖殿而不是人民；到後來，結果是聖殿與人民都被送到被擄之地(王下二十五13～17)。耶和華把聖殿從祂面前驅逐出去，藉此與以色列離婚，祂把新婦從花園地(祂昔日把她置在其中的)送走。這樣，以色列會成為人家「笑談和譏誚」的對象(王上九7)，它的歷史將被萬民視為有關審判的教訓。「笑談和譏誚」這個詞組，在舊約聖經中只出現數次，最有關係的是在申命記二十八章37節，它被包含在詛咒的清單中(耶和華聲言，如果以色列不守約的話，祂就會使以色列遭受這些詛咒)。在申命記二十八章，耶和華聲言，如果以色列整體離開祂，轉而跟從別神的話，祂就會使以色列遇到這些詛咒；但是，在耶和華對所羅門所說的一番話中，警告內的災禍是比較集中的：「如果你或你的子孫轉離……〔那麼〕以色列就要成為萬民中的笑談和譏誚」(王上九6～7；編按：經文乃按英文原書翻譯)。

本章用了好些篇幅來記錄所羅門王的功績。這章經文末段記錄所羅門的航海事業，是聖經中首次提及以色列的航海事業的。在舊約聖經的不少地方，海代表著外邦人世界；以色列人正常來說是以
73 陸地為家的牧人，而不是漁夫。[3] 但所羅門呢，他把事業伸延到海上，像耶和華那樣能把水分開，從中經過。具體來說，所羅門到俄斐尋找黃金；在創世記十章29節，俄斐與創世記二章所提及的黃金的原產地哈腓拉相提並論。所羅門是更大的亞當，他到俄斐收集黃金，從園子出去，收集各地的資源，把它們帶回來，用來裝飾主的殿。

耶和華給所羅門的警告，讓我們得以澄清所羅門的創造力的本性。所羅門在回顧他在傳道書二章4至7節的建築工程時，把其

建築工程看成是重複了耶和華起初的創造行動。所羅門像耶和華那樣，先造好一個園子（創二8），然後在其中栽種果樹（二9）。伊甸園所在之地有水流出，滋潤園子（二10），使園子成為樹林。耶和華把人安置在園子裏，還有一切的動物（二15～20），又造夏娃作為亞當的伴侶，此為創造的高潮（二21～25）。所羅門依循同樣的程序，就如亞當效法他的創造者。在建造聖殿上，所羅門是新的亞當，他在建設一個世界／一座聖殿和栽種一個「園子」的事上，效法了天父的榜樣。

所羅門的創造力類似上帝的創造力，列王紀上九章的語言和這個看法一致。這章經文的框架提到所羅門「完成了」建造聖殿（王上九1、25），它採用了 ויהי ככלות שלמה לבנות 一語，是創世記二章1至4節的回響。所羅門「栽種」了他自己的園子以後，法老的女兒就遷進耶路撒冷（九24），像夏娃進入伊甸園；如此，所羅門為他的新婦預備地方，就如耶和華為祂的新婦預備地方一樣，在完成建造和新婦進來之間，耶和華指教所羅門他在聖殿方面要盡的責任。在創世記二章有一個類似的順序：天地都「造完」了，耶和華把亞當安置在園子裏，吩咐他有關知識樹的事情，然後把新婦交給他。

所羅門在詳述他的成就時，並不是以不敬虔的傲慢態度來誇耀自己的，而是在發揮人性的潛能。人類是照著一個會創造的上帝的形象而被造的，因此，人類之被造是被造成為次級創造者（subcreators）。在聖經裏，人類的製造活動和創作活動並不是世俗的事情，對「人類具有超越的上帝的形象」來說，這一點是十分重要的。據米爾班克（John Milbank）所見，現代性的一個基本假設是，由人創造出來的東西（「製成品」〔made 或 *factum*〕）是世俗的，或從宗教上說是中性的（Milbank 1990b, 10～11）。文藝復興時期的發現告訴我們，文化全然是人的製成物，它「從來」都是歷史性的；整個文化被視為世俗的東西，而宗教則被推出文化的舞台之外，被推進一個講求內在敬虔的私人房間裏。由是，恢復「製造」（making）或創作（*poiesis*）的神學觀念，在任何反現代主義的神學重建上，都扮演著一個重要的角色（Williams 2005）。

米爾班克對把「製成品」等同世俗的做法提出異議，為此，他
74 借用一種「反現代」的哲學兼神學的理論。這理論先是植根於庫薩的尼古拉斯（Nicholas of Cusa）和詹巴迪斯塔・維科（Giambattista Vico）的著作，又在哈曼（Johann Georg Hamann）和赫德（Johann Gottfried von Herder）的後設批判哲學（metacritical philosophies）得到進一步發展（Milbank 1999）。維科的思想，其中心是 *verum et factum convertuntur* ——「真理（*verum*）和製成品是可互換的」——這條定律（Vico 1991, 5）。該定律有認識論和文化的向度，但對於維科來說，真理和製成品之間的互換性，不只適用於受造的實在，而是絕對地真確的，因它在三一上帝的內在關係上找著其存有論的根據。早前，庫薩推想三一上帝的第二位格是上帝的「藝術品」，所以，在不否認〈尼西亞信經〉的前提下，他可以在父生子一事上，講說一種永恆的「製造」或藝術才能，這使得「上帝內在的創造力，成了神聖本質的一種必有的特質」。既然一切真理和智慧，都包含在由父而出的父之道之內，那麼即使是在三一上帝之內，真理和製成品也是可互換的。這樣，製成品變成了其中一種超越的特質。「製造」或創造力是三一上帝的重要屬性之一；一種內在的（*ad intra*）創造，成了外在的（*ad extra*）創造的基礎（Milbank 1991, 27～30, 82～84, 126～132）。據米爾班克的了解，庫薩使創造而非實在（*esse*）成了最主要的哲學概念（Milbank 1991, 22）。

按著上帝的形象被造的人，與上帝同是創造者；而且，正如父永不會失去祂的永恆「傑作」，人造的工藝品也不是一個次等的實在，被連接於一個更基本的「自然的」存有之上，而是和人類本身

是「完全同等原始的」（fully equiprimordial；Milbank 1991, 22）。然而，因為人類的創作反映了永恆的三一本性和上帝不斷的創作活動，它就不是世俗的或中性的，而是達至超越性的，並且是模仿及有分於上帝不斷的創作行動的。人類的藝術反映了上帝的創作行動。人類的藝術創作，甚至也有分於起初上帝創造世界時的那種「從無造有」的特質。儘管起初的創造是獨一無二的，但「從無造有」卻暗示了被造存在的本質是不斷的創造，不斷地使新的事物和新的狀態發生和存在。桌子不是「堆放在一起的木材」；它在存有論上是一件新的東西，在製作它之前，它並不存在。人類的發明，使各類新的事物從無變有：燈泡、書本和電腦。因此，米爾班克繼庫薩和維科之後想要駁倒現代性，但**不是**藉著拒絕文藝復興時期所發現的，即文化生活的「創作」（fictional = *factum*）特性——例如笛卡兒哲學（Cartesian）便嘗試發掘存在於知識和文化底下的一個安穩「基礎」；反倒是，米爾班克把神聖的參與（divine *concursus*）延伸至具創造力的文化活動。上帝是文化創作的最終創造者。

然而，這裏雖然有濃厚的結構主義的調子，米爾班克卻連一刻的自主也沒有給我們，因為當我們大部分是「自我製造」的時候，我們不過是以受造物的身分，做出一些在三一上帝內在關係中永恆地做著的事情。於是，正如皮克斯托克（Catherine Pickstock）指出的，這富詩趣的願景，不但模糊了不及物的**實踐**（praxis）和及物的創作（*poiesis*）之間的分別，也模糊了主動和被動的分別。從中世紀唯意志論（voluntarism）浮現出來的現代性，把一個內蘊而外在的權威置放於一個被動的主體之上，而後現代性雖然試圖恢復一個
中間語態（middle voice），但倒是把它約化為辯證式的「來回於主 75
動和被動之間」。早期的神學，由於其對上帝的超越性的觀念，能夠講說一種真正的、屬於上帝的中間語態；這位上帝在不破壞人類自由的同時，藉著人類的行動運作。皮克斯托克主張，這中間語態

在崇拜中被超卓地恢復過來，因為在禮拜儀式中，人在付出的同時也有所領受，而所領受的就是使他得以獻上自己的能力（Pickstock 1998; Milbank 1995）。創作（*poiesis*）——就如任何一個詩人所知道的——意味著「做」（doing），也同樣多的時候，意味著「發生在其身上的事件」（happening to）。

據列王紀所記，具創作性的工作之「路」不是絕對自由之路。耶和華向所羅門顯示，只要所羅門本人遵守律法，他的國和他的殿才會繁榮興盛，但律法與其說是對創造力的限制，不如說是使創造力成為可能的條件。所羅門的創造力，只有在其依從上帝的話時才真的具創造力；上帝的話創造了世界。假如所羅門離棄耶和華去造出他自己的上帝，他的一切創造就會變得一文不值，他的國也會敗落。製造神像是錯誤的製作，最終必遭遇被擄這反創造的命運。

列王紀上九章提示我們，耶和華所提出的警告有些已在發生了。所羅門與希蘭的相遇（王上九 10～14），相對於列王紀上五章所描畫的平穩誠摯的關係來說，是一個反面的對比。早前，二人的來往是彼此都感到滿意的，可是現在，希蘭滿足了所羅門的一切願望，但所羅門卻不能滿足希蘭的（九 12～13）。希蘭「出來」（ויצא חירם；九 12），敘事者所用的這個動詞，剛在幾節經文之前被用來描述以色列出埃及（九 9）。希蘭從泰爾「出去」，為要「看」所羅門所給他的地，但那些地「在他眼中不對勁」。希蘭判定所羅門沒有誠實地對他，沒有給他一片美好的地，雖然在他們之間有「兄弟之盟」（九 13）。耶和華帶領以色列出埃及之時，給他們一片美好的地；所羅門把希蘭從泰爾領出來，把希蘭認為是「無價值」（כבול）的一片地指給他看。所羅門沒有使耶和華的名字和祂的慷慨在外邦人中受稱讚，反而在對待希蘭上損害了耶和華的名聲。[4]

從有關法老王征服基色的簡短記錄中，可看出一個「逆向征服」的主題（王上九 16）。法老用火焚燒迦南人的一個城，把在其中居

住的迦南人殺死，把城送給女兒作為「妝奩」。基色在士師記一章
29 節被單獨分別出來：「以法蓮沒有趕出住基色的迦南人。於是
迦南人仍在基色，在以法蓮中間」，直至法老把他們除掉為止。法
老的行動像耶和華：他率領軍隊從埃及出來，征服一個城，然後
把城送給女兒，即以色列王之妻。耶和華正是如此，祂把像軍隊 76
陣容的以色列從埃及領出來，征服迦南地，然後把該地賜給祂的
女兒以色列。法老的行動是繼續一場聖戰，他照著約書亞時期所
吩咐以色列的那樣去征服迦南地。[5] 以色列不能把這些迦南人滅盡
（לא־יכלו בני ישראל להחרימם；王上九 21）。所羅門強迫迦南地
的各個民族做苦工，而沒有滅絕他們，就如以色列在士師時期沒有
滅絕迦南人那樣（士一 28、30、33、35）。法老顯明是比以色列更
像以色列人，他比其女婿所羅門更努力，堪稱為耶和華之子。早
前，以色列的失敗讓迦南人得著一個根據地，在整個士師時期困擾
著以色列人；因著迦南人仍住在迦南地，這又使得亞哈後來的「再
次迦南化」的計劃，大大增加取得成功的機會。

與此同時，所羅門開始像法老般行動，這不但是明顯可見於他建造屯車和馬兵的城（王上九 19；比較申十七 16）一事上，也是可見於他建造「積貨城」（כל־ערי המסכנות；王上九 19）；「積貨城」此語在別處只在出埃及記一章 11 節使用過，在該處希伯來人「為法老建造比東和蘭塞兩座積貨城」（ויבן ערי מסכנות לפרעה）。所羅門使以色列回到一個像埃及的國家，這為北方諸族在耶羅波安「摩西式」的領導下得著解放預備好場景。

註釋

1. 以下討論與此處重疊：Leithart 2000b。

2. 經文提到耶和華的「眼」，這一點很重要。眼睛與審判有關（伯三十四 21；詩六十六 7，九十四 9；摩九 4），有好些經文強調了這屬天的審判官有全面的視野（箴十五 3；代下十六 7～9；耶十六 16～17；亞四 10）。
3. 新的約把外邦人也包括在內；許多使徒都是漁夫，這從象徵意義上顯示了這一點。
4. 另一個可能是，所羅門把城邑送給希蘭或會是錯誤的一著。迦南地是送給以色列的地，是以色列所擁有的財產，就連別的以色列人，也不能把屬於他們同胞的土地據為己有（因此有禧年的設立；利二十五章）。所羅門以一百二十他連得的價錢，賣了加利利的二十座城（王上九 14）。所羅門沒有把征服迦南的事業加以擴展，反而顛倒過來，令部分土地再次落入外邦人的手 —— 迦南人也不例外。
5. 在這一點上也有一個重要的預表面向。所羅門的（岳）父征服了一座城，把城給了他的女兒，由他的女婿重建。照樣，父把世界給了教會（羅四 16），就是祂兒子的新婦。

列王紀上十 1～29

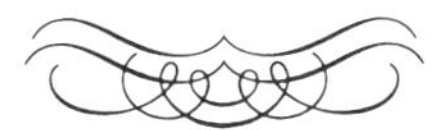

人類天生愛好智慧，但求取智慧自伊甸園以來就是一件危險的事。亞當大概最終獲准吃分別善惡樹（知識樹）上的果子，就如他獲准吃園子內「每一棵樹」上的果子一樣（創一 29）。他在時機成熟之前強取智慧，把罪引入了世界。智慧是最重要的事，但智慧令我們感到困惑的一點是：要智慧地追求智慧才能獲得智慧。

所羅門的本領已在列王紀上的好幾章經文中展示出來了，現在它又在示巴女王的眼前展現出來。由於他的智慧，所羅門的國位比外邦君王的國位更尊貴，外邦人把他們的珍寶，特別是黃金（王上九 28，十 2、10、14、16、18、21、22、25）帶來作為貢品（十 25；比較詩七十二 10～11）。示巴女王的外訪，為先知的異象提供了靈感（例如：賽六十 4～14），這些異象最終實現於博士來朝所帶來的禮物（太二 1～12）、人們把世界各地的珍寶帶進教會，以及在世界末期人們把外邦的珍寶帶進耶路撒冷（啟二十一 24）等事上。經文的其中一個主題字是「聽」，列王紀上十章開頭的語句兩次使用這個動詞；要是直譯的話，經文是說：「示巴女王聽聞所羅門的傾聽」(ומלכת־שבא שמעת את־שמע שלמה)。所羅門有一顆「傾聽的心」(王上三 9),當各國「聽聞」他的消息(十 1、6、7、8、24),它們就聯同以色列人一同宣認示瑪(Shema;申六 4),稱讚所羅門的上帝是獨一的上帝。

示巴女王是存著疑心來的(王上十 7),要「用謎語考驗他」(十 1;比較士十四 10～20)。[1] 示巴把心裏所有的都對所羅門說了(王上十 2),所羅門將她所問的都答上了(在十章 3 節兩次提到)。所
78 羅門的智慧變成可聽見的,而所羅門講說的智慧話,亦使有關所羅門的「傳聞」傳播得更廣。叫人印象深刻的是,示巴女王說她**聽見**論到所羅門的「說話和智慧」,但她卻不相信它,及至「親眼**看見**了」,才不得不信(十 7)。所羅門的智慧變得可見,就是因為她親眼看見這種智慧,女王終於無法抵抗。儘管女王滿意所羅門對她的問題所提供的答案,但那真正叫她詫異得透不過氣來的,乃是所羅門國宴上的秩序、豐富,以及華麗的氣派所展示的智慧。

有關所羅門筵席上的秩序和華麗的氣派的描述,其結構是很嚴謹的(王上十 4～5):

A 他建造的房子(可以假定是他的宮室)
　B 席上的珍饈美味
　　C 羣臣分列而坐
　　C' 僕人侍立和他們的服飾
　B' 酒政
A' 上耶和華殿(房子)的台階

如果我們在這清單上加上示巴女王所「看見」的一切,那麼我們的清單上就有七個項目。所羅門的智慧,類似耶和華在七日創造所展現的智慧。

整個描述的首尾都提到「房子」，大概是兩種不同的房子，即所羅門的宮室和耶和華的殿；這交叉結構把兩者緊密連結起來（列王紀上六至七章也是一樣；見列王紀上六章 1 至 38 節，七章 13 至 51 節的註釋）。女王同樣被耶和華的殿的禮拜儀式及所羅門宮殿的鋪排所吸引。交叉結構的中心點是所羅門席上的兩組僕人，以具頭韻的兩個短語描述：坐席的「羣臣」（**ומושב עבדיו**）和侍立的「僕人」（**ומעמד משרתו**）。兩個短語都是在有關聖殿的經文中常見的。崇拜在希伯來聖經中往往被描述為「服事」，而祭司和利未人就是在聖殿裏工作的「僕人」（申十 8，十八 1）。所羅門的宮廷是上帝的宮廷的複製品，他的筵席是天使的宴會的複製品。「上通往耶和華的殿的台階」（王上十 5；編按：經文乃按英文原書翻譯）有時候譯作「所羅門上耶和華殿的台階」，但 **עלתו**（「他的上升」；his ascent）最自然的意思是「燔祭」（ascension offering）。女王為耶和華殿中上升的燔祭感到驚訝。

所羅門可見的智慧，在儀式和禮拜儀式上的具體展現，它不但引發了令人透不過氣來的敬畏之情，更觸發了對主的認信。示巴女王的講話，從承認所羅門智慧的浩大，到承認那些常侍立（**תמיד**；另一個禮拜儀式的用語）在所羅門面前的人是有福的（王上十 8），到稱讚耶和華本身（因祂喜悅所羅門，祂愛以色列，把這樣的一個王賜給以色列）。示巴女王決不是抱持中立態度的國際觀察員，她是一個歸信主的人，所羅門以智慧作為媒介的佈道贏得了她。在這一點上，所羅門預示了那繼承他的耶穌。耶穌是父上帝的智慧和話
語的化身，祂是可觸摸的、可看見的、可聽見的智慧（約壹一 1～ 79
5），祂憑著在其國度之內所彰顯的智慧，吸引萬民。

從這個預表的角度看，這段經文引發了一些在現代生活中有關公眾（public）本性的重要反思。「公眾」一字的現代用法十分含糊。一方面，「**那**公眾」指整個社會。「公眾輿論」（public opinion）一

語就是根據這個意義來說的。當我們說「公眾被激怒了」，我們的意思是指人民（或一大部分的人民）被激怒了。在這個語境下，私人（private）的東西是指只與一個人或一小撮人有關係的東西。公益（public good）是指有利於整體社會的事，而私益（private good）則是指有利於一小撮人的事。法律和秩序是公益；果園裏的果實是私益。另一方面，公眾又可以指「屬於政府，或和政府有關的事情」。就這個意義來說，公務員（public official）是政府的雇員。公共基金（public funds）是由政府收集和使用的錢。辜負公眾的信任的意思是違反國會的規定或竊取國庫的財產。這個意義的「公眾」實際上可以和「政治性」（political）互換的；在這個語境下，「私人」是指非政治性的東西。

「公眾」還有其他的意思；而且無可避免的是，字詞會發展出意思上的稍微差異。當人們慣常把這些不同的意思混淆之時，問題就出現了。在盧梭（Jean-Jacques Rousseau）的思想中，兩種意思的「公眾」給混合起來。在盧梭的民主概念中，所有公民（第一種意思的「公眾」）都服從人民的「一般意願」。可是，這一般意願除了透過選舉或公民投票或民意調查之外，就不能被發現了。選舉——「所有人的意願」的流露——總是由個人的利益所指導的，但整體的一般意願會尋求共同的利益。如果不藉著投票，可如何確定這一般意願？盧梭認為，假如國會議員（第二種意思的公務員）正直不阿的話，他們就可以肯定自己是在依從公眾的一般意願。較中肯地說，盧梭暗示議員可以以多少是神祕的方式，把公眾的一般意願神聖化（Rousseau 1968, 2.3, 7）。盧梭的看法的最終結果，據尼斯比特（Robert Nisbet）看來，這是極權主義，又或頂多是托克維爾（de Tocqueville）所謂的大眾獨裁政治的。公務員組成了一羣有幾分是具祕傳知識的精英，能以作出促進公益的決定，至於人民——公眾——因為是受個人利益所支配，他們是不能作出該種決定的。第一種意思的「公眾」，被第二種意思的「公眾」吞併了，並且人們相信，公眾只能通過公務員說話（Nisbet 1988, 52～55）。盧梭的理論要求公務員在作決定時，不攙加任何個人利益。對公務員的運作一個較現實的看法，乃是由美國的開國元老提出來的，他們明智地承認，公務員和個人一樣可能具有野心和貪心，而他們的野心和貪心那毀滅性的影響，更由於他們所擁有的權力而變得加倍複雜。

話說回來，對所羅門的故事那互相爭競著的解讀方式，支持著各種互相爭競的政治神學，即關於構成「公眾」的是甚麼之不同理解。一方面，按字面的解讀，便會引出所羅門是新約之下「統 80
治者和君王」的代表，他是為公眾的利益而尋求公眾的外交政策的人；另一方面，按預表式的解讀，則把所羅門的統治置於教會的框架之內，如此一來，教會本身就是置身於任何國家的需要之內的公共存在，但它卻不需要向國家的需要負責。據此種解讀的方式，譬如說，教會便可尋求其自身從智慧開展的外交關係；這種外交關係，全賴於智慧之靈的工作，使其依從道成肉身的智慧；這些外交關係和國家的外交政策同樣是屬於公眾的。不錯，所羅門的統治為政治性議題帶來亮光，但是，預表式的解讀才是新約聖經所支持的解讀，它支持著一種公眾教會的教會論（public-church ecclesiology）。正是這種教會論為現代政客和——經常是——神學家所輕看，而由全然排他的、由國家管理的外交事務所取代；這其中的一個原因是，現代人久已對羅馬天主教，以及尤其是梵蒂岡國家的存在，懷有敵意。現代政客和——經常是——神學家很多時候對主張公眾教會的教會論，以及對有關聖經的預表式詮釋懷有敵意，這決不是偶然的。

列王紀上十章餘下的篇幅，繼續讚揚所羅門的智慧，其中心是所羅門的寶座的榮耀，它比列國的寶座都要壯嚴宏偉。該寶座像一座聖山，被安置在第七層的平臺上，下有六層臺階（王上十 19）。像山一般的構造（十 17），提示了它與耶和華在錫安山安坐在二基路伯之上是有聯繫的，而與該結構有關的數字學（numerology），就提示了它是和創造有關的；所羅門的座位，是在一個「安息日」的位置上。經文的文學結構，更加強了有關安息的一面，並強調了耶和華和祂所立的王之間的平行：

A　王用象牙製造一個大寶座（כסא־שן），用精金包裹
　B　寶座有六層臺階
　　C　後背有一個圓頂
　　　D　兩旁有扶手
　　　　E　引到安息的地方（אל־מקום השבת）
　　　D'　靠近扶手有兩個獅子站立
　　C'　有十二個獅子站立
　B'　在六層臺階的這邊和那邊
A'　在列國中沒有這樣做的

每層臺階由兩個像基路伯的獅子把守，代表著以色列的十二個支
派，全都像他們的猶大君王，是「獅子的幼兒」（創四十九 9）。所
羅門統治獅子，表明他是使野獸馴服的亞當。另外有兩個母獅（這
字的詞形是陰性的）構成了寶座的「扶手」：所羅門的寶座是由猶大
支派（又或以色列和猶大）的獅子其母獅新婦所支撐著的。獅子是
「站著」（עמדים）的，像列王紀上十章 5 節中侍立的僕人。「寶座
81 的圓頂」（ראש־עגל לכסה；王上十 19）或許代表了覆蓋在王之上
的穹蒼。所羅門雖然不像耶和華那樣坐在諸天的圓圈**之上**，但也距
離不遠了。

然而，對所羅門的稱讚也不是沒有攙雜的成分，因敘事者說所

羅門增加黃金和武器，這違反了作王的條例。這章經文十次提到黃金，黃金的數量叫人印象深刻的：六百六十六他連得，相當於三十到八十噸之間，這是所羅門在一整年之內累積的黃金數量（王上十14）。所羅門擁有那麼多的黃金，甚至他用黃金來造飲用器皿和造盾牌；黃金那麼多，連銀子也算不得甚麼（十21）。這對所羅門來說似乎是誇張的讚辭，但申命記十七章14至17卻特別禁止以色列的王增加金銀：

> 到了耶和華——你上帝所賜你的地，得了那地居住的時候，若說：「我要立王治理我，像四圍的國一樣。」你總要立耶和華——你上帝所揀選的人為王。必從你弟兄中立一人；不可立你弟兄以外的人為王。只是王不可為自己加添馬匹，也不可使百姓回埃及去，為要加添他的馬匹，因耶和華曾吩咐你們說：「不可再回那條路去。」他也不可為自己多立妃嬪，恐怕他的心偏邪；也不可為自己多積金銀。

所羅門也增加馬匹和戰車，這又違反了申命記十七章16節的規定；他甚至從埃及進口馬匹和戰車，這個地方正是以色列**被禁止**去買馬和戰車的地方。以上的違規舉動，為列王紀上十一章那成為高潮的違規而鋪路，這違規就是多立妃嬪；這些妃嬪引誘所羅門，使他陷入偶像崇拜之中。列王紀上十章29節尤其讓所羅門被定罪：他不但從埃及買入馬匹，而且還向赫人和亞蘭諸王輸出馬匹和戰車。九章20節提到赫人是以色列沒有將之滅絕的迦南人的後代。所羅門供應馬匹給迦南人，明顯有分於促使赫人成為一股地方勢力（王下七6）。更糟的是，所羅門把武器賣給亞蘭人，而在接下來的一百年，亞蘭便冒起成為以色列的恆常威脅（王上十一

23～25，二十章，二十二章；王下五章，七章）。世上最有智慧的所羅門，竟為敵軍儲備彈藥。然而，即使在這裏，所羅門也展示了一種智慧，就是他在地理政治學上的定位技巧，可這並不是耶和華所悅納的智慧。

愚昧不是缺少知識或技巧。正如巴特（Karl Barth）所言：「聖經談到 *nabal* 或 *kesil*〔愚人〕的時候⋯⋯問題並不在於缺少智性才能或缺少思考和理解的能力，又或者缺少我們所需要和羨慕的博學多聞。聖經的呆子或愚人，可能和任何文化水平的常人一樣，受過嚴謹的教導和訓練。他可能比常人遜色，但他也可能比常人優勝，甚至遠較常人優勝。他之所以成為愚人，和他較低下的思維或較不
82 完美的文化或學識修為完全無關。那決不是命中注定的。」（Barth 1939～1969, 4.2.411～12）所羅門取得了極高的政治和文化成就，他在其努力所能及的所有範圍中發揮了創意，但他的努力和精力，最終是用在尋找新的手法，去違反上帝和以色列所立的盟約上。

然而，過分簡化的道德主義在這段經文裏並不適用。所羅門的智慧和名聲在他開始違反作王的規定時，還是繼續不斷地增加，並沒有失去。當所羅門開始增加馬匹、戰車和女人的時候，他的智慧並沒有一下子消失了。記錄所羅門積聚黃金的那章經文同時也告訴我們，他的智慧「超過了」地上所有君王的智慧（王上十 23），而且他的智慧的質素是那麼的出色，連各地的王也前來聽他智慧的話（十 24）。這些都不是語帶諷刺的評論；假使敘事者告訴我們，所羅門變成了愚人，那麼要對他給予評價就要容易得多，但所羅門始終擁有智慧，這智者所羅門違反了耶和華的話。即使在所羅門放棄敬畏耶和華——智慧的開端——之時，智慧的他還是繼續擁有智慧。

所羅門的人生不是道出連智慧人也會失敗這簡單的道理。而是說，一個智慧人可以在他的智慧達到高峯、人人都承認他的智慧的

那一刻、就在他運用智慧之時失敗。畢竟，要累積大量黃金，所羅門必須維持一支有效的船隊；跟埃及人購買馬匹，他需要純熟的談判和外交技巧；從四圍的列國娶來妻子，他必須具備良好的條件，有足以吸引盟友的勢力，以及足以和他們訂立有利的聯盟的技巧。所羅門之所以能夠累積黃金、武器和女人，是因為他有智慧。假如他真的是個愚人，他就不會有資格去進行這些企劃了。

列王紀是智慧文學（它也具有其他特色），所羅門的人生，說明了智慧不容讓智慧人在整個人生中坐享榮譽和順境。智慧要求人小心自己的腳步；愈有智慧的人，那人的技巧便愈純熟，可走的路便愈多，選擇也愈多。巴巴拉・塔克曼（Barbara Tuchman）說，愚昧是能力的函數，而能力經常是技巧的產物（轉引自Davis 2005, 206n7）。智慧人能做到一些愚人所不能做到的事；這意味著智慧人要面對獨特的試探，即愚人根本不會遇到的試探。人類竭力尋求智慧，千方百計要得到智慧，這是正確的，但在生活上有一種技巧，它不過是一種高純度的愚昧。

在列王紀較廣闊的語境裏，所羅門的失敗包含在以色列的失敗故事之內。所羅門雖然成功，但他並沒有為以色列帶來一個歷久不衰的黃金時代。人的智慧不能為墮落了的以色列或墮落了的人類帶來救恩。那只能通過道成肉身的上帝的智慧來做成。這種智慧使智慧人的智慧受挫；這智慧像愚昧一樣，搜求全世界的人。

註釋

1. 據約瑟夫（Titus Flavius Josephus）的記載，希蘭和所羅門曾經進行一次猜謎比賽（Wiseman 1993, 129），不過懷斯曼（Donald Wiseman）認為，這些不純是心理戰術，而是富挑戰性的政治難題和倫理難題。

列王紀上十一 1～43

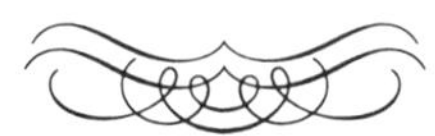

列王紀敍述以色列墮入偶像崇拜之中，它被外邦的行徑和神明所誘惑，至終帶來被擄的審判。列王紀上十一章為北國的故事揭開序幕，它展示了列王紀整體的邏輯。所羅門娶了法老的女兒之後，還是愛耶和華（王上三 1～3），但當他娶了其他的外邦女子之後，他就被吸引去愛這些外邦女子。他對耶和華的愛，使他為耶和華建造聖殿，而他對外邦女子的愛，就使他為各種偶像建造神龕。他沒有按照律法的要求「緊緊依附耶和華」（申十 20，十一 22，十三 4，三十 20），反而「緊緊依附」（בהם דבק שלמה לאהבה）那些外邦女子以及她們的神明（王上十一 2）。在婚姻的盟約關係中，男人必須緊緊黏附著他的妻子（創二 24），而在與耶和華的盟約關係中，忠誠而信實正直的人，就是那些信靠耶和華、對祂忠心、緊緊依附祂的人。大衞搶奪一個有夫之婦並「行了惡事」（撒下十一～十二章），以色列國就因押沙龍的叛變短暫地一分為二；所羅門娶來許多個女子，結果導致以色列國有更長久的分裂。所羅門的智慧是由他的愛所指導的；當他的愛轉向外邦女子和外邦的神明時，他就運用他的行政技巧和創意，去建造那些必定是宏偉非常的神龕——卻是為了假神。[1] 所羅門變成了一個多元文化主義者，一個多元文化的管理人。[2]

列王紀上十一章1節的外邦女子名單，融合了律法所禁止的幾種聯合。列王紀上十一章2節引用了出埃及記二十三章32至33節（該處經文警告以色列不可與那些應該將被逐出迦南的各個民族訂立盟約），又有申命記七章1和3節的影子（該處經文禁止以色 84
列人與赫人、革迦撒人、亞摩利人、迦南人、比利洗人、希未人、耶布斯人通婚）。列王紀上十一章稍微改變了五經誡命中的字句：出埃及記二十三章32至33節禁止與迦南人立約，而申命記七章3節也明言禁止通婚（ולא תתחתן），但列王紀上就用了籠統得多的措詞——「往來相通」（לא־תבאו בהם והם לא־יבאו בכם——注意希伯來文的交叉結構）。據列王紀作者的理解，律法不但禁止與拜偶像的外邦人訂立盟約和結親，也禁止與他們有任何親密的交往。耐人尋味的是，五經完全沒禁止與西頓人來往或通婚，雖然西頓人也屬於不准與之通婚的「迦南人」一類；而列王紀上十一章1節提到西頓婦人，更預示了那個來自西頓的大妖婦耶洗別（王上十六31）。過去，上帝的兒子們娶了人類的女兒為妻，耶和華曾以洪水毀滅全人類（創六1～4）；這裏，耶和華之子所羅門娶了迦南女子為妻，耶和華就以一場叛亂，把以色列這新人類一分為二。

所羅門變成了一個多神教徒，雖然毫無疑問地，他依然認為耶和華是他所信的諸神之首。他在聖殿山東邊的橄欖山為摩洛建造邱壇（王上十一7），正好面對著耶和華（Walsh 1996, 187）。列王紀上十一章4至8節把令人印象深刻的重點放在所羅門的「心」上；「心」一字在十一章3至4節用了四次，其中兩次是與動詞「使之轉離」（ויטו נשיו את־לבו）同用的。耶和華曾把智慧放在這顆心裏（十24），使之有智慧，能辨別是非（三9、12）；但這顆心同時也是偏離耶和華、隨從別神的心。所羅門這顆「聆聽的心」，再也不聽從示瑪(Shema)所宣認的，即「耶和華是獨一的主」這個信念。結果，所羅門的心並不是對耶和華「完全忠誠」。作者用了 **שלם** 這個動詞，與所羅門的名字 **שלמה** 一語雙關，這暗示了只要所羅門的心轉向一個正確的方向，愛耶和華，他才是真正的**自己**。一旦所羅門的心轉離耶和華，不再完全效忠於祂，所羅門就停止作為所羅門。他的偶像崇拜是一種深邃的自我疏離，這不只是與耶和華疏離；所羅門因偶像崇拜而產生的自我疏離，又帶來了社會和政治上的紊亂。亞希雅所撕裂的那件「外衣」(十一 30)，其希伯來文的子音跟所羅門王的名字是一樣的(**שלמה**；Walsh 1996, 143～144)。亞希雅的象徵性行動，不只是把所羅門的國家、也是把所羅門本身撕裂了。國家被撕裂，一分為二，這是因為王的心已然分裂。

後笛卡兒哲學(post-Cartesian)的後現代哲學家告訴我們，自我(the self)不是像笛卡兒(René Descartes)所相信的那樣是「自我呈現」(self-present)的，而是完全地「去中心化」(decentered)的。人愈是要在自我之內尋求一個穩定的身分核心，自我就愈顯得難於捉摸。這在早期基督教傳統的神學家看來卻是意料中事。正如哈特(David Bentley Hart)所指出的，對於女撒的貴格利(Gregory of Nyssa)來說，創造萬物這個具創意的行動，乃是「從不存在的幽暗」移向「上帝的光」；又，創造不外乎是無休止的改變：「受造
85 之物時刻在死去——貴格利寫道——好再生成為下一個受造物」，並且「如果它停止改變的話，它就停止存在」。一個人永遠不只是一個人，而是一個國家；「全人類是不斷開展的『連串事件』，是上帝在按照祂的形象造人時所說的、具創造力的話語(第一個亞當)的相繼實現」(Hart 2003, 189)。要嘗試在一個具時間性的存有(temporal being)**之內**找出一個穩定不變的核心，這是一個不切實際的做法。

話雖如此，在基督教信仰看來，說自我不是以自我為中心，這並不是說它是沒有中心的。說「受造物是在不斷運動的」，其意思是說，它們不斷地被一些它們以外的東西所牽引著，被對善惡的喜好牽引著。人的存在是出神的（ecstatic），不是以自我為中心，而是以探求一種難以捉摸的美——最終來說是上帝的美——為中心的：「渴求（desire）是我們運動——因此也是我們存有——的能源」。創造「是把多元性，把動和靜交響樂般地、有節奏地複雜化，這是一首讚美上帝的歌；上帝就是那真正的、原始的、原型的音樂」。說得簡潔和美麗些，「我們是從音樂進到音樂」；由於我們渴求上帝那無限而永恆的音樂，我們被轉化成無窮無盡的多種變奏（Hart 2003, 190～194）。對於貴格利來說，渴求可以從無限的上帝轉離而朝向非存有的「惡」。貴格利把惡看作是「完全是引致匱乏的無（nothingness），它處於創造朝向上帝的運動之外」，而且它「從來不處於與無限的上帝的關係之中，它總是不可能地嘗試中止、恆常地停止那衝擊著一片不適合人居住的海岸的浪花，是無休止的時間靜止」（194～195）。但這對惡的轉向，並不是具創意的去中心化。自我總是去中心化的，在愛中依附著某種「他者」，它不是以自己為中心，就是以上帝為中心。惟一的問題是，自我會依附哪一個被愛的對象。當所羅門在愛中依附多個外邦女子和外邦的神明時，他就停止身為所羅門，因他停止作為與耶和華在一起的所羅門。[3]

這種自我觀有很強的救恩含義。正如我在列王紀上四章1節至五章18節的註釋中指出的，加爾文（John Calvin）主張人被造的本性，其形象嚴格來說是內在的東西，它是我們所擁有的東西。用後現代的術語來說，加爾文所主張的亞當的本質，是作為一個「自我呈現的主體」，它是由個人內在所擁有的東西來界定的。另一方面，加爾文主張，稱義是在我們之外的東西（*extra nos*），有賴於基督的工作，並有賴於我們在我們之外、在基督裏的存有。用後現代的術語來說，加爾文所主張的得救者，其本質是身為一個「去中心化的主體」，其存在的中心是位於個人之外的。加爾文似乎是以一種自然和超自然的區分作為他的主張的依據，這種區分卻為他在別處所摒棄。一個得救的人，他不只是和一個受造的人在狀況上有
86 所不同；而是，一個得救的人和一個被造的人是兩種不同的主體；一個是以「個人本身」(in oneself) 來定義的，而另一個則是以「他者」(in another) 來定義的。說到稱義，我們大可以向加爾文提出這個問題：當個人從自我被抽離出來，被重新安置在基督裏，個人是不是被稱為義了？抑或，個人依舊以「個人本身」之所是來被定義？個人在基督裏的義，或一個兩面的人——同時為罪人和義人 (*simul iustus et peccator*)——不只是從實際上來說的，而也是從定義上來說的？因著加爾文的人觀，只有成聖才能夠影響個人（在「本質上」)。稱義，正由於那是出神的，它並不影響人的身分，因為個人是由在個人之內、而不是在個人之外的地位來界定的。

潘霍華 (Dietrich Bonhoeffer) 的主張較激烈——更為新教徒的——因他主張上帝的形象基本上是出神的，它基本上是關係類比 (*analogia relationis*)，而不是實體類比 (*analogia entis*)。潘霍華甚至用救恩論的語言，來描述亞當原初的狀態：亞當與上帝的關係，「不是人類存在的一股潛力或一種可能性或結構；而是，一種被賦予的關係，是人類被安置在其中的關係，是被動的義 (*justitia passiva*)」(Bonhoeffer 2004, 65)。奧古斯丁謂 (Augustine 1997)，某些美善的東西，只有把它們給出去的時候才能夠被擁有；只有在放棄它們之時，並只有在認識到自我必須以上帝為中心之時，才能真正並正當地擁有它們。自我就是這類美善東西的其中一種。列王紀上十一章反映了一種類似的人觀：所羅門不是因著自己而成為自己，而是因著他與他的主耶和華的關係；他一旦離開耶

和華，就變成了另一個所羅門。

所羅門的偶像崇拜不但導致嚴重的自我疏離，也引來具破壞性的政治後果。第一個亞當聽從了蛇的誘惑聲音，吃了妻子給他的果子就墮落了。所羅門這新的亞當，則由於戀愛外邦女子而墮落了，耶和華給他最初的懲罰是興起敵人（「撒但」，שטן；王上十一14、23）。所羅門再也不像列王紀上二章所描畫的忠誠的所羅門，他無力去壓碎這些敵人的頭。這三個敵人，來自以色列的三組世仇。哈達是以東人，是以掃的後代，他和所羅門之間的鬥爭延續了起初雅各和以掃之間的鬥爭。利遜是外邦人，在敘利亞（即亞蘭）的首都大馬士革作王。[4] 而耶羅波安一世就是以色列人，是大衛家國內的仇敵。在列王紀，敵對所羅門的三個「魔頭」，預示了後來與以色列和猶大作對的三個敵人：亞蘭、亞述和巴比倫。所羅門從蒙恩寵墮落至偶像崇拜，並成了耶和華懲罰的對象，他的人生正好為王國的歷史寫下了規律。在福音書中，來自下述這三組的代表與耶穌作對：以土買人／以東人希律、屬羅馬帝國的外邦人，以及本身是猶太人的文士和法利賽人。所羅門因自己的罪遇到這些仇敵，
而比所羅門更大的耶穌，祂之所以遇到這些仇敵、這些「魔頭」， 87
並不是因為其自身的罪，而是因為祂背負祂子民的罪。

列王紀上十一章簡略地描寫三個敵人的生平，這三人的故事，均與以色列早前的歷史產生回響。哈達的故事（王上十一14～22）是被擄和出埃及的故事：[5]

1. 哈達還是幼童的時候被帶到埃及去，因當時的以東被大衛和約押所佔領（十一14～15）。早前，由於饑荒，雅各把他的家族帶到埃及去。
2. 在埃及的時候，哈達受到法老仁慈的對待，法老給他房子、食物和土地（十一18）。雅各的家庭也受到法老和善的對待，法

老賜他肥美的歌珊地。

3. 哈達入贅埃及的王室家庭（十一 19），就如早前約瑟蒙法老寵愛，娶了埃及人祭司的女兒為妻。
4. 哈達的妻子是埃及王后答比匿的妹妹，她給哈達生了一個兒子，這兒子與法老的眾子同在宮中長大（十一 20）。在這裏，我們似乎看見摩西故事的影子，因摩西是在法老的宮中養大的。
5. 大衛死了以後，哈達企圖返回本鄉。他用出埃及的語言來表達他的心願：「打發我出去」（שלחני ואלך אל־ארצי；十一 21～22）。同樣，以色列在出埃及事件中逃離埃及，征服並統治了迦南地。

在哈達的生平中，所羅門扮演著迦南人的角色。所羅門娶了眾多的迦南女子（王上十一 1），他變成了迦南人，現在被一個以東領袖圍攻；這以東人剛經歷了出埃及的事件，他刻下正在開展其征服的事業。哈達在以東的權力，足夠讓他成為所羅門的對頭人。這顯示了在歷史上的這一刻，以東和以色列是分開的，是一股從所羅門的早期統治轉移出來的權力（九 26～28）。所羅門一度對以東有相當的控制權，並利用當地的海路交通，但現在所羅門的國土從南面縮小，就如它更大幅度地從北面縮小一樣。甚麼時候耶和華要審判以色列，甚麼時候祂就把以色列的國土從各方面削除。[6]

以利亞大的兒子利遜的故事，也跟以色列史上的一個故事相似（王上十一 23～25）：

88 1. 利遜逃避主人哈大底謝（十一 23）；這跟大衛受到威脅、逃避他的主人掃羅相似。
2. 利遜招聚了一羣人，自己成為了一隊類似非正規軍的隊員的頭目（十一 24）。大衛也是逃到曠野，逐漸招聚了一批對國家有叛意的人，把他們組成一個「流亡中的以色列」。

3. 利遜遷往大馬士革居住，在那裏作敘利亞的王（十一 24）；這跟大衛從曠野轉移到迦南地，先在希伯崙、其後在耶路撒冷作王相似。

如果說哈達是仿冒的以色列（或約瑟/摩西），那麼利遜就是仿冒的大衛。在這一幕裏，所羅門扮演了掃羅的角色，受到與大衛相似的利遜所挑戰。說來諷刺，所羅門竟為利遜所統治的亞蘭人提供軍備（十 29）。所羅門把武器給他的對頭，用來對付自己。

耶羅波安一世的故事是最長的（王上十一 26～40），他的生平也重複了之前的聖經歷史：

1. 耶羅波安像掃羅和大衛那樣（Provan 1995, 97）是「勇敢的戰士」（גבור חיל；十一 28），他是一個有潛力成為君王的人。
2. 耶羅波安忠心服事所羅門，在王室官員中初露頭角（十一 28）。這幕情景最先見於約瑟的故事，又從大衛的故事（他忠心服事掃羅）反映出來。
3. 耶羅波安遇見從示羅來的一位先知，先知告訴他，他將要作王（十一 29～39）。而大衛則被撒母耳所膏立，撒母耳是在示羅以利的養育下長大的。
4. 亞希雅撕裂他身上的一件「新衣」，象徵國度被撕裂（十一 30）。同樣，掃羅的外袍被撕裂，象徵國度從掃羅手上被奪去。
5. 所羅門一發現了耶羅波安已被指派為他的繼承人，就企圖把他殺了（十一 40），就如掃羅幾次企圖要殺被膏的君王大衛一樣。
6. 給耶羅波安的應許（十一 38～39）與耶和華給大衛的應許相似。

大衛的人生，本身就是雅各和以色列的歷史的預表性重複（Leithart 2003d），因此耶羅波安從預表上說是仿冒的大衛，又是仿冒的以色列。在列王紀上十二章，耶羅波安是帶來解放的摩西，他帶領「以色列」從所羅門的國度出來，這國度就如同欺壓他們的「埃及」一般。

在列王紀上十一章，我們首次見到先知作為局外人的例子，[7]
他是第一個由隨己意吹動的聖靈而生的先知。亞希雅的身世不
89 明，只有「示羅人」這不祥的描述；[8] 雖然他來歷不明，但其講說的卻是耶和華的話，這改寫了以色列的歷史的方向。通過亞希雅傳達的主的話語，決定性地模造了以後的歷史，從這一點開始，在列王紀裏到處可看見「耶和華的話」的應驗（王上十三章，十四 18，十五 29，十六 12、34，十七 16）。因著耶和華的話，朝代興起衰亡；因著耶和華的話，不能生育的寡婦成了多產的婦人，她們的儲糧用之不竭；因著耶和華的話，射出的箭在盔甲中找到隙縫；因著耶和華的話，穀物的售價一夜之間大幅下跌；因著耶和華的話，耶路撒冷和聖殿被摧毀。既然耶和華的話能帶來毀滅，且是那麼的有效，那麼，同樣的話語也會永遠保全大衛家。就連死亡也不能勝過耶和華的話，祂承諾不會毀滅大衛家（十一 12～13、34～36），而要留下一盞長明的燈（היות־ניר לדויד；十一 36）。耶和華用人的杖來管教大衛家，但祂不會把祂的愛從大衛家撤離，像從掃羅家撤離那樣（撒下七 14～15）。儘管所羅門轉離耶和華、離棄祂，儘管所羅門及其王國因他的雙重效忠而被撕為兩半，耶和華還是承諾要復興大衛家，最終是藉著另一個大衛之子，藉著他在十字架上披撕裂為兩半的犧牲行動，讓祂得以把整個以色列聯合起來，成為一個新人。

註釋

1. 在好幾處用來表示「偶像」的詞，是形容詞「可憎」的名詞詞形（王上十一5、7）。正如沃爾什（Jerome Walsh）所指出的（Walsh 1996, 135），外邦神明的名稱被改變了，這十分清楚地顯示出他們的可恥。例如，亞斯她錄的發音與用來表達「羞恥」的字相似。
2. 對形勢作如此的描述，是由仁奴（Rusty Reno）提出的；我要感謝他。
3. 從心理學來說，自我呈現的自我是一個災禍地點。斯蒂弗斯（Richard Stivers；Stivers 2004）主張心理學在精神病方面忽略了社會性的因素；他並主張抑鬱症、精神分裂症、強迫症及其他種類的心理疾病，都是和社會性的錯亂有關的，這些社會性的錯亂，造成了「科技的自我」（technological self）——一個外表愛說話、但內裏卻是抽離和極度孤單的自我。孤單是大多數精神病的一個基本的社會性因素。另一方面，後現代理論和超現代（hypermodern）實踐中的「擴散的自我」（diffused self），大概也不是一種改善。
4. 亞蘭是閃族人（創十22）。亞蘭人拉班是利百加的哥哥（二十八5）。故此，亞蘭人較亞述或巴比倫更接近與上帝立約的以色列民。
5. 納爾遜（Richard Nelson；Nelson 1987, 75）看見兩者之間的相似性，但沒看出這種相似性對列王紀的結構有甚麼重要的意義。
6. 以東人哈達的生平結束得頗奇怪，因他請求法老打發他回本鄉去，但卻沒有交代法老到底有沒有同意他的請求。後來，哈達成了所羅門的對頭，這意味著他的確回以東去了，並開始吞併所羅門的部分領土，但經文一點也沒有告訴我們他回鄉的故事。就這一點來說，哈達的故事和以色列的故事——按照列王紀的作者和舊約所告訴我們的——都是還沒完結的故事。希伯來聖經的最後一卷書歷代志下，就像哈達的故事那樣，並沒有一個明確的結局，結束時只提到塞魯士吩咐以色列人「上去」。
7. 拿單在列王紀上一章出現，但他的作用是作為一位宮廷先知。
8. 經文提到亞希雅來自示羅，這叫人聯想到，所羅門朝代的沒落對應著以利家的沒落。這對應在列王紀的結局清楚顯示出來；這結局就是，西底家在瞎眼之前親眼看見他的眾子被殺，然後聖殿被毀，像示羅的聖所那樣（Walsh 1996, 148）。

列王紀上十二 1～24

以色列被召成為一羣獨特的子民，它的獨特性特別在於它崇拜創造天地的獨一上帝。別的民族崇拜假神，但以色列就要專一地崇拜創造天地的耶和華。以色列在出埃及之後，在到達應許地之後，在主設立了君主制之後，就迅速放棄了這個呼召。這對於耶和華的子民來說是一場災難：當以色列轉向別神的時候，它就停止作為以色列。

上帝對以色列王國最初的審判，是從示劍的一個大會開始的。示劍是以色列人在征服應許地之後，首次在那裏更新與耶和華的盟約的地方（書二十四 1），它也是最後一個安放約瑟的骸骨的地方（二十四 32）。在士師時期，亞比米勒在示劍稱王（士九 6）。亞比米勒是以色列之中第一個稱王的人；他殘酷、壓制、嗜殺、對權力如飢似渴。他為求得到王位而殘殺自己的兄弟，對妨礙他的人絕不留情。最後，一個婦人把一塊磨石拋在他頭上，把他殺死了，壓碎了如蛇一般的人的頭。在示劍加冕的王，他可能會是第二個亞比米勒，即像他那樣壓制人，並表現出在政治上的愚昧。叫人聯想到亞比米勒；說得溫和一點，這對羅波安決不是一個稱讚。

示劍還使人聯想到更多的古事。在創世記十二章，亞伯蘭進入應許地，在前往伯特利築壇之前先到示劍去（創十二6～8）。耶羅波安取了同一路線，不過他築的祭壇卻不是為了向上帝獻上真正的崇拜（王上十二1～5、25～33）。兩次旅程在主要的方式上互相關連。亞伯蘭在迦南地的旅程是原始的征服過程，早在約書亞進入迦南地征服其中的居民的多個世紀以前，亞伯蘭藉著在各地設立真正崇拜的地方，「征服」了那地。耶羅波安取了與亞伯蘭相同的路線，但他不是以周游各地來建立真正的崇拜，倒是從示劍到伯特
利，在那裏建立一個供偶像崇拜用的祭壇。這把以色列征服迦南地 91
的目的倒轉過來：耶羅波安的舉動是一種反征服，是回到曠野去。

正如費理希（Amos Frisch；Frisch 1991, 6～9, 11）所指出的，列王紀上十二章是所羅門故事的組成部分，它自然地承接著列王紀上十一章，並兑現了亞希雅所說有關王國割裂的預言，而列王紀上十一至十二章和列王紀上一至二章也有類似的重要主題和結構格式：

> 兩篇經文分別記載了所羅門的對手的政治故事，其中描述了他們在地位上的改變：亞多尼雅的敗落和耶羅波安的興起。在所有情況下，輸掉的一方就是有最大機會和最有權得到王位的……他對手那令人詫異的高升，乃被視為上帝的工作……這些逆轉是以相類似的措詞來形容的：「可是國已**轉向**」……（二15），以及「於是王沒有聽從人民；**因那是事情的逆轉**……出於主」……（十二5）。（Frisch 1991, 8～9；粗體為原文的強調；編按：經文乃按英文原書翻譯）

在示劍大會期間，耶羅波安表現得像以色列早期歷史中一個昂首闊步的英雄。耶羅波安帶領一個代表團，請求羅波安減輕所羅門放在百姓身上的「重軛」(הכבד；王上十二 4)。所羅門的國度充滿「榮耀」(כבד)，可是，為獲得這樣的榮耀，他使百姓背負「重」軛。因以色列有地區上的張力，我們對於來自北方諸族的要求應稍微有所存疑。儘管如此，耶羅波安的請求，跟摩西在法老面前提出的要求相似(出五 1～14；比較出一 14，二 23)。所羅門向埃及買來馬匹和戰車，他崇拜外邦的神明，並把他的國改變成為埃及式的獨裁統治，而以色列則尋求從其中解放出來。最終，耶羅波安領導人民從奴役中出來，進到曠野。從靈性上說，在列王紀所覆蓋的歷史中，北國一直待在曠野，直到亞述把它從應許地上完全抹掉為止。他們崇拜金牛犢，就像以色列在西奈所作的那樣(出三十二 1～5)，從來沒有進入安息，也從來沒有進入應許之地。不是每一個聽來像摩西的人都是摩西。有些人像耶羅波安那樣，開始時像摩西，但到頭來結果是像亞倫的(Provan 1995, 103)。

耶羅波安的代表團來到的時候，羅波安要求有三天的時間讓他與顧問們商量。羅波安首先諮詢那些曾經在所羅門面前侍立的、對他的智慧略有認識的老年人。他們給羅波安好的建議，重複用「服事」一語(王上十二 7)。羅波安必須在一天服侍民眾，那麼民眾就會在「所有的日子」作他的僕人。表面看，老年人認為耶羅波安有他的理據，而羅波安需要做的是，減輕所羅門所加諸民眾的重擔；他們又認為，君王是民眾的僕人而非主人。[1]

92 羅波安作王的時候是四十一歲(王上十四 21)，因此他在十二章 10 節所諮詢的「少年人」(הילדים)是在中年的早期，但他們比「長老們」年輕，還是和年輕人一樣那麼愚昧，又有少年人的血氣方剛。他們不但沒有建議王答應把人民的擔子放輕省些，反而建議羅波安把擔子加重(出五 1～2)，即叫他採取一個像法老所作的舉動（Provan 1995, 104）。他們的建議是以粗鄙的語言來表達的。「我的小指頭」照字面是「我的小東西」（קטני），而把它與「腰」相提並論則暗示了所指的是陽具（Nelson 1987, 79）。如果說以色列感到被所羅門「強暴」了，那麼羅波安就是打算要給他們更多同樣的對待。羅波安的顧問團是那些把領導等同殘酷對待、頭一次展示他們的政治實力的「少年人」；他們想，人民需要的最主要的事，是好好地把他們管教一番。假如他們不是那樣年長的話，他們足可作為希特勒青年團（Hitler Youth）的最佳候選人。

羅波安聽從了「少年人」的建議，用嚴厲的話（王上十二3）回覆了他們有關做苦工（十二4）的投訴（Walsh 1996, 164）。他派遣掌管服苦之人的亞多蘭往北方諸族那裏，這進一步顯出他的愚昧（十二18）。就是到了北方諸族離開了示劍之後，羅波安**還是**決心要狠狠地教訓他們一番（Provan 1995, 107）。及至亞多蘭被殺，羅波安不得不逃命，但接著他招聚了十八萬人，組成一支軍隊，意欲捲土重來。後來有一個先知介入此事，他才肯罷休。如果說所羅門的偶像崇拜是王國分裂的遠因，那麼羅波安的愚昧就是近因。羅波安的愚昧是「少年人」特有的愚昧，他選擇了充滿著年輕人的傲氣、趾高氣揚和粗野的少年人充當他的顧問，這類友伴正是箴言書警告讀者要遠離的（箴十三20，二十八7；比較詩一一九63）。年輕和年老的對比，在這裏是十分重要的；在我們這個沉醉於年輕人和年輕人的文化的時代，羅波安的故事前車可鑑。

宗教改革運動期間，王國分裂的歷史是備受爭議的範圍。正如拉德納（Ephraim Radner）所指出的，加爾文（John Calvin）的《覆薩多雷托》（*Reply to Sadoleto*）「企圖以以色列先知及其追隨者這批忠誠的『餘民』所象徵的東西，來解釋改教者表面的『分裂行動』；這批餘民使自己與國家的統治者和祭司的腐敗『為敵』」。羅馬教會尤其「以西底家和約雅斤所統治的以色列作為象徵，這以色列早已從大衛和所羅門的純潔統治中墮落了，照先知所說的，它注定是要藉著復仇者的手來使其支解和毀滅的」。這個具象徵意義的說法，也為十七世紀的英國清教徒所用。歐文（John Owen）筆下的羅馬教會是沉迷於偶像崇拜的、藐視上帝話語的、從內部分裂的。天主教也不甘示弱，它指列王紀的歷史「象徵羅馬教會，代表了一羣被揀選之民，因自己的兒女成為受害者」（Radner 1998, 30）。

93 列王紀上十二章為基督徒分裂的原因和分裂的本性，提供了幾點見解。正如本書的導論部分所提到的，列王紀把以色列之內和教會之內的分裂的根本原因，歸因於偶像崇拜，而且，至少站在新教的一方來說，宗教改革運動的歷史也證明了這一點。在唯靠信心（*sola fide*）的原則底下，是唯靠基督（*sola Christo*）的信念，即承認惟有在基督裏方可找著救恩，得以稱義；對於改教者來說，這不過是表達「唯靠信心與唯靠上帝的榮耀（*sola Dei Gloria*）是分不開的」的另一種說法。說某人單憑信心被稱為義、得拯救，就是說救恩是上帝的工作，而不是人的工作，救恩稱揚並榮耀那施行拯救的上帝。在唯靠聖經（*sola scriptura*）的基礎上也有同樣的原則。正如巴特（Karl Barth）和很多別的人所指出的，唯靠聖經不**只是**一條「官方」原則，即彷彿它不外乎是一個神學方法（Barth 1939～1969, 1.1.248～275）；在唯靠聖經的認信背後，乃是這個有關權威的問題：誰的聲音在指導著教會？教會應該由它自己**和**上帝所指導——抑或單由上帝的聲音所指導？可算是比較保守、但同樣是基本的說法是，唯靠聖經可以被理解為「所有教會的教導都是可修訂的」。[2] 上帝的神性、祂對教會的主權，始終是最基本的議題。由是，從這個觀點看，宗教改革運動的兩條原則對那滲透中世紀教會的神學和踐行的偶像崇拜，構成了一個基本挑戰的兩面。

宗教改革運動之反對偶像崇拜，更清晰地從它對中世紀禮儀踐行和信仰的挑戰表露出來。就像聖經裏希西家和約西亞的重大改革，宗教改革運動的實際一面就是清除偶像崇拜，潔淨祭壇，這從歐洲大陸的改革宗分支中便可見一斑。在瑞士的多個行政區，宗教改革運動的到來，其特色乃是破壞聖像（iconoclasm）和倒空聖遺物箱；這現象由伯恩（Bern）擴展到巴塞爾（Basel），再擴展到紐卡多（Neuchâtel）及日內瓦（Geneva；Eire 1989）。加爾文在語帶諷刺的一篇批評遺物崇拜的文章內宣稱，聖遺物具有屬靈的破壞力，因為它們使罪人從指定地點（在那裏，基督已經答應要讓自己成為可接觸的）轉離，這些地點就是在上帝發言的水中，以及與聖徒相交的桌子上（Calvin 1983, 1.289 ～ 341）。

路德（Martin Luther）對偶像崇拜的注意也許較不容易看出來，但那同樣是他關注的重點。信義宗神學家楊格（David Yeago）在一篇富啟發性的文章裏力言，那激發路德採取「改革行動」的，不是「我如何能找到一位恩慈的上帝」這個問題，而是「我如何能找到真的上帝」。正如楊格寫道，路德的早期著作，表現了一種對「**偶像崇拜**的威脅」的執著，而不是渴求得著「被赦免的保證」（Luther 1996, 17）。尤其是，路德想要根除這種屬靈上的狡猾的偶像崇拜，它把上帝當作是一種手段，用祂來滿足一己的屬靈需要。路德
採取了奧古斯丁（Augustine）在利用（*uti*）與享受（*frui*）之間，[3] 在 94
使用受造物和享受上帝之間所作出的區分；他擔心自己在罪中所表現的行為，似乎會把上帝當作是「可用者」而不是「供享受者」一類。這樣子看來，就連罪人的宗教修為也可以是偶像崇拜，即也可以是罪人趨向「專心為己」（*incurvatus in se*）的一種表現。[4] 為這一切的理由，改教者聲言，導致教會分裂的根本原因，乃是羅馬天主教對偶像崇拜的容忍，而不是改教者所提出的反對。假如改教者的這個聲明有其重要性的話（我相信是有的），那麼，基督徒會因著放棄那些起初導致分裂的偶像而重新聯合起來。

然而，列王紀也讓我們看見，統治上的分裂不一定是人民之間

的分裂（Walsh 1996, 203）。當羅波安想要追擊以色列人，並強迫他們再次歸屬大衛家的時候，主藉先知傳言：「你們不可上去與你們的弟兄以色列人爭戰」（王上十二 24）。這事發生之後很久，北國鼓吹巴力崇拜，攻擊耶和華的先知，但耶和華還是把他們看作是祂立約的子民（王下十三 22 ～ 25）。同樣，凡接受了水禮的人都披戴著耶穌的名字，我們應該承認他們同是基督教會內的子民；可是，這並不意味著不同的教會應對彼此採取放任的態度，而漠視真正的錯誤或彼此相異的做法。浸信會和聖公會、長老宗和信義宗、正教和羅馬天主教，彼此都是兄弟姊妹，但這並不是說，各人要接納對方的罪和錯誤。彼此屬兄弟姊妹的關係，並不意味著通盤承認對方；相反，兄弟姊妹應彼此**對質**，不過是以兄弟姊妹的身分。

一個「出於耶和華的扭轉」（**כי־היתה סבה מעם יהוה**）——有關王國分裂的事，列王紀的作者是這麼說的（王上十二 15）。羅波
95 安的行動固然任性、愚蠢、無恥、徒有匹夫之勇，但王國的分裂，到底卻不是羅波安的作為，而是耶和華的。正如在列王紀上一章已清楚顯示的，即使在人表現愚蠢的時候，耶和華至高無上的統治仍在運作，以確保祂對耶羅波安的承諾必定兌現。耶和華履行祂的諾言，就連羅波安的愚昧和罪，以及他年少氣盛的愚蠢行為，都不能阻止耶和華的話應驗。但把王國分裂一事看為形勢的「扭轉」，這不但提示了耶和華對這些事情擁有至高無上的支配權，更表明了耶和華在這一切事上展現了遠見和靈巧。耶和華使羅波安的權力和自己互鬥。他不能靠著威嚇的手段使北方諸族就範，反而把他們趕走；他不能對以色列取得更大的控制權，反而失去了控制以色列的一切權柄。大衛寫道，對仁慈的人，耶和華以仁慈待他；對完全的人，耶和華以完全待他；但對乖僻的人，耶和華就以彎曲待他（詩十八 25 ～ 26）。這不會是列王紀的敘事者最後一次表達這一點的。

這裏還有一個較大的、出於上帝的計劃，一個更大的扭轉。耶和華定意要履行祂對大衛所許下的諾言，這個計劃遮蓋了整卷列王紀。大衛之子將要永遠作王；他是亞伯拉罕的子孫，將要使外邦人得福，修復創造。但通往普世得福的這條路並不是容易走的，門也不是寬的。引向大衛家的應許的門是窄的，路是難走的。這條路經歷了死亡和分裂，這條路是死而復生之路。耶和華藉著揀選亞伯拉罕，從萬民中揀選了一個民族作為祭司的族類，作為使世界得救的工具。當耶和華再次把人類撕裂，分為猶太人和外邦人之時，生命就開始臨到已分裂的人類。在列王紀裏，以色列藉著它照亞當的方式所模造的歷史，再度體現了人類的歷史；藉著它本身的分裂和最終的聯合，再度表述了人類的分裂和再聯合。

以色列的歷史，是一段犧牲的歷史：聖民被撕為兩半，被破碎，最後在那焚燒撒馬利亞和耶路撒冷的火燄中被犧牲掉。然而，這卻產生了一個全新的以色列，復興時期的以色列。最終，這是靈巧的計劃，是「出於上帝的扭轉」；教會將之宣揚為福音，以及以聖餐的方式來慶祝。耶穌這真正的以色列，藉著把自己獻上而被撕裂，以及把自己交託給使死人復活的父上帝，使萬族在祂裏面重新聯合起來。上帝為救恩所成就的奇異計劃在耶穌身上實現了，我們是這計劃的局內人，是新人類、真以色列，在祂的桌子旁聚集擘餅，並享用這餅。

註釋

1. 我們可以從一個較具諷刺意味的角度來理解長老們的建議。列王紀上十二章 7 節的「回答」一字，與十一章 39 節所用的「使之痛苦」一字一語雙關。列王紀上十二章 7 節可以解讀為：「如果今天你作他們的僕人，並服事他們、折磨/回答他們，以及用好言好語對他們說話，那麼他們就要永遠作你的僕人。」據此讀法，長老們是圓滑的，雖然他們並不具備所羅門所擁有的那種智慧。他們明智得足以給人一個表面懷柔的假象，但不夠智慧，並不能實際地以溫柔來治理民眾（Walsh 1996, 162）。

2. 這是范浩沙（Kevin Vanhoozer）的說法。他在二○○四年美國宗教學會（American Academy of Religion）會議中，在回應侯活士（Stanley Hauerwas）所發表的一篇論文時，提出了這個說法。
3. 在奧古斯丁看來，「享受」的意思是「為享受而享受，享受本身就是目的」。所以，據奧古斯丁的說法，應該享受的惟一一樣「東西」就是上帝自己，所有其他的東西，都應該被用來作為達到這種享受的手段。由是，偶像崇拜有兩種可能：在上帝以外享受別的東西，那就是把該東西變成了偶像，並且，「利用」上帝來享受某些別的東西，也是企圖控制上帝的一種偶像崇拜的舉動，那實際上就是宣稱自己是上帝（Augustine 1997, 9～10）。
4. 路德經常談到這個主題：「我們的本性——由於起初的罪所帶來的敗壞——是那麼嚴重的專心為己，以致它不但把上帝最好的恩賜轉向自己，並享受它們（正如明顯可從那些以行為稱義和偽善的人身上看出來的），又或，甚至利用上帝自己來獲取該等恩賜；而且，我們的本性也不認識到，它是那麼的壞、自私和邪惡，為自己的緣故追求一切的事物，甚至包括上帝在內。」（轉引自Yeago 1996, 19）路德認為，任何相信自己可以「利用」真神的人，明顯都不是與真神交往；這真神由始至終一直是至高無上的主。利用上帝來滿足我們自己，等於崇拜我們親手造出來的神：「藉著相同（偶像崇拜）的步驟，今天人們甚至來到一個屬靈上的、更微妙的（現在頗常見的）偶像崇拜，在其中，人並不是按著上帝本身的所是、而是按著他們所想像和所認為的上帝來崇拜祂。不知感激和愛慕虛空之物的心態（即人對自我和對個人的義的觀感，又或，如他們所說，個人的善良動機）把人們弄瞎了，結果他們積習難返，除了相信自己表現得極好、是在討上帝喜悅之外，他們就無法相信別的東西。就是這樣子，他們造出一個贊同他們的上帝，即使上帝其實不是這樣的。於是，他們真正崇拜的是他們的幻想，而不是那位真實的上帝，他們以為上帝就跟他們所想像的一樣。」（轉引自Yeago 1996, 19）

列王紀上十二25～十三34

列王紀上十二章與十三章的分隔，使兩章經文之間的關係變得模糊。十二章25至33節與十三章33至34節之間，有一個清楚的首尾呼應，因十三章32節中伯特利先知的神諭提到在伯特利的祭壇，而十二章31及33節就提到「在邱壇的殿」。再者，十三章33至34節以相反的次序，重複了十二章30至31節的一些短語，因此，正如沃爾什（Jerome Walsh）所指出的，有一個交叉式的首尾呼應包圍著整段經文（Walsh 1996, 190）： 96

A　這事叫百姓陷在罪裏（十二30）

B　他在邱壇那裏建殿（十二31a）

C　將凡民立為祭司（十二31b）

C'　將凡民立為祭司（十三33a）

B'　有邱壇的祭司（十三33b）

A'　這事叫耶羅波安的家陷在罪裏（十三34a）[1]

因此，從猶大來的神人的故事，是耶羅波安一世的統治故事的一部分，這位來自猶大的神人，趁耶羅波安在伯特利的金牛犢神龕獻祭的時候，上前和他對質。

羅波安是前一章的法老，耶羅波安則是解放以色列的救星，但耶羅波安決不是摩西。他所造的金牛犢反倒令人想起亞倫在出埃及記三十二章的偶像崇拜；這種聯想，更由於耶羅波安的宣告和亞倫的宣告之間的相似，而得到加強。二人的宣告是：「以色列啊，這就是領你出埃及地的神。」(王上十二 28；比較出三十二 4) 耶羅波安甚至用亞倫兩個兒子的名字，來為自己的兩個兒子命名 (王
97 上十四 1、20；利十章；Walsh 1996, 173n1)。列王紀上十三章像摩西的人物是「來自猶大的神人」，[2] 他和「表現像亞倫」的耶羅波安對質，使祭壇裂開，像摩西在西奈山腳摔碎約版那樣 (出三十二 19～20)。

耶羅波安是一個宗教社會學家，他也許會深深熱愛涂爾幹 (Emile Durkheim) 所提出的，即「社會是崇拜的真正對象」的看法 (Provan 1995, 109～110)。儘管耶和華向他保證，他的國會歷久不衰，但耶羅波安還是害怕，他以為如果人民繼續到耶路撒冷去崇拜的話，他們就會回歸大衛家 (王上十二 26～27；比較十一 34～39)；所以，他發動禮拜儀式上的改革，好防止事情的發生。他制訂了一個在八月間舉行的節期 (王上十二 32)，以代替摩西所規定的七月的住棚節 (利二十三章)，他並從亞倫家之外立凡民作祭司 (王上十二 31～32)。他為金牛犢建造神龕，好代替在耶路撒冷的所羅門聖殿。[3] 雖然耶羅波安把新元素注入以色列的崇拜之中，但他看自己的角色是作為一個像亞倫的復興主義者，在摩西的規定和所羅門的改革之外，保全了以色列崇拜的真傳統。他明白宗教儀式那建造羣體的力量，於是便著手利用它；他操控著宗教形象，用來維持社會和政治的凝聚力，並企圖利用崇拜的力量來鞏固他的政治

勢力。面臨耶和華的話語，他這個希望注定帶來一個諷刺性的後果。亞希雅先知警告他：在政治上長久成功之道，乃在於遵守而不是違反耶和華的誡命（十一 38）。耶羅波安棄絕耶和華的「道」，偏行自己的路，又教導以色列人採取同樣的做法。因耶羅波安企圖藉偶像崇拜來使百姓聯合起來，他的國最後再分裂成兩批人：忠貞的先知羣體和拜偶像的主流派（王上十七章～王下八章）。國家和宗教的分裂正是應用宗教社會學的後果。

耶和華沒讓耶羅波安所幹的好事長久不被發現。列王紀上十三章開頭的中斷來得很突然。正常來說，希伯來文的敘事文是由一個動詞進到另一個，中間有 ו（*vav*）作為連接詞。如果緊接在 ו 之後的不是動詞，就表示文章中出現反意連接；故此，因十三章 1 節採用了這反意連接的語法，我們便可以將之譯作：「看，請看，一個從猶大來的神人因為耶和華的話來到伯特利。」宮廷式的禮拜情景，被銀幕上的一度閃光打斷了，就是被猶大來的一個神人、一個有上帝的靈的人所打斷；這靈是隨己意吹動的（Walsh 1996, 176）。[4] 先知打斷了正常的「編年史」，在君王和他們的繼承者的正常進程之間進進出出，這就是耶和華以祂的預言剖開歷史的紋理。

有關神人和老先知的故事是舊約中最奇怪的敘事文之一，足可 98
寫一篇專文。就最基本的敘事層次來說，即使我們避開（雖然我們不能避開）企圖要明白故事的意義，但它難免還是會引起許多的疑難。從猶大來的神人，是說預言攻擊祭壇、而不是攻擊耶羅波安的。為甚麼祭壇是注意力的焦點？祭壇裂開如何印證了他的話？故事中的人物動機太弱（又或，也許太強）：為甚麼耶羅波安邀請那神人和他一起吃喝？老先知為甚麼要說謊？故事中有叫人感到不可思議的時刻：一隻手枯乾又被治好了；祭壇裂開；一隻殺人的獅子撲向不順服的神人，但一時之間又馴良得乖乖地坐在一頭驢子的旁邊。故事中的道德觀點叫人不安。耶羅波安明顯是歹角，但那神人即使是一個真先知，他也敗落了，那在路上引誘他的老先知宣布定他罪的神諭。最後，說謊的老先知卻活下來，死得安詳，而那勇敢的神人就被一隻獅子所傷，被埋葬在異鄉，這是令人感到驚奇的不公。

故事內部的困難，更由於它與列王紀其他部分的多重呼應而變得更複雜。所羅門那件「撕裂」的衣服（王上十一 30），跟耶羅波安裂開的壇祭連繫起來（十三 5；用的是同一個動詞：קרע）。[5] 耶羅波安那接受王國的「手」（十一 12、31、34 ~ 35）枯乾了（十三 4）。亞希雅「拿住」自己的外袍（十一 30），就如耶羅波安吩咐人「拿住」神人（十三 4）；在十一章 29 節初次提到的「路」，成了列王紀上十三章不斷重複的中心主題。在列王紀上十三章和二十章，有兩個先知開口說話，其中一個不順服，被一隻獅子殺死了。從更宏觀的角度看，列王紀上十三章是列王紀其中一根結構上的柱子，它以多個罕見的短語與列王紀下兩章重要的經文連繫一起，即以色列的事後檢討（王下十七章）和約西亞的改革（王下二十三章）；這些罕見的短語是：「撒馬利亞各城」（王上十三 32；王下十七 24 ~ 28，二十三 19）、「邱壇的祭司」（王上十三 33；王下十七 32，二十三 9、20），和「邱壇的殿」（王上十二 31，十三 32；王下十七 29、32，二十三 19；比較 Lemke 1976, 307 ~ 313）。這三段經文圍繞著北國的歷史和耶羅波安更改禮拜儀式的歷史，並且列王紀上十三章的影響亦及於以色列的歷史，直到在列王紀下二十三章預言得到應驗為止。

列王紀的許多重要主題，也是在這裏最先出現或發展出來的。行「耶羅波安的惡道」是北國的君王重複出現的罪。耶和華藉猶大來的神人所傳遞的話語，即時得到戲劇性的應驗。經文有不少篇幅集中寫兩個先知之間的衝突，其中一個是說謊的先知（王上二十二章），而故事中的神蹟事件，就預示了以利亞和以利沙的職事。解經家常常指出，故事中的主要角色，沒有一個是具名的；他們被稱為「王」、「神人」、「先知」。這種修辭法的一個效果，就是突出了 99
地理的因素。藉著這樣的稱呼，神人成為了猶大的代表，而老先知就代表著伯特利和以色列，這暗示，這章經文以某種方式預示了以色列和猶大的整個歷史。

關於這個故事，不管我們還有甚麼可說的話，敘事者乃相信，耶羅波安應該要從這些事件汲取教訓，但他卻沒有（王上十三33～34）。耶羅波安本應該學會甚麼？神人藉著使祭壇裂開的奇事，展示了耶和華話語的能力（十三3、5），耶羅波安應該推想到，他所說的關於約西亞的預言也是同樣真確的（十三2）。祭壇代表人和國家（十八30～40），祭壇裂開，即代表國度從耶羅波安的手中「被撕裂」，如同起初從所羅門的手中被撕開並交給耶羅波安那樣。耶羅波安設立一個祭壇，用來維繫著北國的統一，但該祭壇一分為二，顯示這位宗教社會學家在耶和華的先知面前將會站不住腳。另一方面，在耶羅波安的請求之下，神人為耶羅波安禱告，治好了他的手（十三6）；這是一個記號，表示如果耶羅波安通過先知尋求耶和華，他的國度將可能遭遇甚麼。可是，耶羅波安並沒有從偶像崇拜的惡道「轉離」（十三33～34）。昔日，當摩西把金牛犢磨得粉碎之時，亞倫意識到不要再另造一隻。但耶羅波安卻是大膽與耶和華對抗：儘管眼前已有證據顯示，那神人是可信賴的，但他還是重新建造祭壇，繼續在伯特利拜金牛犢。[6] 到後來，耶羅波安為他患病的兒子求問先知（十四章），但那已經太遲了。耶羅波安更新了他那乖僻的約，選擇了自己的路。一個拜偶像的王可以藉禱告得著醫治；但一個被醫治的王，若是用他那復原的手來再次建造偶像，這就等於一隻狗回頭吃牠吐出來的物（彼後二20～22），他末後的景況比起初的還要糟糕。

老先知和神人的相遇，同樣是給耶羅波安的鑑戒。耶和華禁止神人「在這地方」吃喝；這地方大概是指伯特利、而不是指整個北國(Walsh 1996, 180)。他像亞當那樣被頒布一道有關食物的禁令，而老先知就扮演了撒但的角色。敘事者藉著在不同場景中角色的鋪排，引介出事件對耶羅波安的意義：

	講者	**採取的行動**	**聽者**
第一幕	神人	對質	王
第二幕	王	哄誘	神人
第三幕	先知	哄誘	神人
第四幕	先知	對質	神人

以上圖表突出了兩個對比。在故事的中心位置，神人面臨兩個試
100 探，他成功地拒絕了第一個試探，但卻屈從了第二個試探。在故事的外框，乃是由先知所提出的兩次對質。在第一次，神人與耶羅波安對質，神人警告他將會遭遇毀滅；在第二次，老先知與神人對質，老先知警告他死亡將近。當我們來到第四幕的時候，先知與神人之間的關係，就如神人與耶羅波安之間的關係。因此，發生在神人身上的事，可作為給耶羅波安的警告：那是他將會遭遇的事。神人拒絕了王的哄誘，正如耶羅波安在他的手枯乾之時尋求幫助。但當神人第二次遭哄誘的時候，他就像耶羅波安那樣跌倒了。總是這樣，教會最大的考驗不是來自把基督徒囚在監裏、嚴刑以待的諸君王；基督徒喜歡殉道。教會最大的考驗是來自說謊的先知，像豺狼般的監督和傳教士、牧者和傳道人。

神人的故事是給耶羅波安和北國諸王的教訓。當暗利王朝執政的時期，列王紀上十三章裏單獨一個的說謊的先知，增加到亞哈時期數以百計的說謊的先知(王上十八 19)。來自猶大的神人不能以自己被騙為借口來為自己辯護，他甚至沒有努力過，以色列諸王同樣也沒有借口。即使亞哈是給數以百計的騙人的先知包圍著，耶和華還是要因他的偶像崇拜來審判他。他有摩西，那足可讓他抵抗得

住假先知的奉承。

敘事者大體上是用「道」(way)和「回去」(return)兩個詞語，來建構他這個具警戒意味的故事。申命記屢次以「行在道上」來描述對耶如華誡命的順從(申五33，九12、16，十一28)，但這個象徵用法，在申命記中，是藉著重複提到以色列在埃及和摩押平原之間的旅程而被建立起來的(一2、19、22、31、33、40)。字面和隱喻式的「道」結合起來：以色列從埃及出來，朝著往應許地的道前進，但這進入並征服應許地的道，並不簡單地是一條道路，而是一條順服之路。當以色列偏離耶和華誡命的道時，它就會踏上偏離應許地之路。當神人走上回伯特利之路的時候，他既是走在滅亡的路上，又是走在往異鄉的墳墓的路上：往伯特利之路是被放逐之路。又一次，神人的經驗成為給耶羅波安的警告。當他拒絕回轉(或悔改)離開他的道的時候(王上十三33)，他就是帶領以色列從流奶與蜜之地出來，進到荒涼的曠野裏，他們在那裏再次轉去崇拜金牛犢。律法警告人要提防假先知(申十二32～十三5)，而假先知之所以是假先知，其證據是，他鼓勵人違抗上帝的誡命。在申命記十三章5節，假先知用言語「叛逆(turning against)耶和華你的上帝」，而在列王紀上十三章，又多次重複了「轉回」(turn)一字，這暗示了申命記的這段經文。

因為神人違抗了耶和華的話，耶和華就派一隻獅子殺死他。在列王紀的好些地方，獅子和別的野獸都是刑罰工具。有另一個先知沒有聽從耶和華的話，他就被獅子咬死了(王上二十36)；一羣「童
子」取笑先知，他們便遭母熊襲擊(王下二23～25)；在亞述放逐 101
以色列人之後，耶和華差派獅子進入以色列境內(十七24～26)。耶和華把神人「交給」獅子；在好些地方，經文形容耶和華是一隻把祂的百姓當作獵物來撕裂，或從錫安吼叫的獅子(何五14～15，十一10，十三7；珥三16；摩一2)。猶大支派是像獅子的支

派（創四十九 9）；在列王紀上十三章的文脈裏，約西亞是上帝所應許、從大衛家出來的獅子，他將要被激動，要攻擊耶羅波安的祭壇和一切邱壇上的殿。

正如上文所指出的，在整章經文之中，當中主要的角色都是不具名的，而只是簡單地被稱為「神人」和「先知」。除了在列王紀上十三章 1 節以外，那提到耶羅波安的地方，也只是稱他作「王」。這就使得十三章 2 節中明確地提到約西亞之名的做法更為突出；這風格也暗示了文中所要表現的人物，與其說是個別的人，不如說是一些原型或角色。耶羅波安成了一般性或代表性的王，而那兩個先知，則是一般性的先知。再者，如上所述，兩個先知是以他們的家鄉或他們的行動來被識別的：神人是從猶大來的，而老先知就來自伯特利。神人是來自猶大的這個事實，看來與整個故事沒有特別密切的關係，但因為它重複了許多次，它變成了一個重要的主題。沃爾什指出：

> 個別的角色反映了他們所來自的國度，而他們可悲的結局，就預示了那等待著以色列和猶大的可悲命運。以色列變成了不忠的國。猶大可以講説以色列需要聽的話；但如果猶大也跟從以色列的帶領，即在崇拜上讓步（正如歷史顯明它將會這樣做），那麼就注定惟有要藉著死亡，才可克勝它們兩者的分隔。猶大將埋葬在異鄉，而以色列則惟有與猶大相連才能獲得拯救。（Walsh 1989, 368）

猶大在多個世紀以來一直是對抗北國的先知式見證，但在某些時候，以色列像老先知引誘來自猶大的神人那樣引誘猶大。結果，兩國在死亡上、在被擄的墳墓裏聯合起來。這就是耶羅波安在宗教社會學方面的實驗之諷刺性結局。他用禮儀、建築和圖像作為工具，把他的國度統一起來，但這些工具到最後卻摧毀了他的國度；這國度只有在約西亞的統治下才重新統一起來，就是當耶羅波安的工程最終被結束的時候。耶和華並不受黨派的控制所影響。祂是人間權力的審判官而不是擔保人，祂那具預言效力的判語也將會勝出。正如我在本書的導論部分所指出的，這其中也有普世教會合一的含義，因為它暗示了，多少的巧計和精明的妥協，都不能把經歷了分裂的教會重新聯合起來。上帝會在被擄之死那遙遠的一端，興起一個教會，藉此把教會重新聯合起來。

我在上文指出，這段敘事的結構把神人等同耶羅波安，二者都遭遇先知預言的可悲結局。但經文也把神人等同老先知。他在老先知的家吃喝、坐上老先知的驢子上路，以及在大部分的篇章中他被仔細識別為「神人」之後，他忽然在十三章 23 節被稱為「先知」。 102
神人披戴起那個說謊的先知的身分；這還不止，他更承受了那個說謊的先知所應得的刑罰，一如猶大願意為弟弟便雅憫付出生命那樣（創四十三 8 ～ 10，四十四 18 ～ 34）。以色列的崇拜以伯特利和金牛犢為中心，因此以色列注定要滅亡，直到猶大也死了以後，以色列才能得救。猶大的死為自己和以色列的復興與重新聯合，燃點了希望。藉著在死亡一事上與神人認同，老先知希望自己的骸骨會得著安息。就如他在墳墓裏與神人聯合為一，以色列將在死亡的墳墓裏、在被擄的墳墓裏與猶大重新聯合起來。以色列的死救不了以色列，但到了猶大死去的時候，那時，以色列全體都要得救。

這樣，這章經文裏的預言的力量便延伸至約西亞之後。許多個世紀之後，另一個神人把以色列的殿斥責為「賊窩」。另一個約西亞、又是更偉大的一個約西亞，從大衛家出來的一個後裔，祂推翻了桌子，粉碎了聖殿的崇拜，就如先前的神人粉碎了耶羅波安的崇拜那樣。另一個先知拒絕了與鬼魔同席的誘惑，祂緊抓住天父的話語。說來諷刺，這個忠心的先知的命運，倒是跟那不忠心的神人的命運一樣，祂被打傷，並且被放逐到另一個人的墳墓裏。但這個先知、這個約西亞，並沒有長留在墳墓裏，以色列和猶大也沒有；因為祂就是猶大，為不忠的以色列而死的。

註釋

1. 與此同時，在列王紀上十三章內還有別的首尾呼應。參 Mead 1999, 194～196；作者為列王紀上十三章提出一個很有用的、平行的大綱。
2. 摩西在五經中被稱為「神人」(申三十三 1；比較書十四 6；士十三 6)。「記號」(sign)一詞(王上十三 3、5)，較常被譯作「神蹟」或「奇事」。儘管它常常是和徵兆有關，它跟用來表示徵兆的特定詞語是不同的。這些詞語被用來描述摩西在埃及地所行的奇事(出七 9)。與耶羅波安對質的神人，乃是個像摩西的人物，他在一個以色列的「法老」面前施行神蹟。
3. 伯特利和但都是傳統舉行宗教活動的中心。雅各為伯特利命名(創二十八 19)，而但自從士師時期以來就是一個神龕(士十八 27～31)。
4. 同樣的技巧用在列王紀上十七章 1 節，該處記載以利亞的出現。
5. 「裂開」和「傾倒」(שפך)連用，乃表示祭壇被毀壞的不尋常方式，這暗示了在祭壇被毀壞和人體被撕開之間有一種相似性。這種表達方式因此預示了那把神人撕開的獅子(雖然動詞並不一樣)。
6. 摩西則相反，他把約版摔碎了(出三十二 19)，然後領受了新的一套約版，這表示耶和華更新了祂的約(三十四 1)。耶羅波安重建祭壇是約的更新，但卻是一種邪惡的約的更新，猶如亞倫把他所造的金牛犢的粉末收集起來，造一頭新的金牛犢。

列王紀上十四 1～31

「我的起始也是我的終結」，艾略特（T. S. Eliot）在其《四首四重奏》（*Four Quarters*）其中一首詩「東科克」（"East Coker"）的開頭這樣寫道。那是加倍憂鬱的觀察。每一個啟動著歷史的開始，最終都會完結，白天的光明隨著晚上必然臨近而被罩上陰影。赫奧萊特樓（Heorot）才建成不久，詩人就從無情的英國唯實論想到它的消亡：

我聽見，要裝飾那圍牆的命令
向許多民族發出，
遍佈世界遙遠的角落。不久它屹立在那裏，
裝飾完成，預備好了，一覽無遺，
大樓中的大樓。赫奧萊特是他
安放在那裏的名字，他的話就是法律。
他也沒有食言，而在桌子上
布散指環和項鏈。大樓高聳，

它的山牆廣闊而高，等待著
一場野蠻的大火。那結局在耽延
但早晚它會來：殺人者的本能
在姻親間釋放，嗜血者的強烈慾望正在蔓延。[1]

看來，在開始的同時就為未來設定了路徑，要真正逃脫是不可能的了。在小學裏表現差勁的學生，注定（一個適切的說法！）要花一生的時間去接受補救性的教育；頭一年婚姻生活裏的婚姻問題沒有解決妥當，夫妻就要在餘下的一生冷酷地重複著同樣乖張的行為；孩子們在六歲之前不受管束，到十三歲就無法彌補；一生的事業以一份無晉升機會的工作開始，就永遠不能從最底層爬上來。好
104 的開始往往預告了一個沒有障礙的、成功的未來，但這對於那些在年少時表現並不優越的孩子來說，也可以同樣是令人沮喪的。

耶羅波安一世的王朝，似乎印證了這種悲慘的智慧。耶羅波安的統治以一次「出埃及」的行動開始。他像摩西那樣，與所羅門的兒子羅波安對質，籲請猶大王「減輕重擔」和「讓我的百姓去」（王上十二 4）。當羅波安毫不客氣地像法老那樣（出五 1 ～ 14）威嚇他（王上十二 12 ～ 15），說要加重以色列人的負擔時，耶羅波安就帶領一批背叛的人脫離大衞家，因大衞家此時已變得像壓制他們的埃及那樣，比埃及好不了多少。然而，正如我們已經看過的，耶羅波安很快就展示出他是像亞倫過於像摩西。他不讓以色列人到耶路撒冷崇拜，反倒在但和伯特利設立邱壇，在那些地方帶頭叫以色列人崇拜金牛犢（十二 25 ～ 33）。據耶羅波安的說法，以色列的崇拜依然是朝向領他們出埃及的上帝的（十二 28）；但主卻認為，那是藐視祂、拒絕祂的表現（十四 9）。與其說那是違反了第一誡，不如說那是違反了第二誡；在第二誡裏，耶和華禁止以色列在崇拜中使用各種形象（出二十 4 ～ 6）。正如耶和華所警告的，以色列的王朝

只能維持三、四代。耶和華差遣一個從猶大來的神人去挑戰耶羅波安，和他對質（王上十三章），就如神人摩西在西奈山的山腳下和亞倫對質那樣，當時以色列正在西奈山上崇拜金牛犢；可是，耶羅波安還是沒有回轉。

亞希雅不只預言耶羅波安的兒子將要死去，他也預言了耶羅波安的整個家族將要遭遇災難。兒女就是未來，這對於君王的兒女來說就更加真實。君王若要他的國度在他死後不至於陷入混亂狀態的話，他就需要一位繼承人。兒子的死，是王的整個家族、整個王朝的死。耶羅波安雖然蒙了耶和華的恩寵，還是把耶和華丟在背後，轉向「別神」，就是金牛犢。他行「惡」事，於是耶和華就把「惡」運加在他身上（王上十四 9 ～ 10）。耶羅波安的家，要像埃及那樣被推翻，又被大批殺害。

先知以令人印象深刻的苛刻語言，來宣告耶羅波安家的敗落（Walsh 1996, 197），可惜現代的英文譯本卻把它譯成維多利亞朝代的風格。譯文中的「每一個男丁」（every male），其實是指（《英王欽定本聖經》〔Authorised Version〕的活潑譯法）「每一個對著牆壁撒尿的人」（משתין בקיר；Leithart 2001）；而十四章 10 節則以一個警告結束，這警告就是，耶和華的憤怒要像焚燒動物的糞便（יבער הגלל）那樣，把耶羅波安家的成員燒掉。[2] 像這樣的經文，某程度也經常在歷史書和先知書中出現。耶洗別的屍體要像「糞土」（王下九 37），而那些被入侵的巴比倫人所殺的人的屍體也像糞土（耶八 2，九 22，十六 4，二十五 33）。這些經文跟以西結書十六和二十三章比較起來還算溫和；以西結書十六和二十三章以醜陋的性的形象，詳細而生動地描寫了以色列對其丈夫耶和華的不忠。這樣的語言，也不受限於舊約聖經之內。耶穌勸人別把珍珠丟在不值 105
得享有珍珠的「豬」前（太七 6）；保羅稱猶太教教徒為「妄自行割的」（腓三 2）；彼得勸人提防那些背道者——他們像「狗一樣，回頭吃牠們的嘔吐物」(彼後二 22)。粗俗和猥褻的語言，在預言的軍械庫裏是修辭學上的武器，並且，從列王紀的作者的觀點看來，我們要是為所使用的語言找錯處，就免不了要找上帝自己的錯處，因為亞希雅宣稱自己是講說耶和華所傳給他的話的(王上十四 7、11)。耶和華使用令人震驚的語言：祂稱無用之人為「對著牆壁撒尿的」，又把拜偶像的王室稱為一堆糞便。[3]

不消說，在二十一世紀初期，這樣的語言在宗教論述上簡直沒有甚麼地位；在某些語境裏，甚至可能被歸入那令人生厭的講話一類。在此多個世紀之前的神學家，在修辭上倒沒有那麼溫吞；中世紀以及宗教改革運動的改教者，他們以先知熾熱的修辭來指斥教會的陋習。愛任紐(Irenaeus)對諾斯底主義(Gnosticism)的回應《反異端》(*Against All Heresies*)，正是一個很好的例子(Irenaeus 1981)。他文中大部分的篇幅，在今天實際是不適宜閱讀的。頭兩卷書的大部分是就諾斯底主義的神話而重複地講說一百零一種變體，除了教父學的專家、現代的諾斯底主義者、女性主義者，或三者的任何組合，幾乎沒有人會有興趣讀的。另一個重要的部分是冗長的論證，以證明下述這個明顯的事實：新約聖經教導我們，耶和華跟耶穌基督的父是同一位上帝。

不過，隨著文章的開展，愛任紐採取了一些在神學方面的行動，這是對教會有深遠意義的。愛任紐反對諾斯底派對物質世界的抹黑，他堅持聖經中有關道成肉身、復活和聖餐的教義，並說明諾斯底派的學說根本上是與基督教的重要教義和踐行不一致的。諾斯底派對聖經的詮釋忽略了語境，以及過分簡單地假設了，上帝的不同名字代表了不同的位格，如是把文字和指涉對象(referent)之間的區分抹掉。儘管愛任紐的若干論證是很出色的，但他最具說服力、也肯定是最富娛樂性之時，就是當他(正如他經常作的)極盡諷刺與嘲笑之能的時候。在該文的最初部分，他對諾斯底學說那大量任意的主張感到不耐煩。他推斷，如果諾斯底主義者可以無中生有地捏造一些具神性的存有，那麼誰都可以照樣做。這位里昂（Lyons）主教因此也提出以下一套有關物質世界的起源的解釋：

> 有一個「普亞基」（Proarche；編按：即太初之意），如王
> 者一般，超過人一切的思想，是先於其他所有物質而存在
> 的一股力量，循各個方向伸展到空間。但與它同在的，還
> 有我稱之為「瓜」（Gourd）的一股力量；與這「瓜」一同存
> 在的，還有我稱之為「徹底的空」（Utter-Emptiness）的一
> 股力量。這「瓜」和這「空」，因為是一體，產生了（但不
> 只是產生，為的是要跟它們自己分開）一個果實，從各處
> 都可看見的、可吃的、美味的，用果實的語言說，就是一 106
> 個「青瓜」（Cucumber）。與這個「青瓜」一同存在的，有
> 一股具有相同本質的力量，我又稱之為「甜瓜」（Melon）。
> 這幾股力量——「瓜」、「徹底的空」、「青瓜」、「甜
> 瓜」——生出了其餘的、華倫提努（Valentinus）〔諾斯底
> 派領袖〕無數狂熱的甜瓜。（Irenaeus 1981, 1.11.4）

一套徹頭徹尾地合乎聖經的神學，它將會慎重地考慮這些聖經和歷史的先例，因為真正合乎聖經的神學，一定不但在內容上，也必須在形式上合乎聖經。

在亞比雅之死的故事裏，出埃及事件有系統地被逆轉過來。在逾越節那天，耶和華保存了以色列的長子的性命；但祂並沒有越過耶羅波安的這個兒子（顯然他是耶羅波安的長子兼法定推定繼承人），即使祂說亞比雅是耶羅波安家中最好的一個男丁（王上十四13）。門口沒有灑上代罪羔羊的血，耶和華的使者沒有跨過門檻而不站在門口（出十二13）。而有的卻是耶羅波安的妻子踏進門口的

腳步，那腳步則宣告了她兒子的死訊。當她越過門檻的那一刻，她的兒子就從生命進入死亡。門口經常與生產和更新有關（創十八；王下四 15），在這裏則與死亡拉上關係，它表示了一個逆向的逾越節。在列王紀後來的篇章裏，以利亞和以利沙都使兒子們從死裏復活，使他們活活地回到他們的母親那裏，他們都施行了一些直截了當的「逾越節」的神蹟。亞希雅先知卻沒有為耶羅波安帶來同樣的救助。這是逾越節的逆轉，在這次逾越節裏，最好的兒子死了。儘管耶羅波安找來一個先知，卻沒有從中得到援助。

亞希雅的預言，由眼前亞比雅的患病和耶羅波安家的終局，伸展至那涵蓋了北國的未來。在這裏，預言由一個逆向的逾越節進到一個逆向的出埃及。有一天，以色列的時鐘將會被逆轉過來，以色列的歷史將會像一齣逆向播映的電影那樣。曾經走過蘆葦海的百姓，將會像蘆葦一般在水中搖動；由上帝所栽種、且被上帝看為是祂的葡萄樹和橡樹的子民，要被連根拔起、分散在各方；很久以前離開了外邦的埃及地、尼羅河之地，在應許地定居的子民，有一天將會回到另一個外邦的國家，在幼發拉底河之外（王上十四 15）。

簡單來說，那使以色列成為以色列的因素——出埃及、賞賜應許地——將會被挪去。亞希雅預言以色列將會恢復原狀，並失去那些標誌著它的身分的特徵。當然，當耶羅波安在但和伯特利設立金牛犢的那一刻，逆轉的過程已經開始了。他效法亞倫，把人民帶回西奈，又建造金牛犢；從象徵意義來說，這就是把人們帶回曠野去。亞希雅說，那裏就是以色列要逗留的地方，直到他們作好準備，進入另一塊土地（不是以色列），在另一條河（不是約旦河）的另一端為止。亞希雅在他的預言中，七次提到耶羅波安的名字（這
107 名字在全章經文中出現共十二次），在最高潮的第七次中，他提到被擄的事情（王上十四 16）。被擄已經暗藏在耶羅波安的罪中。以色列的開始，也是以色列的終局。

在這長篇的預言裏，耶羅波安的妻子由始至終都保持緘默，事實上，她在一切事件發生的過程中都不發一言。她依從耶羅波安的吩咐，不說一句話。只有她的腳步帶著「響聲」（王上十四6），而這些腳部聲則講說了她兒子的死亡（十四17）。耶羅波安的妻子聽到了那令人難受的話語，她的回應卻是完全緘默。她接受先知的預言嗎？又或，她拒絕它？假如她相信其兒子會在她回家之時死去，她為甚麼回家呢？耶羅波安的妻子的表現是出於信還是不信？也許她不相信亞希雅，詫異兒子死去。但更有趣、更有可能的是，她相信亞希雅。她曉得亞希雅是個先知。就像會說預言的馬克白（Macbeth）的女巫〔譯按：馬克白是莎士比亞悲劇《馬克白》（*Macbeth*）的主角〕，亞希雅預言這位示劍的領主將要作王，而他也確實作了王。既然馬克白夫人也為女巫所說服，那為甚麼無名的耶羅波安夫人不會為一個先知所說服呢？關於這個可能性，有趣的一點是，她默默的順從就等於一個不信的舉動，也等於大聲的拒絕。假如耶羅波安的妻子真是有信心的話，她對其將要遭遇惡運的預言的反應，就會像大衛那樣，即雖然耶和華告訴了他其兒子將要死去，但他還是為他的兒子禁食、禱告、哀哭（撒下十二章）；只要孩子一天還在，也就還有希望。

人們經常把信心與順從（resignation）混淆。先知的話語像一把雙刃劍臨到，而我們就以緊閉嘴唇、保持沉默來回應。這不是信心；信心不是以默默的順從來回應上帝的話，而是以懺悔、讚美、迫切和痛苦的祈求來回應。所謂信心的反應，就是約伯絕望的呼喊，就是大衛和耶穌所呼叫的「我的上帝、我的上帝」，就是詩篇中的「主啊，還要多久」。上帝的話，不是談話的終結，而是邀請人進入新一輪的談話。上帝的宣判、上帝的定罪，並不是要打發我們在默然順從中偷偷地溜走。上帝的宣判、上帝的定罪，是要叫我們可以對祂的裁決說聲「阿們」，謙卑自己，從而獲得拯救。說到底，這議題還是要回到我們的神學本身去：三一上帝，祂的生命是一段永恆的談話，祂所造的世界不是一個舞台，好讓祂在謙恭而安靜的觀眾面前，演出一幕一幕的獨白劇；上帝創造了世界和人類，乃是要建立一輪對話。亞希雅把一個壓倒性的神諭傳給耶羅波安，就是邀請他悔改；以利亞把神諭傳給亞哈，其目的也是一樣（王上二十一章）。經文給我們一個提示（假如只是一個提示的話）：事情的開始，並沒有預設事情的終結，以色列還是有希望的。

當我們思想猶大國（在以色列分裂後由大衞王朝統治的南國）其歷史的開始時，這個提示更擴大了。在宣告了亞比雅的死訊後，作者把注意力轉到南方，繼續那被打斷了的有關羅波安的統治的記錄。表面看來，猶大的情況比以色列好不了多少。羅波安把各種可憎惡的事引進國內（王上十四 22 ～ 24），正如耶羅波安在但和伯特利的偶像崇拜，正為以色列重複出現的罪設定了格式；而羅波安建造邱壇的行為，也為南國的王設定了格式。北國的王一貫地被譴
108 責為「跟從尼八的兒子耶羅波安的道」，而南國的王就一貫地被譴
責為在各個山岡上和每棵樹下建造「邱壇」，就是與耶路撒冷被揀選之地相爭競的聖所。[4]

作者形容羅波安的舉動是「可憎惡的事」（התועבת），就像「耶和華在以色列人面前所趕出的」外邦人的行為（王上十四 24）。喬丹（James Jordan）寫道：「基本上……『可憎惡的』（abominable）是和土地有關的，而『可憎的』（detestable）就和聖所有關。可憎惡的事玷污了土地，而可憎之物就玷污了聖所。」喬丹從利未記十八章 24 至 29 節推斷，可憎惡的事包括了特別是在性方面不道德的事和偶像崇拜：「這裏所說的罪，乃是在性方面的不道德和偶像崇拜，上帝沒有把這些看作是祂在聖所的臨在中的膜拜舉動，而把它們看作是在祂的土地上違約的偶像崇拜行為。如果他們做這些事，他們就要從這片土地被吐出去。要挽救國家免於這種普遍的刑

罰，他們要把做這些事的人吐出去，就是把他們從民中剪除。他們要作為守衛，保衛土地的聖潔，就如裝備充足的利未人守衛保護聖所的聖潔那樣（Jordan 1991；比較 Klawans 2000）。因此，迦南人做這些可憎惡的事，這個事實並不是無關重要的細節（王上十四24），因為猶大做可憎惡的事的最終結果，就是被逐出這地。如此一來，猶大就像以色列一樣，它要面臨逆向的出埃及的威脅。

結果，猶大不需要等很久，就已經可以看見它自己所做可憎惡的事的後果。在一次被擄的預演中，埃及王示撒攻打耶路撒冷，把聖殿和王宮裏的珍寶奪去，又偷去了所羅門所造的、供禮儀用的金盾牌（王上十四25～28）。數百年以後，從巴比倫這個新埃及出來的侵略者入侵猶大，把聖殿和王宮掠奪一番，又把它們毀掉。凡做可憎惡之事的，便要從耶和華的土地上被吐出去，從耶和華的口中被吐出來。[5]

羅波安的開始跟耶羅波安的同樣可憎惡，但發生在猶大的事件的格式卻有顯著的不同。羅波安的兒子亞比央效法父親的榜樣（王上十五3），但到了第三代，亞撒卻「效法他祖大衛行耶和華眼中看為正的事」，他的改革使耶和華對猶大的怒氣轉消（十五11）。這裏設定了一個格式，並在猶大的整個歷史延續下去：耶和華忠於祂對大衛的承諾，不讓大衛家持續地背叛祂超過幾代。祂在第三代就打斷了衰落的過程。祂不讓猶大填滿其自身的罪惡達一週之久；在第三日，在一週的中間，祂使猶大從死中復生。

艾略特的話經常看來是說得對的，即人生的起點決定並模造了 109
其結局，但人生的開展並**不是**這樣。艾略特是知道這一點的，因為他的詩「東科克」的結局，並不是「我們的開始決定了我們的結局」這個悲慘的觀察，而是信仰的認信，一個宇宙性的喜劇：「我的終結也是我的起始」。耶穌的死，並不像耶羅波安那個良善的兒子的死，耶穌的死並不預告了事物的終結，而是事物的起始，因為緊接著耶穌的死而來的，是祂的復活。耶穌的死，不是一個帶來毀滅的逆向的逾越節，而是一個使上帝的子民得著解放的真逾越節。藉著耶穌，那從過去困擾我們的罪咎被赦免了；藉著赦免和聖靈更新的能力，世界向著未來開放——以色列向著未來開放——這未來原是無人敢盼望的。這簡單地就**是**福音，是好消息，這好消息告訴我們：結局不是開始的直線延伸。這是福音，它告訴我們：事情的終結要把開始逆轉過來；眼淚被抹去，咒詛被除去，死人復活過來。世界沒有因它的開始而被定罪，並走向某個結局；因為在基督耶穌裏的，都不再被定罪了。

這就是我們在主的桌子前所讚美的福音：耶穌說，這是訂立新約的血，是為你們和許多人，為除罪而流出的。在桌子前，我們與主所立的約被更新了，我們重新被赦免了，因此可以把過去丟在背後。在主的桌子前，我們為一個新的未來而慶賀，因為逾越節的羔羊基督已為我們犧牲了。

註釋

1. Beowulf, lines 74 ~ 85；英譯文選自以下這處的譯本 Heaney 2000, 7。
2. 古代世界用動物的糞便作燃料（結四 12、15）。
3. 所指的大概是耶羅波安家的男丁的屍體，它們將會被棄置地上，沒有人會埋葬它們。
4. 列王紀上十四章 24 節提到國中有「奉為神聖者」（קדש），該字經常用來指男性廟妓。另可參見創世記三十八章 21 節，該字的陰性名詞用來指她瑪。
5. 羅波安企圖修復所羅門所造的盾牌，但這修復的行動，悲哀地顯示了大能者如何敗落。羅波安造銅盾牌以代替所羅門所造那閃閃生輝的金盾牌，由此象徵了他國度的榮耀漸走下坡。所羅門領導以色列聯合王國經歷了一個黃金時代；而羅波安則頂多只是帶來一個銅器時代。

列王紀上十五 1～十六 14

自從耶羅波安設定了背叛上帝和抗拒先知的格式之後，以色列就陷入一片混亂，而這混亂也隨著敘事速度的加快，以文學方式表達出來了。所羅門統治了四十年，耶羅波安又統治了二十二年（王上十四 20），這六十餘年的以色列歷史，乃用了共十三章半的篇幅來敍述。突然之間，由十四章 21 節開始，我們以高速前進，聖經用了兩章的篇幅，帶領我們經過接下來的六十年。列王紀的作者那急速的敍事手法，充分表現了時間的流轉。

結果，列王紀上十五至十六章是一個學童的惡夢，那種編年史，就是那種會令人一生對歷史產生厭惡的寫法。一個王興起、統治、犯罪、死去；他的兒子興起、統治、犯罪、死去。那些分不清的王，以及其無意義和使人困惑的日期，以單調和重複的枯燥話來講說。場景和事件本身都是重複而沉悶的。要區分以色列和猶大變成不可能了：兩者都墮入偶像崇拜之中；兩者都不蒙耶和華的喜悅；兩者都面臨被擄的威脅；而猶大就在埃及王示撒入侵一事上，預先嘗到了被擄的滋味。經文沒告訴我們甚麼關於猶大王亞比央的生平，只是提到他沒有效法大衛的行徑（王上十五 3～5）。事實上，關於亞比央治國的敘述，其中所告訴我們關於大衛的事情，比關於亞比央的更多。就連名字也變得不能區分：耶羅波安那個死去的兒子名叫亞比雅，但羅波安也有一個具相同名字的兒子（亞比央是亞比雅的異體字；比較代下十三 1）。我們怎麼可以讓一切井然有序？我們怎能說出這王跟那王、這國跟那國的分別呢？[1]

從頭到尾，戰事都在進行中，年復一年地，使人厭倦。這章經
111 文四次提到以色列和猶大之間的戰爭（王上十五 6、7、16、32）。
間中，即使其中一個戰爭的參與者死了，其他的戰爭參與者還是沒有改變。羅波安死了，由亞比央繼位，但作者卻告訴我們：「他〔即亞比央〕平生的日子，羅波安和耶羅波安時常爭戰」（十五 6；編按：經文乃按英文原書翻譯）。那是古老的戰爭，非決定性的、持久的戰爭，無所謂勝負，而我們可以想像，厭倦了戰爭的以色列老兵，一撮一撮地聚集起來，他們帶著悲觀的態度，彼此相望而冷笑，像莎士比亞（William Shakespeare）筆下的《特洛伊勒斯與克芮絲德》（*Troilus and Cressida*）裏的特洛伊人和希臘人的英雄們。

隨著這章經文的開展，事情變得更糟。在猶大方面，亞比央的母親是「瑪迦，是押比沙龍的女兒〔或孫女〕」（王上十五 2；編按：經文乃按英文原書翻譯）。「押比沙龍」是大衛的兒子押沙龍的異體字，經文暗示羅波安娶了他的堂妹，即他父親所羅門同父異母的兄弟之女兒。律法並沒有禁止這種血緣關係，但令人震驚的倒是十五章 10 節所記的：亞撒——亞比央的兒子（十五 8）——也是「押比沙龍的女兒瑪迦」的兒子（十五 10；編按：經文乃按英文原書翻譯）；那就是說，亞比央從他的母親得了兒子（Provan 1995, 126）。[2] 在古代世界的其他地方（例如埃及），我們曉得王室成員之間有亂倫的婚姻，[3] 但律法以最強烈的語句，禁止父母與子女間的亂倫（利十八 7，二十 11），並警告說，亂倫是導致應許地把居民吐出去的

「可憎之事」一類（十八 24～29）。亞比央在耶和華眼前並不「完全」（שלם；這令人聯想到 שלמה〔「所羅門」〕；王上十五 3），反倒效法他父親押比沙龍（אבישלום）的行徑。亞比央是真正的「押沙龍之子」，因他娶了父親的妻子（撒下十六 20～23）。

終於，北國有一個新的朝代興起，我們抱著一線希望，盼望著以色列可以不再重蹈耶羅波安的覆轍。可是，事情並不如我們所希望的：巴沙像耶羅波安那樣犯罪，他甚至連一些魔鬼般的創意也沒有，即沒有以一些新偶像來重新包裝耶羅波安主義；他只是「行耶羅波安的道」。同樣是那久遠、久遠的罪。耶羅波安家的歷史在巴沙家重演。他作王不久，就有一個先知來和他對質（王上十六 2～4、11），那先知的措詞，跟亞希雅預言耶羅波安的敗落很相似（十四 7～11）。在耶羅波安統治的初期，有一個神人來與他對質，巴沙也遇到先知的對質。雖然上帝從地上的塵土提拔巴沙（像提拔亞當），巴沙卻背叛上帝（像亞當），並且將要失去他的國（十六 2）。巴沙王朝反映了耶羅波安王朝，即同樣是那麼犯罪纍纍（十六 7），它的結局跟耶羅波安王朝同樣悲慘。以拉在作王之前已經注定要滅亡，他和他的家很快就落入他其中一個將領——心利——之手；這心利要殺死他的全家（十六 12）。

以拉像大衛在他最差勁的時刻那樣，躲在得撒享樂（王上 112
十六 9），當時軍隊正在圍攻基比頓（十六 15）。以拉以「虛無」（בהבליהם）惹動耶和華的怒氣（十六 13）。「虛無」一字，意思是「霧氣」或「氣息」（傳道書），在舊約聖經中它只有幾次是指偶像，其中最重要的一次是在申命記三十二章 21 節。在那裏耶和華聲言，如果以色列人以他們的「虛無」來惹祂嫉妒之時，祂就會撇棄以色列，並揀選另一個民族。到後來，耶和華實踐這個警告，把先知的祝福帶到住在西頓的外邦人，而不是帶到以色列人之中（王上十七章）。[4]

作者似乎嫌重複性的事件還不夠糟，更特意用唸咒般的、不斷重複和使人麻木的風格來記錄南北兩國的歷史：「尼八的兒子耶羅波安王十八年，亞比央登基作猶大王，在耶路撒冷作王三年。他母親名叫瑪迦。他作王三年……有戰事……亞比央其餘的事，凡他所行的，不都寫在猶大列王記上嗎？有戰事。」然後是「猶大王亞撒第二年，耶羅波安的兒子拿答登基作以色列王，他統治以色列共兩年。他行耶和華眼中看為惡的事……在亞撒第三年巴沙殺了他……拿答其餘的事，凡他所行的，不都寫在以色列諸王記上嗎？」然後是「猶大王亞撒第三年，亞希雅的兒子巴沙在得撒登基作以色列眾人的王，他統治了共二十四年。他行耶和華眼中看為惡的事……巴沙其餘的事，凡他所行的和他的勇力，不都寫在以色列諸王記上嗎？」〔編按：引文乃按英文原書翻譯〕

我們得知諸王打仗，但總看不見戰事的結束——沒看見刺穿肥胖君王的腸子的短劍、沒看見貫穿頭顱的橛子、沒看見拿著驢腮骨進行的屠殺、沒看見甩出的光滑石子，就連一點兒聰明的謀略和英雄精神都看不見。換了是荷馬，他就會一頁接一頁無情地寫出生動如卡通的暴力行為。列王紀的作者卻不是這樣。他只寫道：「有戰事」，以及又是「有戰事」。敍事者告訴我們諸王犯罪，但卻以最籠統的語句來談及他們的罪，且沒有生趣的細節，像那些在約瑟夫（Titus Flavius Josephus）或蘇埃托尼烏斯（Gaius Suetonius Tranquillus）或吉朋（Edward Gibbon）的作品裏所見到的。

興起、作王、犯罪、死去。戰事和罪，罪和戰事。看來，艾德那．聖文生．米萊（Edna St. Vincent Millay）說對了：「人生不是一件接著另一件討厭的事，而是重複又重複出現一件討厭的事。」事實上，接踵而來的是**同一件**討厭的事。

不過，正如戴爾．戴維斯（Dale Ralph Davis）指出的，這正是作者的重點：偶像崇拜是沉悶的事（Davis 2002, 181）。偶像崇拜

沒有產生甚麼新的、令人興奮的、創新的、冒險性的事情。耶羅波
安假裝走在狂野的一邊，假裝在做著一些花巧和邊緣性的事情。事 113
實上，他的狂野不止是乏味的，那更是令人昏昏欲睡的，對北國來說那是一劑安眠藥。羅波安准許人在猶大設立邱壇，但那亦只是導致同一種單調的苦工。對比之下，所羅門的統治則是充滿令人興奮的時刻：為鞏固王位而進行的婚姻外交；精明的偵探頭腦，以斷定哪一個妓女是在說真話；在以色列地持續的歡慶；富冒險精神的航海旅程；來自外國的示巴女王的來訪。當先知出場的時候，世界忽然之間變得更加廣闊了：手變枯乾又給治好了；祭壇裂開；獅子躍然紙上又撲向一個先知，但沒有把驢吃掉；油瓶永不枯竭；死了的孩子復活過來；母熊從樹林裏衝出來，撕裂取笑先知的少年人；被丟錯墳墓的屍體站起來行走。月亮變成血，日頭變黑像麻布，星體從天上墜落；夢、預兆和異象；血、火和烟霧。

後現代思想有不少是對抗那把「不同」或「他者」約化為「相同」的一場仗。在形而上學和一般的哲學，這種進行約化的表現，就是為要把一切實在緊扣於一個理論之內的概括性努力，且不理會那些為理論所不能涵蓋的東西；在倫理學方面，這概括化的驅動力，則表現於要把不能被約化的他者，吸納進自我之內的利己主義。[5] 有幾個神學家——主要是米爾班克（John Milbank）和皮克斯托克（Catherine Pickstock）——循著類似的路線，把祈克果（Søren Kierkegaard）論重複的一篇文章，發展為對現代性的一種批判。當祈克果探討有關再度活出（relive）其人生中較早期的部分的可能性時，他得出一個結論：凡努力要達到相同的重複的，一定會遇到挫敗，以致「惟一的重複就是不可能重複」（Kierkegaard 1983, 170）。現代性正嘗試那不可能之事，即提出「相同的重複是有可能的」（例如，在科學實驗裏），但對於米爾班克和皮克斯托克來說，凡是要達至相同重複的努力，都是對死亡著迷，因為只有死人才會

有相同的重複。最終來說，那非相同的重複的必然性，乃是上帝的三一性這一類比式表達：這位上帝一方面是作為父上帝，一方面是永恆地、必然地在子和聖靈身上「不同地重複」了兩者作為上帝的身分。列王紀的作者則暗示了相同的重複——儘管從邏輯和存在上來說，顯然是不可能的——就是拜偶像的人生和拜偶像的社會所表現的實在。相同的重複是罪的「不可能的可能性」——本來是易於進入出神狀態的受造物，衰減成為自我封閉的重複（參列王紀上四章 1 節至五章 18 節的註釋）。

偶像是沒有生命的，因此不能帶來生命。無生命的偶像是為無生命的人而造的。當起初的刺激和快感過去了以後，偶像崇拜很快產生枯燥和死亡。這種屬靈枯竭的記號，在二十一世紀的文化裏隨處可見。二十一世紀的文化已變成了一個「無論怎樣」（whatever）的文化——這不但指無論「發生甚麼事」，也是指「無論如何，誰
114 會關心呢？」這是把文化建立在成就、金錢、享樂、自我放縱和性之上的最終結果。這樣的一種文化，變成了懶散的文化，充滿了基督教傳統所謂的「懶惰」（*acedia*）。

傳統來說，懶散被視為信心和盼望的敵人。拉丁文 *acedia*（「懶惰」），則被用來描述懶散的這些層面。榭爾絲（Dorothy Sayers）在她一篇題為〈其他六宗罪〉（“The Other Six Deadly Sins”）的文章裏，把「懶惰」定義為是「其他罪的幫兇，和它們最糟的刑罰。這罪甚麼都不信、甚麼都不在乎、甚麼都不想知道、甚麼都不干預、甚麼都不享受、甚麼都不愛、甚麼都不恨、甚麼都找不著意義、不為甚麼而活，依然活著只因沒有甚麼好為之而死的」（Sayers 1949, 81）。懶散就是對上帝的護佑和照顧缺乏信心，且對上帝會堅守祂的承諾的這件事缺少盼望。

時下的「懶惰」不只是一件個人的罪，更是廣泛為人所接受的社會常規，在我們的教育和性習慣上被制度化了。榭爾絲在對但丁

（Dante Alighieri）《煉獄篇》（*Purgatorio*）第十八篇的評論中寫道：

> 英文通常稱作「懶散」（sloth），而拉丁文通常稱作 *accidia*（又或，更準確地是 *acedia*〔懶惰〕）的罪，是很狡猾的，它披戴的形狀是那麼的易變，以致較難為它下定義。它不只是思想上的閒懶、身體上的懶惰：它是意志上全面的中毒，起初是無動於中和「我不在乎」的態度，然後擴大到拒絕喜樂，以病態的內省和絕望為頂峯。它對若干現代人具有強烈吸引力的一個形式，就是對罪惡和錯誤加以默認，這容易偽裝為「寬容」（tolerance）；另一個形式，則是拒絕被良善和美好的思想所感動，這又稱為「幻滅」（disillusionment），有時候被稱為「世界的知識」；還有另一個形式，就是躲進疏離的「象牙塔」內，這是藝術家和好沉思的人特別容易遇到的試探，一般稱為「逃避主義」（escapism）。（Sayers 1955, 209）

樹爾絲又幫助解釋「懶惰」或懶散如何能與瘋狂的活動共存：「這種罪最愛玩的把戲之一，就是把其自身掩飾在忙亂的身體活動的外表之下。我們以為，如果我們忙碌地跑來跑去，做各樣的事務，我們就不會有懶散的問題。而且，劇烈的活動似乎讓我們得以逃避害怕懶散的心理。」（Sayers 1949, 81）我們的文化是狂亂的二十四小時服務、每週工作七天的文化，這正正就是一種掩飾其空虛的途徑。那只是一種偽裝，樹爾絲說：「因著『懶惰』那空虛的心、空虛的腦袋和空虛的靈魂。」（Sayers 1949, 82；比較 Reno 2001）

列王紀上十五至十六章，描寫一個充滿著偶像崇拜和相同的重複的世界。然而，巴沙砰然的一擊，則顯示了有關這個實在的另一個層面。巴沙是「亞希雅的兒子」（王上十五 27）。儘管他的父親不是先知亞希雅（十一 29，十四 1～16），但經文重複提到這個名字，卻令人想起亞希雅先知所說那攻擊耶羅波安的預言，這暗示了巴沙是先知的「屬靈之子」，他把先知所說有關耶羅波安的悲慘結局實現出來。一如亞希雅所預言的，耶羅波安全家都被滅盡了，凡有「氣息」的，沒有留下一個（十五 29）。巴沙密謀背叛拿答，他趁著拿答和以色列人圍困非利士人的城基比頓之時，把拿答殺了（十六 15）。這基比頓原屬但支派的範圍，它是利未人的城（書
115 十九 44，二十一 23），由非利士人重新修建。[6] 以色列國縮小了，大衛一度打勝了的仗，以色列諸王要重新再來（撒下五章）。從某種意義來說，偶像崇拜帶來了周而復始的靜態的重複，但從另一個角度看，偶像崇拜導致倒退。久已被征服了的領土需要重新被征服；曾經消失了而不見蹤影的敵人捲土重來。以色列諸王開始實實在在地失去土地。這土地的流失，實與以色列傳統（特別是禮拜傳統）的失落關係密切。把葛萊遜定律（Gresham's Law；譯按：經濟學定律，謂「劣幣驅逐良幣」）應用於禮拜儀式上，劣質的崇拜驅逐優質的崇拜，偶像崇拜害得北國剩下沒有多少讓她可重新振作的資源。

這就是以色列的故事，也是人類的故事。亞當以為奪取了知識樹的果實，就會使他的生命充滿智慧；那不但沒有增加他的智慧，反倒宣判了他的刑罰，他將要遭受無盡期的汗水和愁苦的循環。奇妙的是，主並沒有就此便算；祂出現在園子裏，並應許有一位救主，祂又藉先知向墮落了的以色列說話，並藉聖靈實現祂的話，因此奇迹接著而來。祂以血肉之軀講說祂的道，聖靈在運行，大地的面被更新過來。故事的這個部分在這章經文中也很明顯，在列王紀上十六章 7 節一個絕佳的語句便充分地表現出來：「耶和華的話臨到⋯⋯**責備**巴沙和他的家（**רבר־יהוה היה אל־בעשא**）」。[7] 耶和華的話攻擊巴沙，不只是被動地描述情況如何，而是主動地移向巴

沙和移向以色列，並要實現它所宣告的事情。耶和華的話是歷史上多場戰爭的主要參與者；那打破偶像崇拜和罪的沉悶循環，並把事情更新過來的，乃是耶和華的話／劍（來四 12～13）。

在猶大，我們看見一個更詳細的例子，以說明這入侵性的話語的果效。亞撒不是一個完美的王。當巴沙在猶大境內修築拉瑪的時候，亞撒送錢給亞蘭人，求他們從北方攻打巴沙，逼巴沙放棄拉瑪的工程（王上十五 18～21）。[8] 雖然這看來或許是明智之舉，但先知卻經常責備君王倚賴外邦人而不倚賴主。[9] 亞撒從他新近才再
裝修過的聖殿取去金錢（十五 18），掠奪他自己的庫房。[10] 亞撒晚 116
年腳上有病的時候，他倚賴醫生而不倚賴耶和華（十五 23；比較代下十六 12）。這完全符合他的一貫作風。倚賴人力已經是他確立了的生活模式。

儘管亞撒在此事上失敗了，他還是一個正直的王；在猶大的歷史上，八個王之中他是第一個做「正直」的事的。在分裂了的王國中，亞撒是頭一個被拿來與大衛作善意比較的王；他的改革無論就整體或就細節而言，都預示了後來的約阿施、希西家和約西亞的改革。亞撒跟他的父親迥然不同，他效法大衛的榜樣（王上十五 11）；他的心在耶和華面前是「完全的」（十五 14）。他把羅波安所設立的許多惡事逆轉過來（十五 12～13；比較十四 23～24，二十二 46；王下二十三 7），但他沒有把邱壇廢去（王上十五 14；比較二十二 43；王下十二 3）。他對耶和華的全情投入，令他不惜與自己的母親站在對立的位置上，他貶了她太后的位，並拆毀她所造的亞舍拉（王上十五 13；比較王下二十三 6）。亞撒是個真正的門徒，他為跟從耶和華不惜恨自己的母親（路十四 26）。他恢復聖殿的金光燦爛，這聖殿在羅波安的統治下已失色不少（王上十五 15）。

關於亞撒的故事，叫人印象深刻的一點，就是沒有任何關於他

的改革的解釋。亞撒身為三代偶像崇拜傳統的繼承人，且是因亂倫的婚姻而生、偶像崇拜者的孩子，他改變了走向，使猶大轉向耶和華。約阿施有他的耶何耶大；當北國傾覆的時候，希西家看見牆上上帝的指頭寫的字；約西亞在聖殿發現律法書。經文告訴我們，亞撒只是著手去做正確的事。這裏並沒有任何解釋，也沒有提到甚麼居間的媒介。只是說：「亞撒行耶和華眼中看為正的事。」但故事中的空白則意味深長，這是「神聖的被動性」(divine passive)的變體：這樣打斷了罪和偶像崇拜的沉悶循環，乃是上帝的恩賜。上帝的恩惠、上帝自己、上帝的話，在猶大國的歷史上迸發出來，這驅使亞撒轉向正直的路，並由此逃過了另一次相同的循環。

註釋

1. 我在本章中的不少看法，是從此處得著啟發的：Davis 2002, 181～182。
2. 列王紀上十五章10節的「母親」有可能是指「祖母」，希伯來文對親戚的稱呼傾向於頗富彈性。但肯定地說，單看表面的意思，可得知有跨代亂倫的事情出現。
3. 劉易斯(Naphtali Lewis；Lewis 1983, 43～44)：「當兄妹(姊弟)結婚的例子最初在蒲草紙上出現的時候，在某些社羣裏遭到重大的存疑；人們表示懷疑：究竟有甚麼社會，會真的贊成這種常見的違反亂倫禁忌的做法？……這樣的論證是富創意的，但它們在許多蒲草紙的累積證據(無論是官方或私人的文件)面前卻站不住腳；在這些證據裏，妻子毫不含糊地被界定為是丈夫『同父同母所生的姊妹』。」
4. 較微妙地，巴沙王朝的年代排列，重複了耶羅波王朝的年代排列。耶羅波安的統治維持了二十二年(王上十四20)，接著是拿答，他統治了兩年就被推翻了(十五25)。巴沙統治了二十四年(十五33)，由他的兒子以拉繼位，以拉統治了兩年，巴沙王朝就結束了(十六8)。這個「長在位期—短在位期—朝代結束」的規律，乃被暗利王朝所打破了。

5. 對列維納斯（Emmanuel Levinas）著述中的這個主題，一個強而有力的神學批判見 Hart 2003, 75～90。
6. 請注意，在二十多年後，以色列仍在圍困基比頓（王上十六 15、17）——這是另一個例子，顯明那支配著耽於偶像崇拜的以色列、非決定性的相同的重複。
7. 介詞 **אל** 主要的意思是「移向」，但在「移向是具敵意的」語境下，該字會譯作「攻擊」（against；希伯來聖經中出現約一百五十次）。參 Brown, Driver, and Briggs 1980, 40；其評註：「如果從上下文顯示，運動或移向是具有敵意的時候，**אֶל** = **責備**〔against〕。」
8. 下述為其背景：猶大和以色列彼此不和已有兩代（王上十四 30，十五 6～7）。巴沙為拉瑪設防；拉瑪位於猶大境內，在耶路撒冷西北面約十英里。巴沙在那裏設置一團以色列兵，藉此堵住進出猶大的路（十五章 17 節的「出入」通常指軍事行動）。
9. 歷代志下十六章 7 至 10 節載有哈拿尼的預言，這預言明確地譴責亞撒的行動。
10. 亞蘭人後來成了北國的重要敵人之一，我們知道他們是受猶大供應和慫恿的。亞撒像所羅門那樣（王上十 29），為以色列的敵人提供所需。

列王紀上十六 15～34

117 「邦國因有罪過，君王就多更換；因有聰明知識的人，國必長存。」（箴二十八 2）列王紀上十六章後半部分所記錄的歷史，正說明了所羅門的觀察以及聖經的其他部分。以色列一代接一代地沉溺於偶像崇拜之中，金牛犢成了北國國家認可的官方宗教。這種罪過從耶羅波安一世起傳給他的子孫，繼而傳給新王朝巴沙和他的子孫，然後又傳給暗利王朝——暗利和他的後代。朝代興衰，金牛犢依然存在。

以色列落入罪過之中，可預知的結果是：君王多更換。在大約六十年之間，耶羅波安王朝為巴沙所滅；巴沙家為心利所滅；心利很快就被暗利所推翻。巴沙藉著刺殺耶羅波安的兒子拿答奪得大權；心利藉著刺殺巴沙的兒子以拉而奪權；暗利藉著攻擊那躲在得撒城裏尋求庇護的心利而奪權。每一代都有新的朝代興起；只在一週之內，巴沙家就向心利降服，而心利就被暗利所推翻（王上十六 8～20）。隨著時間的過去，罪過帶來了許多的君王。間中的情況是，同一時間有許多的王：巴沙王朝覆亡後，有三方共同爭奪王權的情況出現。即使在暗利拿下了得撒、心利死了以後，暗利還需要應付一場內戰，那就是四年來與基納的兒子提比尼交戰（十六章 15 節及十六章 23 節暗示，暗利用了四年時間與提比尼相爭，然後才在無對手之下作王）。君王多有更換的國家，這國家不可能是一個穩固或強大的國家。當沒有時間上的連續性，在文化和藝術方
面的追求就必遭人遺忘。[1] 在君王多有更換的情況下，以色列國內 118
的忠心子民，渴望著只有一個統治者的日子，一個將會帶來和平的君王。

本段經文有三項細節，表現了這段罪過增多、君王多有更換的時期對國家所帶來的禍害。當心利作王的時候，以色列軍隊正在基比頓安營；這基比頓一度屬於以色列，但後來落入非利士人的手（王上十六 15 ～ 16）。事實上，在二十四年之前，當巴沙登基作王的時候，以色列已在圍困基比頓城。[2] 有可能這圍困是不定時發生的，並非連續的，雖然古代的圍城經常是殘酷地為時甚久（例如：特洛伊古城〔Troy〕就遭圍困了十年），但以色列人花了二十四年，要從非利士人手上奪回土地，但到最後還是無法保有或重新奪回上帝賜給他們祖先的領土。就如十個探子所說的，那地有打不倒的巨人（民十三章），而迦南地的城牆則是攻不破的 —— 不是由於它們利害，而是由於以色列的偶像崇拜使其自身變得無能。偶像是虛無、沒有力量的，且不能行動，而「那些拜它們的要像它們一樣」—— 他們變成了聾子、啞巴、弱者、跛子和瞎子（詩一一五篇）。

在基比頓的以色列軍，當聽見心利自稱為王之後，就馬上擁立暗利作王，並且一齊到得撒去（王上十六 16 ～ 17）。二十四年圍城的結果是，以色列離開了戰場，並且再也沒有回來。從此列王紀或舊約聖經的其餘部分，都沒再提起基比頓；經文讓我們獲得一個清晰的印象：基比頓此後永遠落在非利士人的手裏。二十四年的

補給、死亡、流血，全都白費了。從非利士人的觀點看來，基比頓之得救是由於以色列有許多的王。這在之前已經發生過：當掃羅在國內各處追捕大衛的時候，因以色列沒加防衛，非利士人便趁機犯境（撒上二十三章）。當上帝的子民彼此爭戰的時候，正是外邦人奪回土地的良機。正如亨利（Matthew Henry）明智的評語，以色列的經驗表明了一點：當以色列爭吵的時候，非利士人肯定得益（Henry 1708, 2.662）。

不但每一代都有新的王朝興起，每一個王朝更是一蟹不如一蟹。拿答繼續犯他的父親耶羅波安所犯的罪，巴沙把他殺了。同樣的事情也發生在巴沙的兒子以拉身上，他也是被刺殺了。拿答不是一個正直的人，但他至少表現得像一個王：巴沙刺殺他的時候，他正在圍困基比頓（王上十五 27）。以拉的軍隊也是在基比頓，但以拉本人卻沒有和他們在一起；他在得撒，「在亞雜家裏喝酒喝醉」（十六 9），他不再扮演君王的角色。他的王朝像個醉漢跌倒敗亡（耶二十五章）。暗利家就更差勁了。耶羅波安使以色列人犯罪，但敘事者告訴我們，暗利「比他以前的列王作惡更甚」（ירע מכל אשר לפניו；王上十六 25）。暗利很快就被他的兒子
119 亞哈「超越」了；亞哈「犯尼八的兒子耶羅波安所犯的罪，他還以為輕」，「行耶和華眼中看為惡的事，比他以前的列王更甚」（הרע בעיני יהוה מכל אשר לפניו；十六 30）。偶像崇拜是不具創造性的，這只會產生相同的重複這種死亡的情況。要是說它有甚麼進展的話，就是它愈來愈差勁。容忍和縱容偶像崇拜，只會產生更罪惡昭彰的偶像崇拜。

這時期的一片混亂，可以以心利自我毀滅的統治作為象徵。心利作王不過七天，在此期間，他繼續犯耶羅波安所犯的罪，並殺死巴沙全家。他沒有建造一座城，倒是在他大權在握的一週之內，把得撒摧毀了。他把自己關起來，焚燒宮殿（王上十六 18）。暗利所

承受的國，是被火蹂躪了的國。

暗利是以色列史上的火鳳凰，從得撒的灰燼中復生，建設一個新的以色列，一個新的首都。他明顯是進取和熟練的領袖，在聖經以外的證據也印證了這個事實。但聖經只著重寫他統治期間的一二事，有關他作王的紀錄，亦只佔八節經文（王上十六 21 ～ 28）。相比之下，心利作王只有一週，但關於他的事迹就佔了十三節經文（十六 8 ～ 20）。列王紀的焦點，不在暗利的成就，而在他的偶像崇拜。較微妙地，列王紀的作者顯示，暗利是個像大衛的君王，他在北國啟動了一個大衛王朝的仿造品。幾乎每一件在這裏所說的有關暗利的事情，都在大衛的生平中找著對應（Leithart 2005a）。他像大衛一樣，乃是與非利士人交戰的軍隊司令（十六 15）。大衛殺死了非利士的巨人歌利亞，領導以色列在連串戰爭中與非利士人交戰，藉此贏得了名聲；而暗利就在以色列圍困非利士人的基比頓城的時候指揮軍隊。暗利像大衛一樣，繼承了一個死於自殺的君王的王位（十六 18；撒上三十一章）；他像大衛一樣，是在內戰之後作王的（王上十六 21；撒下三）。他像大衛一樣，在作王期間，曾分別定都於兩個城市（王上十六 23 ～ 24；撒下五 5）。暗利買下了撒瑪的山作為首都，就如大衛買了亞勞拿的禾場作為建殿的地點（王上十六 24；撒下二十四章）。不過，他卻不像大衛，因他沒有行在耶和華的道上，而是崇拜偶像（王上十六 26）。

如果說暗利是假冒的、拜偶像的大衛，那麼亞哈就是假冒的所羅門。他像所羅門一樣（王上十一 1 ～ 3），娶了外邦女子耶洗別，她是一個拜偶像的人（十六 31）。耶洗別來自與泰爾的姊妹城市 —— 西頓；泰爾是希蘭的城，希蘭即所羅門在建殿一事上的盟友（王上五章）。亞哈像所羅門，他是一建殿者（十六 32），不過那是為巴力建殿，而非為耶和華。隨著這個假冒的所羅門的出現，以色列便踏進背道的一個新階段，因亞哈、特別是耶洗別，乃是支持巴力崇拜的。巴力這名字在列王紀的初次出現，是在耶洗別的父親謁巴力這個名字裏。而耶洗別的名字本身，也和巴力的一個名號或名字——即 *zebul*（西卜）——一語雙關；這名號有時候也包括在巴力的名字之內（王下一 3、6）。沃爾什（Jerome Walsh）說：「*zbl*，即『王』，很可能讀作 *zābūl* 或 *zĕbūl*，就如在 Baalzebul 或 Beelzebul ——『巴力是王』——這個名字裏那樣（這名字在聖經裏通常變成了 Baalzebub 或 Beelzebub ——『蒼蠅王』）。若是讀作 *zebel*，這字就與其他閃族語言所代表的『排泄物』一字相似，這『排
120 泄物』一字，很可能也在希伯來文中存在，但在希伯來聖經裏卻得不到證實。」（Walsh 1996, 218n8）耶洗別既是巴力之女，又是糞便之女，她的屍體注定了有一天要被丟在田間（王下九 30～37）。

暗利的偶像崇拜並不是偶發的，也不是和他的政治計劃僅有丁點的關係。首先，暗利和他的兒子亞哈正著手進行一個「再迦南化」的計劃，即重新設立耶和華從這地所趕走的迦南人的崇拜和踐行（王上十六 31～32）。列王紀上十六章 34 節提到重建耶利哥城，而這有可能是經亞哈批准的，因為沒有王的准許，要重建一個位於邊境的城鎮，是一件不太可能的事（Walsh 1996, 219）。耶利哥是約書亞征服迦南地的頭一個城（書六～七章），重建這城則代表了把征服行動顛倒過來。亞哈沒有毀滅迦南人，他自己反倒忙於重建他們的城市。雖然我們不清楚，到底是伯特利人希伊勒把自己的兒子殺死，抑或他們是死於自然，但那大概是一個「奠基祭」（foundation sacrifice），即為某城或某個殿的建設而獻人為祭，把該建設分別為聖。這類祭祀在古代世界並不罕見（該隱／亞伯；羅繆勒斯〔Romulus〕／瑞摩斯〔Remus〕）。雖然希伊勒和亞哈因重建耶利哥而犯了罪，但耶和華的話，即多個世紀以前約書亞所說的咒詛話，就這樣應驗了（書六 26）。其次，暗利家渴望把王國重新聯合起來，歸一個暗利家的王管理。藉著與大衛家通婚，他們明顯想

把王國統一起來，歸一個暗利家的王管轄（參列王紀上二十二章 1 節至 40 節的註釋）。

亞哈是北國的第七個王（在耶羅波安一世、拿答、巴沙、以拉、心利、暗利之後），這開始了貫通列王紀的一個數字結構。在南方的第七個王則是猶大王亞哈謝（在他之前有所羅門、羅波安、亞比央、亞撒、約沙法、約蘭），聖經明確地把他的邪惡跟亞哈相比（王下八 27；比較八 18）。在亞哈謝之後的七個王，以瑪拿西（接著約阿施、亞瑪謝、亞撒利雅、約坦、亞哈斯、希西家之後的王）為最高峯，他是南國諸王中最似亞哈的（二十一 3、13）。在每個個案裏，順序中的第七個王，都是遭先知譴責的對象，第七個王的罪，帶來了他所屬的王朝的覆亡或被中斷。在這第七個（安息日的）位置上的王所犯的罪，使以色列和猶大惡貫滿盈，而安息日的主便藉著審判帶來安息。

或多或少，這假冒的大衛王朝為南方的大衛王朝構成了一個戲劇化的警告。猶大人可從暗利王朝的歷史觀照自己的歷史。他們應有的行動，乃是接受責備而悔改，而不是為著自己比北國的偶像崇拜者優越而自豪地慶賀一番。當猶大人後來看見耶戶屠殺亞哈家的時候，他們的結論應該是：那時也是拜偶像的大衛家，也正岌岌可危。當耶路撒冷已成了巴力崇拜的前哨基地，那麼猶大可以預料，將會有一個拆毀它的耶戶要來到。暗利王朝戲劇性地興起，然後又充滿血腥地敗落，猶大應該從上帝給他們的教訓中學習功課，得著智慧。

從神學上來說，大衛王朝與暗利王朝之間的相似性，更突顯了 121
兩者歷史軌迹之間的根本不同。亞哈進行不敬虔的婚姻外交，但所羅門早在他以前就這樣做了；亞哈為偶像建設神廟，但所羅門就為他眾多的妻子建造邱壇；亞哈迫害耶和華的先知，但所羅門在得知亞希雅把國度的一部分給了耶羅波安之後，就企圖要殺耶羅波安。

後來，大衛家藉婚姻與暗利家結盟，以致兩個王朝變得實際上不能區分。耶戶摧毀一個在撒馬利亞的巴力廟，但在此之前不久，猶大人在耶何耶大的領導下，摧毀了一個在耶路撒冷的巴力廟。就如以西結以長篇的篇幅所描述的，耶路撒冷與它那淫亂的姊姊撒馬利亞比較起來，有過之而無不及（結二十三章）。列王紀並沒有突出大衛家和亞哈家之間不同的地方，反倒是突出了兩者的相似性。

那麼，它倆之不同點在於甚麼？為甚麼暗利家的結局是徹底的毀滅，沒有任何未來？為甚麼同樣是拜偶像的大衛家竟存留到今天？這個問題的答案，最終來說，和以下問題的答案是一樣的：為甚麼以色列生存了下來，而摩押卻沒有；為甚麼以色列存留至主後一世紀，而亞瑪力人早就消失了；為甚麼以色列繼續存在，而非利士人已遭人遺忘；為甚麼在以掃和雅各出生以前，主早已決定了「將來大的要服事小的」（創二十五 23）。當保羅開口講說以色列的歷史時，他講說的方式足以削弱任何支持民族優越性的東西。因他表明，從一開始，亞伯拉罕的肉身後代之間早就有了區分，即蒙應許的兒女和肉身的兒女之間的區分（羅九 6～13）。當以色列在西奈山腳下豎起金牛犢、違背了西奈之約的同時，耶和華就按祂至高無上的主權，決定施憐憫並陪伴以色列到達應許之地（出三十二～三十四章；羅九 14～15）。耶和華對大衛王朝和對以色列都是一樣的：「這不在乎那定意的，也不在乎那奔跑的，只在乎發憐憫的上帝。」（羅九 16）

以色列之所以繼續存在，和以色列所成就的東西並沒有任何關係；而大衛王的後代之所以繼續存在，歸根究柢也和大衛的後代對主的忠誠並無關係。肯定地說，大衛對主是忠誠的，主為大衛的緣故，在猶大保存燈光。但說到底，以色列之所以與眾不同，乃是在於上帝的揀選和呼召：「耶和華專愛你們，揀選你們，並非因你們的人數多於別民，原來你們的人數在萬民中是最少的。只因耶和華愛你們，又因要守他向你們列祖所起的誓，就用大能的手領你們出來，從為奴之家救贖你們脫離埃及王法老的手。」(申七7～8)由此可見，猶大和以色列的歷史，展示了有關「揀選」這個基督教教義的重要意義：最終來說，使以色列與眾不同的，是那位使它與眾不同的上帝。

註釋

1. 借用莎士比亞(William Shakespeare)的《亨利五世》(*Henry V*)伯貢第公爵(Duke of Burgundy)的話(*Henry V*, 5.2)，以色列的平安就像法國的平安：「藝術的娘姆……及歡欣的生產」變成了「赤裸、可憐和被壓傷的」，結果是「我們的葡萄園、休耕地、牧草地、和籬笆／它們本質上是不健全的，發展成一片荒蕪。／即使如此，我們的房屋和我們自己以及孩子們／都失去了，或因缺乏時間而沒有學會的／那將成為我們本國的各種科學，／而像野蠻人般生長——正如士兵們必然會的／一事無成，只沉思殺人流血的事」。
2. 巴沙在猶大王第三年殺了拿答(王上十五28)，而心利就在猶大王亞撒第二十七年作王(十六15)。

列王紀上十七 1～24

列王紀的結構，是由以下連串事件的三次重複所組成的：

君王建造
先知對質
偶像崇拜持續
審判延遲
建築物被摧毀，人民被放逐

首先，當所羅門完成了建殿的工程之後，耶和華向他顯現，警告他說，只要所羅門和他的子孫遵守耶和華的誡命，耶和華的聖殿才會長久存留（王上九 1～9）；這番警告的話，隨著尼布甲尼撒的入侵而成為事實（王下二十四～二十五章）。其次，當耶羅波安一世完成了在伯特利建造他的金牛犢神龕以後，從猶大來的神人和他對質，並警告他說，將有一位從大衛家出來，名叫約西亞的君王會摧毀伯特利（王上十三章）；這預言在猶大歷史的末期得到應驗了（王下二十三章）。最後，在亞哈為巴力建造神廟並批准重建耶利哥之後不久，以利亞先知就出現，他宣布耶和華對以色列的審判（王上十七 1）。到後來，以利亞預言暗利王朝的結局（十九 15～18，二十一 21～24），而這結局亦由耶戶來執行了（王下九～十章）。

列王紀的敘事者，把以利亞和以利沙置於他歷史的中心位置（王上十七章～王下十三章）。從猶大來的神人的先知故事，則構成了一個範例（王上十三章），整篇敘事文都是依從這範例的格式的。以利亞像那個從猶大來的神人，沒有事先的警告或介紹就闖進了暗利王朝，他是一個隨聖靈的意思吹動的先知（十八 12；約三
章）。以利亞像那個從猶大來的神人，他不但傳遞上帝的話，也領 123
受上帝的話，並有義務要遵從之（王上十七 3、5）。耶和華給那個從猶大來的神人一個關於食物的吩咐，而他也照樣給以利亞一個關於食物的吩咐（十七 4）。以利亞跟那神人不一樣，他遵從了主的話，結果不但自己吃飽，也能餵養多人（十七 9～16）。像列王紀上十三章的故事那樣，關於以利亞及以利沙的故事，亦以先知的骨頭放在墳墓裏作結，雖然那是一個墳墓——像被放逐的墳墓——它神蹟地令其中的死人復活過來（王下十三 20～21）。以利亞和以利沙重複地被稱作「神人」，這並不叫人感到意外（王上十七 18、24；王下一 9～13，四 7、9、16、21、22、25、27、40、42）。[1]

一個先知隻身揭發耶羅波安的罪，他的話因祭壇的裂開和獅子的出現而得到印證。耶和華派兩個先知到亞哈家，他倆施行了許多神蹟奇事，這正是那二人的見證。但亞哈家的回應跟耶羅波安的一樣（王上十三 33）：即使有了這一切，亞哈還是「沒有轉離他的惡道」。亞哈王朝是對整個北國（後來也是對南國）的審判的樣板：他們遭遇被逐的命運，只因他們不聽耶和華或祂的先知的話語（王下十七 13～14）。可是，對於那些有耳可聽的人來說，先知和先知的話就是生命和健康。在以色列諸王縱情偶像崇拜，把以色列變

成了亞摩利人的前哨基地，並惹動了耶和華的怒氣，令祂把旱災和饑荒的咒詛帶給以色列的當兒，那些緊靠著先知的人就有吃有喝。以利亞和以利沙是聖餐先知（eucharistic prophets），他們在先知門徒面前提供餅並擺設筵席。就在以色列遭遇旱災之時，以利亞餵飽了撒勒法的寡婦（王上十七 9～16），就連那些遭迫害而躲在洞穴裏的先知們，也獲得了餅和水（十八 3～4）。以利沙的職事更是以提供食物為主（參列王紀下二章 1 至 25 節的註釋）。[2]

以利亞和以利沙的職事，使耶和華在其百姓以色列人身上的作為之焦點，產生了一次劃時代的轉移。從摩西起直到士師時期，耶和華都在以色列的各支派身上工作，並以大祭司為最主要的一個人物。在掃羅之後，尤其是大衛之後，耶和華則通過君王來向以色列作工。到了君王棄絕耶和華、情願事奉偶像的時候，耶和華就開始通過先知和由先知所領導的、在以色列中間的一個羣體來作工。各個過渡時期，都是由先知所帶動的：偉大的先知摩西把以色列各支派從埃及領出來，並把他們的憲法——律法——傳給他們；撒母耳——一個新的摩西——膏立了頭兩個王，他把以色列轉成君主制；而先知時期就是由以利亞和以利沙兩個先知的工作所啟動的。最終來說，耶和華藉先知而作的工，在耶穌的職事上得到實現，因耶穌在以色列之內招聚了一個羣體，祂把真以色列重新定義為那些跟隨他的門徒（Wright 1996a）。

124 那被招聚圍繞著先知的羣體，有時候被稱為「餘民」，即被理解為在以色列國之內的「真以色列」；這以色列國已經因為拜偶像而喪失了作為上帝子民的地位。不少自由教會的教會論是根據這個概念而被建立起來的。正如拉德納（Ephraim Radner）所指出的：「那些論及基督教的分裂的辯論家，他們都容易偏向一面倒地加以應用〔列王紀的故事〕，並選擇把其所屬的那個羣體，等同列王紀故事裏所提到的各種餘民。」（Radner 1998, 36）

先知羣體被等同餘民，這是可理解的；並且這樣的等同，也有（雖然不強的）經文的根據。當耶和華答應以利亞會留下七千人不向巴力屈膝的時候，「留下」一詞正是「餘民」那原文的動詞格式（שאר；王上十九18）。然而，大體上，「餘民」一詞，並不是指在背道時期那些持守忠誠的小撮人，而是指在審判的時候過後而仍然存活的人（亞八6；拉九8、13、15；尼一2～3；參 Herntrich and Schrenk 1967）。שארית 一詞，在列王紀的幾次用法，足以證明這一點。在希西家王統治期間，當亞述人威脅到耶路撒冷的安危的時候，希西家求以賽亞為「剩下的餘民揚聲禱告」（王下十九4）。這裏的「餘民」一詞，若不是指撒馬利亞淪陷之後，分裂的王國所剩下的整個猶大，就是指經歷了亞述的圍困之後，耶路撒冷所餘下的人口。不論是哪一個情況，「餘民」都是指這地上仍然存活的人；所謂的餘民，不是猶大的分支，而簡單地正是仍然存活的猶大。在同一背景下，以賽亞傳達主的應許，說將有從耶路撒冷出來的猶大餘民，「往下扎根，往上結果」（王下十九30～31）。再次，餘民的意思是含糊的，他們或是指經歷亞述圍困之後所剩下的生還者，或是指經歷被擄後的生還者，或兼指兩者。但很清楚的一點是，該詞不是指一些忠貞的「教會中的教會」（*ecclesiola in ecclesia*），而是指在耶和華施行審判之後，存留下來的那批混雜的猶大民眾。因為瑪拿西的偶像崇拜，耶和華最終並決定性地聲言要「棄掉我產業的餘民，把他們交在仇敵的手裏」（二十一14；編按：經文乃按英文原書翻譯）。不論這「餘民」是誰，他們均沒有神蹟性地逃過審判，正如拉德納所言，他們倒是「〔和其他人一起〕被上帝棄置在同一個大鍋中，承受被毀滅和被奴役之苦」（Radner 1998, 36）。猶大本身就是列王紀下二十一章14節所說的餘民，即在亞述入侵之後存留下來的惟一一個支派。

從技術上說，餘民就是歷經耶和華的審判，即在耶和華的審判之後繼續存留下來的、復興了的以色列。藉著審判的教訓，讓以色列這批新餘民謙卑下來（番三 12 ～ 13），也好讓他們認識到，以色列本該遭受徹底的毀滅（賽一 8 ～ 9），並曉得其自身的存活，乃單單在乎上帝的憐憫（彌四 7，五 7 ～ 8）。因此，餘民雖是公義的子民，但從以斯拉記及尼希米記所描述的被擄後的羣體的情況來看，餘民決不是無罪的。在第二聖殿期間的某些猶太教教派中，人們對餘民的觀念加上一種教派的意義（Herntrich and Schrenk 1967,
125 212 ～ 213），但按聖經的概念來說，餘民是指以色列整體——不是靈巧地側步躲閃墳墓的以色列，而是神蹟性地從墳墓中復活過來的以色列。拉德納說得好：「餘民的復興不在於把『真教會』從它分娩的陣痛中顯露出來——更不要說是證實出來了；而在於從過去被消滅的遺骸中，重新創造一羣聯合的子民的恩慈行動……因此，我們正在討論的是，整個以色列民的特質和命運；根據這民族其中的成員的分裂而所給予之特性不論是甚麼，總不會把他們從造成其自身分裂的一般性特質和命運中，分離出來。」（Radner 1998, 36）

這裏對教會論的引申意義是十分重要的。特別是美國的基要派和保守的福音派，它們傾向主張自由教會的教會論，即把自己視為餘民，視為真以色列，並與主流的假教會分家。他們認為自己是跟從路德（Martin Luther）的，迴避與主流教會的接觸，且大半無視它們，任其自行其事。[3] 肯定地說，雖然以利亞和以利沙建立起他們自己的先知羣體網絡，但另一方面，他們亦跟以色列的主流派有經常的——即使是對質性的——接觸。一種完全退隱的教會論，並不能從列王紀得著支持。以利亞和以利沙沒有抱著一種令人安舒的空想，以為他們可以以真以色列的身分，快快樂樂地活下去，並任由暗利家進一步把整個民族引進偶像崇拜的污水池中。他們認識到，他們無可避免地是與整個民族連成一體的；他們在以色列國內招聚忠貞子民，這努力的目的不是要組成一個在以色列之外的一個**永久**的另類選擇，而是要把以色列**更新過來**。

用時下的語言來說：在主流派之外的人，並沒有一種奢侈的特權，就是把發生在主流派的混亂和背道的事，只看成是「他們的問題」，而不是「我們的問題」。如果美國的聖公會准許其主教們有同性戀的行為，那不但對於聖公會人士來說是一個問題，對於那些高舉聖經的教會信徒來說也是。

當作者把敘事的焦點從君王移向先知的時候，他開始以一種持續諷刺地模仿君王的權力的手法來寫。以利亞控制了雨水（王上十七 1），並有足夠的飲食，而亞哈在尋找水源和少量的草地上卻徒勞無功（十八 3～6）。亞哈謝的兩批士兵被以利亞的火球燒死了（王下一 9～12）；而以色列的約蘭王帶領一隊人馬遠征摩押，卻被困在無水的曠野裏，直到先知來救他（三 4～12）。以色列王沒有權柄醫治乃縵的大痲瘋，但以利沙卻有此權柄（五 6～7）；以色列的約蘭王不能為其被圍困的首都提供食物（六 24～31），但藉著以利沙的話，撒馬利亞人獲得了麵粉和大麥（七 1、16～20）。跟從先知的王，就事情順利（十三 14～19），但攻擊或避開先知的王，則遇到挫敗，且變得無能。

單看事情的表面，與先知為伍是不利的賭注。北國以色列世世 126
代代以來追求偶像崇拜，先是在伯特利和但拜金牛犢，然後是在首都撒馬利亞——全國的中心——拜巴力。拜巴力和拜金牛犢的人勝算在握，耶和華崇拜則退居一旁——或至少看起來是如此。雖然教會或會遭遇頓挫，但耶和華從來都不會；祂的話也從來都不會遭遇頓挫。耶和華從來都不會遇到挫敗、倒退，祂從來都不需要重組或重新考慮。祂總不會嫌資源太少。祂的話總是向前推進，不管人的反應如何（Van't Veer 1980, 111～112）。如果撒馬利亞棄絕祂的話，祂就在撒勒法找著一個歡迎祂的話的地方；如果祂在洛杉機被忽略、被藐視，祂就會去拉哥斯（Lagos）工作。耶和華是「非情的」（impassible），但祂從來都不是被動地回應人們的行動，祂總是處於主動。

儘管形勢不利，我們在以利亞的早期職事中所看見的，正是這樣的情況。耶和華差遣以利亞到亞哈那裏，然後又差遣他到約旦河東的基立溪。把以利亞差遣到以色列地之外的地方，像是一種戰略上的撤退，但那最重要地是對以色列的一種審判（Van't Veer 1980, 65）。以利亞不只是一個「私下的信徒」，而是一個先知、一個有職分有召命的人，是代表上帝的臨在，為上帝傳話的人（Van't Veer 1980, 76～78；他也許過分強調了這一點）。當耶和華把以利亞差離這地的時候，祂的話在以色列便沉寂下來。除了缺糧的饑荒之外，耶和華還降下缺少祂話語的饑荒。早在一百多年前，非利士人把約櫃奪去了，這象徵了耶和華把自己從以色列疏遠，轉而趨向非利士地（撒上四～六章）。在亞哈統治期間，耶和華再次轉離祂不忠的子民，以致上帝的臨在和上帝的話語一度遠離以色列；上帝的臨在和上帝的話語，本來就是與以色列的身分有著密切關係的。耶和華差遣以利亞離開以色列，藉此撤去以色列所拒絕聽從的話語，讓人們看見祂在審判以色列一事上，正彰顯著祂的主權。不論以色列是流奶與蜜或是遭受饑荒，耶和華始終是主，是信實可靠、全能的主。

以利亞早期職事的事迹，也是為上帝更大的作為作準備。以色列是個埃及，並且是個愈來愈迦南化的民族。這時正要有一次新的出埃及（從埃及／以色列出來），有新的一次征服迦南／以色列的行動了。耶和華呼召了一個新的摩西和一個新的約書亞：以利亞和以利沙。在以利亞職事的初期，耶和華預備他承擔摩西的角色，後來又預備以利沙成為一個新的約書亞。以利亞獨力帶領人民更新他們在西奈山所立的約（王上十七～十九章）。以利亞的人生是以摩西的人生為榜樣的，就如摩西藉著其自己的人生，預示了以色列人的歷史（Leithart 2000a, 77），而以利亞也在他的人生中重現了該段歷史。在旱災期間，他離開本地到曠野去，耶和華神蹟地供應他餅、肉和水，就好像祂在以色列出埃及之後，在曠野漂流期間供應給以色列一樣。以利亞把以色列人帶到迦密山，一座新的西奈山上，在那裏，他們重新立志，要崇拜耶和華，單單事奉祂(出二十四章)。以利亞到何烈山（即西奈山）上，在那裏耶和華顯露祂自己，就如祂向摩西顯現那樣（出三十三～三十四章），以利亞在那裏為以色
列的未來祈求耶和華（Allison 1993, 39～45）。以利亞的工作做完 127
了以後，就輪到以利沙——一個新的約書亞——出現了。以利亞留下雙倍的靈給以利沙，以利沙就開始藉著醫治、更新和審判，實行征服土地的大業。這兩位先知的工作做完了以後，以色列境內就有了一些具組織性的、忠誠地敬拜主的團體。

就像使以色列更新的其他手段一樣，這更新運動最終失敗了，因為儘管有以利亞和以利沙的事奉，以色列人還是遭遇被擄的命運。這裏有列王紀的福音性意義的另一個向度：智慧救不了以色列；聖殿救不了以色列；君王救不了以色列。先知為那些聽從和相信他們的話的人提供生命，但最終來說，就連先知運動也不能阻止以色列遭遇亡國的命運。

根據出埃及記十二章12節，逾越節的最後一災不但是對法老的挑戰，更是對埃及諸神的審判：「我要把埃及地一切頭生的，無論是人是牲畜，都擊殺了；我又要對埃及所有的神施行審判——我是耶和華。」〔編按：經文乃按英文原書翻譯〕在以利亞事奉期間，耶和華也做了相同的事，祂維護了自身至高無上的主權，證明祂是在以色列的偶像和西頓諸神之上的。「以利亞」的意思是「耶和華是我的上帝」（אליהו），而以利亞的職事也重複地強調了這一點：耶和華是主，再沒有其他的主。列王紀上十七章的頭一節即指

向這一點。巴力是迦南人的神，相當於希臘人的宙斯，就是掌管風雲、天氣和繁殖力的天神。但以利亞在他事奉之始，就宣告了巴力並不掌管天氣。相反，以利亞聲稱他在控制天氣：「這幾年若不藉著我的話，必不降露，不下雨。」(王上十七 1；編按：經文乃按英文原書翻譯)巴力算不得甚麼，反倒是，賜雨水的耶和華藉祂的先知工作。

當以利亞過了約旦河、進到曠野的時候，耶和華的權能並沒有中止。耶和華是曠野的主，又是園子的主，祂供養祂的先知，在乾旱無水之地，祂保存了上帝話語的傳遞者的性命。在旱災期間，以利亞多日以來都是喝一條小溪(季節性的溪流)裏的水，吃烏鴉送來的食物。耶和華在曠野中間建造一個「園子」，就如祂在多個世紀以前為以色列所做的。

到了基立溪的水喝光了的時候，耶和華就差遣祂的先知到西頓境內的撒勒法去，西頓就是耶洗別的領土，即巴力的領土。在那裏，耶和華也證明了祂是主。據申命記三十二章 21 至 22 節所記，當以色列人以偶像惹動耶和華發怒的時候，祂就會注意另一個民族，以此來惹動以色列人的怒氣：「他們以那『不算為神』的觸動我的忌恨，/以他們的偶像惹了我的怒氣(כעסוני בהבליהם)。/我也要以那『不成子民』的觸動他們的忌恨，/以愚昧的國民惹了他們的怒氣。」〔編按：經文乃按英文原書翻譯〕就如耶和華的律法指示以色列人要以眼還眼、以牙還牙、以傷還傷，施行公義，祂也照樣對以色列人採取「以忌恨還忌恨」的審判。以色列觸動耶和華的忌恨(להכעיס את־יהוה אלהי ישראל בהבליהם；王上十六 26)，於是祂就觸動他們的忌恨。以色列鍾情於仰賴其他神明，照樣，耶和華也尋找其他祂寵愛的民族。耶和華差遣以利亞到一個外邦的寡婦去，雖然，正如耶穌說的，那時候以色列有許多寡婦(路
128 四 25)。整個以色列都隨從了其妖婦王后，跟從了她的形象(王下

九22、30），耶和華卻在外邦人之中，找到了一個貧窮的寡婦新娘（王上十七13～24）。

以利亞來到哪裏，那裏就有豐盛的生命生發出來，因為他是話語的傳遞者，又是那位賜生命的造物主的臨在。撒勒法的寡婦是對應耶洗別的迦南人，耶和華為這寡婦提供食物，從中顯明了祂是超過巴力的；畢竟，這巴力無法為一個西頓寡婦和她的家人提供一小片餅。以利亞在旱災和饑荒之間來到，使她的家成為一個源源不絕有供給食物的地方。當她尊敬先知，給他第一塊餅的時候，耶和華就給她先知應得的賞賜（太十41），使她的油和麵粉用之不竭。耶和華在巴力的領土之內，為先知以及那供養先知的寡婦提供糧食。那婦人憑著信心把糧食撒在水面上，因而獲得了豐厚的回報。

最大的考驗在最後頭。在以利亞救了寡婦和她的家免受饑餓，並將新生命帶給這個家庭以後，這家庭卻突然遇到死亡的來襲。寡婦於是怪責以利亞，我們亦可以從她那帶著控訴的提問，聽出她的失望和沮喪：「我以為你來是要救我和我的兒子，但你來是要殺我們。我以為你來是要作為賜生命的中間人，但你的到來竟帶來了死亡。」是次控訴帶來了最重大的挑戰。耶和華進入曠野，並賜下生命；祂在巴力的領土之內賜下生命。可是，祂能不能越過界線，從陰間裏把一個小男孩救回來？耶和華是生命的主；但祂是死亡的主嗎？再一次，答案是肯定的。以利亞把寡婦的指控帶到耶和華面前，然後禱告，求祂讓孩子甦醒過來。耶和華垂聽以利亞的祈求，使孩子的靈魂仍入他的身體。耶和華不但超過了巴力（迦南人的神，掌管繁殖力和生命），也超過了莫特（Mot；迦南人的神，掌管陰間），祂把死去的孩子從墳墓裏奪回。

那寡婦以為，她的罪是耶和華施恩的障礙：「神人哪，我與你何干？」她怨道：「你竟到我這裏來，使上帝想念我的罪，以致我的兒子死呢？」（王上十七18）就連罪，也不是無法穿透的障礙，因為耶和華突破了罪，祂藉著把她的兒子起死回生，在她家中賜下了新生命、復活的生命，以說明了祂赦免了她。

耶和華藉祂的先知，展現了祂的主權及其突破界線的大能。耶和華展示了祂的能力是在曠野之上、在敵人的領土之上、在墳墓之上的，並從中彰顯了祂的堅毅不懈，以及祂要保存先知和拯救以色列的堅定決心。以利亞到曠野去，耶和華隨著他。以利亞到撒勒法去，耶和華隨著他。寡婦的兒子進墳墓去，耶和華隨著他，賜他死而復活的生命。耶和華堅定的心意，並不限於先知身上，而是擴展到全以色列，原來祂保存先知是為了祂子民的緣故。面對著耶和華堅定不移的忠誠態度，如果以色列不能以信任和愛來回應的話，那便是由於硬心的緣故，因以色列是無可推搪的了。

129 這就是耶穌基督的上帝，就是那位藉基督耶穌來到我們中間的上帝。我們的上帝會為我們進到曠野嗎？祂在耶穌身上這樣做了。祂會越過界線，進入「這世界的王」的領土去嗎？祂在耶穌身上這樣做了。祂會為我們越過生死的界線嗎？祂在耶穌身上這樣做了。

以利亞也超過了巴力，因為他聲言，雨水和露水都必須得到**他的**允許才會降下來（王上十七 1：「要不是藉著**我的**話」），在十七章末，以利亞又一次展示了他的能力。根據律法的規定，死屍是不潔淨的，不但死屍本身是不潔淨的，它們更是傳播不潔淨的「不潔淨之母」。不潔淨和死亡有著密切的關係（Wenham 1979, 176～177），因此任何進入停屍間的人，都會給屍體所散發的死亡之氣傳染（民十九 14）。那卻沒有發生在以利亞身上。以利亞觸摸那個屍體，把孩子抱到樓上，進入房間，然後讓自己的身體覆蓋著孩子的屍體。以利亞沒有被死亡所傳染，反倒是傳遞了生命。五經內充滿著神蹟奇事，但摩西不曾使死人復活過來，而且除了以利沙之外，也沒有人使死人復活過來，直到耶穌的時代，情況才有所改變。以利亞和以利沙是很獨特的，他們是傳遞耶和華的生命的媒介。

禱告是聖靈大能的管道，讓聖靈的能力從耶和華傳至以利亞，然後生命被散發出來，傳至寡婦、小孩子，最終以至全以色列。以利亞通過禱告獲取生命和食物，為的是把生命和食物給予其他人。雖然本段經文沒有明言，但我們從雅各的詮釋得知，旱災是上帝對以利亞的禱告的回應：「以利亞與我們是一樣性情的人，他懇切禱告，求不要下雨，雨就三年零六個月不下在地上。」（雅五 17）以利亞出現在列王紀之前已在禱告，求耶和華不要降下雨露。據申命記所載，如果以色列轉離耶和華去尋求偶像，耶和華就會把各種咒詛降在他們身上（申二十八 15），咒詛之中也包括了旱災在內：「你頭上的天要變為銅，腳下的地要變為鐵。耶和華要使那降在你地上的雨變為塵沙，從天臨在你身上，直到你滅亡。」（二十八 23～24）以利亞曉得上帝和以色列之間的盟約，且理解上帝的咒詛；他看見暗利和亞哈拜偶像，就禱告上帝，求祂遵守盟約，那盟約就是把咒詛降在這不順服和反叛的子民身上，迫使他們悔改。以利亞期待耶和華的計劃得著實現，因為他從聖經那裏曉得耶和華的本性（Van't Veer 1980, 53）。

以利亞的頭一個禱告是求耶和華施行審判，而不是求祂賜下安穩寧靜，或求祂維持現狀。在以利亞看來，現狀是難以容忍的。他不能忽視這個事實：耶和華的子民以色列轉向巴力和其他假神；而他也不願意耶和華忽視這個事實。這樣的禱告，不輕易從現代基督徒的思想和嘴唇中發出，但詩篇卻充滿了祈求審判來臨的禱告，以及當上帝回答禱告時，則呼籲人起來讚美上帝的勸勉（例如：詩九十六 11～13）。祈求審判來臨的禱告，並不是發自一顆樂於看見人遭毀滅和死亡的心；這樣的禱告，也不是出自一種嚴苛和報復
的精神。當上帝施行審判時，祂是進入了一個混亂的世界（在這世 130
界裏，沒有一件事是照著它應有的方式存在的），並且要恢復它的

秩序，將其重新整頓。當我們祈求審判來臨的時候，我們只是在祈求上帝把一切整頓一番，祈求上帝不要滿足於事物的現況，祈求上帝遵守盟約，在創造中建立和平和正義。

雅各又寫道：「**義人**熱切的禱告所發的力量，是大有功效的。」（雅五 16；編按：經文乃按英文原書翻譯）他並引用以利亞作為例子。[4] 以利亞的禱告大有能力，因為他是義人：耶和華發命令，以利亞就順從。列王紀的作者強調了這一點：當作者記錄以利亞的順從態度時，他用了一種「命令—服從」的結構（Davis 2002, 223）。耶和華說：「你離開……往東去，藏在約旦河東邊的基立溪旁。」（王上十七 3）作者用差不多一樣的措詞，描述以利亞的順從：「於是以利亞照著耶和華的話，去住在約旦河東邊的基立溪旁。」（十七 5）後來主又說：「你起身往西頓的撒勒法去，住在那裏；我已經吩咐那裏的一個寡婦供養你。」（十七 9）再一次，作者用差不多一樣的措詞，來記錄以利亞的順從：「以利亞就起身往撒勒法去。到了城門，見有一個寡婦……」（十七 10）以利亞的順從是不折不扣地完美的，因此他的禱告是有效的。反過來說，「轉耳不聽律法的，/他的祈禱也為可憎。」（箴二十八 9）如果人對上帝的話語充耳不聞，那麼上帝的反應也就是充耳不聞。禱告是一種對話，是彼此講說、彼此聆聽的事情。禱告按其本質來說是一種信任的行動，一方面是由確信上帝的話而引發的，另一方面則是盼望上帝為回應我們的禱告而能夠、並且會有所行動。誰要是敢於祈求上帝聆聽他或她的說話和祈求，他/她就應該在禮貌上先聆聽祂的話。

以利亞的義，乃是從他對耶和華的話那嚴格而準確的順從而流露出來。這個旋律早在經文的前半部分確立起來，但到了經文的結尾，則有一令人詫異的逆轉。以利亞對耶和華說：「求你使這孩子的靈魂仍入他的身體！」（王上十七 21）接著是一針見血的語句：「耶和華應允以利亞的話，孩子的靈魂仍入他的身體，他就活了。」

（十七 22）當耶和華說某某事情的時候，以利亞就做某某事情。現
在，當以利亞說某某事情的時候，耶和華就做某某事情。這「命
令—服從」的格式被逆轉過來，因為作者用和以利亞的禱告一樣的
措詞，來說出主對以利亞的禱告的反應。只有一種方式去理解這在
上下文之中的意義：耶和華聽從了以利亞的話；以利亞發命令，耶 131
和華回應。過去，約書亞曾祈求耶和華使日頭在天上停住，經文告
訴我們：「在這日以前，這日以後，耶和華聽人的禱告，沒有像這
日的」（書十 14）。但這裏有像當日的一日，因為耶和華聽了以利
亞的禱告（Davis 2002, 223; Walsh 1996, 235）。

耶和華是跨越界線、無限、不受任何限制的上帝。祂從不撤退，從不會遭遇逆境，從不會受挫。沒有一事物可以抑制或妨礙祂。旱災不能使祂受限制；事實上，是祂帶來旱災的。死亡不能使祂遠離；祂是掌管生命和死亡之主，在耶穌復活一事上，展現了祂勝過生死的權能。祂答應讓那些憑信心禱告的義人，享用祂無限的資源，聽其使用。祂是我們的幫助者，隨時樂意藉著正直的信徒那具功效的熱切禱告，領受「指示」。

註釋

1. 敘事者以這個稱號來形容以利沙有二十九次之多（Davis 2005, 59）。
2. 這段經文的結構把以利沙所行的兩次有關食物的神蹟，置放於一個較大的交叉結構的中心位置，由此突出了先知供應食物的恩賜。參 Leithart and Jordan 1995。
3. 我在英國的有限經驗告訴我，這種與主流教會分離的趨向，在該處的新教徒中也同樣顯著。
4. 熱切性不應被忽略。在列王紀上十七章 20 節中，以利亞的禱告的修辭值得注意。寡婦的到來帶著對以利亞的指控，最終是對上帝的指控；當以利亞禱告時，他重複寡婦的指控：「耶和華——我的上帝啊，我寄居在這寡婦

的家裏，你就降禍與她，使她的兒子死了嗎？」以利亞沒有抑制自己，不流露他自己的愁苦和悲痛。他接受了寡婦的控訴，當作是自己的，並沒有以敬虔的態度把她的指控淡化。上帝並不需要我們保護祂免於承受我們的盛怒、狂怒和失望，彷彿這些是可以避過祂的目光的。聖徒會公開地表達他們的痛苦和挫敗。他們表達他們對罪和罪的影響的憤恨，以及他們因上帝還沒有著手矯正它而感到的沮喪絕望。「主啊，還要多久？」這是詩篇特有的一個禱告。

列王紀上十八 1～46

列王紀上十八章融合了出埃及記的兩個片段(Cohn 1982, 340～ 132
341)。一方面，這更新盟約的事件是和出埃及記二十至二十四章平行的(Roberts 2000, 636～638)。像摩西在西奈山一樣，以利亞用十二塊石頭造成一個祭壇(王上十八 30～32；出二十四 4)。在兩次事件裏都有獻祭和立約的筵席(王上十八 41；出二十四 9～11)。在兩次事件裏，耶和華都從火中顯示祂的榮耀，並且以色列人也都承認耶和華是他們的主和君王(王上十八 39；出二十四 7)。另一方面，是次更新盟約是在前約被破壞之後發生的，就這方面而論，它與出埃及記三十二章的事件相仿。當日，以色列在西奈山拜金牛犢，摩西要求耶和華的忠信子民把拜偶像者處死(出三十二 25～29)，就如以利亞吩咐以色列消滅巴力先知那樣(王上十八 40)。摩西毀滅了金牛犢以後，獨自登上西奈山，祈求上帝更新那已遭破壞的約(出三十三～三十四章)，而以利亞就到西奈山祈求上帝審判以色列(王上十九章)。「迦密山事件」把巴力先知從這地上消滅，潔淨了那地，並重新把亞哈的國度建立在崇拜耶和華的基

礎上（Roberts 2000）。

所羅門在獻殿禮上的禱告，其中一項祈求是與旱災的咒詛有關的（王上八 35～36）。在亞哈的日子，北國轉離耶和華，結果耶和華叫天閉塞三年之久，以致出現一次為時甚久的旱災。在「第三年」（十八 1），耶和華吩咐以利亞結束他在撒勒法流亡的日子，回到以色列地。以利亞既然回來，耶和華的話也帶著祝福的效力，回到以色列來。事實上，以利亞回來是為了叫主降下雨水。以利亞的回來，促使以色列在第三年「復活」過來，這預示了那個第三天，就是父上帝使真正的以色列從死裏復活的那一天。

然而，有些地方並不正常。所羅門的禱告是以以色列的悔
133 改為前提的：當「他們向這地方禱告，承認你的名，轉離他們的罪」——**那時**耶和華才要留心。但亞哈沒有悔改。不論亞哈在以利亞最初預言有旱災的時候所信的是甚麼，他也逐漸明白到，以利亞是有責任的，不過這種認識也不是很深入的。當以利亞跟亞哈碰頭的時候，亞哈便馬上指責以利亞，指他是「使以色列遭災的人」（עכר ישראל；王上十八 17）；以利亞簡單地把這個指控歸到亞哈的身上（十八 18）。此語最初是在征服迦南地期間使用的，當時亞干偷取了耶和華的聖物，就是從耶利哥取得的擄物，以致他成了那使以色列遭災的人(書六 18，七 25；代上二 7：עכר עוכר ישראל)。因為亞干的罪，以色列在與艾城的一場戰役中被打敗了，只有在處死了亞干之後，以色列才贏得勝利。使以色列遭災的人，因做了令耶和華不悅的事，把災害帶給以色列。不錯，以利亞引起了騷動，但使主的憤怒臨到以色列的卻是亞哈，而不是以利亞。儘管亞哈明白到，使旱災和隨之而來的饑荒出現的是主，他還是怪責以利亞（無形中怪責耶和華），而不是謙卑自己，轉離所拜的偶像。[1]

亞哈不但拜偶像，而且還迫害先知。耶洗別殺害耶和華的先知，迫得其餘的先知要躲起來（王上十八 4），由俄巴底照顧他們。

俄巴底是忠誠地敬拜耶和華的人，他保護耶和華的先知，並且供應食物給他們。以利亞最初遇見俄巴底的時候，俄巴底正在尋找水源——那又是給巴力諷刺性的一擊，因為巴力理應為拜他的人提供食水。就連俄巴底也比巴力有能力，因為俄巴底為耶和華的先知提供食水。雖然先知可能是躲在洞裏，並且在外邦人的領土上，但即使在那裏，耶和華也供應食物給他們。

俄巴底作為「皇宮的首長」，在以色列中擁有崇高的地位，他負責管理亞哈的皇宮、莊園和牲畜。以利亞和俄巴底（其名字 **עבדיהו** 的意思是「耶和華的僕人」）都是耶和華忠心的僕人，但他們的崗位和服事的模式卻迥然不同。以利亞是從宮廷之外和亞哈對質，而俄巴底則從宮廷之內竭力保全先知的性命，也因此保全了耶和華的話，即在履行他作為管家的職責的同時，卻顛覆了亞哈的官方政策。不是每一個忠誠的信徒都被呼召去作以利亞，很多人卻是被呼 134 召去在沒有忠信的環境下盡忠，一方面服事以利亞和耶和華，以他們為「主人」（王上十八7）；另一方面則服事亞哈，以他為「主人」（十八8）。[2] 俄巴底的崗位不但需要技巧，而且更是危險的。失職的牧人亞哈容許耶洗別剪除（**בהכרית איזבל את נביאי יהוה**）耶和華的先知（十八4），但卻不願意「剪除」他的牲畜（**ולוא נכרית מהבהמה**；十八5）。拜巴力的耶洗別願意容忍金牛犢和其他形式的偶像崇拜，就是不能容忍拜耶和華的人的那份偏執。

一切都加強了這個問題：不管怎麼說，以利亞為甚麼回來？耶和華與以色列之間的盟約怎麼了？耶和華是在打破自己的規矩嗎？祂是在漠視以色列的罪嗎？聖潔的上帝怎麼能夠在以色列不轉向祂的情況下轉向以色列（Van't Veer 1980, 154）？縱使有人詆毀說，以色列的上帝是嚴苛而容易衝動的，但北國的歷史卻多番顯示了祂是具有相反的性情的，祂縱容人幾乎到了不負責任的地步（參本書的導論部分）。從猶大來的神人宣布，將有一個名叫約西亞的大衛子孫，他要摧毀耶羅波安一世的神龕，那神龕導致以色列人犯罪；但約西亞並不是猶大的下一個王，也不是接下來的第二個或第三個王。我們看了一章又一章的聖經，像約拿那樣，等候著火從天上降下，燒盡伯特利，但火並沒有出現。在列王紀上十九章，耶和華告訴以利亞，亞哈家將要被哈薛、耶戶和以利沙所滅；以利沙在該章經文稍後的部分出現，但他沒有採取行動來制止偶像崇拜，而哈薛和耶戶則過了十多章經文之後才出現。當亞蘭人圍困撒馬利亞時（王上二十章），我們終於以為，耶和華有了一點進展，可是亞哈竟在兩場仗中獲勝。這個模式不只限於暗利王朝：瑪拿西決定了南國的命運（王下二十一 10～15），但在接下來的一代，約西亞卻領導猶大進行一次最重大的改革。從列王紀上八章看來，暗利王朝的歷史以特殊的力量突出了主對罪惡的容忍。對於聖經來說，問題不是現代人所問的：我們怎麼能夠使我們所信的全能的上帝，相符合於我們對罪惡的經驗？問題倒是：為甚麼耶和華對惡人流露出那麼多的仁慈？

正如莫特曼（Jürgen Moltmann）所提出那所謂「抗議的無神論」（protest atheism），惡的問題通常被說成是在有神論（theism）——特別是聖經的有神論的場景之下——之內的一種矛盾（Moltmann 1974, 221）。惡事發生了，上帝不是「良善但無力阻止邪惡」，就是「全能但卻是邪惡的」，因此惡事多少表現了祂性情的一面。自從奧古斯丁（Augustine）駁斥摩尼教徒（Manichees）以來，對這個困境的回答，就是強調惡的否定性（negativity）。據米爾班克（John Milbank）所言，惡沒有「存有論的價值」（ontological purchase），而全然是一種對存有的否定，以及是一種良善的匱乏（Milbank 1990b, 432）。可是，至少在某些說法裏，「惡是不存在的」這個結
135 論，卻被擠壓成一種二元論；要使這二元論符合聖經對上帝的絕對主權的主張，乃是十分困難的。

從聖經看來，自然的惡的存在離不開罪的實在，以及「上帝是全地的審判官」這個事實。正如阿奎那（Thomas Aquinas）所主張的，當上帝使各樣的天災發生，祂不是在行惡，因為祂是在刑罰罪惡。有人提出異議，認為這樣的刑罰是與善相違背的，因為在施行刑罰的時候，上帝是對被刑罰之人撤消了某些善（例如健康、幸福、財富）；阿奎那給這異議作回應：「刑罰的確是與某一種善相違背」，但移除某些善的這個做法，乃是和上帝作為至高的善的性情一致的，因為「增加別的——有時候是更好的——善，就會減去某些善」。故此，一種較高的善可以取代某種善。阿奎那以「上帝所確立的公義秩序」這較高的善作為例子，說這可會「減去某種善以作為刑罰」（Aquinas 2003, 141～148）。儘管他並沒有對此加以發揮，但這使得阿奎那能以回答那有關地獄和永恆的刑罰的問題；地獄的事，是上帝以一種善取代另一種善，而不是上帝以一種惡取代了善。在這個例子裏的善，乃是神聖的公義的善；神聖的公義這種善，勝過了某個罪人的幸福。

當我們思想到道德上的惡時——不道德的惡怎能與上帝的良善共存？——惡的問題較常以本於聖經的陳述，被說成是一個關乎「先在恩典」（prevenient grace）的問題。「先在恩典」這個概念也是源自奧古斯丁，它強調上帝的恩典和工作總是先於（*prevenire*）人的回應。聖經假設了上帝的存在，祂是至高和全然公義的審判官。如果不公義存在，那不應當被當成是「上帝並不存在」的證據；反倒是，不公義的存在正激發人為成就公義而發出哀求和禱告。從這個角度看，表面看來是「惡的問題」，其實是在問上帝，為甚麼祂向那些沒有表現悔意的人顯示其憐憫；為甚麼上帝保全那些罪惡昭彰的人；為甚麼上帝讓他們亨通。當惡的問題被放在這個語境內，我們就會發現，有很多聖經的經文是直接回應這個問題的（詩三十七篇，七十三篇）。列王紀重複地強調了耶和華的忍耐，這正是在這個問題上最重要的聖經篇章之一。

當亞哈來到，以利亞提議在位於以色列北部向地中海一邊的迦密山舉行一場決戰，整個比試由以利亞主持，而亞哈則依從以利亞的每一個指示（王上十八 19～20）。亞哈自從把以利亞叫做「使以色列遭災的人」以後，就再沒有出現，直到十八章 41 節；而且自十八章 17 節起，亞哈就再沒有發言。亞哈就像他的神巴力那樣，沉寂無聲。巴力先知也是一樣，柔順地、甚至滑稽地依從以利亞的吩咐（Walsh 1996, 249）。他吩咐他們要挑選一隻牛，預備好了，然後求告巴力的名，他們照做了（十八 25～26）；就是在以利亞用嘲弄的口吻教他們要大聲點呼求的時候，他們也依從他的吩咐（十八 27～28）。他們整天不斷進行滑稽的動作，但是巴力的日子差不多要完結了；到了黃昏，新的一天開始了，耶和華的日子來到了。

136 耶和華顯示祂的憐憫，證明祂是上帝。這是先知書中一個常見的主題，先知們聲稱耶和華為自己的名寬恕以色列，使之復興，把其領回這地。悔改是一份上帝的恩賜，倘若上帝賜下悔改的恩賜，那是因為祂已經決定向祂的百姓施憐憫。當以色列背叛祂的時候，耶和華還是沒有消滅以色列，在解釋這一點上，耶和華通過以西結說：「我這樣行是為我名的緣故，免得我的名在他們所住的列國人眼前被褻瀆，我領他們出埃及地，在這列國人的眼前將自己向他們顯現。」（結二十 9；編按：經文乃按英文原書翻譯；比較二十 14、22）以色列之所以繼續存在，最終並不是在於以色列的誠信，而是在於耶和華的誠信。祂在列國人眼前展示祂的榮耀、祂名字的榮耀；祂為自己的名的緣故，一而再地拯救以色列，把更新和復活帶給以色列。正如以利亞所承認的，耶和華「使人心回轉」（王上十八 37）。除非耶和華先轉向以色列，不然的話，以色列就無法轉向耶和華。當以色列開始向耶路撒冷禱告，承認他們的罪並離開罪惡的時候，他們便會曉得，上帝總是先在那裏。

以利亞吩咐眾民要「到他那裏」(王上十八30),他邀請他們和他一起敬拜耶和華(Walsh 1996, 250)。祭壇代表以色列,是用十二塊石頭築成的(十八31),它代表以色列是一座水源充足的山,一塊流奶與蜜之地,從上降下的十二瓶水把它濕透了(十八33～34)。從天上降下來的火,象徵著對以色列所施行的審判;這審判耗光了所有的水,正如旱災耗光了所有的水(Jordan 1988a, 235～236)。是次事件也叫人聯想到其他事件;在其他事件裏,耶和華從祂面前發出火來,啟動了崇拜(利九22～29;代上二十一26～27;代下七1)。迦密山不只是耶和華得勝之地,耶和華更把它稱為祂的「殿」,是敬拜祂的地方。眾民俯伏敬拜耶和華(王上十八39),又殺死假先知,更新其自身的心志,即再次立志跟隨耶和華,以祂為以色列的上帝。耶和華的火是降在祭壇上而非降在眾民身上,因此耶和華的審判是落在一個具替代性的以色列之上,這是為要拯救以色列本身。審判總是祝福——再次降雨露——的前奏:在火從天上降下之後,主送來雨水。以利亞一度祈求旱災的來臨,現在他蹲伏彎身,懇切祈求旱災的結束(十八42)。以利沙後來「蹲伏」(相同的希伯來動詞)在一個男孩身上,使他從死裏復活(王下四34),而以利亞就伏在地上,如同要使這地從死裏復活過來一樣(王上十七21)。

以利亞「奔在亞哈前頭」,直到耶斯列(王上十八46)。在王面前奔走的人是個先鋒,又是王的僕人;以利亞回到耶斯列去宣布,耶和華的祝福已回到這地來,並宣告王要回到他其中一個主要的城鎮來。他「在亞哈面前」(before Ahab)的意思是,就他是「在耶和華面前」而言的(十七1),他是王的僕人。可是從另一種意義說,以利亞是在王「之前」(in front of),是為王領路的。在迦密山上所進行的約的更新,恢復了王和先知的正確次序,即王跟隨神人而
行(Cohn 1982, 341)。以色列的復興要求亞哈領受耶和華的話,在 137

以利亞的指導下施行管治，並且讓以利亞在他面前侍立，作為他的首席顧問和先知。在本章經文的結尾，那似乎是一個繼續存在的可能，因以利亞「奔在亞哈的前頭」，直往耶斯列城去。

正如羅伯茨（Kathryn Roberts；Roberts 2000；參 Walsh 1996, 285～286）所指出的，以利亞指示亞哈上迦密山頂「吃喝」（王上十八 41），乃是盟約更新的高潮，這吃喝相當於昔日在西奈山上立約的時候，長老們在山上所享用的筵席（出二十四 9～11）。可以想像，亞哈不大想要吃東西，因為那些先知的屍體正在把基順河變成血，但以利亞吩咐他要到迦密山頂去吃喝；這依從以利亞每一個吩咐的亞哈，無聲地，也許是冷冷地順從了。在本章經文的中心部分，乃是俄巴底與耶洗別的對比：耶洗別殺害耶和華的先知，要剪除他們，而俄巴底就救了他們，把他們藏在洞裏。耶洗別在她席上供養四百個事奉亞舍拉的先知，而俄巴底就忠心地為那些藏在洞裏的先知供應餅和水。但是現在，王自己坐在由先知擺設的筵席上，統治著一羣承認「耶和華是上帝」的子民。耶和華那未經邀請的介入（他介入暗利王朝）似乎正在發揮作用：以色列回復了與主的盟約關係。

到最後，耶和華與亞哈的盟約更新胎死腹中，但耶和華在第三年所顯出的憐憫，指向祂在耶穌身上更清晰地展示的公義和憐憫。在迦密山上，耶和華彰顯祂名字的榮耀，祂從天上降下火來，摧毀那代表著以色列的祭壇，證明祂自己是在巴力之上的。當時候滿足，以色列再次離開耶和華，偏行己路，歪曲並曲解祂美好的律法以符合他們的傳統的時候，上帝便會再次介入——就在以色列回轉之前。

迦密山預示了另一座山，即在耶路撒冷城外的一座山，在那裏，上帝審判之火降在一個具替代性的以色列身上，上帝的祭壇耶穌為拯救祂的百姓被釘在十字架上。在迦密山上，在第三年，耶和華送來雨水使大地更新；而在耶路撒冷，在第三天，祂使耶穌從死裏復活過來，更新了世界。在迦密山上，緊接著上帝的審判而來的是雨水；在耶路撒冷，在十字架上經歷火的洗禮的那一位升到天上，以聖靈來為他的門徒施洗，把聖靈傾倒下來如同降雨。祂做這一切，為的是要在此時此刻展示祂的公義，使列國的神明羞愧，向列國說明：祂是獨一的主，再無其他。

註釋

1. 在聖經各處，上帝的敵人指責義人是帶來麻煩者。當亞伯拉罕在埃及的時候，法老指責他行了惡事（創十二章），而拉班則指責雅各（創三十一章）。以色列人指責摩西激怒法老（出五 20～21），而耶穌就被看成是「給以色列帶來麻煩的人」，引領人民走差路。指責義人是撒但最喜歡玩的把戲之一，撒但的名字意思是「控訴者」。以利亞沒有因指控而畏懼，他也沒以虛假的謙遜態度來回應：「亞哈，你說的有道理，我們兩個都有部分責任。」他只是把指控反過來指向亞哈，即拒絕考慮亞哈的控訴。當然，每個人都犯罪，當指責來到的時候，基督徒一定要快快地聽，然而經常的情況是，表面上看來是來自天使的責備，其實是來自撒但的指控，其用意是叫我們虛耗精力在罪疚之中，因而變得無能。我們必須抵擋它——從福音所帶給我們的有利位置去抵擋它：誰能控告上帝所揀選的人呢？有上帝稱他們為義了。把我們定罪的是誰呢？那控告信徒的已經被摔下來，凡在基督裏的都用不著懼怕那控訴者的控訴。我們把自己交託給那按公義審判的上帝，上帝會為那些信靠祂的人辯護，並且能夠抵擋那些從福音的仇敵而來的，以無罪為有罪的行動。
2. 這不是說俄巴底在處理他的崗位上無懈可擊。雖然他很忠心，但在宣布以利亞已經來到一事上，他卻懷著恐懼。以利亞迫使俄巴底更公開地表明他的立場，正如他後來帶領全體以色列人停止「心持兩意」的心態（王上十八 21）。

列王紀上十九 1～21

耶和華在迦密山上勝過了巴力，贏了決定性的一仗。一度向金牛犢屈身並親吻巴力的人民，俯伏在地以宣告：「耶和華是上帝！耶和華是上帝！」耶和華的勝利是那麼突出，甚至民眾願意順從以利亞的吩咐，把巴力的眾先知殺了，沒有一個巴力先知能從迦密山活著回來。當大雨來臨時，以利亞奔在亞哈的前頭趕往耶斯列，宣布雨水再臨，並且他們的王也回來了。看來可能的是，亞哈會遵從以利亞的吩咐，以以利亞為他的首席先知，並且以利亞將會因其重要的位置，而能塑造以色列的未來。盟約已被更新，以色列現已返回正確的軌道上。

事情可不是這樣。智慧不能拯救以色列免於分裂，這盟約的更新也不能拯救亞哈王朝，使其免遭災難。亞哈回到家裏，把以利亞所作的一切告訴了耶洗別。以利亞的戰績是全面的，正如列王紀上十九章1節重複使用「一切」這個字所顯示的。亞哈把一切事情歸咎於以利亞，包括了巴力的落敗、巴力先知被殺的事情。亞哈的報告，也許是出於故意的，他惹動了耶洗別對以利亞的怒氣。說到底，耶洗別才是亞哈宮中建構反耶和華政策的主要策劃人，而剪除耶和華先知的構想也是出於她的（王上十八4）。亞哈順從以利亞在迦密山上的每一個吩咐：召集先知、預備決鬥的場景、在山上吃喝、在暴雨來臨之前返回耶斯列。可是耶洗別呢，她即時果斷地派人警告以利亞，說她有意使他像在基順河被殺的巴力先知那樣，遭遇同樣的結局。

就在以利亞享受著片刻的成功之時，他的敵人便挑起一場爭鬥。這不是最後一次。正當一位真先知在以色列冒起之時，正當許多人猜想，耶穌就是**那個**先知的時候，猶太人領袖就和羅馬人商量，要把耶穌釘十字架：我們還以為這位耶穌會為以色列帶來救贖
（路二十四21）。正當福音在外邦人之中傳開之時，猶太化的異端 139
分子就興起，使保羅不得不分心。為甚麼教會的敵人偏要在事情有所進展之時挑起爭鬥？

答案是，挑起爭鬥的**不是**他們（Van't Veer 1980, 320），而是教會。耶穌來，不是要帶來和平，而是刀劍，使弟兄與弟兄相爭、母親與女兒相爭、父親與兒子相爭。教會追隨其主人的模範，同樣到處引起了世界的敵意、憎恨和怨恨。這不是因為教會的事奉有瑕疵所產生的結果，而是恰好相反。當教會忠於它的主，它就會宣告：這世界要受審判（約十二31）、全人類都是敗壞和混亂的（羅一18～32）、這世界的王將要被推翻。我們不需要尼采（Friedrich Nietzsche）來告訴我們，我們是由謊言和暴力所支配，所懷的動機是出於驕傲、嫉妒、私慾、憤怒和復仇的心；我們不需要傅柯（Michel Foucault；譯按：法國哲學家）來教導我們，世界在高處的黑暗權勢、統權天使和邪惡的統治之下凋萎。我們傳揚基督被釘十架，而耶穌說，因祂的死，世界已被裁決了。我們有聖靈；聖靈是為罪、為義、為審判而賜下的（約十六1～11）。福音本身已蘊含著對這個世界的定罪，在我們傳講這樣的一個福音時，我們難免

引起爭鬥。

馬吉安（Marcion）和大批追隨他的現代門生教導說，定罪是舊約聖經的特徵，在新約聖經裏，定罪則讓路給肯定和接納。但現實卻幾乎是相反的；正如范特．維爾（M. B. Van't Veer）所指出的，舊約是以有限制的戰爭為特徵：

> 我們可以說，〔在舊約裏〕主在迦南的疆界之內攻擊黑暗的權勢、撒但在地上的王國。安息之地也是爭戰之地，在這片土地上，主的國度與撒但的權勢爭戰。在那裏兩雄相遇，因彼此之間完全相反而產生激烈的毆鬥。在那裏光顯露出來，要打倒黑暗。萬軍之主的戰車被調動，排列整齊，要攻擊那惡者的軍隊。女人的後裔跟蛇的後裔相爭，等候著並努力向那完全啟示的時刻邁進；那時候，這場戰爭要越過「應許地」的邊界，因大體的勝利擴大至地極。（Van't Veer 1980, 341）

當以利亞遷往撒勒法的時候，他沒有繼續與巴力爭戰：「我們不應該說，以利亞在這點上錯了，他只是照著舊約裏上帝所安排的而行動；在舊約裏，女人的後裔和蛇的後裔之間的爭鬥，乃是在迦南地的邊界之內持續進行的。」但是，到了五旬節之後，「教會的爭戰進入了一個新階段。保羅不能做逃兵，或者把某個地區稱為是中立的，或認為部分領土已經完全失去，落在敵人的控制之下。無論他到哪裏去，他亦不得不發動戰爭」（Van't Veer 1980, 349）。耶洗別的行動也非在意料之外，其實她的行動也不是真正的行動
140 （actions），而是反應（reactions）。以利亞是侵略者，而教會也是一樣——如果我們沒忘記我們的身分的話。教會確實意圖對不信、不公義和邪惡的世界構成危害。我們意圖拋棄每一個空虛的想

像，以及每一個高抬其自身、反對基督的思想(林後十 1～5)，以傳揚福音，直至萬膝跪下及萬口承認耶穌是基督為止。

范特．維爾的見解為賴特(N. T. Wright)的主張增添了色彩和深度。賴特主張，在舊約的秩序底下，上帝收集以色列的罪和不潔，並把它們集中起來，通過這個聖潔的民族，使之集中在彌賽亞身上，好把它們帶走(Wright 1993, 151～153)。韋爾並刻劃出以色列的特殊性(specialness)的弔詭性質：以色列是耶和華寵愛的對象，在萬民之上，但正是為了這個原因，耶和華與以色列的罪和悖逆誓不兩立；這誓不兩立只是針對以色列的罪和悖逆，祂對整體人類的悖逆和罪，卻不是抱著這樣的誓不兩立的態度。聖潔帶來權利，也帶來危機。以色列經常看來比其他民族差勁，比萬族要硬頸和執迷不悟，可是那只是扭曲了的圖畫。耶和華揀選了以色列，為要向因罪、死和撒但而有的死亡宣戰，而在祂戰勝了以後，祂又使以色列從死裏復活過來。

以利亞希望他的職事會使亞哈家和以色列歸向耶和華，但他看見自己這希望成為泡影。他離開本地，向南方進發，先到別是巴，然後來到西奈。經常有人說，以利亞是因為害怕而逃避耶洗別，有些譯本乾脆說「他害怕，就起來逃命」(王上十九 3；編按：經文乃按英文原書翻譯)。很多傳道人認為這段經文是個帶來安慰的故事，這故事強調以利亞在人性方面的瑕疵和軟弱——他害怕耶洗別，於是逃離本地，發牢騷和怨言——甚至更進一步，誇大他作為先知所有的孤獨感。

戴爾．戴維斯(Dale Ralph Davis)對這樣的詮釋路線提出幾點質疑，其論點活潑有力且具說服力(Davis 2002, chap. 24)。列王紀上十九章 3 節沒有說以利亞「害怕」，而是說他「看見」(וירא)，而被譯作「逃命」的希伯來字，只是用來表達「去」或「行走」(וילך)的意思。先知是「耶和華的眼睛」，在地上「走來走去」搜集「證據」，好呈報給耶和華（亞四 10）。在聖經裏，眼睛是用來辨別和判斷的器官（創一章；詩十一篇）。以利亞作為先知，他看見耶洗別的計劃並且認識到，真正掌管著王室政策的是耶洗別而非亞哈。就如在列王紀上十七章，以利亞的退避是對以色列的審判。再說，別是巴位於猶大的南端，而西奈還要遠些，距別是巴二百英里。以利亞的行動並不表示逃命，而是為到達某個目的地的一趟旅程，這趟旅程就是回到耶和華起初和以色列立約的山上。

與此同時，我們不應該淡化以利亞的沮喪和挫敗感。在迦密山上，他對巴力先知宣告說：「作耶和華先知的只剩下我一個人」（王上十八 22）。當火從天上降下之後，似乎情況不再是這樣了，以利亞看來是贏得了人心，以色列的大部分人都站在他這邊，但現在，他看見情況還是與以前一樣。在西奈山上，他兩次說：「只剩下我一個人」（十九 10、14）。表面看來，以利亞從一個先知擴大到一羣民眾；但以利亞認識到，他現在還是一個人。以利亞求死，但這
141 不是簡單的絕望而已。他認識到，在呼籲以色列返回與耶和華所立的約的這一點上，他沒有在他以前的眾先知那麼成功。以色列的復興是不會發生的，至少不會如以利亞所期望的那樣子發生。作為一個先知，以利亞不得不對以色列提出指控。就像約拿，他是萬分不願意這樣做的；他像約拿，他情願死，也不願意跟以色列作對。他為他的同胞以色列人「大有憂愁，心裏時常傷痛」（羅九 1～5）。他是個摩西，切望為以色列的緣故死去（保羅也是一樣）。在曠野的羅騰樹下，他的精神恢復過來。他躺下（象徵死亡），但天使喚他起來，給他食物（象徵復活）。以利亞喝了水，吃了「炭火」（עגת רצפים）燒的餅以後，精神便恢復過來（王上十九 6；比較賽六 6），[1] 他就繼續往西奈這目的地進發。在羅騰樹下，他一度想放棄的先知呼召又重新被肯定了（Nelson 1987, 123）。[2]

以利亞再次在以色列的歷史上往前走。經過與像法老的亞哈和

他「宮中的術士」——巴力先知——交手後，他藉著使亞哈所信的神明降卑，贏了漂亮的一仗。在耶洗別的恐嚇之下，他離開本地，在他往西奈的路途上，在曠野裏得到了奇妙的食物供應。在他早前往曠野的一程中，他接受了先知的訓練，就如摩西在出埃及之前也在曠野受了訓練一樣。在迦密山一役之後，以利亞代表以色列回到起初耶和華和以色列立約的地方，向耶和華報告以色列違約的事。

當以利亞來到西奈山的時候，耶和華要求他「說明來意」（מה־לך פה אליהו；王上十九9）。以利亞到西奈山來，不是為了宣洩，而是為了行使先知的權利。以色列的眾先知實質上是耶和華議會的成員，他們是審判天地的審判官的「法庭的官員」。根據耶利米所言，假先知不曾「站在耶和華的會中，/得以聽見並會悟他的話」；但「他們若是站在我的會中，/就必使我的百姓聽我的話，/又使他們回頭離開惡道/和他們所行的惡。」（耶二十三18、22；參 Heschel 1955, 1.21～22）眾先知站在耶和華的會中，好聆聽所發出的裁決，並替人民辯護。以利亞深信，事情已到了無可挽救的地步，他提出證據控訴以色列民。耶和華吩咐他要承擔先知的崗位和角色，要「站在耶和華面前」（ועמדת בהר לפני יהוה；王上十九11）。耶和華咆哮著向他奔來，伴隨著的有風、有地震、有火和聲音——這一切在聖經裏都是與耶和華的來臨有關的（撒下
二十二11；詩十一6，一○四3；賽二十九6）——可是，列王紀上 142
十九章則強調，耶和華與祂的話語的關係，較之與其他任何現象的關係更為基本。[3]

以利亞堅稱，他是為耶和華大發熱心（קנא קנאתי；王上十九14），就如耶和華為以色列大發熱心那樣。但是，以色列背棄了耶和華的約、耶和華的祭壇和耶和華的先知。以利亞不像摩西——摩西也曾在西奈山上看見耶和華的榮耀，用帕子遮臉（出三十三17～三十四9，三十四29～35；比較王上十九13）——以利亞沒

有為以色列代求，反而正式指控以色列（王上十九10、14）。以利亞說得對，當以色列轉向金牛犢和巴力時，它是背棄了耶和華的約；以色列拆毀耶和華的祭壇，包括拆毀在迦密山上以利亞曾經修復好了的那個祭壇；以色列在耶洗別的慫恿之下殺害耶和華的先知。雖然剩下的還有其他的先知，他們都躲在洞裏，但以利亞卻是惟一一個積極反對亞哈和耶洗別的先知。以利亞沒有誇大他的孤立無援或誇大以色列的處境。儘管有解經家不贊同以利亞對以色列的狀況所作的評估，耶和華卻是贊同的。這是以利亞沒有「輸掉」的最有力的證明：耶和華沒有責備以利亞，指他失去信心，反而贊同以利亞的指控，並給他三項任務，好推翻亞哈家的統治（Davis 2002, 266）：以利亞需要膏立哈薛（外邦人）和耶戶（以色列人）作為耶和華的刀，並膏立以利沙作先知。

這事件與出埃及記三十三至三十四章裏的摩西有相類似之處，這突顯了這事件的另一個層面。摩西在先前的約遭破壞（以摔碎了的法版為象徵）之後對上帝說話，他游說耶和華展示祂的憐憫並更新這約。耶和華照做了；祂給以色列一套新的法版，並答應陪同以色列進入應許地。作為一個新的摩西，以利亞也是一個新盟約的中間人。耶和華不再打算把亞哈家從邊緣召回，而意圖拆毀亞哈家，像祂拆毀耶羅波安一世和巴沙的家那樣。亞哈家在迦密山上本來有復興的機會，但是當耶洗別反過來要攻擊以利亞的時候，這機會就失去了。現在，以色列的復興要先從以色列之內的羣體開始，不是以君王或聖殿為中心，而是以先知為中心。不過，雖然耶和華把特別的注意力給予以色列中的以色列，可祂仍是全以色列的上帝，仍向以色列展示祂的憐憫並施行判斷。

同樣，耶穌來了，治病趕鬼、平靜風浪，行了許多奇事，但這些奇事對一世紀的以色列來說，並沒有產生多大的功效。希律和彼拉多都沒有被說服，而且，被眾多明顯證據包圍著的法利賽人，他們也提出要求神蹟。耶穌說，惟一的神蹟就是約拿的神蹟，即一個表示死而復活的神蹟，也是一個記述先知離開本地到外邦人之地去的神蹟。神蹟也沒有使亞哈和耶洗別敬服，而所給他們的神蹟是一個死而復活的神蹟，就是發生在以利亞身上、在曠野的羅騰樹下象徵性的死而復活 143
的神蹟。但是，在審判之中，主還是沒有忘記祂的百姓。

以利亞先呼召以利沙，就如摩西指派約書亞作為他的繼承人那樣。以利亞呼召以利沙的時候，以利沙正在耕地，在他前頭有十二對牛，自己趕著第十二對。這圖畫表示了他後來與以色列「同負一軛」，並「引導」他們。作為耕地人，以利沙預備土地，好用來栽種新以色列的種子。從他在以色列歷史上的位置可見，他是一個把犁打成刀的耕地人。以利沙的確有回到父母那裏，但他也接受了先知的呼召，因為他把軛燒了（Provan 1995, 149～150）。他成了以利亞的學徒，學像他的師傅。以利亞「經過」以利沙那裏，就如耶和華在西奈山上從以利亞面前經過那樣（王上十九11），把代表先知職分的外衣，搭在以利沙身上。這以先知的外衣進行的授職儀式（這外衣是以利亞站在耶和華面前履行先知職分時穿的），也就是膏立以利沙的儀式。這外衣是以利亞聽見耶和華要拔出三把刀來攻擊以色列的時候，穿在以利亞身上的；現在，這外衣被放在以利沙身上，他將要佩戴——將要**作為**——其中的一把刀。

保羅在羅馬書十一章2至4節中，引述了列王紀上十九章。羅馬書的經文是針對以色列的歷史中上帝的義的問題：如果上帝信守祂的諾言（保羅堅稱上帝是這樣的），那為甚麼領受承諾的以色列，並沒有經驗到諾言的實現呢？在回答這個問題之時，保羅先說到自己的經驗：他是亞伯拉罕的子孫、屬於便雅憫支派，是耶穌的追隨者，因此有分於享用約的成就。在這個語境下，其中所引用的列王紀上十九章的表面意思是很明顯的：一如在以利亞的時代，主保守了部分以色列人向祂盡忠（當時大部分以色列人都跟從了巴力），在保羅的時代，儘管以色列中有很多人拒絕耶穌，主也呼召了亞伯拉罕的若干後裔。在兩個情況下，都有一個被更新過來的羣體，聚集在一個行奇事的先知的周圍。

但是，兩個情況之間還有另一個層次的關係。以利亞說耶和華的先知只得他一個，可是耶和華承諾要興起三把「刀」來攻擊以色列，以及保留七千個從未向巴力屈膝的人。在保羅的時代，以色列面對著相似的未來：隱約出現的審判正威脅著聖殿，耶穌詳細地預告了羅馬人將要攻打耶路撒冷的事實（太二十四章；可十三章；路二十一章；參 Wright 1996a, chap. 8）。正如耶戶要來摧毀亞哈家以及在撒馬利亞的巴力廟一樣，羅馬人也要來摧毀以色列，把耶路撒冷的聖殿推倒。在這個危機之下，保羅從舊約聖經的先例知道，主必要從舊日的廢墟中興起一羣新的子民，一批餘民，祂要從死亡裏興起一個新的以色列。

保羅在別的經文裏，用以利亞的故事來描述自己。他往阿拉伯的神祕旅程（加一 17），提示了他是跟隨以利亞的路線的（Wright 1996c）。阿拉伯是西奈山所在之地（四 25），因此，保羅往阿拉伯的一程，也可能是一次往西奈山的路程。同樣地，保羅信主以後的旅程 —— 以色列到阿拉伯到大馬士革 —— 重複了以利亞在列王紀上十九章的旅行路線。保羅看出，他的職事和以利亞的相似性，因以利亞是第一個轉向外邦人的先知。保羅為以色列欠缺信心而感到
144 痛心（羅九 1～2），他甚至想望自己可以為同胞而死（九 3～4），這反映了以利亞的體會：以利亞為以色列在迦密山事件以後還是不肯悔改而感到痛心。以利亞和保羅二人，他們都是藉著對外邦人的服事，保全或激發著在以色列之內的信心，而不是排外地只服事以色列人。以利亞到撒勒法去，預表福音進到外邦人中間，正如耶穌所言（路四章），保羅把他向外邦人履行的使命，看作是對猶太人的一種刺激，惹起他們的妒忌（羅十一 13～14）。

如果保羅確實是通過以利亞的故事去理解自己的職事的話（正如他有時候也會通過摩西的故事來如此做；林後三章），那麼他在羅馬書十一章的議論，其條理就很明顯了：保羅重演了以利亞的故事，而在暗利時代那少數忠於耶和華的人，就相當於保羅時代那些信主的猶太人。而且，在兩個情況裏，孤獨的先知/使徒，都是上帝為保全信仰所用的工具，好叫猶太餘民能經過審判而得救。保羅對餘民的概念如上所述（參列王紀上十七章 1 至 24 節的註釋）：藉著孤獨的先知耶穌和孤獨的使徒，代表著「全以色列」的餘民，將要通過對耶路撒冷聖殿的最後審判而得救。

保羅的看法和舊約中的餘民神學完全一致，他乃強調一點：保全部分的以色列人，完全是出於上帝的憐憫。他想強調羅馬書十一章 4 節的「我留下」，那強調了上帝在保全以色列上的主動性。如果有餘民存在的話，那不是因為若干猶太人能夠對律法有足夠的忠誠，因而賺得上帝的恩寵；餘民是「照著揀選的恩典」而有的，餘民之得以保全，完全是出於上帝的憐憫。以色列**全體**都是該死的，但主會留下一部分作為日後復興的對象，並將之納入一個新的以色列之中，在其中不分猶太人或希臘人。

註釋

1. 這兩段經文是聖經中惟一提到「炭火」的地方。
2. 為甚麼這發生了兩次？也許，身為以色列的代表，以利亞從地上被喚醒是為了進食，正如以色列在迦密山的遭遇一樣。這一幕顯示了以色列將有第二次的復活，像以利亞有第二次的復活那樣。以色列在經歷一次還要更嚴厲的審判之後，以色列的餘民將要得救。
3. 耶和華的顯現伴隨著風、火、地震，這預示了耶和華將要對以色列採取的行動。祂將要搖動以色列，使之傾倒，但在此之後，祂會柔聲地向祂的百姓說話，像一個丈夫哄誘背道的新婦那樣（何二 14～20）。

列王紀上二十 1～43

145 尼采（Friedrich Nietzsche）在《敵基督》（*The Anti-Christ*）的中間部分取笑雷南（Ernst Renan）筆下的耶穌生平，因雷南試圖要說服世界相信，耶穌是個「英雄」。[1] 尼采說，再沒有甚麼比英雄主義更非福音性的了，因為「假如說有甚麼是非福音性的話，那就是英雄的概念。一切的角力，一切感覺自己是在鬥爭裏的感覺，在這裏剛好相反都變成了本能：無抵抗能力在這裏成了道德律（「不與惡人作對！」這福音書中最意義深長的話，從某種意義上說是福音書的關鍵），在和平之中，在溫柔之中，在不**能夠**作為敵人之中蒙福」（Nietzsche 1982, 600～601；粗體為原文的強調）。

雖然根據尼采的意思，那是對基督教的攻擊，但很多基督徒都贊同並認為，基督教的重要德性之一，就是奪去一個人成為仇敵的能力。自由神學（liberal theology）意味著很多事情，但它其中一個重要的主題，就是拒絕敵意（enmity），特別是否認上帝有仇敵。在這一點上，保守的福音派與自由主義者之間往往有不少一致的地方；再沒有其他地方，比在聖詩裏更能顯明這一點的了，聖詩往往是量度神學和敬虔的重要氣壓計。在十九世紀的復興詩歌孕育下長大的人，對他們來說，詩篇最令人感意外之處，就是仇敵的明顯出現，以及詩人對其所採取的好戰反應。對於許多基督徒來說，尼采的描述的確是不差的。

現代性的宏大企劃之一，就是把「敵意」這一項從社會學和政治學的理論中抹去。施密特（Carl Schmitt）主張，仇恨對政治來說是不可或缺的，自由主義（liberalism）把敵人變成僅僅是「競爭對手」或「對話者」的嘗試，乃是錯誤的（Hollerich 2004; Meier 1998）。社會學和人類學把敵人重新想像為「外人」或「陌生人」，是「圈外人」的一員，而後現代哲學就偏好使用「他者」一語。在
中東每個重要城市開設一間麥當奴餐廳，恐怖主義就會淹沒在「開 146
心樂園餐」的巨浪下。當崇尚自由的現代性不只是無視仇敵的存在時，它更否認了敵意的存在，這種敵意即不能被慫恿、被投票選出、被説服、或被帶著笑臉的強制而成為盟友的。説來奇怪，那盼望有一個沒有敵人的世界的，不單有那些講説抽象理論的專家，也有那些在經歷「九一一」襲擊、馬德里和倫敦大爆炸之後，以及在中東各處經歷連續不斷的恐怖事件的政治家（Kagan 2004）。

某程度來説，這樣在理論上和在實際上把敵對撤除，是福音的產物，又是我們所稱之為基督教國家（Christendom）的福音的文化，因為基督教國家的基礎，就是把自古以來的敵對狀況消除。然而，敵對是存在的，要基督徒無視這個現實根本是不行的。把仇敵從聖經的故事中剔除，你就會剔除聖經故事的大部分。肯定地説，你會把聖經故事的開頭幾章刪除掉。就在耶和華把亞當安置在園子裏，並賜他一個新娘的那一刻，敵對的條件已經準備好，馬上就有一個仇敵等在門口——**那個**仇敵——引誘人，試探人，吐出威嚇的話。在人類墮落**之前**，敵對的情況已經存在；從某個角度看，亞當的罪是他不能把仇敵認出來，又或，更準確地説，乃是他拒絕**身**

為一個仇敵。[2]

亞哈統治後期的事件，就以特殊的力度帶出了這些議題。列王紀上的最後三章結束了以利亞的故事，並且記錄了一系列的事件，當中集中寫亞哈的罪。在他對外邦人的政策上（王上二十章），在他對待他的一個臣民上（王上二十一章），最後在他回應耶和華先知的話語上（王上二十二章），亞哈都犯了罪。亞哈的三宗罪跟掃羅的罪平行（撒上十三～十五章），不過在次序上則有所逆轉（Leithart 2003d）。當非利士人聚集他們的軍隊要攻打以色列的時候，撒母耳吩咐掃羅要在吉甲等他，但他變得不耐煩，在撒母耳來到之前就獻祭。當戰爭終於開始，掃羅吩咐士兵們不准進食；當他發現他的兒子約拿單在打仗時吃了蜂蜜，就下令要把他處死。最後，掃羅饒了亞甲一命；亞甲是亞瑪力人的王，主曾吩咐掃羅要把他殺死。掃羅對亞甲的寬厚仁慈，在亞哈慷慨地對待便哈達時便重複了；掃羅對約拿單的威嚇則在亞哈謀殺拿伯一事上找著平行；而掃羅不耐煩地私自獻祭一事，就跟亞哈拒絕聽從主的先知米該雅的話相似。

147 要看見這連串事件的全貌，我們需要回頭追溯更遠的歷史，回到創世記的開頭幾章去。創世記一至六章記錄了三次墮落：（1）亞當在園子裏的分別善惡樹下犯了罪，被逐出園子；（2）該隱因為殺了他的兄弟亞伯犯了罪，被逐出本地；（3）上帝的兒子因為與人類的女子通婚犯了罪，結果耶和華以洪水毀滅整個大地。創世記一至六章記錄了在「聖所—園子」裏的墮落，是犯罪得罪上帝的結果；又記錄了在田間的墮落，一個兄弟把另一個殺了；以及在世界的墮落，上帝的兒子與人類的女子交合。創世記一至六章展示了人類生活的三個場所：聖所，即崇拜的地方——我們與上帝直接相交的地方；田地，即工作和關係建立的地方——我們與同輩相處的地方；世界，即實行使命和見證的地方——我們與不信者相處的地方。

在以色列實行君主制期間，君王被召在這些生活領域盡忠。他們要保全健全的崇拜，根絕偶像崇拜，以及維護耶和華的殿；他們要保護而不是欺壓他們的同胞；並要在世界作忠心的見證，為耶和華打仗，抵擋祂的敵人。掃羅在每一方面都失敗了，亞哈亦如是。結果，亞哈王朝像掃羅的一樣，注定要滅亡。亞哈在作王的初期與偶像崇拜者訂立盟約，就在他與偶像崇拜者上牀（照字面說！）的當兒，他的王朝就注定要滅亡。

亞哈的第一宗罪，就是他沒能向亞蘭人作果敢的敵人。在西奈山上，耶和華告訴以利亞，亞蘭人將要攻擊亞哈家（王上十九章）。亞蘭的哈薛將會帶著刀劍來攻擊亞哈家，凡逃過哈薛的手的，則會為耶戶和以利沙所殺。列王紀上二十章以亞蘭人圍攻撒馬利亞作為開始，這是列王紀首次記錄有外邦人入侵以色列的領土並圍攻以色列的城鎮（王上十六15、17）。這不是最後一次：撒馬利亞初次遭外邦人圍攻，預示了它後來遭亞述（王下十七章）和巴比倫（王下二十四～二十五章）圍攻。示撒的入侵使猶大初嘗被擄的滋味（王上十四25～28），照樣，亞蘭待以色列也是一樣；分裂王國的整個歷史，隱約透露了以色列被擄的命運。

然而，亞哈成功地突破重重包圍，在亞弗取得第二次的勝利，兩次得勝都是靠著先知的幫助。[3] 亞哈起初同意便哈達所提出的條款（王上二十1～3），因他認為作便哈達的僕人總比任由撒馬利亞淪陷為好；他所展示的這種智慧，是日後在尼布甲尼撒的威脅之下的耶路撒冷居民所缺乏的（耶二十七章）。便哈達認為局勢對自己
有利，就要求亞哈有更多的讓步，甚至要求進入亞哈的王宮，奪去 148
亞哈所喜愛的一切（「**你**眼中一切所喜愛的」；王上二十6）。亞哈違抗這個要求，並得到長老們的支持（二十8）。在緊張和逐步惡化的外交狀況底下，一個先知來到亞哈那裏，他帶來耶和華的話：耶和華承諾給亞哈勝利——這不是為亞哈的緣故，而是為了再次

向亞哈證明（十八章），祂是耶和華。就如耶和華降災給法老，好讓他「知道我是耶和華」（出七5、17，八22，十四4），耶和華拯救亞哈，是為了顯明祂的本性。在此之前，以利亞是惟一一個與亞哈有直接接觸的先知，他總是帶來審判的話語；在亞哈的生涯裏，頭一次有先知帶來好消息。如果亞哈在此之後還是繼續他的偶像崇拜，那就會是輕蔑了耶和華的仁慈。

耶和華指示亞哈要把沒有經驗的「少年人」先送到戰場去，要在光天白日之下把他們送去（王上二十14～16）。過度自信的便哈達，已經在他的帳幕裏和同黨們一起喝酒慶祝勝利（二十16），他的行動就像一個預備摘下盔甲的人，而不像一個正在佩戴盔甲的人。在亞哈這一次的勝利之後，有另一個先知來指教亞哈該如何應付亞蘭人下一次的襲擊（二十22）。似乎亞哈遵從了他的勸告，因為在先前的一仗，亞蘭人推進至撒馬利亞，而在後來的一役，戰事是在位於邊境的城鎮亞弗進行的（二十30）。

正如先知所預言的，亞蘭人在接下來的一年又來開戰，他們就之前的失敗作了神學評估：耶和華是山神，但是在平原，亞蘭人的神就要比以色列人的強（王上二十23）。[4] 耶和華再次派遣一個先知為亞哈帶來好消息，所說的預言跟之前的那個先知很相似（二十13、22、28）。第二次與亞蘭人打的仗和頭一次的一樣，耶和華拯救以色列，「好叫你們知道我是耶和華」（二十28）。亞哈打贏了，並且寬厚地對待便哈達，接受他為「兄弟」而不是把他當作「僕人」（二十32～33）。

隨著亞哈在亞弗一役獲得勝利，故事開頭的形勢被巧妙地逆轉過來。在故事的開頭，便哈達是侵略者，他是主導的一方，把條款加諸亞哈身上；而在故事的結束，亞哈則站在主導的位置。在開頭，便哈達要求擁有亞哈的財產；在結束的時候，便哈達讓步，准亞哈在大馬士革設立街市。開頭的時候，便哈達要求來到撒馬利亞，搶奪亞哈喜愛的一切，毫不留情，因而惹起事端；到了最後，亞哈運用他的主導地位，寬厚地對待便哈達。假如本章經文在二十章 34 節結束的話，那就會是一個喜劇收場：亞哈蒙受意料之外的憐憫，而他也向別人展示意料之外的憐憫。

再次（參王上十八章），故事勾起了有關罪與惡的問題。如果 149
耶和華表面看來對祂所譴責的巴力崇拜視若無睹的話，祂的聲譽怎麼能被提高呢？耶和華是認真地看待巴力崇拜嗎？是不是**耶和華**自身不能作為一個敵人呢？是不是到了最後，儘管祂會發怒、有怒氣和怒意，祂還不過是我們想像中、盼望中的縱容孩子的祖父？

對於罪與惡的問題，聖經的重要答案之一是：惡人不會長久興旺。他們或會繁榮一陣子，看來無可匹敵、無懈可擊，可是早晚時候到了，他們就會枯萎。「不要為作惡的心懷不平」，大衛在詩篇三十七篇說：「因為他們如草快被割下，／又如青菜快要枯乾。」這首詩基本上是一個勸勉，鼓勵人信靠上帝、行善、培育忠誠的品格、以上帝為樂，深信到最後我們將會看見惡人滅亡，上帝的敵人如煙雲消散。耶和華向亞哈和以色列施憐憫，伸手幫助這不順從的子民，但是，當亞哈漠視上帝的憐憫，硬著心腸，始終不肯回轉的時候，耶和華就把他拉倒。那可能不會在朝夕間發生，但它必定會發生；惡人不會長久繁榮。

對於在新約之下的基督徒來說，相信上帝會一次過對付罪和惡，這個希望並不是紙上談兵。正如保羅在羅馬書八章 3 節所言，以色列的律法因「肉體」而成為無效，因此上帝親自動手處理，差遣祂的兒子成為罪身的形狀，在肉體中定了罪案。在耶穌身上，上帝彰顯了祂的義，那包括了祂要確立義和清除世界的罪的決心。根據希伯來書的意思，我們還沒有看見罪與惡從這世界上清除，但我們看見耶穌。因此，主多多忍耐寬容那可怒、預備遭毀滅的器皿，好叫祂將豐盛的榮耀彰顯在那蒙憐憫、早預備得榮耀的器皿上（羅九 19～24）。

列王紀上二十章清楚顯示，惡人不能長久繁榮，因二十章 34 節不是故事的終結，且故事的續篇包含了經文的要點，透過對故事的結構作出反思，這個要點會變得清晰。與亞蘭人的兩次戰爭是按著一個相似的次序的：

亞蘭人來襲（二十 1～12）	亞蘭人來襲（二十 26～27）
先知造訪亞哈（二十 13～14）	神人造訪亞哈（二十 28）
亞哈打勝仗（二十 15～21）	亞哈打勝仗（二十 29～30）
先知勸告亞哈（二十 22）	—
便哈達的僕人勸告他（二十 23～25a）	便哈達的僕人勸告他（二十 31）
便哈達聽取勸告（二十 25 下）	便哈達聽取勸告（二十 32～34）

在第二次打仗之後，經文的節奏使我們期待另一個先知的出現，也許是向亞哈提出忠告，要如何防範亞蘭人另一次的來犯。可是卻沒有先知出現。

到先知終於出現了的時候，他卻沒有跟從故事發展的順序，而
他給亞哈的信息，也跟故事早前記載的、有利的先知信息迥然不
150 同。一個無名的先知演出了一幕戲劇，重演亞哈和便哈達的故事（王
上二十 35～43）；因另一個人拒絕打他，就如亞哈拒絕打便哈達，結果那人被一隻獅子所殺，就如那從猶大來的神人，因他不順從而遭獅子咬死那樣（十三 24）。先知給亞哈講了一個寓言，說明亞哈和便哈達的故事，正當亞哈以為他抓住了先知的錯處，指出那先知是給自己定罪之時，先知就卸下他的偽裝，並喚醒了亞哈的良知。

亞哈之所以被定罪，是因為他沒有毀滅便哈達（王上二十 42），希伯來文的「毀滅」（חרם）一詞，是用於約書亞對付迦南人的全然毀滅的一仗上的。這種戰爭的規則是，凡有氣息的都要被處死（申二十 16～18）。在別的戰事裏，凡是對抗以色列人的城鎮，

他們要把其中所有的男丁殺死（二十10～15）。亞哈怎麼知道他理應是要打一場聖戰呢？這有幾點線索。便哈達看來是要把撒馬利亞夷為平地（王上二十10），在回應這個危機上，亞哈應該以達至完全毀滅的兵力來對抗完全的毀滅。再者，亞弗之戰是重演了耶利哥之戰，兩軍在交戰之前等了七天，然後亞弗的城牆倒塌，壓死了二萬七千個亞蘭人。最重要的是，以色列是純粹靠著主的力量打贏了亞蘭人的，因為是耶和華把亞蘭人的大軍交在亞哈手中，又使亞蘭軍隊的餘數被塌下來的城牆壓死。耶和華甚至教導亞哈打仗的策略，要他作為以色列軍隊發號施令的王。便哈達不是亞哈的戰俘，而是耶和華的戰俘；「將之毀滅」的意思，實際上是「耶和華專用的」。亞哈應該從戰爭的種種迹象知道，便哈達的生死不是由他決定的。亞哈再次證明了他是個亞干，是「使以色列遭災的人」（十八17）。

在先知的寓言裏，那把戰俘交給先知的人說：「若把他失了，你的性命必代替他的性命；不然，你必交出一他連得銀子來。」（王上二十39）該協定不是簡單地以性命代替性命，還有另一個可能，就是付上贖價。可是，當先知宣告亞哈的判刑之時（二十42），他並沒有提到這個選擇，只是簡單地說：「你的命就必代替他的命，你的民也必代替他的民。」也許亞哈來到一個地步，除了以命代命之外，就別無選擇了。不過，還有一個更微妙的解釋。先知的寓言提供了一個贖罪的希望，亞哈本來可以抓住這個希望，對先知的寓言回應道：「啊呀，那麼一他連得銀子又如何？我不可以為所犯的錯誤贖罪嗎？」亞哈不像那個敍利亞—腓利基的婦人那樣抓住機會，反而以發怒來回應。他硬著心腸、懷恨於心、一怒之下垂頭喪氣地、靜悄悄地回到撒馬利亞。他像耶羅波安一世的妻子（王上十四章），忘記來自上帝的每一句說話都是恩典的流露，是邀請人與祂對談，因為上帝的話是邀請人悔改的。

埃阿斯（Ajax；譯按：傳說特洛伊戰爭中的希臘英雄）和海克
特（Hector；譯按：特洛伊城的戰士）在特洛伊城（Troy）當風的平
原上打得難分難解，隨後二人摘除盔甲，交換禮物，以保證他們之
間的友誼。蒲魯他克（Plutarch；譯按：希臘的傳記作家、倫理學
家）的論文〈如何從敵人獲益〉（"How to Profit by One's Enemy"）
151 也表現了同樣的精神，不過其所用的是比較哲學的語言。古希臘的
敵對是功能性、策略性、短暫和表面的。在古代英雄看來，敵對總
是在基本的共識之下維持的；戰爭是在雙方同意的彼此尊重的規則
底下進行的，但對於彼此尊重的規則，雙方是沒有爭議的。聖經所
教導的敵對是一種極端的敵對。對基督徒來說，與敵人之間是沒有
妥協可言的，只有作戰到獲得勝利為止。我們可以想像，摩西藉九
種災禍擊打法老，然後又取消這一切，遷回法老宮中居住嗎？有誰
可以想像，大衛與歌利亞打成平手，然後一起去喝一杯酒？我們也
許還可以想像，耶穌在曠野受試探之後，與魔鬼一同吃飯。異教徒
樂於把任何新的神明（包括耶穌）納進萬神廟之內，但保羅卻說：
比列和基督有甚麼相通？基督教絕不是把敵對從歷史上消除，倒是
無可測量地、根本地使之深化。

註釋

1. 接下來的幾段取材於 Leithart 2005c。
2. 根據聖經的記述，敵對的情況在人類墮落之後加強了，正如上帝自己跟亞當所說的（創三 15）。我們不需要閱讀很多詩篇，也會看到大衛的敵人：「耶和華啊，我的敵人何其加增；／有許多人起來攻擊我」（詩三篇）；「耶和華啊，求你因我的仇敵，憑你的公義引領我，／使你的道路在我面前正直」（詩五篇）；「我因憂愁眼睛乾癟，／又因我一切的敵人眼睛昏花」（詩六篇）；「求你救我脫離一切追趕我的人，將我救拔出來！／恐怕他們像獅

子撕裂我」(詩七篇);「我的仇敵轉身退去的時候,/他們一見你的面就跌倒滅亡」(詩九篇)。還有一百四十篇詩要看。敵對也不是舊約裏刺眼的主題;新約說到十字架的仇敵、基督的仇敵和教會的仇敵(腓三18;羅十一28)。詩篇一百一十篇是新約中引用最多的舊約經文,該處承諾,基督的仇敵將會被征服在祂的腳下。

3. 一個歷史註釋:亞蘭人來自以色列東面的大馬士革,在這段歷史期間,亞述正在擴張,把亞蘭人往西推向以色列。便哈達率領一隊由三十二個王組成的反亞述聯盟,並試圖招攬亞哈加入其中。所羅門的其中一個對頭是利遜,利遜統治大馬士革的亞蘭人(王上十一23～25)。亞哈是假冒的所羅門,他像所羅門那樣面對著國內(耶戶)和國外(亞蘭)的對頭人。
4. 亞蘭人又認為,與由三十二個王組成的聯盟並肩作戰是錯誤的一著。便哈達後來以「軍長」代替諸王,把軍權集中在自己身上(王上二十24),便哈達的僕人想他親自號召軍隊,並監察下一次的出戰(二十25)。

列王紀上二十一 1～29

如果說美國人相信有偶像崇拜這回事的話，他們相信那是一種不涉及受害者的罪。對於美國憲法的制訂者是否意圖要建構一個世俗的國家這一點上，雖然我們仍有爭議，但「第一修正案」（the First Amendment）在人們心目中，已被理解為是對一切宗教信仰的一種保護，即使它不一定保護某些宗教行為（例如，多妻制就不是一種受保護的宗教行為）。據當代對「第一修正案」的理解，人們相信甚麼信仰，並沒有構成甚麼社會性或政治性的差異。他們可以崇拜一千個神明或一個也不拜；他們可以崇拜耶和華或阿拉或耶穌；那絕對不會造成甚麼公眾的影響。所有人都可以和睦地和諧共處，儘管大家的宗教有所不同，因為覆蓋著我們各人的宗教信仰的神聖帷幕，就是對美國制度的全然效忠。特定的諸宗教乃從屬於美國的公民宗教（civil religion），這宗教是所有美國人都依附著的。不論他們從種族上或從宗教上來說是甚麼人，他們統統都是帶有連字號的美國人：基督教的美國人（Christian-American）或佛教的美國人（Buddhist-American）或伊斯蘭教的美國人（Muslim-American）

或無神論的美國人（atheist-American），但他們總是美國人。這就是奧多諾萬（Oliver O'Donovan）心中所想的，他提出令許多美國基督徒詫異的一點：「第一修正案」「通常可以被理解為是基督教國家的象徵性結束」，因為不論憲法制訂者的用意為何，其「結果都是鼓吹一種有關國家角色的觀念，這種觀念是把基督論排擠出去的；在這種觀念裏，國家沒有任何責任去認出上帝在歷史上的自我揭示」（O'Donovan 1996, 244～245）。

對偶像崇拜漠不關心的做法，乃源自早期的現代時期。通常的說法是，歐洲人發覺神學是很具分裂性的，他們並且認為，要恢復和諧的惟一方法，就是把神學從公眾廣場中擦去，並把神學的決定和爭論推往良心的深處，又或，頂多是安全地將其推往教會的牆壁後面（Pannenberg 1989, 12～15）。卡瓦納（William Cavanagh）活 153
潑而具說服力地質疑這個世俗化的過程，且力言宗教之戰並沒有把宗教推向私人空間，反倒是創造了現代的宗教觀（Cavanagh 2002, 15～42）。而且，一切以有關自然界和人性的、從神學上說是中立的概念為基礎，而建構和諧社會的努力，最終都注定失敗。那以人類是在上帝的形象**之外**的某種東西為前提而建立的一套憲法，並不是把憲法建基於中立的立場上，而是把憲法建基於虛假之上。

聖經沒有把偶像崇拜當成是在道德上或政治上無關重要的。我們崇拜甚麼、如何崇拜，乃塑造了我們成為甚麼樣的人。詩篇一百一十五篇在描寫假神是不能言、不能看、不能聽、不能動和沒有力量之後，便說：「造他的要和他一樣；／凡靠他的也要如此。」（詩一一五8）偶像崇拜者就如他們所崇拜的神明那樣，是啞的、瞎的、聾的和無能的。另一方面，正如福音書所展示的，那些憑信心轉向耶穌的人，就從這一切疾病中得醫治。敬拜永活上帝者也要活著。

以色列的先知們，把許多注意力和情感，集中在偶像崇拜或錯誤的崇拜與社會的不公義之聯繫上（賽一 10～17；摩三 14），這先知式的洞見，在保羅的長篇指控中來到一個高潮，保羅在羅馬書一章 18 至 32 節指控人類的「不虔不義」。這樣悲慘的墮落的開始，是那些「知道上帝」的人拒絕把上帝「當作上帝來榮耀他，也不感謝他」（羅一 21），並且把「不能朽壞之上帝的榮耀變為偶像，彷彿必朽壞的人和飛禽、走獸、昆蟲的樣式」（一 23）。上帝對偶像崇拜者的審判，就是把他們交給拜偶像的結果，即從性反常行為（一 26～27）到社會上的混亂：嫉妒、謀殺、紛爭、誹謗、反權威和殘酷的行為（一 28～32）。[1]

亞哈的人生正是依循這條軌道。聖經介紹亞哈是以色列中最公然地崇拜偶像的君王，但亞哈對上帝的抗拒，並沒有停留在一個完全的「宗教」範圍之內，這首先彰顯於他與敘利亞王便哈達其不敬虔的聯盟上（王上二十章），繼而彰顯於對一個以色列同胞的欺壓之上（王上二十一章）。亞哈是個大衞，搶奪他鄰舍摯愛的東西，並籌劃把鄰舍殺死（撒下十一～十二章）；亞哈與耶洗別同謀，他是個該隱，襲擊以色列中的一個「弟兄」；他在耶洗別的唆使下成了一個亞當，吃了禁果，就是別人葡萄園中的果子。

154 從某個觀點看，以利亞的事迹（王上十七章～王下二章）構成了一個單元，其內部有一個粗略的交叉結構：[2]

- A　以利亞突然出現並離開本地（王上十七章）
  - B　耶和華與諸神角力，火從天上降下（王上十八章）
    - C　以利亞在何烈山上向耶和華抱怨並得著保證：亞哈家將要敗亡（王上十九章）
      - D　亞哈存留外邦君王便哈達的性命（王上二十章）
      - D'　亞哈殺了忠誠的以色列人拿伯（王上

二十一章）

C' 亞哈在先知的警告之後被殺（王上二十二章）

B' 耶和華與諸神角力，火從天上降下（王下一章）

A' 以利亞突然在約旦河東離去（王下二章）

位於中心的兩章經文在結構上相似：兩個故事都有條不紊地開展和結束，其中只有被先知的介入所打斷。亞哈在兩章經文中的行動，概括了他背道的情況：他喜愛外邦人和他們的神明，而憎恨忠心的以色列人和他們的上帝。他沒有對便哈達採取聖戰的策略，反而對拿伯和他的家進行聖戰（王下九26）。他不懂得如何打倒敵人，或換句話說，他不懂得如何保護朋友。

以色列是個葡萄園（詩八十篇；賽五章），而拿伯——在亞哈毗鄰的葡萄園的園主——是個典型的以色列人，是照料主的葡萄的人，是堅守主所賜的土地的以色列人。當亞哈王想要買下他的葡萄園之時他拒絕了，因為那地是祖先的產業，根據利未記的規定，這產業是不能割讓的（利二十五章）。拿伯的拒絕是有神學意義的：如果他真的為了方便而把葡萄園賣掉，那會是「褻瀆耶和華」（חלילה לי מיהוה；王上二十一3）。根據利未記二十五章的條例規定，土地既屬耶和華所有，以色列人就只可以把它租出一段時間，到了禧年，必須把它歸還原主人的家庭。拿伯有權放棄他的產業，但有關禧年的規定是，惟有當以色列人在窮極之時別無他法，才可以放棄他們的土地。

舊約只有另外一處經文使用「菜園」（לגן־ירק）一詞，就是在申命記十一章10節，它用來指埃及地。從象徵意義來說，亞哈的用心是把以色列的葡萄園變成埃及地的一個菜園，這與他把以色列「再迦南化」的整個政策不謀而合。亞哈意圖「趕出」拿伯，「奪取」他的土地（王上二十一19、26），就如以色列一度向迦南人所

155 作的一樣（創十五 7；民十三 30；書十八 3；士二 6）。就像跟隨摩西從埃及出來的羣眾那樣，亞哈想回到被奴役和拜偶像的光景去（Provan 1995, 157 ~ 158; Nelson 1987, 141）。

當拿伯一口拒絕的時候，亞哈崩潰了；但正當亞哈繃著臉躺在牀上的時候，耶洗別亦介入了。她寫信——像大衛向約押所做的那樣（撒下十一 14 ~ 22）——安排虛假的指控，一次非法的審訊，並借法律來殺死拿伯和他全家。亞哈知道耶洗別迫害耶和華的先知，也知道即使她的意向受到阻撓，她也不會坐著不動的。亞哈自憐而被動的表現，也許無形中是哀求耶洗別做些甚麼來消除他的傷痛（Walsh 1996, 321）。不論他的用意為何，對於耶洗別的陰謀，亞哈是要負責的。當以利亞來與亞哈對質的時候，他以這個問題來招呼亞哈：「你殺了人，又要得他的產業嗎？」（王上二十一 19）亞哈也許期望得到某程度的免責，但耶和華和以色列沒有給他這樣的機會。亞哈殺死拿伯，就如大衛殺死烏利亞那樣是無可否認的，就如亞當所犯的第一宗罪那樣，他無可否認是有責任的，即使他是「受妻子唆使」。

亞哈的確軟弱，也許他是故意這樣的，但他可不是以色列中惟一一個軟弱的人。耶洗別寫信給耶斯列城的貴胄和長老，他們不折不扣地遵從了耶洗別的指示。耶洗別寫道：「當宣告禁食」（王上二十一 9），他們就「宣告禁食」（二十一 12）；她寫道：「叫拿伯坐在民間的高位上」（二十一 9），他們就「叫拿伯坐在民間的高位上」（二十一 12）；她寫道：「叫兩個匪徒坐在拿伯對面」（二十一 10），於是就「有兩個匪徒來，坐在拿伯的對面」（二十一 13）；她寫道：「讓他們作見證告他」，於是兩個匪徒就「作見證告他，就是拿伯」（二十一 13）。她甚至提供了控告拿伯的罪名：「說，他謗瀆上帝和王了」（二十一 10、13）。耶洗別寫道，耶斯列人要「把他拉出去用石頭打死」（二十一 10），於是「眾人就把他拉到城外，用石頭打死」(二十一13)。作者採用的「命令—服從」的格式，通常是耶和華對祂的先知發命令的專用格式。當耶和華跟以利亞講話的時候，以利亞順從了，聖經作者採用了與該命令完全相同的詞句來描述先知的順從。以利亞不折不扣地順從了——耶斯列的長老貴胄也是一樣；信上怎麼寫，就怎麼做成。

拿伯是受害者，謀殺他的人包括了耶斯列城的領袖。如果說每一樁重大事件都歷經多個世紀的邪惡陰謀——從所羅門聖殿的共濟會（Masons of Solomon's temple）到聖殿騎士團（Knights Templar）到光明會（Illuminati）及三邊委員會（Trilateral Commission）——那是天真的想法。如果說惡人總不會設計謀害義人，總不會同流合污，總不會從同一個鼻孔出氣的話，那就是同樣的天真。拿伯總不會是最後一個死於陰謀之下的忠信之人。亞哈和耶洗別以武力來推崇的、不道德的偶像崇拜，正敗壞並威嚇著所有的耶斯列人。對列王紀的作者來說，偶像崇拜決不是在政治上無關重要的事情。

拿伯的血灑在耶斯列城的外區，而且做得乾淨俐落、很漂亮。
亞哈得了他的葡萄園，他沒有做過甚麼來獲取它。雖然寫給貴冑和
長老們的信是以他的名義蓋印的，但他總還可以聳聳肩，把責任歸
咎於他那不受控制的妻子身上。據列王紀上二十一章所記，亞哈始
終躺在牀上(王上二十一4、16)，像大衛那樣(一1～4)是個被
動的王——若非是一個患病的王的話。一切得知這個陰謀的人都 156
是陰謀的一部分，假使他們揭穿它的話，連他們也難逃罪責。從人
的觀點來說，案件已經封妥，再也無法將之打開。

然而，亞哈和耶洗別漏掉了形勢中最重要的一個因素：有一位上帝，所有祕密都逃不過祂的眼睛；在祂面前，人心中的一切意念和動機都是敞開的，顯露無遺。耶和華翻查案件，派以利亞到拿伯的葡萄園去迎見亞哈，亞哈正要把它據為己有(王上二十一17～

18）。上帝吩咐以利亞「起來，下去見亞哈王」。這命令叫人想起耶和華吩咐摩西去和法老對質的一幕。亞哈殺了一個無辜的以色列人，正如法老所作的；亞哈的國像法老的國那樣，將要被推翻。以利亞帶來一個至今最嚴厲和影響深遠的預言。因為亞哈的罪，他的王朝注定要滅亡，就如耶羅波安一世和巴沙的王朝注定要滅亡那樣（二十一 21～24）。[3]

亞哈的反應是，脫下朝服、穿上粗麻布、禁食、睡臥也穿著麻布，意氣消沉地緩緩而行（王上二十一 27）。他無法取得葡萄園時拒絕進食，現在，他因為先知所宣告的悲慘命運而拒絕進食。耶和華對這些外在的謙卑記號作出反應，就如祂對尼尼微城的人作出反應那樣（拿三章）。儘管如此，亞哈到了這個地步所能夠盼望的惟一一件事，就是判決的延遲到來，而不是取消判決。主說祂不會在亞哈的日子帶來審判，但審判還是會來的。[4] 亞哈獲得了緩刑，但他的王朝依然注定要敗亡。殺拿伯的仇是不會就此算數的。在後來希西家（王下二十 16～21）和約西亞（二十二 18～20）的時候，也出現同樣的情況。

整個故事是一個寓言：葡萄園是以色列，拜偶像的亞哈致力要把以色列這個葡萄園轉變為從前的埃及。拿伯代表著以色列中忠信的一羣，他們緊緊抓住對亞伯拉罕的應許，以及耶和華所賜的產業。當我們認識到拿伯的名字其實是一語雙關的，這個寓言就更為突出了，拿伯這名字（נבות）跟用來表示「先知」的希伯來字眼（נביאים）很是接近。在列王紀的早前部分，耶洗別剪除耶和華的先知（王上十八 4），現在亞哈謀殺拿伯，拿伯的名字則顯示了他是被迫害的先知的代表。在耶穌所講的葡萄園的比喻裏，有關拿伯的葡萄園這個故事，就變成了講說整個以色列歷史的一則寓言（太二十一 33～46）：以色列是迫害先知的民族，這些先知就是主人派去收取園租的僕人。

歷世歷代以來，義人的血都曾被灑在大地上：亞伯的血和在洪
水之前的殘暴年代死去的無數無辜者的血；遭法老屠殺的以色列的 157
無名嬰兒的血，和在瑪拿西統治期間被殺害的無辜者的血；被差往見亞哈和耶洗別的眾先知的血，以及遭希律殺害的、在伯利恆附近的嬰兒的血；司提反、雅各、彼得和保羅的血；特格拉（Thecla）、坡旅甲（Polycarp）、勞倫斯（Lawrence）、伊格那丢（Ignatius）、阿格尼斯（Agnes）和希坡律陀（Hippolytus）的血。他們被釘十字架、被剝皮、被撕開、被拿去餵獅子。

無論從哪面看，以上的殉道者會永遠遭人遺忘。沒有審理戰爭罪行的法庭，只有極少的紀念碑、極少的紀念館、極少的追思會。數以千百計的人一直遭人遺忘，他們未曾留名，也無法辨認。據一項估計指出，教會歷史上有七千萬殉道者被殺，單在過去的一百年之內，就有四千五百萬人被殺。他們是在俄羅斯、納粹德國、土耳其、阿爾及利亞、尼日利亞、蘇丹和巴基斯坦等地被殺的。自從一九九〇年以來，每年就有十六萬基督徒被殺（Colson 2002）。誰曉得？他們的血滲透大地，永遠沉寂。

那就是亞哈和耶洗別的想法，那也是一切獵殺無辜者的殘暴勢力一直所想和所盼望的。正如吉拉德（René Girard）在一本又一本的書中所主張的，在基督教之外的一切宗教和文化，都是以這個盼望為前提：血只是血，無辜者的血是可以變得沉寂無聲的。當因偽造而來的慾望破碎了整個社會，使之成為互相撕殺的戰場，要恢復和諧的方法，就是把一切精力和敵意聯合起來，指向一隻代罪羔羊。該代罪羔羊沒有導致人類衰落至無政府狀態的社會，但人們以為是他或她導致了這一件事，因而藉著苦害他／她，以恢復社會的秩序（Girard 1986; Girard 2001; Boersma 2004, 133～151）。在這所有的系統裏，強權背後有諸神的參與，這些強權就是尋找代罪羔羊的大眾；諸神不會維護代罪者。吉拉德力言，聖經宣布代罪羔

羊是無辜的，而且它所彰顯的上帝，乃是會聽見無辜者的血的喊聲的；在這一點上，聖經是獨特的。

無辜的代罪羔羊在聖經中不是甚麼周邊議題，而是聖經的中心信息：福音所講的故事，是關乎一個遭敵人謀害的人，他被錯誤指控為犯了褻瀆的罪，被帶到城外，接受不公平的處決（來十三 10～13）。拿伯的身體像贖罪祭的牲畜，被帶到營外，被人毀滅（利四 11～12、20～21），這預示了耶穌所獻上的更大的贖罪祭。從某個意義來説，十字架上所灑的血，對世界講説了開恩的話，比亞伯的血所説的更美（來十二 24）。然而，即使是在十字架之後，主仍是一個追討流血之罪的一個復仇者（啟十七～十九章）；殉道者的血仍在呼喊，要求上帝伸冤，為要向那些迫害基督、基督的新婦和福音之人報仇。那喊聲必會被聽見；所流的血上帝必要追討。

註釋

1. 從表面看，保羅是把這篇辯論指向外邦人，但在這份有關人類罪惡的清單裏，他提到以色列歷史上的多樁事件（比較羅馬書一章 23 節與申命記四章 16 至 18 節），而羅馬書一章的敍事方向，則可以作為以色列歷史一個令人沮喪的摘要。從修辭學來説，這是很聰明的做法：猶太人讀者會一路為保羅責備外邦人的事情歡呼，但當他們正在歡呼的時候，保羅就向他們發出相同的指控（羅二 1～2、17～29）。保羅確實是一位先知，與拿單如出一轍：「你就是那人。」
2. 這個結構，不應被視為是與在列王紀上十七章 1 至 24 節的註釋中所提出的結構相矛盾或互相競爭的。雖然我在此無法説明，但文本在結構上是和音樂作品同樣複雜的，後者也是可以同時根據多種結構（曲調、和聲、律動）來編排的。
3. 在二十章 19 節看來有一個難題：經文説狗在哪裏舐拿伯的血，也要在那裏舐亞哈的血，但接下來的一章則讓我們看見，亞哈死在撒馬利亞，他的血是灑在那裏的（王上二十二38）。不過，亞哈家有好些成員是在耶斯列被殺的——約蘭、亞哈謝和耶洗別（王下九章），他們全都是亞哈的血，而狗就舐他們的血。主的裁決是以眼還眼、以惡還惡（王上二十一20～21）、以血還血、以打還打。

4. 在這一點上，亞哈的故事預示了大衛國度後來的歷史。約西亞那更為徹底的悔改，頂多只是為猶大賺得少許的時間。

列王紀上二十二 1～40

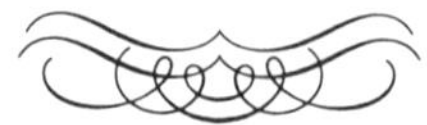

亞哈的人生，在一場與亞蘭人的戰爭中來到終結，但有關亞哈之死的故事，就涉及了另一場更深層的戰爭——真假預言之戰。最初提及這戰爭是在列王紀上十三章。列王紀的中心部分，突出了作者最深切的關注：以色列歷史的難題不在於其政治命運，也不在於諸王打的多場仗，而在於真假預言之爭。那些聽從先知、遵行主話的要活著，而那些拒絕聽從的則被毀滅。以色列整體既然拒絕耶和華先知的話語，它就不斷地加快趨向被擄的結局。

亞哈人生的結束，就如它起初的一樣，他不理會耶和華的先知，但是，即使他不理會先知的預言，又或，試圖去顛倒它，他還是沒法逃得過先知的話語。儘管他設法逃避命運，亞哈的死還是應驗了耶和華的許多話語；本章經文把亞哈人生中的不少事迹集合起來，並構成了一個單一的高潮故事。先知來與他對質，正如他在統治期間一直所遇到的（王上十七 1）；他和亞蘭人打仗，正如他之前做過的（王上二十章）；經文提到他的建築工程，正如在關於他統治初期的記錄裏也曾提到的（十六 32～34）。在列王紀上二十章，有一個無名先知來與亞哈對質，因為他存留了亞蘭王便哈達的性命。在亞哈謀殺拿伯、得了他的葡萄園之後，以利亞宣告亞哈家的命運。最後，米該雅明確地預言亞哈會在一場與亞蘭人打的仗中戰死。

三個先知、三次警告、三位見證人。這些預言是一個記號，表示耶和華繼續向亞哈施恩，亞哈不能以不知為藉口，因此不能說自己是無辜的。耶和華警告了，亞哈悶悶不樂，並生氣起來。當耶和華再次警告時，亞哈還是大膽地對抗，一意孤行地走向戰場，改裝上陣，想逃過米該雅所預言的滅亡。他有三次機會，但在**第三年**就三振出局（王上二十二1），遊戲結束了。

亞哈打算攻打基列的拉末，它位於北國邊境約旦河外，這是由 159
亞蘭人控制的一個城。因其所處位置的緣故，基列的拉末是一個重要的防禦點，有利於抵擋從東面來的侵略者。顯然地，基列的拉末也是位於貿易通道上，因此亞蘭在控制該城的同時，也得到收取各種稅項和費用的便利。亞哈明確地抱怨亞蘭人沒有遵守在上一次與以色列爭戰時所達成的協議，該協議的條款要求亞蘭人棄守基列的拉末。

在好幾章經文裏，列王紀上集中寫亞哈統治下的北國，幾乎把猶大忘掉了。而在這裏，則把猶大王約沙法介紹為居於亞哈之下的部屬。約沙法的名字意思是「耶和華審判」，它在故事中重複了多次（王上二十二1～32；一共出現了十三次），它重複提醒了讀者那些不利於亞哈的預言。在本章經文末段，作者告訴我們，約沙法是個義人，又是改革者，雖然在與亞哈結盟一事上他犯了錯（二十二41～50）。之前論及亞哈的統治的幾章經文，則向讀者提示了他企圖在以色列恢復迦南人的崇拜和文化。隨著約沙法的出現，敍事者首次向我們提供線索，以顯示亞哈和耶洗別有更大的野心，就是要在全以色列建立一個統一的王國，一個崇拜巴力、由亞哈的後裔管治的國度。

約沙法非常渴望幫上一把忙（王上二十二 4），他的說話暗示，他是亞哈的「孿生兄弟」。這對猶大來說不是好兆頭；當耶戶被膏立，肩負著要摧毀亞哈家的使命時，這一點就變得更加明顯。約沙法明顯比亞哈忠誠，因為他要求先求問耶和華的先知（二十二 5、7），可是在他還未曉得該場戰爭的目的，又或還未曉得耶和華是否贊同之前，就已經把他的國交給亞哈使用了。

亞哈先帶來四百個先知，他們全都贊同「主」會把基列的拉末交給亞哈（עלה ויתן אדני ביד המלך；王上二十二 6），情景就跟以利亞在迦密山上與亞哈對質的一幕相似（王上十八章；Provan 1995, 163；Walsh 1996, 345）。這兩個情況都是一個忠心的先知跟四百個假先知對抗，但是次處境卻意味深長地有所不同；這些先知不像迦密山上的那些先知，他們都聲稱得到耶和華的話。其中一個宮廷先知西底家（名字的意思是「耶和華是公義的」）造了兩個鐵角，預言必定勝利（二十二 11），他聲稱是奉耶和華的名講話：「耶和華如此說」（כה־אמר יהוה）。他的預言大概是取材自申命記三十三章 13 至 17 節，在那裏摩西祝福以法蓮和瑪拿西支派，就是在北方的兩個主要支派：「他為牛羣中頭生的，有威嚴；/他的角是野牛的角，/用以牴觸萬邦，直到地極。/這角是以法蓮的萬萬，/瑪拿西的千千。」（Davis 2002, 322 ~ 323）耶和華藉摩西向約瑟的兩個支派作出承諾，西底家認為，既然亞哈所統治的是約瑟的國度，那麼他就可以有勝利的把握。西底家清楚地聲稱擁有來自耶和華的靈感：當他掌摑米該雅時，西底家懷疑，耶和華的靈
160 （רוח־יהוה）怎麼會從他指縫中漏走而去到米該雅那裏（二十二 24）。其他先知也加入，他們一致認定「耶和華必將它交在王的手中」（二十二 12、15；編按：經文乃按英文原書翻譯）。[1] 如是，米該雅和假先知的情況，就預示了猶大國衰敗的日子，因為到了耶利米的時代，大部分假先知都聲稱是奉主的名說話的（耶二十八章），

在耶穌的時代也是一樣。撒但那鼓動公開偶像崇拜的努力失敗了，於是他就偽裝成拜耶和華的人；穿著一身黑衣，發出琉璜惡臭的魔鬼是**那麼的**顯而易見，而偽裝成光明的天使則提供了風格上的一種優美轉變。當巨龍直接地殺新婦不遂，他就從海和陸地召喚兩個獸前來作他的代理人來幫助他（啟十二～十三章）。

在迦密山上，要識別假先知是容易的，只要找著那些向巴力呼求和用石頭切割己身的先知就是了。在撒馬利亞的城門前，事情就複雜多了。米該雅聲言是奉耶和華的名講話，而西底家也是一樣。米該雅說：「耶和華如此說」，但西底家也是一樣。據律法所記，真先知最終是從結果顯露出來的；如果某人是個真先知，那麼他所預言的事必定會發生（申十三1～11）。在這個故事裏，米該雅顯出自己是那真先知，因為亞哈死在戰場。可是，亞哈和約沙法需要在知道結果之前下決定。他們怎麼知道要跟從哪一個意見呢？他們又怎麼能夠說出一隻披著羊皮的狼和一隻羊的分別呢？

約沙法似乎意識到出了問題。當他聽到四百個先知異口同聲地一致認為，**耶和華**承諾必勝，他還是想聽一聽耶和華先知的話（王上二十二7）。約沙法大概是在屬靈上調校得度，知道上帝的話不是隨著這個信息而來的，這信息就是：「一切都很好，照你現在的做法是沒有問題的。」正如巴特（Karl Barth）所言，教義學是一門科學，以上帝的話語的標準來測試教會的宣講；如果教義學家從埋首於研究中出來宣布說：「一切都很好，進展穩定。」那麼他們就計算錯誤了。[2] 又或，借用朗恩（Stephen Long）的說法就是「上帝並不親切」（Long 2004）。上帝之所以存在，並不是為了要在我們的企劃上簽名，以保證我們對錢財、名譽的追求，以及美利堅帝國 161
（American empire）的追求順利無阻；祂卻是「全地的審判官」，祂的話是一種工具，把我們所有的企劃、意圖和目的，特別是其中最敬虔的部分，都仔細檢視評斷一番。

人們往往寧可聽柔和悅耳、自我肯定的話，而不愛聽對抗性的話語——這永遠都是一種試探；而在當代很多教會裏，這試探已被制度化和系統化了。人們對「罪」這個字避而不談，以之為不一定要採用的冒犯性言語——特別是對富有的教會成員來說。教會宣傳一種歡迎人們到來、不帶判斷的氣氛，並不太含蓄地（和惡意地）暗示，外面有另一些嚴厲的、容易下判斷的教會，而我們都曉得它們是哪些教會。美國教會反映了消費者的文化，它們提供了五花八門的選擇，於是人人都可以滿足於一種聆聽背景音樂的屬靈觀（Muzak spirituality），滿以為自己不會被要求要有徹底的改變。但耶和華的話不是在我們的計劃上肯斷我們，倒是質疑我們的計劃，對抗它們，取消它們。

約沙法之所以對亞哈的那羣宮廷先知感到不自在，還有另一個理由。二十二章 6 節的希伯來文說：「主必交給王的手中」。但是，那些先知卻沒有說，要交出來的是甚麼（基列的拉末？某人？），又或，所說的是哪一個王。該預言的意思，既可以是「耶和華必把那城交在亞哈的手中」，又或，它的意思亦可以是「耶和華必把亞哈交在亞蘭王的手中」。據梅爾維爾（Herman Melville）的了解（他被這經文纏繞了好些時候），那些先知的話是謊話，因它含糊不清。對於那羣先知來說，這樣的含混性給予他們很大程度的職業保障。假使亞哈上基列的拉末去，然後得勝，他們可以說：「就如我們說的，主必把基列的拉末交在亞哈王的手中。」假使亞哈上去而被打敗了，他們可以說：「我們早跟你說過，主必把亞哈交在亞蘭王的手中。」不能被反證的預言，就不可能是出自真先知的（Davis 2002, chap. 28）。耶和華的話是有辨別的能力的，這不只是因為它切入人的心，更是因為它說**這個**而不是說**那個**。

在約沙法的要求之下，亞哈迫不得已地把米該雅（他名字的意思是「誰像耶和華？」）帶到城門前，讓他站在二王面前（王上

二十二 10）。城門是審判的地方，而打穀則經常是帶著審判的形
象，因為那就是把麥子和糠分開。米該雅曾到過另一個宮廷，他見
過另一個王，這王的判斷超過了亞哈和約沙法的所有決定（二十二
19）。[3] 米該雅起初贊同那羣宮廷先知，並說出他們異口同聲所說 162
的話（二十二 12、15），亞哈看出米該雅在說謊，但當其他四百個
先知**都說相同的話**時，亞哈就在無意識之下相信了，這也是強烈的
諷刺。

亞哈怎麼知道米該雅在說謊？完全可能的是——正如許多解經家所提出的——米該雅是用一種挖苦的語調來說這番話的。不過，經文沒提到這一點，而亞哈的見解則提供了另一個解釋：米該雅之前曾經語帶諷刺地重複了宮廷先知的話（王上二十二 16）。在往王宮的路上，米該雅告訴使者，而且起誓說，他只可以說耶和華放在他口中的話（二十二 14）。米該雅不像那使者，不像亞哈，他是個真先知，他知道耶和華的話不是由他控制的，但他最初說的話是假預言。米該雅扮演其中一個說謊的先知（二十二 22），不過正如他後來說的，這誤導性的預言，其實也**是**耶和華的話，是耶和華設計用來引誘亞哈陣亡的話。

米該雅的真預言由兩部分組成。第一部分描述以色列人分散在山頭，沒有「君王—牧人」（王上二十二 17），就如以色列在耶穌的時代再次出現的光景；當時，像亞哈的希律坐在王位上，作猶太人的王（太九 36）。第二個視像（vision）是天庭的一幕，耶和華揭示祂的計劃，就是要把一個騙人的靈差到亞哈的眾先知之中，好讓他受引誘而陣亡（王上二十二 19～23）。

一切都如米該雅所預言的發生。亞哈計劃要逃過米該雅的預言，他的計劃再次顯出了二王是可以互換的。亞哈脫下朝服上陣，把自己偽裝成一個普通的士兵，而約沙法就穿上王的服裝（王上二十二 30）。亞哈看來勇敢，但他真正的用意是要保護自

己（二十二31）。像掃羅那樣（撒上二十八8；比較王上十四1～16），亞哈改裝出發，他的計劃包括了自願脫下朝服。結果亞蘭人追趕約沙法，亞哈的計劃似乎成功了，但亞哈的計劃至終不能勝過耶和華的計劃，他像被邪靈折磨的掃羅那樣（撒上三十一3），死在箭下。

米該雅看見耶和華要求一個志願者去引誘（פתה）亞哈，這是聖經中最令人費解的經文之一，在很多層面上都是難解的。是次事件帶來最少疑難的一面，就是耶和華尋求代理人的幫助；雖然這離奇有趣的一幕，發生在歌德（Johann Wolfgang Von Goethe）的小說裏比發生在聖經裏會來得更自然。而最令人煩惱的問題是在道德方面的：本身就是真理的上帝，祂的話語也是真理，祂怎麼能夠派出一個說謊的靈去激發人對亞哈說謊呢？耶和華是不是說到底只是另一個騙子上帝，是不可信和是騙人的呢？

一個普通的說法，就是嘗試拉遠耶和華與實際騙局之間的距離，即聲稱那志願者是魔鬼或鬼魔之類（王上二十二21）。[4] 這對
163 緩解經文的困難沒有多大幫助，而且也得不著釋經上的支持。舊約聖經中沒有一處把撒但稱為一個「靈」，而且，跟大部分的譯本相反，上前來提供服務的不是「一個靈」，而是「**那**靈」（the spirit，הרוח），即暗示耶和華是差遣自己的靈出去，在亞哈的先知中間造成煙霧。[5]

另一個嘗試拉遠耶和華與該騙局之間的距離的方法，就是在「允准」與「命令」之間作出區分。阿奎那（Thomas Aquinas）在〈論罪與惡〉（*De malo*）一文中處理「上帝是不是導致罪」的這個問題時，從列王紀上二十二章和耶和華給何西阿去犯姦淫的命令，提出一個可能的反對理由。阿奎那回應道：「我們不應該以命令的方式、而不是以允准的方式去理解『去做這件事』這個句子，就如對猶大說的這句話：『你要作的快作吧。』」阿奎那聲稱，「上帝的命

令使得本來是罪的事情變成不是罪」，他並引用伯爾納（Bernard）的看法，其大意是說：「就第二塊石版的命令來說，上帝能夠免除（藉這些命令，人在對待鄰舍方面受到直接的規管），因為個人的鄰舍的善是一件特殊的善。但就第一塊石版的命令來說，上帝不能免除（藉這些命令，人在對待上帝方面受到規管），祂不能使別人轉離祂本身，因為祂不能背乎祂自己。」（Aquinas 2003, 146）

加爾文（John Calvin）摒除在「上帝的允准」與「上帝的行動」之間所作的區分，並視之為一種「迴避」；他堅稱上帝是隨祂喜歡的**去行**，就連在對待亞哈的事上也不例外：「不論人或撒但會煽動人做些甚麼，上帝無論如何總是拿著鑰匙，祂把他們的努力轉化為實行祂的判斷。上帝定意讓亞哈王被欺騙；魔鬼為這個目的獻上他的服事；他被上帝差遣，肩負著一個明確的命令，要在所有先知的口中作說謊的靈。」這不能被約化成僅僅一種允准：「如果說這位偉大的審判官只准許他定意要做的事發生，而不也頒布命令，吩咐其手下去執行的話，那可會是荒謬的。」（Calvin 1960, 1.18.1）加爾文認為那自告奮勇的騙子是魔鬼，那是站不住腳的；但是加爾文主張，耶和華**定意**要欺騙亞哈則是正確的。耶和華不只是袖手旁觀，允准那靈欺騙亞哈，而是主動地請求一個志願者，吩咐他把祂的計劃執行到底。亞哈之受騙表現了耶和華的目的，而不只是容許而已。

以上的釋經觀點不過加強了下述這個問題：這是甚麼樣的一位
上帝？祂竟把誤導性的預言放在以色列的宮廷先知的口中？這怎 164
麼能夠與新約的經文調和呢？新約說：「上帝決不能說謊」（來六
18）；又說：「在他並沒有改變，也沒有轉動的影兒」（雅一17）？

正如戴爾．戴維斯（Dale Ralph Davis）所指出的，說到底這裏並沒有騙局，又或——更準確地說——該騙局是完全被預早通知的（Davis 2002, 327）。耶和華的靈激動先知去誤導亞哈，引誘亞哈陣亡，但接下來，耶和華則差遣米該雅去**告訴**亞哈他正被引誘去陣亡。耶和華為亞哈設下陷阱，但在他跌落陷阱之前，禮貌地指示他陷阱在哪裏。可是，亞哈還是盲目地上基列的拉末去，滿以為自己可以瞞得過死亡、逃得過耶和華的話。進一步說，更基本的是，本段經文十分明顯地表明，耶和華不是天上的一團綿花糖，祂不是玩棒球的上帝。祂也不是哲學家的上帝，不是在天上一股華麗但無能的力量。祂是一個要爭取勝利的戰士，而欺騙則是祂用來進行聖戰的戰術之一。在別的經文裏，耶和華鼓勵祂的百姓採用欺騙的戰術（例如：書七章），在不只一次的場合裏，祂部署一個「邪靈」去為祂的敵人佈下陷阱（書九 23；撒上十六 14，十八 10，十九 9；結十四 9）。

很多教父都認同這個見解：上帝是個欺騙者（trickster）。他們建構的贖罪觀主張，十字架是上帝所佈下用來對付魔鬼的陷阱。近年有關歷史耶穌（historical Jesus）的研究，在毋須採納「誘餌論」（bait theory）之下，亦印證了教父對上帝的敏慧之洞見。耶穌那些富挑戰性的比喻、祂那些富挑釁性的先知式行動、祂那些異於直覺的形象和勸勉、祂在辯論中所顯出的敏慧——這一切都見證著耶穌是上帝的道成肉身，這位上帝正是那引誘亞哈上基列的拉末去打仗的上帝。

祂以正直來對待正直人，向謙卑人施恩，但祂亦以奸狡來對待惡人（ועם־עקש תתפתל；詩十八 25～26），叫邪惡的人中了自己的詭計，把敵人引進他們為義人所設下的網羅裏。這是我們應該愛的上帝，可祂又是我們應該畏懼的上帝。我們得以常在祂的恩典中當心存感激，因為落在這位上帝的手中是一件可怕的事。耶和華是終極的欺騙者，祂以機智勝過人一切要擺脫祂的努力。耶和華不只狡猾，更是超越地、無限地狡猾。上帝會對騙子採用騙術，這結論不應該導致不信任或焦慮。要避免落入這無限地狡猾的上帝的陷阱裏，有一個簡單的方法，就是謙卑地信靠祂，因為祂對慈悲的人顯出慈悲，並以純全對待純全的人。

註釋

1. 也許，這些先知是來自伯特利的神龕，他們聲稱自己是在崇拜那位領以色列出埃及的上帝。
2. 更詳細的見解見於 Barth 1939～1969, 1.1.323：「重複的解經——與那些出名的神學家的意向協調一致——當然在每個步驟上對教義學來說都是不可少的，但教義學不是無窮盡的解經。當它那科學的性質與教會至今有具體形式的宣講相遇時（特別是與今天目下的具體形式的宣講相遇之時），與其說是加強了它，不如說是打擾了它；那科學的性質使教義學本身互相矛盾，儘管教義學乃真正屬於其自身；那科學的性質使教義學驅趕自身到自身以外，又或更遠的地方……當教義學變得隨和的時候，它就變得非科學的……絕對沒有需要讓它僅僅作為所謂「僵硬地」舊式的（經常是天主教的）教義學——從這意義上說，一定要稱之為不科學的。同樣的說法，也可以而且必定適用於最易變、活潑的和敬虔的現代教義學，只要它的批判性神經或者已經死去，只要對其教會的環境來說它沒有意味著甚麼，而不過是一份令人感覺良好的證明書，即證明一切都井井有條，可以依舊進行；只要地上的教會是罪人的教會，而它的宣講因此包含了最棘手的難題，我們就能夠以最肯定的態度說：採取這種立場並產生這個結果的教義學，乃是走錯路了。」
3. 經文的平行式結構加強了地上的寶座與天上的寶座、撒馬利亞的宮廷與屬天的宮廷之間的關係（取材及修改自 Davis 2002, 318）：

二十二 5～14	二十二 15～28
詢問	詢問
回答	回答
王感不滿：約沙法	王感不滿：亞哈
提及米該雅	米該雅的預言

寶座的場景：撒馬利亞	寶座的場景：天堂
給先知的壓力	先知被囚

4. Augustine 1983, 376：「所以，上帝確實不單用邪惡的天使來刑罰惡人，就如詩篇所論及的一切惡人的例子，就如亞甲王的例子；有一個說謊的靈，按著上帝的旨意確實欺騙了亞甲，好叫他戰死沙場。」阿奎那在回答有關人類會不會受鬼魔攻擊的問題時，就引述了這段文字（Aquinas 1920, part I Q. 114 art. 1）。
5. 這大概就是西底家說，米該雅從他那裏偷去了耶和華的靈的意思（王上二十二 24）。他可能是說：「你怎麼得到聖靈去說預言？」這當然暗示了西底家是在嘲笑米該雅，因米該雅聲稱擁有耶和華的靈。也有可能他是語帶諷刺地重複了米該雅的句子：「你說聖靈是以欺騙的靈臨到，那怎麼你在預言謊話？你怎麼到頭來被**我**那欺騙的靈——耶和華的靈——所充滿？」（Davis 2002, 328n10）。

列王紀上二十二41～列王紀下一18

令人印象深刻的是，列王紀下像列王紀上那樣，都是以一個臥病在牀的王為開始的。大衞和亞哈謝都在臨終的牀上接待先知，但二者的結局很不一樣。儘管以利亞完全有能力起死回生（王上十七17～24），但亞哈謝卻從別處尋求幫助。以利亞沒有使亞哈謝從他臨終的牀上起來，反而預言他會死在那裏。

這不是以利亞頭一次發出對亞哈的後裔不利的預言，之前，以利亞曾經預言暗利王朝的結束，亞哈家將會徹底滅亡。因為亞哈有悔意，耶和華就寬容起來，並說祂不會在亞哈在世的年日裏毀滅亞哈家，卻要在亞哈兒子的時候毀滅它（王上二十一29）。這個兒子就是亞哈謝，他表現得壞透了，像位該承受審判的人。他行父親亞哈的道，以及行他母親的道，服事巴力，惹耶和華發怒（二十二53）。當他跌倒受傷的時候，他派使者去求問以革倫的神巴力，這正是他效忠於他父母所事奉的諸神的一個具體例子。

敘事者以約沙法簡略的統治記錄作為對比（王上二十二41～50），使亞哈謝的邪惡得到更明顯的緩解。[1] 約沙法無論如何都不

166 是一個完美的王，他因以下的事受到批評：他和以色列王結盟、他的兒子娶了亞哈和耶洗別的女兒（王下八 25～26）、他沒有除去國內的邱壇（就連猶大的好君王也常有這種失敗）。所羅門擁有船隻，約沙法也有船隻在以旬．迦別，即阿卡巴灣（Gulf of Aqaba）的最北面（王上九 26）；約沙法並試圖恢復與俄斐的貿易，這又是要返回所羅門的太平日子，當年黃金豐富地流進國內（九 28）。然而，約沙法決不是所羅門（Provan 1995, 167～68），他的船隻損壞了，他最終亦拒絕與亞哈謝一同恢復與俄斐的貿易。雖然有這些失敗，但對於約沙法的統治，聖經的評語大致上是正面的，因他「行他父親亞撒所行的道，不偏離左右，行耶和華眼中看為正的事」（二十二 43）。他繼續亞撒在禮拜儀式方面的改革，把亞撒所沒有趕盡的孌童都除去了（二十二 46）。他看來是控制著以東的領土，約沙法派一名總督坐上以東的王位，以猶大王的總督的身分來治理以東（二十二 47）。[2]

相比起那為義的、相對之下較成功的約沙法，亞哈謝是邪惡失敗的例子，列王紀下開頭的經文早已表明了這樣的評價：「亞哈死後，摩押背叛以色列。」雖然有關摩押背叛的故事要到列王紀下三章才告知讀者，但在列王紀下起首的這一節經文，卻不是錯置的。摩押位於約旦河東面。在列王紀中，至今只約略提到它（參王上十一 7）；在大衛和所羅門時代，它是以色列的附庸國。大衛和摩押有家族上的連繫（得四章），他把摩押納入以色列的版圖（撒下八 2、12）；從大衛到亞哈謝的年間，以色列一直統治摩押。亞哈死後，摩押背叛（**ויפשע**）以色列，脫離了以色列的勢力範圍。在約沙法控制著外邦人的當兒，亞哈謝卻失去了對外邦人的控制權。因亞哈家沉迷於偶像崇拜，主削弱了以色列王的權力。在這方面（就如在其他方面），亞哈的人生和他的遺物與所羅門的很相似：所羅門死後，他的兒子統治著一個縮小了的國家，而亞哈謝也是一樣。以色列國如同它的王一樣病入膏肓，這個王朝正在苟延殘喘。

一切都準備就緒，暗利王朝危在旦夕，亞哈家隨時告終。列王紀下一章的情節發展，引導我們料想有一個最終的結局，但事實上它使我們感到不滿意，因為亞哈家仍是屹立不倒的(Provan 1995, 169)。在這一點上，亞哈家就像耶羅波安一世的家；來自猶大的神人曾預言耶羅波安的家將要滅亡(王上十三章)，而在接續的故事裏，我們得知他的兒子亞比雅患病；這兒子死了，但那王朝還沒有結束。亞哈的兒子就像耶羅波安的兒子一樣，平安地死去，而其王朝依然屹立不倒；那王朝要到了亞哈的第二個兒子統治以色列的時候才告敗亡。

在創世記，那些較年長的兒子(以實瑪利、以掃、流便)重複地顯明是不忠心的，上帝除去他們而寧可揀選較年幼的兒子(以撒、雅各、約瑟/猶大)。這個規律指向聖經歷史的整體結構，在這結構裏，「較年長」的亞當被較年幼的「末後的亞當」所取代了。 167
在列王紀，這規律有一個不同的扭轉。上帝除去了一個較年長的兒子，卻沒有以一個忠心的年幼兒子來代替他，反倒是，較年幼的兒子承受了審判的重刑。就亞哈家與耶羅波安的家來說，規律是這樣：父親犯了罪，使他們的王朝注定要滅亡；一個較年長的兒子活著並平安無事地死去，而審判卻落在一個較年幼的兒子身上。

這個規律也在以色列的歷史中大規模地展示出來。以色列和猶大是兩姐妹，統治兩個王國；至少從某些方面來說，以色列是較年長的(結二十三章)。以色列轉向偶像，先知們不斷預言北國的滅亡。北國確實敗亡了，但耶和華審判的重刑卻落在猶大身上，因猶大效法了它姐姐的榜樣。以色列的歷史在福音上的圓滿(fulfillment)，出現了相同的規律。亞當是全人類的父，上帝聲言，他一吃了那樹上的果子就必定死。他吃了，他被逐離開伊甸園，最後死了。就我們所能說的，亞當就像耶羅波安的兒子亞比雅和亞哈的兒子亞哈謝那樣，平平安安地死在牀上；起初，死亡的咒詛沒有落在亞當的第一個兒子該隱身上，而是落在第二個兒子亞伯身上。從更廣闊的觀點來看，亞當較年幼的兒子就是末後的亞當——耶穌，祂承擔了那給亞當的全部咒詛。耶穌是末後的亞當，祂承受了其父親亞當因罪而得的刑罰。耶穌是創世記中那較年幼的弟弟，祂取代了兄長的位置，得以站在耶和華的右邊。耶穌也是列王紀中那較年幼的弟弟，祂承擔了兄長的罪。耶穌是猶大，為以色列受苦。

亞哈家的邪惡較耶羅波安家的，有過之而無不及。耶羅波安設置兩隻金牛犢並崇拜它們，但當他的兒子病危之時，他就囑咐妻子去拜訪耶和華的一個先知（王上十四章）。而亞哈家不但崇拜巴力，而當亞哈謝病危之時，他沒有尋求耶和華的先知，而是尋求以革倫（非利士的一個城）的神巴力（王下一3）。正如上文已經指出的（參列王紀上十六章15至34節的註釋），「巴力．西卜」（Baal-zebub，בעל זבוב）這名的意思是「蒼蠅巴力」，大概是"Baal-zebul"有意的訛誤，"Baal-zebul"的意思是「君王巴力」或「尊貴的巴力」。作者對那些拜巴力者的虔誠，沒有多少敬意，他取笑他們的神的名字。這不是惟一的例子（王上十八27），這意味著聖經作者不同於我們現代人，後者對虛假和嗜血的神明表示一種自然的尊敬。很久以前，以色列征服了非利士，而耶和華羞辱了非利士人的神明，但亞哈謝卻去求問他們的神。亞哈謝就像出埃及的那一代人一樣，渴望回到埃及和埃及那些被打敗的神明那邊去。對於亞哈謝到以革倫去求問一事，以利亞視之為亞哈謝不信的記號，以利亞三次提出這個問題：「你們去問以革倫神巴力．西卜，豈因以色列中沒有上帝嗎？」（王下一3、6、16）

對於強調求問假神一事（王下一2、3、6、16），列王紀下為實用無神論（practical atheism）提供了一個有用的診斷測試。一個

人和一個文化對宗教信仰的基本委身，在其獲取「神諭」的做法上
明顯地顯示出來。明顯地，那些求教於占星術，每週造訪看一次掌
相，或閒時玩玩塔羅牌的人，其所擁有的信仰比膚淺還要膚淺，但 168
求問巴力．西卜，也可以有較高尚體面的形式。現代社會很倚重專家，特別是科學界的精英，因他們聲稱能夠在一個由意見主導的世界中提供真理。雖然有人聲稱，當下的美國文化已進入後現代時期，但就這上面的意義來說，它還是十分現代的。啟蒙運動的事業，至少就若干主要的形式來說，其基礎是這個信念：科學有利於破除傳統的迷信和偏見，人應該廣泛地把這樣的知識傳開。可是與此同時，這個科學性的真理實際上是由各種不同的專家發現的；惟有他們擁有所需的訓練和見識，能以評估各種主張的真確性。專家有其發揮所長的時候。我們當然不會希望，由一位業餘人士來進行心臟搭橋手術，但後啟蒙運動（post-Enlightenment）對專家的依賴，經常是一種實用的偶像崇拜，是求問巴力．西卜而非求問耶和華的一種形式。以利亞大可以以這個問題——「你們去求問以革倫的神巴力．西卜，豈因以色列中沒有上帝嗎？」——來質疑那些在輔導上倚賴佛洛伊德（Sigmund Freud）、在社會學和政治學上倚賴馬克斯（Karl Marx）或韋伯（Max Weber）、在傳福音的規劃上倚賴麥迪遜大街（Madison Avenue）的推銷手法的教會（Gay 1998）。

耶和華沒有讓亞哈謝實現他的計劃。亞哈謝差遣使者（מלאכים）去求問巴力（王下一2），但「耶和華的使者」（מלאך יהוה）差遣以利亞去攔截亞哈謝的使者（一3）。正如在列王紀的其他經文一樣，先知的職事是與君王的活動「垂直」的。亞哈謝像他的父親一樣，是個掃羅，因為掃羅也曾求問虛假的神諭，卻被一位先知打斷了（撒上二十八章）。像在隱．多珥的撒母耳那樣，以利亞是最後一次向亞哈家的王說話。又，就如在列王紀的其他經文一樣，作者把以利亞和假神形成對比。以利亞比以革倫的巴力更有能力，作者

用一種在列王紀上二十一章用過的文學手法，加強了這一點。列王紀下一章 3 節記錄了耶和華的使者的信息，但到了講話的中間部分，場景改變了，變成由以利亞來宣講這信息。耶和華的話被等同於以利亞的話，而耶和華的話勝過亞哈謝的話。敘事者在一章 8 節對先知的描述，強調了以利亞與巴力之間的對比。亞哈謝差派使者出去，吩咐他們去求問巴力．西卜，但他的使者在途中遇到了一個「身穿毛衣的巴力」（baal of hair，בעל שער）—— 稱號對了，但不是他們原來要找的神 —— 以利亞。這「身穿毛衣的巴力」能使病人從臨終的牀上起來，但以革倫的巴力．西卜卻是無能的。

亞哈謝暫時拋開要諮詢非利士人所拜的巴力的願望，派遣三隊士兵、每隊五十人去捉拿以利亞 —— 以色列人的巴力。以利亞再次證明了自己帶有上帝的大能，比亞哈謝或亞哈謝所拜的諸神明更有能力。以利亞像耶和華那樣，坐在山頂上。當五十夫長以「上帝的人」（**איש האלהים**；編按：《新標點和合本》譯作「神人」）來稱呼以利亞時，以利亞喚來「上帝的火」（**אש־אלהים**）來燒滅頭兩隊士兵。以利亞與我們是一樣性情的人（雅五章），但靠著熱切而正當的禱告，他能夠差派火球從天上降來。「人」（**איש**，*'îsh*）和「火」（**אש**，*'ēsh*）一語雙關，它表示以利亞自己就是從天上而來的
169 「上帝的火」，要以他熾熱的話語來吞滅以色列（耶一 10）。亞哈謝像卡通人物般堅持派遣士兵捉拿以利亞，其徒勞無功帶有滑稽的成分：「頭一次派去的五十個人被活活燒死了嗎？那就讓我們多派五十個人去，**要求**以利亞速速來到。那會是行得通的策略。」偶像崇拜，正如保羅所強調的，會使拜偶像的人變得盲目。他們所尋求的神並不是神；不但如此，他們更一直不斷地返回、返回、返回。

經文多次重複「上去」和「下來」這兩個詞語。耶和華的使者打發以利亞「上去」迎著亞哈謝的使者（王下一 3），而以利亞給亞哈謝的信息是，他永遠不能「下」其所「上」的牀（一 4）。以利亞的

神諭，包括其中的「下」和「上」，都在一章6和16節重複了，又在兩個五十夫長各自帶領五十個士兵「上去」以利亞所處的山上（一9）、吩咐他「下來」（一9～11）的事件中重複了。以利亞沒有下來，倒是有火從天上「降下」，正如以利亞所預言的（一10、12）。第三個五十夫長「上去」（一13），因為他謙卑的緣故，耶和華告訴以利亞要「下去」見王（一15）。這一切都是由於亞哈謝從樓上的房間「掉下來」（一2）而促成的。

在聖經裏，惡人經常被描繪成是被某種地心吸力所摧毀的——他們跌落陷阱裏，下到深坑中。本章經文把這種象徵手法逆轉了。儘管在故事的開頭，亞哈謝從高處墮下（他父親的王朝亦如是），但他卻死在「高處」，這諷刺性地逆轉了他受傷的原因。以利亞高高在上，像耶和華般被高舉在山上，但他下來傳達一個信息。這給與我們一點提示，讓我們認識到以利亞其先知職事的特點。先知先是「上去」，以體驗上帝的臨在，然後才能夠「下來」傳達耶和華的話。以利亞的職事將會以「上升」來完結，是次「上去」並沒有隨之而有的「下來」（王下二11）。不過，即使在那個時候，因為以利沙領受了以利亞的外衣和比以利亞所擁有的為雙倍的靈，所以從某種意義來說，以利亞以以利沙的身分「下來」，繼續他的工作。上去和下來是真先知的活動，真的「使者／天使」會在一把通天的梯子上上去下來。

以利亞在這故事中的上去下來，不但象徵了他作為先知的權威，更提示了他所事奉的上帝的本性。耶和華高高在上，高過諸天，可是祂也下來；在這一點上，祂顯示了祂比一切的偶像都要優越。上帝不但比萬國一切的神明都要高超，祂更比別的一切神明都要低下，祂下降到幽暗之中，比冥府或陰間所能想像得到的幽暗更深。祂不只是從安全的天堂裏擲下火球，祂更是來就近我們，正面對著我們，並派遣惱人的先知與君王對質，干擾他們的生活和計劃。耶和華拒絕委婉地把自己從人世間的事務中撤出來。在許多人看來，這樣做對於一個神來說，是與祂的身分不相配的。任何一個高尚可敬的、老練的神明都會留在其本處，在屬天的幸福寧靜之中，端莊高雅，不會插手干預我們的支票簿、我們的婚姻、我們對大自然資源的運用、我們對待窮人的態度。祂在這些事情上不會表達意見。但以色列的上帝拒絕停在原地不動。以利亞的上帝，
170 亞伯拉罕、以撒、雅各的上帝，耶穌基督的父，祂是在神人身上、在上帝的火球之中、在話語和審判之中、在肉身之中、在餅與酒之中下來的那位上帝。上升，是上帝能力的彰顯，但道成肉身更是如此。

在全本舊約聖經裏，巴力．西卜這名字只見於列王紀下一章（Cohn 2000, 5），但在福音書裏，這名字卻以撒但的名號出現——那時，以色列領袖指耶穌是靠著鬼王別西卜（Beelzebub）來趕鬼的（太十 25，十二 22～28；可三 23～29；路十一 17～20）。亞哈謝因患病的緣故求問巴力．西卜，而耶穌就在醫好一個被鬼附之人之後，被指控為是與巴力．西卜結盟的（太十二 22）。質疑耶穌的法利賽人，實際上自以為擁有以利亞那高高在上的先知地位，以亞哈謝的罪名來控告耶穌（亞哈謝和偶像湊在一起）。他們認為，耶穌是自命不凡的褻瀆者，在以色列中傳播一種新的教訓。法利賽人說：「難道在以色列中沒有上帝，以致你需要靠著別西卜的名義來趕鬼？」然而，耶穌把鬼從那被鬼附之人身上趕出去，這顯示了以色列中有一位上帝，這位上帝如同天上降下來的火，親自下來要把祂的國引進來（十二 28）。[3] 站在法利賽人前面的這位先知，比「身穿毛衣的巴力」更大，他像以利亞那樣，比壯士更強壯。

註釋

1. 列王紀上與列王紀下的中斷是無意義的，因它處於亞哈謝作王的這段描述中間。要明白列王紀下一章所發生的是甚麼事，我們需要把它視為從列王紀上結尾部分開始的描述的延續。經文的結構如下（取材並修改自Cohn 2005, 5）：

A 亞哈謝作王和他患病的事（王上二十二 51～王下一 2a）
  B 亞哈謝所差遣的使者遇上以利亞（一 2b）
    C 耶和華的使者差遣以利亞（一 3～4））
      D 使者向王回報以利亞的話（一 5～8）
  B' 亞哈謝差遣士兵捉拿以利亞（一 9～14）
    C' 耶和華的使者差遣以利亞去見王（一 15～16）
A' 亞哈謝之死以及他統治的完結（一 17～18）

2. 列王紀上二十二章47節沒有明言該代理人〔譯按：即《新標點和合本》的「總督」〕是約沙法委派的，但從上下文可知道這一點。
3. 這一點是由比設小組（Pesher Group）的組員來斯（Peter Roise）提出的，我為此感謝他。

列王紀下二 1～25

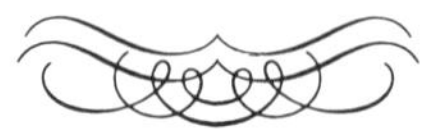

171 耶穌從摩西的律法起教導門徒：全部舊約聖經都是關於基督的受苦和榮耀的（路二十四 27）。這個詮釋原則固然應用在某些經文上，比別的經文更適合，但把它應用在列王紀下二章，卻是沒有問題的。以利亞預表著施洗約翰（太十一 14；可九 9～13；路一 17），而由以利亞到以利沙的過渡，就預表了由約翰到耶穌的承傳。以利亞像施洗約翰一樣，是曠野中一把孤獨的聲音，但以利沙則被門徒包圍著。耶穌的職事是施行賜生命的神蹟的職事——潔淨痲瘋病人（可一 40～45）、使死去的兒子復活並把他們活活地交給他們的母親（路七 11～17）、解除痛苦。同樣，以利沙使死人復活（王下四 18～37），用二十個由大麥做的餅餵飽一百人（四 42～44）、潔淨痲瘋病人（王下五章）。從事物的表面看來，以利沙是耶穌的預表。

但這預表論也可以以另一個方式操作：以利亞是耶穌本人的預表，而以利沙則預表了那些在耶穌升天後繼承他的職事的一眾門徒。以利沙最初出現的時候是在耕地，但他後來離開了他的家和他的家人（王上十九19～21），像耶穌的門徒離開了他們工作的漁船和稅關來跟隨祂。在列王紀下二章的開頭，以利沙寸步不離地跟隨他的師傅，拒絕獨個兒留下，直到以利亞被旋風接去了為止。因著跟隨以利亞，以利沙也變得像他的師傅一樣，並在以利亞離開後，以利沙馬上開始重複他的職事。以利沙領受了那應許的、比感動以利亞的靈為雙倍的靈之後，他成為以利亞的「化身」（或「再生」），就如同教會在耶穌的靈裏成為了基督的身體。先知門徒看出以利沙和他的師傅之間的相似性，就如同猶太人看見彼得和使徒們的膽量，就想起他們是曾經跟隨耶穌的（徒四13）。

從這個角度看，「以利亞—以利沙」的故事，直接預示了耶穌
生平的事件次序（Brodie 1999, chap. 5）。福音書的開始是約翰像 172
以利亞般的職事，他和具有矛盾情緒的希律王及嗜血的王后對質，並呼籲以色列悔改（可一1～8，六14～29）。約翰為耶穌施洗，以耶穌作為他的繼承人（可一9～11），就如同以利亞呼召以利沙（王上十九19～21）；而且耶穌在受洗的時候領受了聖靈，就如同以利沙領受那感動以利亞的靈。耶穌預言耶路撒冷聖殿將被毀滅（可十三章），而以利沙就膏立耶戶這位巴力廟的毀壞者（王下九1～10）。耶穌來，又吃又喝（路七34），而以利沙的職事就像耶穌，特別是他把最大的關懷放在賜人飲食一事上。他在耶利哥治好那致死的水源（王下二19～22），為先知門徒提供健康的食物（四38～41），使餅增多以餵飽羣眾（四42～44），把食物分給那些前來捉拿他的亞蘭兵（六20～23），並且為被圍困的撒馬利亞提供食物（七1、18～20）。福音書以空墳墓為結束，而以利沙的故事就以他那賜人生命的墳墓作結（十三20～21）。[1]

列王紀下二章的故事也可以往後延展。在以利亞的整個職事中，他是一個新的摩西，以利沙就是他的約書亞。亞哈是法老王，一旦他的兒子死去了（逾越節），以利亞和以利沙就離開本地——

那地的諸神被打敗，那地的太子已死去（出埃及）。以利亞在約旦河那邊離去了，就如摩西那樣，而以利沙就從那邊回來，完成征服的大業，這意味深長地從耶利哥開始。於是，有關基督的預表論是多個層次的：摩西預表以利亞預表約翰；約書亞預表以利沙預表耶穌。但是，摩西也預表以利亞預表耶穌，約書亞預表以利沙預表教會。

這段經文的困難不在於發現它所預表的各個層次，而在於理解敘事在字義層面的事件和動機。以利亞首先選取一條不尋常的路線離開本地。古代以色列有幾個地方都叫「吉甲」，但其中最有名的是靠近約旦河、位於耶利哥東面的吉甲（書四 19 ~ 24）。以利亞從那裏開始，往西走了大約十五英里而來到伯特利，然後又回到約旦河附近的耶利哥。吉甲、伯特利和耶利哥，都讓人聯想起以色列人初到應許地之時。以色列最初進入應許地的時候，是在吉甲安營的，以色列的男人在那裏受割禮，以色列亦在那裏過第一個逾越節（五 1 ~ 12）。伯特利使人聯想到艾城；在征服迦南地期間，伯特利和艾城一同遭毀滅（八 9、12、17），而至於耶利哥，當然就是使城牆坍塌的那場重大戰爭的所在地。每一個城，簡言之，都是讓人聯想起約書亞征服迦南一事。在拜偶像的暗利王朝的統治之下，以色列在時間上往後移，因暗利家的王鼓吹以色列人敬拜迦南地的諸神，特別是巴力。以利亞藉著他離去前的巡行，展示了這種逆轉，他在約旦河的那邊預演了以色列和猶大被擄的事情。不過，就像後來在以色列史上所發生的被擄事件那樣，這個把征服應許地逆轉過來的過程，正好為新的一次征服預備了場景。

173 列王紀下二章的結尾，預示了以利沙「征服」應許地的策略：首先，他治好了耶利哥的水（王下二 19 ~ 22），然後咒詛那羣在伯特利取笑他的「童子」（二 23 ~ 25）。以利沙的整個職事（主要在列王紀下四至八章）都是依照相同的次序。首先，他組成「先知門徒」〔譯按：直譯是「先知之子」〕的社羣。他幫助了一個無力償還債務的寡婦（四1～7）；給書念婦人一個孩子，並使他從死裏復活（四8～37）；為先知門徒供應食物（四38～44）；告訴亞蘭人乃縵如何才得潔淨（王下五章）；並使丟失的斧頭從約旦河浮起（六1～7）。當以色列境內忠信的社羣蓬勃地發展起來的時候，以利沙就在多場與亞蘭人的戰爭中，為約蘭王提供幫助（六8～七20）。以利沙的職事的雙面性是具關鍵性的：他對先知羣體的事奉，並沒有使他忽略或忘記了整個以色列的事情。就是當他把生命帶給先知羣體和他們的眷屬之時，他的工作總是表現出一種對全體上帝子民的深切關懷。

惟有當以利沙完成了對先知羣體和以色列統治者那深具憐憫的職事以後，以利沙才履行他膏立亞蘭人哈薛（王下八7～15）和耶戶（九1～10）的使命；這二人被膏立是為了向亞哈家報仇。當耶戶的復仇大業來到之時，就有一個具有活潑信仰的教會，以致其中有若干人熬過了審判，並在猶大國歷史的後期，重新與猶大國內的忠信子民聯合起來（參列王紀下十八章1節至二十章21節，以及二十二章1節至二十三章30節的註釋）。以利沙雖然在列王紀下九至十二章裏沒有出現，但他的工作還沒有完結，直到耶戶和約阿施把亞哈家和巴力的餘民，從應許地上除盡為止。以利沙在約阿施的故事之後又再出現，以發出最後的預言並施行最後的神蹟，這是最適宜不過的（十三14～21）。約阿施復修聖殿一事，標示了以利沙「征服」迦南的完結(最終還沒完結的)，正如所羅門建聖殿一事，完結了約書亞的征服過程。雖然令人印象深刻的是，到了耶戶的時期，先知羣體從列王紀的敍事中消失了。儘管以利沙作為傳遞耶和華生命的執事，做得相當成功，但他的職事還是沒能挽救自身的先知羣體免於受苦，因為全體以色列人，不管忠信的或不忠信的，都在被擄的審判中受苦。然而，以利沙的職事已奠定了一個基礎，讓被擄到遠方的餘民建造一個新的民族。

以利亞和以利沙在伯特利和耶利哥遇到一些所謂「先知門徒」（王下二3、5；譯按：直譯是「先知之子」）。先知門徒的存在本身就叫人感到意外。以利亞三次形容自己是一個孤獨的先知（王上十八22，十九10、14；比較王上二十章），即使，耶和華在西奈山上答應過要留下七千個不會向巴力屈膝的人。但是，到以利亞準備要離去的時候，諸先知在各個地方出奇不意地出現了。在列王紀上，眾數形的「先知」經常用來指假先知（十八19、22、25，二十二6、10、12、13；比較十八4，二十35），但在列王紀下二章之後，眾數形的「先知」差不多全都是用來指真先知、那些和以利沙在一起的「先知門徒」（三章13節和十章19節是例外的）。以利亞強而有力，是先知門徒的「父」（王下二12）；耶和華在北國興起忠心服事祂的羣體，在拜金牛犢的主流教會中發起一個「更新
174 教會」運動。一個勇敢而不妥協的先知——一個以利沙、一個路德（Martin Luther）、一個胡提拿（Karol Wojtyla；譯按：即教宗若望保祿二世）——不會長久地孤獨，但他的勇氣會掀動其他人的勇氣。不久，躲藏起來的忠信子民會從他們的地下墓穴裏出來，走到光天白日之下——信義宗教會散佈在各處；主流教會的內部出現更新運動；團結工會（Solidarity；編按：波蘭的一個工會組織）向獨裁者作出挑戰；因遭遇迫害而變得更頑強的非洲主教，開始在北半球建立教會。重要的是，先知門徒在以色列偶像崇拜的中心——伯特利（王上十二章）和耶利哥（王上十六章）——鞏固並發展起來。耶羅波安一世把金牛犢安置在伯特利；至於耶利哥，它一向被認為是不應該重建的，但當耶利哥再次在地圖上出現的時候，主就差遣先知門徒在這背叛的中心建立教會。

以利亞的行為和他的巡行路線一樣奇特。他三次吩咐以利沙留下來——在吉甲，在伯特利，在耶利哥——但每一次以利沙都

拒絕了，他起誓要留在師傅的身邊。以利沙最初和以利亞相遇的時候，他就知道，他是注定要領受那代表著先知領導職分的外衣的（王上十九 19～21）；對以利沙來說，如果他要領受那感動以利亞的靈（這靈會使他能以延續以利亞的職事），他就必須跟隨師傅到底。

在橫渡約旦河的一次出埃及事件中，以利亞和以利沙離開了那時已變成了一個埃及的北國。摩西曾用一根杖把水分開（出十四 16），而以利亞則用一件捲起的外衣，就是他在西奈山上，耶和華向他顯現之時所穿的那件外衣（王上十九 13），來把水分開。當然，以利亞通常是把外衣穿在身上的，這不但象徵了他是一個先知，更象徵了他是一根人肉「手杖」，一根成肉身的「審判之杖」。以利沙穿起以利亞的外衣，他就成為了那工具，用以執行在西奈山上上帝所應許的審判（十九 15～18），他成為了那擊打土地的人肉手杖。在過約旦河的時候，以利沙求以利亞賜他「雙倍」或「兩口」（פי־שנים）那感動以利亞的靈，即是長子所應得的份量（申二十一 17），這顯示了以利沙是「先知門徒」中最超卓的一個。[2] 他要求得到雙倍以利亞所擁有的靈；據猶太傳統所記，以利沙行的神蹟是以利亞的雙倍（十六比八）。耶穌同樣應許門徒，當聖靈來到的時候，他們要做「更大的事」。[3]

以利亞既已離去，這問題就再次被提出來：以色列中有上帝嗎？在此之前，當神人以利亞召喚上帝的火從天上降下，吞滅亞哈謝的手下之時，他展示了他 —— 不是以色列王 —— 才是以色列中的「神」人（human "god"；王下一章）。到以利亞升天以後，以利 175
沙回到約旦河邊，並詢問那看著以利亞離去的五十個先知門徒：「耶和華 —— 以利亞的上帝在哪裏呢？」以利亞的離去是否意味著耶和華的離去，正如過去曾經發生的那樣（參列王紀上十七章 1 至 24 節的註釋）？以利沙最初所行的神蹟回答了這個問題，這些神蹟說明了在以利亞已然離開了的這一刻，耶和華的靈是更有能力地工作。以利沙用以利亞的外衣把水分開，就如以利亞先前所做過的（王下二 14）。以利沙沒有像約書亞所做過的那樣摧毀耶利哥城，倒是把那裏的水和土地治好了（二 19～22）。該地本來是「不毛的」或「不育的」，是導致「流產」的（二 19），但以利沙用那象徵著種子的鹽來治好那地，使之肥沃多產。身為先知門徒之父的以利亞，生了一個多產的「兒子」；以利沙藉著重複以利亞的工作，確立自己為先知門徒的新「父親」（十三 14）。以利沙證明以色列中有上帝，而以利沙就是祂的先知。以利沙的所言所行，就是耶和華的所言所行。同樣，耶穌走了，但祂卻沒有撇下祂的教會，祂倒是把聖靈差來，好讓教會能繼續在世界體現上帝的臨在。

在二章 3 節和二章 5 節，先知門徒告訴以利沙，「耶和華今天要從你的上頭取去你的師傅」（הידעת כי היום יהוה לקח את־אדניך מעל ראשך；譯按：經文乃按英文原文翻譯）。以利亞是以利沙的保護者、嚮導和「頭」，但以利沙將要失去以利亞的領導。作為以利沙的頭，以利亞進入了天堂，而以利沙就在以色列中繼續其師傅的工作，這就如教會的頭在地上受苦、服事和克勝罪惡之後，帶著勝利坐上天上的寶座一樣（弗一 20～23）。

這來自先知門徒的、一句重複多次的句子，有助說明在列王紀下二章結尾時所發生的故事，該段經文是聖經中最受爭議的經文之一。二章 23 節的「童子」（נערים קטנים）一語，其意思可以指「少年人」[4] 或「部屬」。伯特利是耶羅波安一世設置金牛犢神龕的所在地，按上下文的提示，這些人不是小孩子，而是敬拜偶像的神龕裏的「利未人」。[5] 以利沙的咒詛是作戰的行動，是一種像約書亞那樣針對偶像崇拜中心的攻擊。本章經文的交叉結構更強調了這一點：

A　把頭取去（二 1～6）

B　五十人（二 7）

C　過約旦河：以利沙把水分開（二 8）

D　以利沙要求得到那感動以利亞的靈（二 9～10）

E　戰車把二人分開（二 11a）

F　以利亞乘旋風升天（二 11b）

E’以利沙看見了，向戰車呼喊，撕裂衣服（二 12）

D’外衣（二 13）

C’把水分開（二 14） 176

B’五十人（二 15～18）

A’禿頭（二 23～25）

少年人嘲笑以利沙，因為他那「多毛的頭」，即他那「身穿毛衣的巴力」（王下一 8）被接去了。也許以利沙為哀悼以利亞的離去，實際上真的把頭剃光，但這也有一個可能，就是他們之所以嘲笑以利沙，是因為他們相信，沒有以利亞，以利沙就失去保護了。他們叫以利沙「上去」，他們的嘲笑也是指向以利亞的：「你曉得你可以到哪兒去的，以利沙！」以利沙再次證明他擁有以利亞的靈，即是耶和華的靈，因為他能夠輕易地從樹林裏召喚母熊出來，像以利亞那樣能夠容易地召喚火從天上降下，燒滅亞哈謝的士兵（Davis 2005, 39）；像耶和華那樣能夠容易地釋放獅子，讓牠們咬死不順從的先知（王上十三 20～25；比較利二十六 22）。

經文結構的中心部分是以利亞的離去。火車火馬是耶和華的榮耀，也就是耶和華自己的戰車（Kline 1986），以利亞這個「神」人就像摩西那樣上升到榮耀裏。明確地說，他是被旋風接去的；這旋風經常是經驗上帝臨在的特定記號（王上十九 11；比較伯三十八

1）。以利沙稱以利亞是他的「父」，又稱他（在希伯來文中）為「以色列的戰車馬兵」（王下二 12）。以利亞不只是乘坐耶和華的戰車，而是他**就是**耶和華的戰車；他這先知有上帝的同在，是以色列國的真正保護者。以利沙承認，以色列真正的能力、真正的防衛，不在於君王或君王的馬匹戰車，而在於他的師傅以利亞。[6] 對於最初一批經歷了被擄的讀者來說，經文的信息是，大衛王朝明顯的失敗不會讓以色列失去保護。今天，已經升到天上去的先知耶穌，是祂百姓的戰車和馬兵；又或者，可以說，被基督的靈所充滿的基督的身體，就是永生上帝的流動寶座和戰馬。

以利亞被接升天的故事，是依循著一個獻祭儀式的程序（利一章）。在他們結伴同行的旅程中，以利亞和以利沙組成了一個單元，一個「二人」（王下二 7）。他們一起渡過約旦河，就如一隻祭牲於被獻在壇上之前，先要把身體各部分洗淨。從天上有火降下，把他們一分為二，一個在火中上升到上帝那裏，就如被放在壇上的祭牲在濃煙中上升到天上。就燔祭（ascension offering；或全牲祭〔wholly burnt offering〕）的情況來說，祭牲的皮是給祭司的，而以利亞那像皮的外衣——「身穿毛衣的巴力」的毛衣——就留給以利沙。藉著是次以人為「祭」，以利沙成了以利亞的繼承人，並開始了先知歷史的一個新階段。就這方面的意義來說，以利沙和以利亞的故事也預表了耶穌的犧牲：祂在約旦河裏被洗淨，把自己交出來，被一分為二，上升到天上的雲彩中，並把祂的靈和祂的外衣留給其門徒。

177 獻祭的儀式在慶典、在一場筵席中完成，在以利亞「被獻為祭」而離去之後，以利沙開始履行歡宴（feasting）的職事。早在列王紀下二章裏，以利沙就以他所吃的東西作為他事奉的特色。耶穌曾應許，祂的父不會拒絕那些祈求得到聖靈的人，耶穌並以食物作為隱喻：父親不會拒絕把餅和魚給他的孩子，照樣，天上的父也不會拒絕賜下聖靈（路十一 11 ～ 13）。以利沙請求獲得聖靈，而以利亞所給他的回應也用了一個食物的形象。如上所述，在希伯來文裏，以利沙是要求得到「兩口你的靈」（two mouths of your spirit）或「兩口那靈」（a double mouthful of the Spirit；王下二 9）。在以利沙和耶穌看來，聖靈是食物；以利沙之所以能夠提供豐富的食物，是因為他的口充滿了聖靈。繼耶穌犧牲之後，我們的父給我們餅和酒，那象徵了祂不會拒絕把聖靈賜給凡尋求祂的人。而且那不只是一個象徵：藉著這個筵席，我們吃喝屬靈的食物（林前十 1 ～ 4），正如我們藉著聖靈以子為食物一樣。主說：「你要大大張口，我就給你充滿。」那已升到天上的、更偉大的以利亞，以兩口祂的靈來充滿我們。

註釋

1. 正如布羅迪（Thomas Brodie）指出的，福音書不但在內容上、也在形式上，和「以利亞—以利沙」的故事相配。列王紀的這些篇章，所佔的篇幅大約等於馬可福音的長度，而且福音書和「以利亞—以利沙」的故事，兩者都是由相對來說頗完整的小單元所組成的（Brodie 1999, 88 ～ 89）。
2. 約瑟雖然是較年幼的兒子，但他卻獲得了「雙倍」的土地，因為他的兩個兒子——以法蓮和瑪拿西——各自得到了一份土地。因此約瑟被看成是長子；把以法蓮（北國）看成是（相對於猶大來說）較年長的兒子，就是因為有這樣的背景。
3. 在列王紀上三章，所羅門向耶和華求智慧。以利沙的請求在兩個重要的方面很不一樣：他向以利亞而不是直接向耶和華求，這提示以利亞作為先知，他是與耶和華的靈溝通的渠道；又，以利沙要求獲得聖靈而不是智慧。在此重申我之前所提過的一點：以色列的復興不在於君王的智慧或政治上的成就，而在於耶和華的靈在祂的先知身上所作的工。
4. 記得列王紀上十二章羅波安的「少年人」。

5. 在新的征服的語境下，「童子」有可能是介乎十至十二歲的兒童。在約書亞的領導之下，上帝吩咐以色列不但要殺死在幾個城裏作戰的男子，連那裏的婦女和孩童都要殺掉（申二十 10～18）。
6. 先知的這個稱號是與申命記的命令有關的；申命記吩咐說，以色列的王不可增加馬匹及戰車（申十七 16）。以色列不需要御用的馬匹和戰車，因為它從耶和華的先知兼戰車那裏，得著充足的保護。

列王紀下三 1～27

關於以色列跟摩押打仗的故事，給我們一種熟悉的感覺。那是一個出埃及的故事：約蘭與約沙法的旅程是依循以色列進入應許地之時所經過的路線，即從南面穿過以東，然後上到摩押，最後過約旦河，才到達應許地（王下三 8、24；民二十 14～21；申一 1～5）。當三王在以東的曠野繞行多日的時候，他們缺水了（王下三 9），有一個先知給他們應許：他們將有水供應，並且會獲得勝利（三 14～19）。主神蹟地給他們供應水（三 20），就如在以色列人出埃及時祂所曾做過的（出十七 1～7）。那水對摩押人來說就是死亡（王下三 21～26），猶如紅海的水，它拯救以色列人，但同時也消滅了埃及人（出十四章）。那水來的時候，它看似像血般（王下三 23），使人聯想到那在埃及變成血的水（出七 14～19）。在那伴隨著以利沙的預言的琴聲中（王下三 15），更暗藏了一首「摩西之歌」（出十五章）。

那也是一個有關聖戰的故事：約書亞進佔迦南地的時候，耶和華神蹟地把耶利哥城交在他的手中（書六章），甚至藉著干擾自然現象，來使約書亞在對抗由耶路撒冷王亞多尼·洗德所率領的諸王聯盟的戰爭中獲勝（書十章），又為約書亞提供作戰計劃，以打敗了艾／伯特利城（書七章）。具體的說，摩押一役與耶利哥一役，在好幾個細節上有相似的地方：它涉及了一段為期七天的時間（王下三 9；書六 1～5），而且到了最後，以色列人聚集在敵人的城牆下（王下三 27；書六 20～21）。再者，在士師時期，當以色列身陷極大的困境中，耶和華便會介入，救以色列脱離其對手，這些對手所擁有的軍隊規模，都遠較以色列的壯大。祂興起以笏，讓他殺死了摩押王伊磯倫（士三章）；祂給底波拉和巴拉勝利，讓他們打敗了夏瑣王耶賓和他的將軍西西拉（士四章）；祂使基甸能以一小撮人打敗米甸人（士七章）。參孫是支一人軍隊，他擁有耶和華的靈，這使得他能以在不可能的形勢下取得勝利（士十三～十六章）。
179 而在列王紀下，耶和華就使摩押人落入圈套，祂引誘他們，使他們
在沒有疑心之下進到曠野，在那裏以色列人襲擊他們、驚嚇他們。

這場對抗摩押人的戰爭是個熟悉的故事；在結束的時候，以色列理應大獲全勝，勝過背叛它的米沙，使摩押回復其作為以色列附庸國的地位，並且耶和華也應該證明自己的正當性——祂和外邦的神明不一樣。故此表面看來，以利沙是在預言：「你們必攻破一切堅城美邑，砍伐各種佳樹，塞住一切水泉，用石頭糟踏一切美田。」（王下三 19）這故事是説：以色列面對危機，它好不容易逃脱了，並在不利的形勢下，於最後一刻贏了——這一切都是由於耶和華的信實和憐憫。

假如故事在列王紀下三章 26 節結束，它就會是令人感到舒服的、安心的，並且是我們所熟悉的故事。但它還有下一節，該節破壞了整個故事，並使我們的安心滿足變為不安，正如列王紀的作者的一貫作風。我們以為我們不過是在閱讀著另一個關於狡猾的盟約之主如何使敵人落入圈套的故事，但當我們來到三章 27 節時，我

們才曉得我們所閱讀的這個故事，其實是關於一個雙倍狡猾的上帝的：祂看來是在捕捉摩押人，但祂同時也使以色列落入祂的圈套。沙馬蘭（M. Night Shyamalan；譯按：一位擅長把電影腳本的結局寫得令人驚喜的電影製作人）或會感到驕傲：那令人意想不到的結局，把整個故事從出埃及變成是一種對出埃及的諷刺；從關於以色列聖戰的故事，變成是關於聖戰的滑稽模仿作品，即一個關於外邦人勝過以色列人的故事。

到底在摩押的首都吉珥．哈列設的城牆上發生了甚麼事？據列王紀下三章27節所記，摩押王米沙在城牆上把他的長子兼繼承人獻為「燔」祭。表面看來，因著這獻祭，結果有「大怒」向以色列發出，這怒氣是那麼的猛烈，以致以色列人不得不離開摩押的領土。解經者提出幾個解釋。一是那「大怒」不是上帝的憤怒而是人的憤怒。當摩押人看見他們的王在城牆上把王太子獻為祭，他們就向以色列發怒，竭盡全力奮勇作戰，使以色列人敗退。雖然這個解釋從心理學來說是有可能的，但那用來表示「憤怒」的字眼，通常是指上帝的憤怒，而不是指人的憤怒（Davis 2005, 48）。即使這樣的解釋正確，但人的憤怒在上帝的憤怒面前也是站不住腳的。如果耶和華有意使以色列人獲勝，那麼無論摩押人有多激動，祂都可以做得到的。

也許憤怒是來自摩押人的神基抹（Nelson 1987, 168）。在該場戰爭中，這摩押人的神大部分時間都是不活動的，一旦摩押王獻上正確的祭物，那神就即時回應並且為摩押爭戰。這是米沙本人的看法，他把他和以色列打仗的事，記錄在一塊被稱為摩押石的石碑上：「說到以色列王暗利，他已使摩押卑微了有許多年……因為基抹向他的地懷怒。他的兒子跟從他，也說：『我必使摩押卑微。』在我統治期間，他（這樣）說，但我已勝過了他和他的家，而以色列要永遠滅亡！（現在）暗利已佔領米底巴，在他統治期間和他兒子(亞哈)一半的統治期間，(以色列人)也住在那地，一共四十年；
但在我統治期間，基抹便住在那裏。」(Pritchard 1969, 320)但是，
這個解釋不能作為列王紀的最後定案。在迦密山上，巴力輸了決定
180 性的一仗(王上十八章)，而巴力．以革倫也沒有醫治人的能力(王
下一章)；在列王紀的作者看來，基抹絕對不會比巴力更有能力。
不論在基抹背後的實在是甚麼，那總是在耶和華的控制之內。

另一個解釋是，「大怒」是來自耶和華的。雖然這個解釋是有它的問題，因為那憤怒看來是回應了米沙獻人為祭一事的；但是，總的來說，這是最好的解釋。為甚麼耶和華會對以色列發怒？首先，值得一問的是，摩押到底應不應該成為以色列的一部分。在申命記二章9節，摩西吩咐以色列人：「不可擾害摩押人，也不可與他們爭戰。他們的地，我不賜給你為業，因我已將亞珥賜給羅得的子孫為業。」有可能，這吩咐只適用於摩西的時代，但它引起了一些疑問：使摩押作為附庸國是否正當？畢竟，摩押和亞捫都是以色列的親戚，不論他們的起源是何等丟臉的(創十九30～38)。但是，暗利家要摩押人繳付極重的貢金：十萬羊羔和十萬隻公羊的毛(王下三4；編按：經文乃按英文原書翻譯)。這顯示了暗利家正在不正當地欺壓那些被納入以色列版圖的外邦人(出二十二21)。

最後，以色列在攻打摩押時，同時直接違反了摩西律法。申命記二十章19至20節禁止以色列攻擊敵人境內的樹，可是當以色列入侵摩押的時候，各人「拋石填滿一切美田」，又「塞住一切水泉，砍伐各種佳樹」(王下三25)。間中以色列被吩咐去發動聖戰，但那可不是以色列人打仗的常規，而且即使在聖戰的情況下，以色列也不會毀壞該地的自然出產。然而，當約蘭攻打摩押的時候，以色列不但攻擊摩押人本身，也攻擊他們的地土、水泉和樹木。耶和華向以色列發「大怒」，因為他們在作戰的時候公然地妄顧祂的律法。

上述所有解釋都要面對經文本身所顯示的緘默。大怒，是誰的

大怒？又，為甚麼在一次獻人為祭之後，大怒臨到以色列人身上？我們可以有把握地說，耶和華是一個設下圈套的上帝，祂不只是為外邦的摩押人，也是為以色列人設下圈套。祂為摩押人和以色列人佈下圈套，捕捉二者的機會均等。耶和華利用水和日出的光線引誘摩押人，使他們誤以為勝券在握，但祂同時也引誘約蘭，使他誤以為這場到頭來對他不利的戰爭，他是穩操勝券的。

說來諷刺，約蘭早已料到這一點。約蘭像他的父親一樣發牢騷，當他的計劃遇到障礙，他就馬上崩潰了，並且抱怨說：「耶和華招聚我們這三王，乃要交在摩押人的手裏。」（王下三 10）約蘭可以說是一個加爾文主義者，他承認那可稱頌的主既會賞賜，又會收取。但他這樣的一種加爾文主義，既不是加爾文（John Calvin）的信仰，也不是聖經的信仰。信仰（faith）不是簡單地相信上帝有能力勝過一切，或相信上帝在掌管。就連鬼魔也相信這回事，而且戰競。一個真信上帝的人，不但相信上帝的旨意，更相信上帝那**良善的**（good）旨意（Nelson 1987, 165）。信仰是確信：上帝所做的一切，都是**為了我們的好處**。聖經所教導的，不是一種赤裸裸的至高無上。聖經教導我們，上帝是至高無上的、勝過一切的、無 181
限的、全能的**善**；祂是至高無上的、勝過一切的、無限的、全能的**愛**。像約蘭的信仰，也許看來是尊敬上帝，因為它承認上帝至高無上的管治，但最終來說，那是對上帝的一種侮辱，因為它否認了上帝的良善。但凡像約蘭那樣相信的，那人就必會得到他或她所料想的東西。

我們既已看到故事的結局，有關這最後的結局的提示和線索，就會在故事的較前部分浮現出來。那就好像是第二次看《第六感》（*Sixth Sense*；編按：或譯《鬼眼》）。如果我們仔細思想這事件與列王紀上的結尾那場和亞蘭人所打的仗之間的互相呼應，若干線索就會變得明顯（Provan 1995, 183～184）。在該段較早的記述裏，猶大王約沙法和亞哈聯手合作，他用了跟約蘭王所說的一番相同的話，來表明他的立場：「你我不分彼此，我的民與你的民一樣，我的馬與你的馬一樣。」（王上二十二4；王下三7）在那場較早的戰爭之前，約沙法要求亞哈提供一個可供諮詢的耶和華的先知（王上二十二7），而當三王流落曠野、孤立無援之時，約沙法再次要求找一位耶和華的先知（王下三11）。

先前約沙法在面對亞蘭人的那場戰爭中，他要求求問先知，亞哈便召來米該雅，米該雅向亞哈透露，耶和華在引誘他，使他陣亡。這個背景提示了一點：以利沙的預言也許多少有誤導的成分，是給約蘭的一個圈套。以利沙的預言不是假預言（Westbrook 2005），他所預言的一切，都照他所預言的發生了。他說「這谷必滿了水」（王下三17），早晨就「有水從以東而來，遍地就滿了水」（三20）。他說耶和華必「將摩押人交在你們手中」（三18），耶和華就引誘摩押人出來，到三王那裏遭屠殺。他說以色列必「攻破一切堅城美邑」（三19），他們就「拆毀摩押的城邑」（三25），包括吉珥．哈列設在內。他說他們必用石頭糟踏那地，塞住水泉，砍伐各種佳樹（三19），那正是他們所做的（三25）。

可是，以利沙的預言至少在一方面來說是含糊不清的：以利沙是不是**命令**約蘭和約沙法去毀壞那地的佳樹、塞住水源呢？他的預言存在著這個讀法的可能性，但那就會意味著，以利沙指示三王去違反律法中有關戰爭的規定——那是不可能的。以利沙的預測僅是預測而已，別無他意。再者，以利沙的預言肯定是不完整的。耶和華把摩押交在以色列的手中，正如以利沙所預測的；但以利沙沒有把故事說完，而這種缺欠，正如列王紀上二十二章假先知的預言，就為約蘭設下了圈套。

另一組線索是和摩押王米沙有關的。這是一個講述出埃及和征服的故事，可是到最後它不是**以色列**出埃及事件的重演，那是**摩押**

的出埃及，由摩押人的「摩西」——即米沙——所率領的一次出埃
及（「摩西」和「米沙」兩個名字在希伯來文是一語雙關的，而「米沙」
〔מישע〕一名就像「約書亞」一樣，是建基於動詞「拯救」）。摩押
在嚴嚴的壓制之下（好像以色列在埃及所經歷的），它反抗了，由
米沙率領他的人民離開以色列/埃及。就連米沙在吉珥．哈列設的
城牆上宰殺長子這件可怕的事，也是出埃及的預表的一部分，是一 182
個地獄般的逾越節的一部分，它把米沙救出來，而他的敵人就遭遇
大怒。這也是米沙的一場聖戰。在聖經的聖戰故事裏，以色列通
常在人數上比敵人少，而耶和華就介入，把他們從落敗的情況下救
出來；在這裏呢，摩押是處於下風的一方，但他們贏了這仗，因為
耶和華站在他們這邊。

在本章經文中，兩個出埃及的故事交疊在一起：以色列的出埃及和摩押的出埃及。本章同時講述兩場聖戰：以色列向摩押發動的聖戰，以及摩押向以色列發動的聖戰。到最後，摩押的出埃及成功了，而以色列的就不成功。這和那在列王紀內所顯示的預表相吻合：亞哈是個乖僻的所羅門，就如以色列在所羅門的兒子的時代所出現的分裂，北國也在亞哈的兒子的時代出現分裂（把列王紀下三章5節及列王紀上十二章19節作個比較）。

耶和華有時候會讓暗利家的王得勝，儘管他們是叛逆的王，但長遠來說，只要以色列一天還容忍偶像的話，它一天都不能在軍事上取得成功。[1] 耶和華以無限的權能和無限狡猾的頭腦，與祂的敵人爭戰，而對祂的子民呢，當他們背棄祂時，祂也極之樂意用祂高明的力量，使他們墮入圈套。

這個嚇壞人的故事讓我們窺見上帝待人的常規。上帝正在歷史中或在我們個別的人生歷史中想做些甚麼？那經常是難於回答的問題。很多時候，正當我們以為我們了解上帝正在做甚麼的時候，祂就把事情裏外反轉，上下顛倒，做出別的事情來。祂是活著的上

帝，那意味著，祂是那位給人帶來意想不到結局的上帝。祂這樣做不是因為祂以玩弄我們來自娛，也不是因為祂故意設下圈套，好讓我們出醜而大笑一番。這位使人意想不到的上帝是全然公義的、全然良善的、全然正直的，祂全然是愛、全然是光，沒有轉動的影兒。祂以忠誠來對待忠誠的人，但多個世紀以來，向祂效忠的人都見證了上帝是帶來意想不到之事的上帝。上帝使我們意想不到，因為我們對在歷史上或我們人生中正發生的事，只有皮毛的認識。上帝使我們意想不到，因為祂所做的比我們能想像的更多，而祂的計劃比我們所能知道的更大。上帝設下路障和障礙物，讓我們料想不到，因為祂要我們從愛抱怨、情感脆弱和幼稚的約蘭，長大成為成熟的大人，滿有耶穌的形象——祂從所遭遇困苦中，學會順從。

我們對我們的結局沒有控制權，不論是我們人生的結局，還是我們人生中某段故事情節的結局。我們不能確定我們的年日。當我們認識到這一點，我們或會對徹底無助、無盡**倚賴**的感覺，以恐懼和焦慮作為回應。但是，認識到我們無法控制我們的結局，這只會在一個情況下才產生焦慮，那就是當我們假設了我們是**應該**有控制權的。在聖經裏，認識到控制權不在我們，這其實是喜樂的源頭，因為那是與一種確信分不開的，這確信就是：有一位在掌管
183 著，那是遠較我們有智慧的一位。認識到我們需要徹底的倚賴，這會挪去我們的重軛，讓我們變得輕快，比空氣還要輕。這就是傳道書的智慧，這智慧直率地承認，世界是霧氣——然後歡喜快樂地去吃喝和做愛（傳九 7～9）。認識到我們不能控制我們的結局，這其實只是我們基本的基督教信念——**上帝**在控制我們的結局——的反面。上帝是上帝，我們不是上帝——這個基本信念本身已隱含了我們的無助。我們人生故事的意義在乎明天會發生甚麼、在乎我們人生的終點會發生甚麼，但我們不知道明天會發生甚麼。不過有一位在天上的上帝，祂知道每一個起點和終點，這位上帝本身就

是起點和終點。

列王紀下三章沒給我們看見一個恣意專橫的上帝，但它肯定也沒有讓我們看見一個馴服的上帝。這故事留給我們的教訓，正是整本聖經所要給我們的：要全然倚賴那位既是至高無上的愛，又是至高無上的善的上帝。這個古怪而富神祕色彩的故事，鼓勵我們要在人生中採取這樣的立場：信靠祂，記得最意想不到的結局便是福音的雙重意外——上帝的兒子在城門外被自己的「父老」釘在十字架上這駭人的慘劇，以及主復活的狂喜。

註釋

1. 事實上，耶和華之所以注意約蘭，惟一的理由是，來自大衛家的約沙法王正在附近（王下三 14；這是此處所強調的：Davis 2005, 48）。就如在被擄時期，以色列只有和猶大連合起來的時候才有盼望。

列王紀下四 1～44

一九九三年的聖母升天節，教宗若望保祿二世（John Paul II）在科羅拉多州（Colorado）離丹佛（Denver）不遠的櫻桃溪州立公園（Cherry Creek State Park），向一羣年輕的天主教徒講話。他以約翰福音十章10節作為他的主題，指出「世界各地的年輕人：你們**在熱烈的禱告中**，已把你們的心敞開，接受了基督應許要賜下新生命的這個真理」。他還指出，這新生命不只是給年輕人的。年輕的天主教徒「已更加意識到你們在教會和在世界中的**召命和使命**」。他們獻身要活出耶穌的豐盛人生，這意味著，年輕的天主教徒無可避免地被捲入掙扎之中，因為「這個奇妙世界——天父是那麼的愛它，甚至差遣自己的獨生子到來拯救它（比較約三17）——是一場永無休止的戰爭的舞台，這場戰爭之所以發動，是為了爭奪**我們作為自由的、屬靈的存有所擁有的尊嚴和身分**」。他把這場仗與「是次彌撒中第一段誦讀經文所描述的天啟格鬥」相比。「死亡與生命爭戰：**一種『死亡文化』**（culture of death）**，務求將它自己加諸在我們對生存、並且活得豐盛的意欲上。**」一切寧可選擇黑暗而不選擇光的人，都會得到這結果：「他們的收穫便是不公義、歧視、被剝削、遭欺騙、暴力。無論哪一個時代，他們表面的成功是由**無辜者的死亡**來量度的。」死亡文化為教會帶來持續的挑戰，二十世紀的死亡文化有它的特色，就是「帶有社會性和制度上的合法性，好用來使那些摧毀人類的、最可怕的罪惡變得合理，這些罪惡包括了：種族滅絕、『最終方案』、『種族清洗』，以及在人們出生以前，或在他們自然死去以前，就大規模地奪取人類性命的一切行動」。[1]

就像已故教宗的許多講道那樣，是次講道不但給天主教徒，也
給新教徒帶來刺激，「死亡文化」一語正確地成了反對墮胎和反對
安樂死的諸力量的名言。說到死亡文化，就教人聯想起有關魯爾 185
對華特的案件（Roe v. Wade；譯按：在美國備受爭議的一件有關墮
胎的案件），有關被活活餓死的沙圖（Terry Shiavo；譯按：一位因
腦部受損而變成植物人的美國婦人，有關她的爭議受到美國政客的
注意），以及有關在我們社會中祕密進行著的、令人毛骨悚然的人
體器官的買賣的回憶。有關死亡文化最新近的說明，其中最叫人難
忘的是韋格爾（George Weigel）的話，他在《立方體與教堂》（*The
Cube and the Cathedral*）一書中問：「我們應該怎樣理解瑞典的普
魯梅沙公司（Promessa）的做法？它提倡一種服務，以取代火葬的，
就是把人製成堆肥，即把死人浸在液化氮中，使之凍結，然後用超
聲波擊碎它而使之成為碎屑，再使之冷凍乾燥，好用來做肥料。」
（Weigel 2005, 21）

然而，把注意力集中在這些可怕的徵狀上，或會分散了我們的注意力，使我們看不見死亡文化是何等深入地滲透現代社會和文化，看不見它是如何產生並構成我們的基本觀念和思想模式。就連最為人珍重的若干現代價值觀，也成了現代社會的公墓的基石。譬如說，我們引以為傲的一點是：我們把人定義為會自由作決定的個體。任何不再自由或自主的人，任何要完全依賴他人的人，他們會

日益喪失權利。為免弱小和脆弱的一羣耗用那些生活所可用的資源，他們確實應該讓路。安樂死完全是我們對人的基本定義的合理延伸，這定義經常被推崇為現代自由與繁榮的鑰匙。

再說，多個世紀以來我們一直相信，獲得知識的最可靠的途徑是藉著科學的分析。解剖學是（幾何學也是）現代性初期的典型科學之一，而以解剖學為模型的科學則把世界當作是一具死屍來處理，是我們可以探求、刺穿和分解的「死物」。世界是一部機器，我們可以把零件拆開，看它是如何操作的。現代化的人其本能是要控制人生，但這同時也是愛好死亡的表現。英國神學家皮克斯托克（Catherine Pickstock）指出，現代人熱中於數學化的科學，熱中於設法把實在（reality）「繪製成地圖」，把在時間內所出現的不斷變化和擾亂，約化為一個可控制的空間。這種「假永恆」（pseudo-eternity）把「可保全和可管理的事物，當作是有限的事物來處理，也就是把它們當作是『死物』來處理」（Pickstock 1998, 104）。

現代人要把每一個死的警告（*memento mori*）從公共生活中消除，這種努力與其說是把死亡摒除，不如說是一種要消磨和固定時間的努力：「現代人的做法並不著重摒除死亡，而較著重把死亡和生命分開，以求在純然無菌的狀態下保全生命，免受死亡的干擾。原來在**單單**尋求生命（一種假永恆的、歷久不衰的生命）的時候，『現代』的姿勢暗地裏是注定要趨向戀屍癖（necrophilia）的，即愛那必死的東西，愛那只能死去的東西……如果把死亡和生命看成是互不相干和彼此對立的，那麼，那存在（existence）本身就會變成了一個封閉的物體（closed object）——那就是說，存在本身被交付與死亡。」（Pickstock 1998, 104）我們的美德和我們的罪行一樣，都在支撐著死亡文化。

最終來說，正如列王紀向我們顯示的，死亡文化是拜偶像的文化，這偶像就是巴斯噶（Blaise Pascal）所謂的「哲學家的神」。

這偶像不活動，並且保持沉默，因而最適合用來填補基督教國家（Christendom）覆亡以後所空出來的位置。現代政治學和科學的神，至多只是一個「如同鐘錶製造者的上帝」（watchmaker God），祂使世界啟動起來，然後安坐在祂的寶座——現在是一張安樂椅——上，看事情會怎麼發展。祂骨子裏沒有忌邪的成分，當人們 186
定期為這個或那個運動呼求祂名字的時候，祂會感到頗得意。久在尼采（Friedrich Nietzsche）以前，人們已把「哲學家的神」描繪成實際上是不動的，這特點正是祂最吸引人之處，也是祂承擔文化的神（cultural deity）這個職位那最突出的資格。

當暗利家作王的時候，以色列正活在死亡文化之中，這是暗利家崇拜死的偶像的結果，而死亡滲透了以色列子民的日常生活中。耶和華把一片有生氣的、出產豐饒的土地賜給以色列，這是流奶與蜜之地，為天上降下來的雨水所澆灌，但偶像卻把這片土地變為致死的地。當書念婦人的兒子離開母親的屋子，出到戶外父親所在的田間，他馬上因頭部受傷而死了（王下四 18～19）。以色列遭遇饑荒（四 38）；先知門徒從以色列的野瓜籐所採摘得來的小量果實，竟是有毒的。用這地的果實燉出來的食物，變成了「鍋中致死的毒物」（四 39～40）。[2]

這地的居民也變成如同死人一般。列王紀下四章開頭的無名寡婦面對著債主的威脅，要強迫她把兒子賣作奴隸來還債。在古以色列，有時候債主需要把人賣作奴隸，作為有關錢債案的賠償機制，而一個以色列人也可能為償還債務而被賣為奴（利二十五 39～43）。雖然那寡婦渴望有正當合法的解決途徑，但她的債主卻採取不公義的行動。耶和華本身是保護孤兒寡婦的，而以色列應該隨從祂的帶領（出二十二 22；申十 18～19），不容許弱小的一羣成為無情的銀行家獵食的目標。有關免債一事，律法有明確的指引：債主需要在第七年撤銷債項（申十五 1），給予欠債的一羣一個休養的安息，而不是向孤兒寡婦施壓；而以色列的王也受到特別的囑咐，要保護孤兒寡婦免遭這類欺壓（詩七十二 1 ～ 4）。亞哈不是這樣的一個王：在亞哈所進行的那樁交易中，他不惜用殺人的方法來得到他想要的東西；他的兒子也是從同一個模子出來的，因此受欺壓的寡婦被迫向先知求救，而不是向君王求助，要求先知伸張正義。正如一世紀的情況，巧取豪奪的債主侵吞寡婦的家產（太二十三章），剝削她們的生計和生命，只為確保債主自己的利益；至於那些國家的領袖，他們不是和這羣債主同流合污，就是對這一類欺壓視而不見。以色列諸王既是這樣的無用，如同死人一般，以色列就受到有毒食物的擾害（如果有食物的話），在經濟和社會方面的死亡也就蔓延全地。[3]

187 以利沙以賜人生命者的身分來到那喪夫的以色列這裏，[4] 他的職事在多方面都是延續以利亞的職事的。他像他的師傅，幫助了一個在困境中的寡婦（王下四 1 ～ 7；王上十七 8 ～ 16），又使一個小孩子從死裏復生（王下四 29 ～ 37；王上十七 17 ～ 24）。在幾個方面，以利沙所行的眾多神蹟使人回憶起迦密山上的事件（比較：王上十八 26、29 與王下四 31；王上十八 42 與王下四 34 ～ 35）；在列王紀下五章，以利沙幫助了一個來自敵國的外邦公民，就如以利亞幫助了撒勒法的寡婦。可是，以利沙的職事不是簡單地重複以利亞的職事。以利亞是摩西，單獨與像法老般的亞哈對質，甚至連一個幫助他的亞倫也沒有。以利亞所獨力做的事情，以利沙則是在一個羣體之中做的，又或，是與他那個典型的、容易犯錯的助手基哈西一起做的。以利亞的職事聚焦於呼召亞哈悔改，但一旦亞哈家的命運已成定局（王上二十一 17 ～ 24），以利沙就專注於在以色列之內建立一個活的信仰羣體，就是在暗利家統治之下死寂的以色列之內，建立一個活的羣體。每當以利沙向以色列的王講話的時候，他通常都帶來好消息（王下三 13 ～ 20，六 8 ～ 10，七 1）。以利亞的職事，不少都是藉著公開地與亞哈和巴力進行戲劇性的對質而執行的；至於以利沙，他則大半是在緊閉的門戶背後工作的。

兩者的分別從地理上象徵化地表現出來了。以利亞在其人生的大部分時間都在約旦河東，先在基立溪和撒勒法（王上十七章），然後在西奈（王上十九章）；而在他被接到天上去的一幕，也是在約旦河東發生的（王下二章）。正如我在上文所指出的（參列王紀上十七章1至24節的註釋），以利亞的不在場從神學上說是重要的，這是一個標記，表示耶和華把祂的話語連同先知一起放逐了，因而使以色列子民得不到祂的話語。至於以利沙，他大部分的職事是在以色列國內進行的。在以色列與摩押交戰期間，他似乎是與以色列王同行的（王下三11）；他也到過大馬士革，在那裏和哈薛進行商議（八7～15）；除此以外，他所有施行過的神蹟都是在以色列境內的，就是當他要為外邦人乃縵行神蹟的時候，他也是從以色列境內做起，用以色列境內的河流，而不是用大馬士革的河流（王下五章）。以利亞在耶斯列只逗留過一段短時間（王上十八46～十九3，二十一17～24），但以利沙就在撒馬利亞迎接乃縵（王下五3、9）；當亞蘭人圍攻以色列期間，以利沙也在撒馬利亞（王下六～七章）。如果我們考慮那些類似的神蹟的話，兩者之間的分別就更明顯了。以利亞使那住在撒勒法的一個寡婦的食物增多，但以利沙就使先知門徒的一個寡婦的油增多，又為一羣先知而使餅增多。以利亞使一個外邦寡婦的孩子復活，而以利沙就使書念婦人那因神蹟而得的孩子復活過來。以利亞宣告要來的審判，並且
藉著屢次離開本地而預演那審判；隨著在他周圍發出回響，預告著 188
亞哈家的悲慘結局，以利沙則在以色列之內培育一顆種子，就是一顆更新以色列的種子。

以利沙的神蹟就如在他以後的耶穌所行的神蹟，不只是 δυνάμεις，也是 σημεῖα，即是記號也是能力的表現。耶穌在一次婚

宴中使水變酒，以之為一個記號，顯示祂是以新郎的身分來到，要把生命賜給世界。他潔淨痲瘋病人，以之為一個記號，顯示祂的到來是為恢復人與上帝的相交，使人適宜於進入上帝的臨在。他治好跛子、瞎子和聾子，好應驗以賽亞所說有關被擄歸回的預言（賽三十五章）。[5] 同樣，以利沙的神蹟要顯示出，他的職事是一個「近親拯救者」（kinsman-redeemer）——一個 גואל ——所做的職事。在舊約聖經裏，近親拯救者有責任把近親從債務和奴役之中贖出來（利二十五 47～55），而以利沙在對待那寡婦和她的兩個兒子這一事情上，履行了這份義務（王下四 1～7）。近親拯救者為無兒無女而死去的兄弟，供應一個繼承人（申二十五 5～10），而以利沙就兩次為書念婦人做到這一點。[6] 當親戚在極窮之間被迫賣掉的產業，近親拯救者便有責任把它贖回（利二十五章）；在列王紀下八章 1 至 6 節，以利沙間接地為那曾在七年饑荒期間被迫離開本地的書念婦人討回產業。藉著履行這些責任，以利沙用行動宣告：他來是要向被擄的宣告自由、宣布耶和華的恩年、把充滿自由和生命的禧年，帶進那支配著暗利時期以色列的死亡文化。對於列王紀的原始讀者——被擄的一羣——來說，信息是清楚的：雖然諸王播下了死亡的種子，但他們還是可以遇見生命的，還是可以從奴役和債務中被贖出來，還是可以回歸到應許之地，還是可以有兒女、有豐盛的生命——這一切祝福會臨到那些緊靠著先知的人。

多個世紀以前，當以色列還在法老的轄下受奴役之際，耶和華親自以近親的身分來臨，把它從奴役之中拯救出來，使之復有生命，並賜它產業。耶和華強調祂和以色列之間的親屬關係，並以此來與法老對質：「以色列是我的兒子，我的長子。我對你說過：容我的兒子去，好事奉我。」（出四 22～23）在暗利王朝的執政期間，耶和華再次以近親拯救者的身分來臨，不過這次祂是通過以利沙來工作。以利沙在死亡文化之內，形成一個生命文化（culture of life），因為他差不多是「成肉身」的耶和華，是生命的賜與者，他因有耶和華和以利亞的靈而生氣勃勃。他的職事預示了耶和華後來的工作；耶和華藉著各個先知而給以色列應許：祂會再次以近親拯救者的身分臨近那被擄的以色列，把它從那奴役它的巴比倫中贖出來（例如：賽四十三章）。

書念婦人看出以利沙是個聖潔的人（王下四9），是被耶和華的
靈聖化了的。在以利沙的整個職事中，耶和華的臨在隨著他而走 189
遍全國，他所起的作用就如耶和華的「戰車」。以利沙就像後來的耶穌，他領導一個抗衡聖殿的運動（Wright 1996a），他的作用就如一座移動中的殿、一個人肉「會幕」（human "tabernacle"），承載著耶和華那賜人生命的榮耀。全體以色列人要從聖殿得到的每一樣東西，以利沙都供應他們：象徵生命和潔淨的水、食物、通往上帝的臨在的門徑。以利沙像耶路撒冷的聖殿，他是以色列的伊甸園，是它的聖山，是耶和華在以色列之內的體現。以利沙是萬民禱告的殿。如上所述（參列王紀上六章1至38節及七章13至51節的註釋），聖殿是個水源充足的地方，有一個大銅海和十輛把水運送到大地各個角落的「戰車」。北國因與聖殿分離（王上十二25～33），也就和聖殿的職事那賜人生命的水分離了。可是，耶和華並沒有丟棄以色列，任讓它變得荒涼，反而藉著以利沙這人肉「聖殿」（human "temple"），把水供應給先知門徒。藉著以利沙，耶利哥的水變得清純了（王下二19～22）；藉著以利沙的話，不知從哪兒來的水，維持了三王的軍隊和牲口的性命（三20）；以利沙指示乃縵在那使他潔淨的水中沐浴（王下五章），他使沉下去的斧子頭浮起（六1～7），又吩咐約蘭王把水給亞蘭兵喝（六22～23）。特土良（Tertullian）說（Tertullian 1964, 21 § 4.9）："*Nunquam sine aqua Christus*"——「基督從來都不缺乏水」，同樣的說法也適用於以利沙身上。他是其天父的兒子，這天父就是那位把水分開，又行在海

面上的創造主。

這一切便解釋了為何書念婦人在「閣樓」〔編按：《新標點和合本》譯作「小樓」〕為以利沙設置一座小「聖殿」，即一座小規模的聖山；她在那裏安置了一張牀、一張桌子、一把椅子和一個燈台（מטה ושלחן וכסא ומנורה；王下四 10），這佈置就跟耶路撒冷的聖殿一樣（桌子＝陳設餅；椅子／寶座＝約櫃；牀＝祭壇）。這也解釋了為甚麼以利沙要通過他的「祭司」基哈西來對婦人說話（四 12～13），為甚麼書念婦人在安息日和月朔去見先知（四 23），[7] 以及為甚麼先知門徒把他們的初熟之果帶來給他（四 42）。以色列通常在聖殿內所期望的東西，都可以從以利沙那裏得到；以色列人期望在聖殿裏所做的事情，他們都可以在以利沙面前做了。他是「原始的道成肉身」（protoincarnation），甚至人可以把他的稱號「上帝的人」（man of God），說成是「神人」（God-man）。

顯然，在北國先知羣體的人肉聖殿小得可憐，它與耶路撒冷或撒馬利亞那叫人印象深刻、熙來攘往的聖殿建築羣相比，只不過是小本經營。在耶路撒冷的忠信子民可以指著聖殿和宮殿說，那是耶和華的約和恩寵同在的明證；但在以色列的忠信子民就只可以指著一個佈置簡單的閣樓，而在那裏則住著一個髮線漸往後移、四處巡
190 迴、飄流無定的行神蹟者。然而，耶和華藉著以利沙而與以色列同在，這就跟祂藉著祂的殿和祂的王而與猶大同在一樣，都是確實和有效的。復興運動總是看來小得可憐，這些運動總是躲在地下室或地下墓窖裏聚會，擠在客廳裏以低沉沙啞的聲音誦念他們的詩篇，而主流教會就奢侈到一個地步，穿上晨禱披肩，在寬敞的、鑲上彩色玻璃的大教堂裏聚會。以利沙的職事在撒馬利亞的巴力廟被毀之時（王下十章），以及在耶路撒冷聖殿在約西亞的領導下被復興之時（王下十一～十二章），達到顛峯。從某種意義來說，以色列的先知總是以重建耶路撒冷聖殿為目標，那是上帝獨一子民的惟一聖

所——在那把以色列和猶大重新聯合起來的被擄事件以後，這聖所將要被重新建立起來。在亞哈王朝被毀，以及在以利沙死後，敍事者把注意力重新放在猶大和那推行改革的猶大諸王身上。在其間，在分裂的以色列之內，正如在分裂的教會之內，先知起到作為聖殿場所的作用。哪裏有兩三個人奉耶穌（祂是先知中最大的，又是活的聖殿）的名，圍繞著祂的話和祂的桌子聚集，那裏就必定有耶和華的榮耀。

列王紀下四章42至44節和利未記二十三章所記初熟之果的節期，兩者之間有好些字句上的關聯。利未記二十三章14節禁止以色列人吃餅或烘的子粒或「新穗子」，直等到在聖所把第一捆收穫的莊稼獻了給耶和華以後，他們才可以吃，而列王紀下四章42節就提到有人帶來「大麥」和「新穗子」（כרמל）作為禮物。有人把「初熟大麥做的餅」（לחם בכורים）帶來給以利沙（王下四42），此片語除了在這裏以外，就只見於利未記二十三章有關五旬節的條文中。按敍事的時間次序（要非按實際的時間次序），有關以利沙以神蹟的方式供應食物給門徒吃的這些故事，是緊隨在書念婦人的故事之後的；這婦人在「活著的時候」（“at the time of living”）生了一個兒子（王下四16）。這個時間標記（看來是指大地在春天重生的時候），以及故事中有關復活的主題，把故事與逾越節連接起來了。故此，本章的敍事次序是跟利未記二十三章所記的節期次序一樣的，即從逾越節開始，繼而進到初熟節和五旬節，藉此為下一章的外邦人乃縵的「收穫」而鋪路。[8]

以利沙給書念婦人一個兒子，這顯示了他散發著耶和華的生命和榮耀。為報答她的仁慈（她的「震顫」；王下四13），以利沙向婦人保證，她將會得一個兒子，縱使她的丈夫已經老了（四14～15）。婦人站在門口的這個場景，「明年到這時候」此一片語，以及婦人的抗議，都使人想到撒拉的故事（創十八章；Cohn 2000,

29）。像撒拉一樣，婦人代表了不育的以色列，她不能生產後裔，就幾乎死了一樣。如果把列王紀下四章與創世記十八章作個比較，我們就會清楚看見，以利沙在故事中是擔當著耶和華的天使的角
191 色，因為他是給耶和華傳遞信息的天使。[9]當孩子死去的時候，以利沙派他的僕人出去，但基哈西就像耶穌的門徒，他未能施行那必須的神蹟；敘事者則用列王紀上十八章29節那描述巴力的失敗的語句，來描述基哈西的失敗。光有先知的杖是不夠的，惟有當那穿上以利亞的外衣的以利沙，親自伏在孩子身上，孩子才甦醒過來。以利沙的身體並沒有因為與孩子的屍體接觸而變得不潔（民十九章），反而把生命傳給孩子（王下四34），使他的鼻孔能以呼吸和打噴嚏，就如耶和華使亞當的鼻孔能夠呼吸一樣。同樣，惟有把有毒的燉菜帶到以利沙面前，它才會帶來生命；惟有把餅帶到以利沙面前，餅才會被增多，足夠許多人吃用。哪裏有以利沙，那裏就有生命，因為有耶和華在那裏。

耶和華在祂的兒子裏成為我們的弟兄，並再次以近親拯救者的身分臨近，以宣布那更大的禧年（路四章；比較賽六十一章）。對以利沙和耶穌來說，拯救不但解決物質上的需要，也解決人們靈性上的需要。在這個世界，經濟上的關係被自私、不公義及吝嗇所破壞，但上帝已在基督裏、在祂的子民中間，建立了一種生命的經濟學（economics of life）。在饑餓的世界裏，上帝已在基督裏把真正的、賜人生命的糧賜給我們。在死亡文化之內，上帝正在為那些藉著祂的靈而與祂復活的兒子結合的人，模造一種生命文化。

註釋

1. 參“Homily of Pope John Paul II at Cherry Creek State Park, Denver,

Colorado, on the Feast of the Assumption, 1993"；此文來自以下網站：http://www.columbia.edu/cu/ augustine/ arch/ jp2/ denver 17.html（粗體為原文的強調）。

2. 值得注意的是，這事發生在吉甲（王下四 38），那正是以色列人在約書亞征服迦南期間，初次吃迦南地的出產的地方（書五 10～11）。在暗利家統治之下，這個關於征服的主題有一個具諷刺性的逆轉，因為以利沙先知要離開迦南去領受食物。謝謝比設小組（Pesher Group）的組員赫肯（Brent Harken）提出這一點。
3. 以利沙用來解救寡婦的方法，在好些方面值得注意。它需要她的信心：在缺糧期間期望有豐富的供應，這是真信心的標誌。再者，它說明了，那些信靠耶和華和祂的先知的人，可以得到用之不竭的資源。因此，這故事是一個實例，說明了聖經的經濟學（相信創造主的無限資源）與現代經濟學（假設資源稀少）之間的分別。
4. 在列王紀的較前部分，有婦人向君王求助，並獲得了她們所需要的東西（列王紀上一章的拔示巴與大衛；列王紀上三章的妓女與所羅門）。可是，就列王紀大部分的篇幅來說，婦人們都不能從諸王得著救助（王下六 24～31），但那些和先知商量的婦人，就得到生命、食物和公義（王上十七章；王下四章），而約蘭也只是在先知的話的影響下，才為書念婦人伸張正義的（王下八 1～6）。約蘭是列王紀這類場景所展示的最後一個王。不過，在以利沙離開了這一幕之後，也再沒有先知與婦人一同出現的場景，儘管在列王紀下二十二章有一個巧妙的扭轉：有一個關於君王站在女先知面前的場景。
5. 有關把耶穌的職事看成是「被擄歸回」的討論，特別參：Wright 1996a。
6. 要是與路得記的故事作個對照，以利沙扮演近親拯救者的角色這一點，就更為突出了。孩子死的時候，書念婦人是把孩子抱在膝上，直到他死去（得四 16），然後她跑去見以利沙，以表達她的「苦情」（得一 20）。以利沙對書念婦人來說是「波阿斯」，而書念婦人則是拿俄米及路得，她代表著以色列。
7. 基爾（C. F. Keil）主張，那圍繞著以利沙而成的先知團，提供了一個在利未人的祭司制度之外的另類選擇：「在律法所指定的日子裏，以色列中的敬虔人習慣了在先知的家中聚集，一起崇拜和接受造就……為的是崇拜上帝……在這個由十個支派所組成的國度裏，人們不單守安息日和月朔（正如阿摩司書八章 5 節所清楚顯示的），先知們更為這國度裏的敬虔人，提了一種代替品，以代替所缺少的利未人的祭司制度。」（Keil 1965, 311n1）

8. 在這裏譯作「新穗子」的希伯來文是 כרמל，與以利亞（王上十八章）和以利沙（王下二 25，四 25）所在的山的名字相同。因此，以利沙是與那從以色列乾旱的泥土中冒起的新穗子和頭一捆莊稼有關的。他是為以色列帶來新的「五旬節」的人。又參以賽亞書三十二章 15 節：從天上澆灌下來的聖靈，把荒野變成肥田，又把肥田變為樹林（「肥田」譯自希伯來文的 כרמל）。

9. 解經家由於忽略了以利沙本人和其職事那道成肉身的性質，而假設以利沙承諾了一些他所無法給予的東西，又或，甚至假設他在賜生命一事上，篡奪了耶和華的位置——這被理解為是以利沙狂傲的表現。這種反對的意見，只會在「同意耶穌是狂傲的」這個前提下，才能成立。

列王紀下五 1～27

前人在二千年的教會歷史進程之內，寫了不少論洗禮的專文， 192
但大多數專文對洗禮的舊約背景都只給予極少的注意，這是無可辯解的（Leithart 2005b）。雖然割禮明顯地在以色列的入會儀式中擁有驕人的位置，但洗濯禮和洗禮也都是常見的（利十五 5～8、10～11、16～18；民十九 11～22）。從使徒的觀點看來，舊約中最重大的「水事件」就是洗禮。世界藉著那具潔淨效力的洪水審判，被重新創造（彼前三 18～22）；以色列藉著紅海那洗禮的水，被拯救脱離法老之手，而能夠事奉耶和華（林前十 1～4）；以相同的觀點來看以色列過約旦河一事的教父們，他們所抱持的詮釋模式當然是與使徒們一樣。

乃縵的故事是舊約中最有趣的洗禮故事，它以好些特別的方式，預示著基督教的洗禮。首先，它是一個富預表意義的重要見證，因為接受洗禮的對象是外邦人，是一個亞蘭將軍。乃縵並非聖經中首名歸正的外邦人。在以色列史上每一個重要的關頭，都有一個外邦人，以立約之民的「保證人」（sponsor）身分出現。[1] 亞伯拉罕從戰場上回來的時候，遇上了麥基洗德這位外邦祭司兼君王（創十四 17 ～ 20）；在出埃及時期，離開埃及的那批羣眾，是夾雜著希伯來人和埃及人的「烏合之眾」（出十二 38）；而身為外邦人的葉忒羅，就幫助摩西，為以色列創立一個代表制的政府（十八 13 ～ 27）。身為迦南妓女的喇合，在約書亞征服迦南時歸信了（書二 1 ～ 21），而摩押女子路得，就是在士師時期歸信耶和華的（得一章）。大衛接觸了好些外邦人，和他一樣，他們都是相信耶和華的，而推羅的希蘭在建造聖殿一事上，幫助了所羅門（王上五章）。在被擄
193 時期，有好些君王承認耶和華是一位大有能力的上帝，即使他們沒有全心全意地成為一神論者（但四章，六章）。從一開始，耶和華就預定要讓地上各家藉著亞伯拉罕的後裔得福（創十二 1 ～ 3）。這個把外邦人納入其內的應許在新約中達到高峯，不過，即使是在舊約之下，上帝的恩典也展延至以色列的疆界之外；在以利沙的職事期間，乃縵是最突出的外邦人物。

乃縵的歸正故事，是聖經中最詳盡的、並從社會學和心理學來說是最有趣的歸正故事之一。幾乎可以說是聖經頭一次描述了，當罪人轉向以色列的上帝時，其所出現的思想和心靈的改變，以及其在地位上的改變。乃縵的歸正涉及一種地位上的改變，這改變使他在上帝面前成為可被接納的。列王紀下五章 1 節用了高貴的措詞來介紹他：他是軍隊的指揮官、一個大人物、備受尊崇、贏了許多場仗、是個財主。但該節的結尾卻急速地以一個陳腐的、在希伯來文是十分直率的修飾語來結束：一個痲瘋病患者（גבור חיל מצרע）。乃縵是個完美的「正常人」，不過，即使他取得了一個英雄所能得的一切成就，他還是覺得自己被排擠在生命之外。

舊約中的痲瘋不是漢森氏病（Hanson's Disease）——我們今天所講那會導致四肢腐爛和脱落的痲瘋（Wenham 1979, 194 ～ 197）。它其實較似牛皮癬（psoriasis），病徵包括皮膚剝落、毛髮變色並露

出皮下的肉（利十三章）。與其說它是身體上的殘障，不如說它是一種帶象徵意義的殘障，它是使痲瘋病患者不得進到上帝同在的一種狀態。當乃縵首次來到，要見以利沙的時候，以利沙只藉著中介人基哈西對他講話，這再次顯示了以利沙的家是「聖殿所在之地」，不潔的人是不能親近的。到了乃縵被潔淨之後，以利沙才讓乃縵來到他「面前」，進入他的同在（王下五15）。就如在書念婦人故事中的一樣，「門口」（五9）象徵生產（正如在創世記十八章一樣），它預示了乃縵的重生。他轉向耶和華，這使他成為上帝所悅納的人，使他能以站在以利沙面前，和主的先知說話。儘管乃縵在痲瘋病之中死了，但現在，他和基督一同復活過來。

乃縵在約旦河「浸泡」，這是地位上的改變那有力的、儀式上的記號。正如利未人制度中的洗濯禮使各種形式的不潔變成潔淨；同樣，乃縵也是藉著洗澡而被潔淨並得以近前來的。因為乃縵是個外邦人，他的洗禮因此是基督教洗禮一個特別適切的記號；這洗禮劃出一個崇拜基督的新團體，在這團體中猶太人和外邦人的分野已被徹底消除了（加三26～29）。乃縵對其洗禮的含義，展示了一種值得欽佩的理解。既已受洗，他認識到自己是全然歸服耶和華的，並承諾不再崇拜別神（王下五17）。正如阿奎那（Thomas Aquinas）所言，洗禮是一個「代表團」，把參與崇拜上帝的權利和義務授予我們（Aquinas 1920, part III Q. 63 arts. 1, 6）。

乃縵從傲慢變成謙虛。他起初接受了一個來自以色列的婢女的
建議，多少顯示了一點的謙虛，但是，他以為真正的能力是在王宮
之內，這是他所屬的階層的典型想法。小女子提議他去見「撒馬利 194
亞的先知」（王下五3），但乃縵從亞蘭王所取得的信件，卻是請以
色列王提供治療（五6）。以色列王曉得惟有上帝能夠治好痲瘋病
患者，可是他像他的兄弟一樣（王下一章），忘記了以色列中有能
夠醫治人的上帝，而且這位上帝是通過祂的先知而工作的。在故事

的初段，故事貶低了智慧人的智慧、有能者的能力。乃縵無力醫治自己，亞蘭王也無力醫治他，以色列王也幫不上忙。又一次，敘事者以君王的無能，襯托出耶和華先知的能力。

乃縵的經驗不只挑戰著他的社交態度，以及他對權力的假設，更挑戰著他個人的傲慢。乃縵帶著隨行人員來見以利沙，為求在先知心中留下好印象，但以利沙拒絕見他。乃縵被以利沙表面上的冷淡對待激怒了；以利沙沒有對像乃縵那樣有地位的人，給予正確的尊敬，這尤其使乃縵感到受冒犯（在希伯來文，乃縵在五章 11 節的怨言中，是以「對我」〔to me〕一詞為開始的）。乃縵是個「大人物」，期望別人會為他做「大事」（王下五 13；Cohn 2000, 37）。他想以利沙會出來，「站」在他面前（יצא יצוא ועמד），如同他的僕人（五 11）；可是，以利沙是耶和華的僕人，而不是乃縵的僕人（五 16）。[2] 到最後乃縵聽從了僕人的勸告，他的肉亦「回復」像新生嬰兒的肉那樣。他認識到一點：如果他要得醫治的話，他必須像小孩子謙卑自己，站在以利沙面前（ויעמד לפניו；五 15）。除非他「下」到水中，不然的話，他是不會得到醫治的。

像乃縵那樣，有些基督徒對新約聖經所說、有關洗禮水的能力存疑。彼得在結束五旬節的講道的時候，他告訴猶太人，該如何回應他的信息；他說：「你們各人要悔改，奉耶穌基督的名受洗，叫你們的罪得赦，就必領受所賜的聖靈」（徒二 38）。藉著洗禮，我們已經與基督同死同埋葬，以至我們能夠在新的生命中行事為人（羅六 1～11）；藉著洗禮，聖靈把猶太人和希臘人合成一體（林前十二 12～13）；洗禮使我們披戴基督（加三 26～29）；在受洗之時，我們接受了一個非藉人手施行的割禮（西二 11～12），是一個除掉肉體的割禮；彼得說，洗禮現在便拯救我們（彼前三 21）；而保羅就說，洗禮是「重生的洗和聖靈的更新」（多三 5）。水怎麼能夠行出這樣的奇事？因為洗禮不只是水，而是水和道，水和應許。

上帝行奇事，可是祂應許要藉著水行奇事。如果說，水能潔淨大痲
瘋，能洗去罪惡或更新生命；那就是對才智的一種侮辱。水是太簡
單了，更不要說它是太物質化和有形了。但那正是要點所在。洗 195
禮是對這世界的智慧的一種侮辱：藉著水的愚拙，上帝選擇了要救
那些相信的人。洗禮，對有能力的人來說是一塊絆腳石；有能力的
人想要一些令人印象深刻的事，又或，至少想有人在自己身上做些
令人印象深刻的事。上帝說：相信我，讓我把你洗淨，你就得以成
為聖靈的殿，而且得以在我的國裏成為我的座上客。祂說：要像一
個小孩子，相信我所說有關洗禮的事情。一如喬丹（Jordan 1998）
所言，所有洗禮都是嬰兒洗禮。

雖然乃縵歸正了，但他沒有成為猶太人；雖然他站在以利沙面前，又以僕人的身分站在耶和華的面前，但他還是要回去服事亞蘭王。最值得注意的是，他請求以利沙饒恕他繼續陪伴主人到臨門廟（臨門＝哈達）一事，而以利沙也允准他繼續對亞蘭王盡他這方面的本分。以利沙似乎對偶像崇拜並不在乎，這是一個難解的謎。乃縵是外邦人，如果是對一個猶太人，以利沙很可能不會給予同樣的允許。再者，乃縵並不認為，在臨門廟屈身是在道德上無關重要的；他請求饒恕，而不只是請求允准。即使在這些條件和解釋之下，以利沙的回應還是值得注意的，它多少顯示了上帝的溫和態度：祂以溫和對待那些身處於較難處理的道德和政治環境的信徒。以利沙沒期望乃縵放棄世界，或期望他退居於一個猶太人區，在那裏他可以逃過道德上的窘境和困難。正如保羅所言：「各人蒙召的時候是甚麼身分，仍要守住這身分。」（林前七20）人假如能夠離開該處境，就應該離開；但要是守住蒙召時的身分，這也不是罪。明顯，有的時候，人必須勸導歸正者去找一個新的位置：我們不應該鼓勵一個歸正的妓女，「為上帝的榮耀」而繼續她的服務。不過，很多基督徒都是激進派，他們所堅持的「純潔」標準，比保羅或以

利沙所要求的還要高，更不要說上帝的要求了。

乃縵歸正的故事在列王紀下五章 19 節完結，它只佔該章三分之二的篇幅，[3] 餘下的續篇突出了「服事」和「接近」這兩個主題，這兩個主題因本章所出現的重複字句而被強調了（Provan 1995, 195 ～ 196）。乃縵站在亞蘭王的「面前」（王下五 1），這與站在乃縵妻「面前」的婢女，形成一個平行（五 2），也與站在以利沙「面前」的基哈西（五 25），形成一個平行。乃縵從一個在亞蘭王「面前」的位置，進到一個在以利沙「面前」的位置（五 15），而基哈西就朝另一個方向走。基哈西開始時是以利沙的助手，但到了故事的結
196 尾，他從以利沙「面前」退去（五 27），再也沒有恢復對人肉聖殿（human temple；編按：即以利沙）的服事。外邦人乃縵代替了基哈西，成為站在先知面前的真僕人。五章 20 節介紹基哈西是以利沙的「男孩」（נער אלישע），這把基哈西與乃縵連結起來，因為乃縵的肉變成了「小男孩的肉」（כבשר נער קטן；五 14）；這又和故事開頭的「小女孩」（נערה קטנה；五 2）連結起來（Kim 2005）。

正如科恩（Robert L. Cohn）所指出的，這些「僕人」在各方面都成為對比：

> 該名「少女」（*na'arāh qĕtannā*）想幫助乃縵，但那個「少男」（*na'ar*）則為求利用他。乃縵擔心要用他的手（*'al-yādî*；18 節）來扶持他的主人，而基哈西就想要從這手中偷去一些財物……「他靠著我的手」〔編按：按英文原書翻譯〕一語（18 節）的中心，集中在乃縵（為向主人盡忠而預先求饒恕）與基哈西（為他的背叛而預先找藉口並批評他的主人）的對比上。基哈西用上帶貶意的「這亞蘭人」一語，無形中對這個已宣稱相信耶和華並將遵照這信仰而行的人作出攻擊。（Cohn 2000, 40）

乃縵不僅是外邦人，他更是**亞蘭人**軍中的英雄。在以色列的這段歷史中，亞蘭人對以色列人構成最大的軍事威脅（王上二十章，二十二章；王下六～七章）。以利沙幫助一個亞蘭將軍，其情況就好比在美國獨立戰爭期間，一個美國牧師幫助一個英國將軍；那也好像耶穌向羅馬百夫長所施行的職事。在給予幫助中，以利沙同時應驗了摩西之歌（申三十二章）；耶和華在這歌中威脅要觸怒以色列人，以此來回應以色列人惹祂發怒的事實。當以色列離棄它的主、轉向別神的時候，主就會離棄以色列，轉向別的民族（Leithart 2003a）。主醫治乃縵，這正是耶和華實現祂的威脅的明證。先知以利沙像後來的但以理，他要為以色列的敵人提供幫助和安慰。

在摩西之歌裏，耶和華把祂的憐憫延伸至外邦人身上，以此為棄絕以色列的一種手段，而基哈西則代表著被棄絕的以色列人；耶和華寧可選取外邦人也不選取以色列。以利沙責備基哈西的罪在於「取用」而非「接受」（Brueggemann 2000, 339），以利沙更把這種罪擴大至包括了所有取用的行動，這使人想起撒母耳記上八章。基哈西的貪婪不遜色於以色列諸王那最差最過分的行為。他對一個陌生人犯了欺詐的罪，結果使自己變成了陌生人。他得罪了一個外邦人，結果就被置於外邦人的位置上。

以色列人是在被擄期間初次讀到這個故事的，它指教以色列人在外邦人中應有的言行舉止。他們應該服事外邦人，像那個小婢女所做的，引領外邦人到潔淨和生命的源頭——即耶和華那裏。他們不可做狂熱的民族主義者（他們拒絕向未受割禮的人提供幫助）。如果他們竭力要成為超級以色列（super-Israel）的話，到頭來他們會成為非以色列（not-Israel）。主對以色列、也對基哈西說：如果你貪戀外邦人的財富和權力，那你就會發現自己走在外邦人的路，也承受被拒諸門外和不潔——這些本來只屬於外邦人的結果。

要追求外邦人的財產，這個誘惑依然強烈，可是，如果教會貪 197

戀外邦人的財富和權力的話，它同時也會得到外邦人的疾病。西達（Ronald Sider）寫道：

> 由享負盛名的民調組織如蓋洛普諮詢公司（Gallup Organization）和巴納調查中心（Barna Group）所進行的許多民意調查，其結果絕對令人震驚。福音派神學家霍頓（Michael Horton）悲痛地表示：「蓋洛普和巴納交給我們一份又一份調查報告，它們都說明了福音派基督徒很可能在每一點上擁抱世界所普遍接受的生活方式：快樂主義、物質主義、自我中心和在性方面的不道德的。」離婚在「重生」的基督徒中間較之在普遍的美國人口中更為常見。只有百分之六的福音派信徒繳納什一奉獻。白種福音派人士，是最有可能對另一種族的鄰舍產生厭惡的。麥克道爾（Josh McDowell）指，福音派的年輕信徒在性方面的雜交的嚴重程度，只是稍微不及非福音派的同輩而已。（Sider 2005）

基哈西的故事給我們的教訓是：主藉著讓我們得到所貪戀之物，來審判我們。凡為基督的緣故撇下房屋和家庭的人，會得到百倍的回報（可十 29～30）。類似的回報也給那些撇下上帝的國而去追逐世界的人：追求世界和世界的義的基督徒，會得到他們所渴望的一切東西，而且上帝還要把世界的一切徵候加給他們。

基哈西的故事固然是給我們的鑑戒，但最終來說，列王紀下五章是要指出：主把救恩帶給外邦人所用的機制。乃縵和基哈西之間的角色轉換，指向在十字架上那可稱頌的轉換：沒有犯罪的耶穌為我們成了罪；在十字架上，猶太人耶穌承擔了世界的痲瘋病，並被驅逐離開上帝的面前，好讓外邦人和猶太人得以被洗淨，並在祂裏面得以接近上帝。

註釋

1. 此語借自喬丹（James B. Jordan）。
2. 正如普羅文（Iain W. Provan；Provan 1995, 195）所指出的，列王紀下五章10至13節的轉換所使用的特定措詞是重要的。以利沙承諾乃縵的痲瘋將會得醫治（王下五10），但乃縵只聽見約旦河的水會使他「得潔淨」（五12）。乃縵的僕人（像該章開頭的小女子）比他更有見地，他們不但強調先知的指示是多麼的簡單，他們還更正了乃縵所聽見的。他們實際上是在問：「先知不是說了一件大事嗎？難道先知只是談到得潔淨的事？他不也談到得醫治嗎？」
3. 這是聖經常用的文學手法，尤其常見於耶穌的比喻。耶穌講了一個故事，那故事似乎完結了，但祂後來繼續講下去，而故事的補充部分卻包含了整個故事的要點。例如，在浪子的比喻裏，耶穌講浪子的離家與歸家，但祂接下去繼續講那關於大兒子的補充部分。那似乎是離題，但事實上那才是要點；耶穌講這比喻的時候，祂正和法利賽人一同坐席，他們批評耶穌席上的同伴，批評耶穌與那些被逐歸回的人一起吃喝。耶穌所講的這個比喻包括一個角色，就是那位埋怨父親為兒子的歸來而慶祝的人。

列王紀下六 1～23

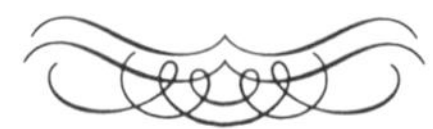

馬吉安（Marcion）的神學，是主張律法與福音之間、公義的上帝和良善的上帝之間（或也許，良善的神和邪惡的神之間）、靈魂與身體之間、舊約和新約之間是斷裂的。説來合宜的，他最重要而現已失傳的一部作品，是以《對比論》（*Antitheses*）為名的。就這種主張斷裂的神學來説，馬吉安主義有不凡的持久力。雖然它是古時的一種異端，但它卻在現代神學界中得到充分的發揮。馬吉安主義影響了聖禮神學（sacramental theology；Leithart 2005b），而瓊斯（Peter Jones；Jones 2003）就寫道，那在十九世紀開始、並在克羅森（John Dominic Crossan）等人的著作裏繼續出現的「今日聖經研究的諾斯底化」（present-day Gnosticization of Biblical Studies）。赫拿克（Adolf von Harnack）在他的《教義歷史》（*History of Dogma*, 1895 ～ 1900；1.266 ～ 1.281）描述了馬吉安的保羅主義，在其中明顯流露出他對馬吉安主義的同情。在神學界的另一端，保守的時代主義神學家（dispensationalist theologians）認為，要把舊約和新約、以色列和教會嚴格分開；極端的時代主義甚至把新約限定於那些和基督教教會有關的書卷之內。在馬吉安身上，不論自由主義者或過度保守派的神學家，都找到了一個陌生的伙伴。

馬吉安所提出的最重要的斷裂之中，包括摩西和耶穌之間在倫理上的斷裂。馬吉安認為，道德律有若干程度的倫理價值（Pelikan 1971, 77），但摩西制度的各個方面以至舊約倫理學的整體調子，都使他感到不快，因為據他認為，這些東西和耶穌所主張的愛的倫理，形成強烈的對比。特土良（Tertullian）在反駁馬吉安的時候，用了很長的篇幅來維護摩西律法的公義性質。特土良力言，復仇法（*lex talionis*）並不是「准許人互相傷害」，而是恰好相反，它是「限制人使用暴力的條款」。有關食物的條例並不是非理性的，它們教導人要凡事自制：「當……這法例藉著宣告某些一度被祝福的動物是不潔淨的，從而把人類的食物取去了一些，你就應該了解到，這是一種鼓勵節制的措施，並且應該認識到，它是加諸人的食慾之上的一種約束，這食慾就是在吃著天使的食物之時，又切望吃 199
埃及的青瓜和甜瓜。」（Tertullian n.d., 2.18）律法的細節不是比上帝為低下，而是它們鼓勵以色列在「平常的生活事務」上承認上帝（Tertullian n.d. 2.19）。律法的終極意義在基督來臨一事上，被彰顯出來，不過，即使就它的字面意義和它在以色列之內的歷史功能來說，律法也是用來「使人緊貼於上帝」的。跟馬吉安相反（更不要說他的現代子孫），先知們不是在攻擊律法，而是被派去「幫助促進律法這慈愛而不費事的宗旨」（Tertullian n.d. 2.19）。

馬吉安對當代神學的影響，也許特別見於倫理學方面。在重洗派（Anabaptist）傳統那往往有利的影響下，登山寶訓的倫理學（在對照舊約的倫理學底下而被詮釋）是基督教倫理學的試金石。就連非重洗派的唯實論者（realists），也大都接受重洗派對耶穌的解讀。從那行淫時被拿住的婦人的故事（約八章），尼布爾（Reinhold Neibuhr）得出一點領悟：「我們要饒恕那些傷害社會的人，不但是因為上帝饒恕了，也是因為我們曉得，在上帝的眼中，我們也都是罪人。」然而，耶穌的這種見解會推翻了懲罰的力量；沒有了懲罰，社會秩序就無法維持。故此，我們「不可能從耶穌這種宗教道德的見解，建構出一套社會道德的政策來，就好像如托爾斯泰（Leo Tolstoi）在其反對坐牢和其他形式的社會刑罰上所試圖做的」。事實上，如果要從耶穌的倫理學建構一種社會倫理，這反而會遮蓋了祂最重要的一些見解：「譬如，當自由主義基督教為不抵抗主義（non-resistance）的教義下定義，以至使它僅僅成為在衝突中一條禁用暴力的命令時，它就停止為我們提供一個觀點，使我們從中可發現在一切抵抗、衝突和強迫之下所存在的罪的成分。」它產生的不是悔悟而是自義（Niebuhr 1963, 29）。尼布爾對耶穌的解釋，本身就很有問題（Wright 1996a; Worth 1997）。律法無可爭辯地包含了一種社會和政治倫理，若要尼布爾的論據行得通的話，他必須假設一種類似馬吉安的觀點，即把舊約和新約分開。

在列王紀下六章 1 至 23 節中的兩樁事件，以不同的方式反駁這個馬吉安立場，因兩者都展示了律法之中所具體表現那深刻的人性和憐憫。浮起的斧頭的故事（王下六 1～7）似乎是瑣屑而無意義的，它似乎是會在一個不大重要的中世紀聖徒的傳記中出現的一件小事。它缺少了那使死孩子復活或醫治痲瘋病的吸引力。可是，進一步的反思卻顯示了，這個故事是有相當的深度的。斧頭是在先知門徒所進行一項建築工程時丟失的；而先知門徒建造房子一事，正切合出「埃及—征服迦南」的多個主題，這些主題貫串著「以利亞—以利沙」的故事。以色列從埃及出來，帶著那些用來建造會幕的掠奪物，同樣，先知門徒從暗利的國度下被釋放出來，他們建造一所房子，這房子是暗利家所建造的各種房子和殿宇的另一個選擇。他們從山洞遷移到小教堂去 —— 如果那還不是大教堂的話。

一個先知門徒因丟了「斧頭」（王下六 5）而感到苦惱，因為那

斧子是「借」的（六 5）。按照律法規定，借用人有責任要為物件的 200
損失而作出賠償（出二十二 14～15）。鐵器在古代以色列是珍貴的用具，因此遺失了斧頭會惹來重債。如果他無力償還，債務人也許需要成為「債務奴隸」，直至他償還那被借之物的價錢為止。（當然，債主也有權免債。）故此，律法是鼓勵借貸的，而出借人不必對財物抱著一種無情的冷漠態度。正如特土良所言，律法觸及生命的裂縫，這不只是提醒以色列，耶和華的主權是徹底的，也是反覆教導一種關懷倫理，就是尊重那因失物和罪惡而受害者的權利。

從這個觀點看，以利沙所行的這個神蹟，並不是平凡地展示他的能力。在找回斧頭之時，他亦救了那人免受債務纏繞，救他脫離被賣為奴的危機，正如他先前救那寡婦一樣（王下四 1～7）。他再次以近親拯救者的身分採取行動，把生命及財產歸還給那些追隨他的人。以利沙吩咐先知門徒把斧頭「拿起來」（六 7），回響著他給書念婦人的吩咐：把兒子「抱起來」（四 36）；這暗示了，以利沙藉著找回斧頭，從而給予那人新的生命。他逆轉了地心吸力的定律，因而逆轉了死亡和毀滅的定律，即財物損失者的可憐結局（Dillard 1999, 121～126）。以利沙所施行的醫治和拯救，是藉著把鹽撒在水源中（二 19～22）和把麵撒在鍋中（四 38～41）而成就的，這些都重複了在瑪拉摩西把水神蹟地治好的事件（出十五章）。以利沙藉著一根木頭而成就這個神蹟，這可會使俄利根（Origen）感興趣，因為這神蹟不但成了復活節的記號，也成了受苦節的記號。

這神蹟也象徵了以色列的未來。斧頭沉到水中然後浮上來，這就像先知約拿。在約拿的事件中，他浸入水中和再次浮起，這代表了以色列被擄和歸回的命運：以色列被擄到外邦人中間，然後歸回本地（Leithart 2000a, 179～186）；而斧頭經過約旦河的水，這更進一步加強此神蹟和以色列被擄與歸回的關聯。對列王紀最初一批在被擄時期的讀者來說，這故事再次說明了，抓緊著先知和他的話語是回歸之路——既是悔改之路，也是歸回本地之路。當以色列被送去受奴役，以清還它所欠的罪債時，它盼望有一次新的出埃及事件，好讓它在一個宇宙性的禧年中，歸回本地。[1]

再者，值得注意的是，這復活的形象是在水中、藉著浸入水中
和浮起而發生的。在前一章裏，乃縵下到相同的水中，從水中上
來時他的痲瘋得了潔淨，他的肉復生，「像小孩子的肉」（王下五
14）；而在本章裏，斧頭沉到約旦河的水中，然後浮上來，以救先
知免於欠債。是次事件因此不但是指向以色列被擄歸回這個大逆
201 轉，也是指向耶穌受洗所成就的大逆轉，因為耶穌下到約旦河的水
中去領受聖靈，這聖靈叫他得著能力，向貧窮人傳福音、醫治跛
腳的、開盲人的眼睛。藉著基督教的洗禮，我們參與在耶穌的復
活中。正如保羅說的，我們在洗禮中是與他同埋葬，「原是叫我們
一舉一動有新生的樣式」（羅六4）。當受洗的人從水中經過之時，
他/她就是參與在基督的團契之中，分享祂的身體，分受那居住在
那身體之內、使身體有生氣的聖靈，並有分於耶穌的復活大能。

在列王紀下六章裏的第二樁事件，更清楚地讓我們看見，以利沙的倫理學和耶穌的倫理學之間的關連。亞哈的後代與亞蘭人爭戰，就像亞哈所做的（王上二十章，二十二章）。除了以利沙以外，這故事中的角色都是不具名的；君王只以「王」稱呼之，這種文學手法為故事添上比喻的色彩。就像之前那個故事一樣，這個故事說明了一點：如果以色列和它的王所倚賴的是先知和先知的大能，而不是自己的資源，那麼，他們就會成功和安全。如果他們認先知為「父」（王下六21），那麼一切就都順利。

視力在這個故事佔有重要的角色。亞蘭王吩咐他的人去「看」（王下六13）；以利沙兩次禱告耶和華，求祂開人的眼睛（六17、20）；而亞蘭兵就像所多瑪人（創十九章）那樣，被弄得眼目昏迷（王下六18）。當故事開展的時候，看見/盲目的互動，探索那緊隨在

先知的職事之後的逆轉。以利沙那位在屬靈上盲目的助手，學會看見，而那些被派來要見以利沙的亞蘭人，就被弄至盲目。耶和華使人的理解力變為昏暗，又開盲人的眼睛，祂也把這種能力賜給祂的先知。以利沙手中既掌握這種能力，他比亞蘭人本身的王，更有權控制亞蘭人。以利沙不但在以色列王之上，更在外邦人的王之上。這些逆轉為故事中較後部分的、那更令人印象深刻的逆轉而鋪路；這令人印象深刻的逆轉就是從戰爭到和平的逆轉，在其中以利沙為他的戰俘提供飲食，然後打發他們回家。

以利沙與亞蘭人的關係，以及他與以色列王的關係，都是耐人尋味的。他為一個亞蘭將軍施洗，使之進入主的國度（王下五章），然後又在犯境的亞蘭軍隊面前擺設國宴（王下六章）。可是，約蘭每次打仗，他也都幫助他。在與摩押爭戰的一役，他預言約蘭王和其他二王將得拯救（王下三章）；他提供關於亞蘭軍隊的情報（六8～14），並預言撒馬利亞的饑荒將會完結（七1）。這裏有強烈的對比：亞哈和耶洗別從不諮詢以利亞，即使在往基列的拉末打仗之前，約沙法要求先求問耶和華的先知之時，亞哈還是不肯諮詢以利亞（王上二十二章）。以利沙的作用就如約蘭的首席先知，雖然約蘭本人算不上是一個忠誠的門徒。

現代基督徒跟前現代的基督徒有所不同，現代基督督徒常常是功能性的經驗主義者（functional empiricists）：他們本能地相信，惟有可見之物才是真實的。我們充其量只能說是自然神論者（deists）：當然，在上面的某個地方有一位上帝，但祂離我們很遠。我們不認為，在我們移動的時候，我們需要經過一羣天使；我們不認為，在我們前頭有一隊天使為我們所遇到的危險開路；我們不認為，我們像詩人湯普森（Francis Thompson）所想的，每次我們轉動石頭的時候，我們都會干擾一位天使；我們不認為（再次
引述湯普森的話），在天與查林十字街（Charing Cross；譯按：位 202

於倫敦中部的一個路口）之間豎立著雅各的天梯。但聖經和基督教傳統都一致主張，天使是真實而活躍的。在舊約，主耶穌以「耶和華的天使」的身分，向祂的百姓顯現；詩人並應許，上帝在我們周圍安置祂的天使作為守護者，以防我們的腳蹤在石頭上（詩九十一11～13）。天使是傳遞律法的中介（加三19），在屬天的錫安參與我們的崇拜，觀察著我們的見證（林前十一10），在耶穌於曠野受試探之後服事耶穌（太四11），並且是上帝的僕役（詩一〇三20）。人類被造，暫時比天使小一點，但我們被指定會審判天使（林前六3）。然而，天使都是上帝和人的僕人，經常活躍於上帝的世界裏。

簡言之，我們都是以利沙的僕人。當我們面對危險和困難之時，我們常常感到絕望和害怕，因為我們只用肉體的眼睛觀看。保羅說：「我們行事為人是憑著信心，不是憑著眼見」，可是我們經常做出相反的事來。假如我們盼望看見那圍繞著我們的火車火馬，我們就需要讓我們的視力得潔淨，讓我們的罪得赦免。我們定要帶著巴底買的禱告——「主，我要能看見」——來到耶穌的面前。

除了「視力」以外，本段經文有幾處利用「看守」的概念（王下六9、10、17）。以色列王在邊境的防衛是那麼的鬆散，以致成隊的亞蘭人在沒有抵擋的情況下在那裏漫步。以利沙是本地真正的守護者，伴隨著他的有耶和華的戰車戰馬。「火車火馬」（סוסים ורכב אש；六17）一語在別的地方使用，就只有在二章11節，在那裏，此語用來指迅速把以利亞接到天上的雲彩。以利沙處於這屬天大軍的中心，他是分享上帝本身的榮耀和能力的「神人」。以利沙帶有耶和華的榮耀和祂的臨在，是耶和華的人肉的、流動的雲彩和會幕。亞蘭王以他榮耀的力量（וחיל כבד）來捉拿先知以利沙（六14），但先知周圍有耶和華的榮耀（כבד），他就像參孫一樣，毫不費勁就能突破夜間來捉他的人（士十六2）。

亞蘭人的軍隊本來是要捉拿以利沙的，但他們反過來被以利沙拿住，並且被帶到首都撒馬利亞。面對亞蘭的威脅顯得無能的以色列王，他急不及待地想擊殺他的囊中物，他的著急表現在連串快速的希伯來語句中。亞哈在先前的戰爭中未能消滅亞蘭人（王上二十章），也許以色列王現在希望作出彌補。以利沙拒絕了他，這表示即使在尋常的戰爭中，王也不可殺死那些擄回來的戰俘。這些戰俘不是屬於以色列王的，他不可因他以為合適就把他們殺了；他們是以利沙的戰俘，更基本的來說，他們是耶和華的戰俘。以利沙沒有殺死他們，反倒在撒馬利亞這個高地向他們展示上帝的款待。經文提到多坍（王下六 13），這提示以利沙和埃及的「預言家」約瑟有關連。[2] 雅各派約瑟送食物給他的哥哥們，但約瑟起初並沒有在示劍找著他們（創三十七 13 ～ 15）。有人告訴約瑟，他應該到多坍去 203
找（三十七 17）；就是在多坍，約瑟的哥哥們剝去他的外袍，並賣他作奴隸。在列王紀下六章，亞蘭王派人去找以利沙，因之前有人告訴亞蘭王：「他在多坍」（王下六 13）。以利沙不但逃過了那些派來捉拿他的亞蘭軍之手，他更把他們帶到撒馬利亞，並吩咐約蘭王給他們食物吃。在下一章，以利沙再次為一個想要殺他的王提供食物 —— 在嚴重的饑荒中他提供食物。

以利沙是新的約瑟：在以色列同胞（以及外邦人）的攻擊下，他的回應是給那些迫害他的人提供餅和水；他這樣做的時候，是把炭火堆在他們頭上（羅十二 19 ～ 21）。以利亞為那尊敬他的撒勒法寡婦提供餅，而以利沙在職事的初期也是這樣做的。但現在，以利沙為那反對他的人提供餅，他確實是天父的兒子 —— 天父降雨給義人，也給不義的人，無論敵友，祂都給他們食物吃。

以利沙被屬天大軍圍繞著，他不需要用刀劍來作戰。相反，他以慷慨仁慈來與亞蘭人作戰，並以慷慨的款待 ——「豐富的筵席」—— 來對抗他們的敵意。那就是保羅所說的：你的仇敵若餓了，就給他吃；若渴了，就給他喝（羅十二 19～20）。那就是基督徒在主的桌子旁所承諾要做的一件事，因為那就是正在這桌子旁發生的事。基督——生命的糧——在我們還作罪人的時候就為我們捨身。在我們還作仇敵的時候，我們藉著上帝兒子的死得與上帝和好（五 10）；上帝呼召祂的仇敵，並在我們面前擺設「豐富的筵席」，祂對教會說：「你們去照著行吧。」

由此可見，從最基本來說，這是一個福音信息，是一個記號，它顯示了（雖然馬吉安不同意）以色列的上帝就是耶穌的上帝。以利沙的上帝為先知門徒的益處，逆轉了那支配著浮力的定律；祂又藉著禱告，逆轉了亞蘭和以利沙之間，以及亞蘭和以色列之間的權力關係。祂能夠使瞎眼的看見，並使能看見的人眼目昏迷以致看不見。這就是那施行大逆轉，使死人復活過來的上帝——祂在約旦河的那邊，使以色列從被擄的死亡中復活過來，又使真正的以色列，即耶穌，從墳墓裏復活過來。浮起的斧頭就是約拿的記號，又是耶穌的記號。

註釋

1. 人因脫了把的斧頭而殺人，是聖經中一個誤殺的範例（申十九 4～10）。那誤殺人的可以逃跑到逃城，在那裏，他會接受審判，以決定他可以進入那避難的城，還是把他逐出去，讓他面對報仇者的追討（民三十五 9～34）。列王紀下這個故事暗指這條例，這意味著先知門徒正在建造「逃城」——在因暗利王朝而受咒詛的土地上，這「逃城」是生命和健康的綠洲。
2. 在希伯來聖經中，其他惟一指向多坍的經文，就是創世記三十七章 17 節。

列王紀下六 24～七 20

耶穌受洗之時被聖靈充滿（路三 21～22）。正如任何一個猶太
人都知道的，一場戰爭必定緊隨而來。像俄陀聶（士三 10）、基甸（六 34）、耶弗他（十一 29）、參孫（十三 25，十四 6，十五 14）和掃羅（撒上十一 6）那樣，耶穌領受了那預備祂作戰的聖靈。耶穌被聖靈充滿，祂證明自己是勝過了撒但和鬼魔的「較強壯的一方」（路四 1～13、33～36、41）。我敢說：當聖靈來臨的時候，必定有人受傷。

當耶穌在曠野勝過「統治這世界的王」以後，祂就開始在加利利地區進行勝利的巡行，向在撒但統治下的人宣告釋放的信息，並最後「登上」耶路撒冷——這殺害先知的城。祂在拿撒勒會堂裏所宣讀的一段以賽亞書的經文，概括了祂的整個職事，這就如路加福音三章 4 至 6 節概括了約翰的職事一樣。「主悅納人的那年」（路四 19；編按：經文乃按英文原書翻譯）是指禧年，即「釋放之年」（利二十五 10）。按利未記二十五章規定，以色列每五十年便有一個禧年。在這個大安息年裏，之前五十年之內所賣掉的土地要物歸原主，奴隸要被釋放。以賽亞參照這制度，藉以描述以色列從巴比倫被擄之地歸回的情況：以色列地要物歸原主（以色列），被擄到巴比倫的猶太人要被釋放（賽六十一 4～11）。主在祂悅納人的那年中，祂釋放那些被希律和彼拉多「踐踏」的人，而更重要的是，祂釋放那些被撒但捆綁和在咒詛權勢之下的人。耶穌把土地（即整個大地）歸還給那些成為祂的門徒的人；祂是被膏立的兒子，是那承受萬國的（詩二篇）。耶穌所傳的釋放信息，是以祂先前勝過撒但的結果為根據的。

在耶穌的整個職事裏，特別是按路加福音所記，祂推倒那些在高位的、有能的、驕傲的，並提拔那些卑下和貧窮的；在整個職事中，祂把其母親的讚歌實踐出來了（路一章）。說來也巧，路加福
205 音也是最詳盡描寫耶穌用餐和他在席上的談話的書卷。路加福音所明確地提到的用餐共七次（五 29，七 36，九 16，十一 37，十四 1，二十二 14，二十四 30），而第八次的用餐則是在第八天，即安息日之後的一天、一個星期的開始，於介乎耶路撒冷和以馬仵斯之間的路旁客店內發生的（二十四 30；LaVerdiere 1994）。對路加來說，耶穌進餐的時間不只是團契和教導的時機（特別是路加福音十四章），而是祂與法利賽人和其他猶太領袖進行有意識的、並使他們惱怒的對質的場合。據呂斯那（Jacob Neusner）的描述，法利賽人是「講求餐桌團契的教派」，他們「要求人在何處都遵守那些通常只適用於耶路撒冷聖殿的、有關禮儀上的純潔的規定，因此法利賽人在私下進餐時，他們必定講究禮儀上的純潔，那程度就如聖殿的祭司講究禮儀上的純潔那樣」（Neusner 1979, 67）。他們對以色列的救贖所採取的計劃，集中於以保持以色列用餐的純潔，來保持以色列的純潔。餐桌成了「以色列那預定的歷史結構的縮圖，以及顯示以色列的命運的模型」（Borg 1998, 95）。

當耶穌來到，與那些被社會遺棄的人——稅吏和罪人——一

同吃喝時，祂挑戰法利賽人其為以色列的復興所設定的計劃。正如博格（Marcus Borg）的解釋：

> 說——並以行動表達——上帝的國把這些人也包括在內，對祂的對手來說，這意味著祂拒絕了他們把以色列的聖潔看成是分離（不論是在現行的習慣上的分離，還是就最終的命運來說的分離）的觀念。簡言之，既然耶穌某程度上是公眾人物，那麼祂的行動就被看成是對內部改革運動的一個嚴重挑戰，這改革運動本來是要使以色列成為一個聖潔的團體、一個祭司的國度的——這是就著這些語句在當時的意義來說的。

耶穌沒有把不潔的人和罪人排擠出去，來過分謹慎地維持一張純潔的餐桌；祂反倒歡迎那些被社會遺棄的人，以求醫治他們。遠在耶穌於上耶路撒冷的漫長路途的結束、進入聖殿之前，祂已經常推翻桌子。

正如我在上一章指出的，律法本身規定人要向仇敵和邊緣人士給予憐憫和同情，而所謂對以色列所作的先知式批判，其實是由律法來推動而不是批判律法的。耶穌肯定是和先知傳統一脈相承的，但摩西才是先知的典型。五經和先知們對以色列內部的排他主義和自義提出質疑，而列王紀是與這種質疑一致的；列王紀下六章是個逆轉的比喻，其偏激程度就如耶穌的教導。它像耶穌所說的比喻，是對社會和宗教的一種諷刺（Nelson 1987, 187, 191）。

這個有關亞蘭人圍困撒馬利亞的故事，跟前一段落關於與亞蘭人打仗的故事有好些相似之處（Nelson 1987, 188）。兩者的開頭都有一個王為他的國情擔憂——亞蘭王是為宮中的內奸擔憂，而以色列王就看見在被圍困中撒馬利亞所出現的野蠻行為。兩個王都

為他們所面對的困難而怪責以利沙；兩個王都派兵捉拿或殺死以利
206 沙。在兩個故事裏，以利沙都提供食物——設宴款待亞蘭戰俘，
以及從亞蘭軍營掠奪食物。以色列王面對因饑荒所引致的人吃人事
件而感到無能為力，他只得撕裂衣服，但以利沙就預言撒馬利亞必
得拯救。這個故事也在結構上跟列王紀下三章的摩押叛變平行。在
兩個故事裏都有突破圍城的事；在兩個故事裏，以利沙都說預言，
具體來說，那是關於給以色列供應糧食的預言。在列王紀下三章，
摩押王在吉珥．哈列設的城牆上把其兒子獻為祭；而在列王紀下七
章，一個婦人在撒馬利亞的城牆上跟王說到一件關於殺一個孩子來
吃的事。再者，在這兩章經文裏，耶和華都以騙子的身分顯示祂自
己；精明的人，祂就以精明待他。祂引誘摩押人相信，三王互相殘
殺（王下三 21～24）；祂又以相反的方式欺騙亞蘭人，趕他們離開
營盤，好讓以色列人掠奪他們（七 6～7）。這兩章經文以交叉結構
的形式聯繫起來（Leithart and Jordan 1995），並有工整的倒轉：在其
中一章，軍隊離城，預計會找到一個空置的營盤，卻竟意外地發現
一隊軍隊；在第二章，痲瘋患者離城，預料會找到一個滿了軍隊的
營盤，卻竟意外地發現一個空置的營盤。又，在這兩個故事裏，以
利沙的預言都神蹟地作出供應——供應水（三 17）和食物（七 1）。

列王紀下七章的中斷，是可以理解的，[1] 可是最終來說，本章
的分法是不適當的。在列王紀下六章 32 節，以利沙和長老坐在他
207 的家中，而在七章 1 節，當以色列王派來的使者來到門口時，他還
在家中；七章 1 節的預言，是以利沙對六章 33 節的問題的回應。
肯定地說，故事中有一個間斷，因七章 2 節引進了一個人物，那是
之前沒提及的，而這節暗示了以利沙是親自向王發出預言的（王下
六 32；比較七 17）。但是，經文從沒明確地提及王來到以利沙的
家，也許這是要表示，王是完全居於以利沙之下的，這一點與故事
中強調王的無能，是一致的。當他們來到先知面前的時候，即使君

王也無權堂而皇之地進入（注意：列王紀下六章32節和列王紀上十四章6節之間的平行）。

如果把列王紀下六章的後面部分也考慮在內，那更突出了以色列王和以色列先知的對比，以及那兩位吃自己兒子的兇殘婦人和那些慷慨地與人分享戰利品的痲瘋患者之間的不同。不過，有關圍城的記述，只是那延伸至八章6節的更大架構的一部分：

A 王的無能：婦人的伸訴；王欲殺以利沙（六24～31）
  B 以利沙的預言（六32～七2）
    C 四個痲瘋患者發現了營盤：掠奪它（七3～8：我們若死就死吧）
      D 痲瘋患者帶來好消息（七9～10）
    C' 五匹馬發現了營盤：撒馬利亞人掠奪營盤（七11～16a：牠們若死就死吧）
  B' 以利沙的預言應驗（七16b～20）
A' 王因以利沙而恢復書念婦人的產業（八1～6）

以色列王是連串事件的開頭和結尾部分的主角，這兩幕在許多細節上都有相似的地方：兩者都是關於饑荒的；兩者都描述一個婦人呼求王為她的不平伸冤；兩者都提到孩子；兩者都提到以利沙，但以利沙都沒有出現。可是王在兩個情況之下的回應，明顯地很不一樣。當聽到吃人的事件，王在挫敗和憤怒之下撕裂衣服，但對那個書念婦人，他就為她伸張公義。在八章1至6節，王再次向以利沙顯示他的恩寵，聽從他英勇的故事，並且因為他和書念婦人的關係，而為婦人伸冤。七章1至2節的官員沒有出現，代之而有的是痲瘋患者基哈西的出現，他站在王面前，像痲瘋患者乃縵一度站在他的王面前那樣。到了列王紀下八章，基哈西已完全取代了王的僕人乃縵的角色，而以色列王看來也學會了一些有關痲瘋患者的價值的事情。以色列王得知以色列中有先知，這個先知把餅給予飢餓的人，把土地給予失去產業的人，把生命給予已死的人。

列王紀下六章 23 節告訴我們，亞蘭人停止侵犯以色列，但在六章 24 節，我們看到亞蘭人圍困撒馬利亞。也許六章 23 節只是
208 說，亞蘭人停止以游擊隊的方式搶掠和侵犯以色列。他們不再打沒有結果的游擊戰，而是全力以赴，開始一場全面的戰爭。不論事實如何，是次圍城預示了後來的圍城行動；後來的圍城使以色列的居民離開本土（哀二 20，四 10），[2] 因耶和華把繩套套得更緊。可是，還有另一種解釋可以說明這種表面的矛盾。上文已經交代過經文的同心圓結構，從這結構可見，列王紀下六章 25 節的饑荒和八章 1 節所提到的七年饑荒，有可能是一樣的。[3] 列王紀下七章描述饑荒的結束（比較王上十八；亦參列王紀下八章 1 至 29 節的註釋），因為主在安息年把哀哭變為跳舞，把饑荒變為歡宴。根據這樣的重構，饑荒並不是圍城的結果，而是便．哈達更新他侵略以色列的時機。[4] 故此，在便．哈達圍困撒馬利亞之前，有一段互相對敵的間隔時期，也許長達六年之久。這樣的重構也有助解釋為何約蘭認為以利沙需要為圍城負責，並想要殺他（王下六 32～33）：以利沙宣布，耶和華召來饑荒（八 1；比較王下十八 10）。在上次和亞蘭爭戰期間，約蘭順從了以利沙，並稱他為「父」（王下六 21），但經過幾年饑荒，最終以圍城結束後，他就怪責以利沙，務求要使以利沙成為代罪羔羊。約蘭像他的父親，相信先知是使以色列遭災的人。

圍城所導致的饑荒十分嚴重，甚至連不潔淨的驢頭和鴿子糞也成了稀有的貨品（王下六 25；比較十八 27）。在城牆上的婦人向王呼求要得「拯救」（הושיעה אדני המלך；六 26），在該話的語境中，拯救的意思是指為不平伸冤，並供應食物（六 27）。王不曉得

該在那裏尋獲救恩，他忘記了以色列中有一位先知，那先知名字的意思是「我的上帝施行拯救」。正如耶和華早已預言的（申二十八52～57），以色列的悖逆導致它被圍困，並發生人吃人的事，特別是吃孩子的情況，連未來也吃了。婦人的遭遇令人毛骨悚然，而她的請求更是這樣。她不是為控告那位殺她孩子的朋友而提出請求，而是要求王贊同另一次的謀殺，殺害另一個孩子。她就是以色列本身，吞吃自己的兒女，用母親的奶煮自己的孩子（申十四21）。她和以色列中的忠信子民成為對比，這羣忠信子民以書念婦人為代表，她的兒子從死裏復活過來，並承受地土。當以色列向王提出訴求的時候，她得不到幫助；但那個向耶和華的先知尋求幫助的以色列，或是向受先知影響的王求助的以色列，就得存活。約蘭不像所
羅門，他缺少智慧，未能在不可能的處境下作出智慧的判斷。[5] 他 209
只得撕裂外袍（王下六30；比較五7），並威嚇要攻擊以利沙的頭（אם־יעמד ראש אלישע；六31）。他太遲了，因為以利沙的頭——以利亞——已經在天上，是不能被傷害的（參列王紀下二章1至25節的註釋）。

正如耶穌所言，在以色列有很多痲瘋患者，但只有外邦人乃縵才得潔淨，這把以色列的期望逆轉過來，並預示了那藉耶穌所成就的、更大的逆轉。列王紀下六章還記錄了另一種逆轉：是那些在以色列之內被排擠於城外的痲瘋患者，而不是站在城門口的那個官員，發現並宣布該城將要得拯救和重獲新生的「福音」（王下七9）。痲瘋患者得到飽餐一頓，而那些在高位的人卻就遭人踐踏。君王瑟縮在他的要塞的城牆內，而四個痲瘋患者卻領導一次對亞蘭軍營的有趣「突襲」；約蘭王面對他首都內的吃人事件，他只能撕裂衣服和向先知說威嚇的話，但那被排擠的四個痲瘋患者卻為該城提供豐富的食物。世界被倒轉過來，因痲瘋患者拯救了一個他們甚至不得進入的城。[6] 照樣，耶穌說本國的臣民將要被丟在外面，鼻子貼在

櫥窗上觀看，而許多從東從西來的人就與亞伯拉罕、以撒和雅各一同坐席（太八 11 ～ 12）。

像逾越節和耶路撒冷後來得拯救的情況（王下十八章）一樣，拯救是在夜間臨到撒馬利亞的。當人們睡覺的時候，不眠不休的主率領戰車戰馬出去，像一個死亡天使，驚嚇亞蘭人（七 6）。逾越節過後，在新的一天的黃昏（七 7），那些痲瘋患者掠奪「埃及」。最初，他們表現得像亞干或基哈西，把所掠奪之物據為己有，收藏起來（七 8），但後來他們有較好的想法，並把財富與其他以色列人分享。就如稅吏撒該的情況，拯救臨到被遺棄之人的家——他們把財富拿出來，餵飽飢餓的人。

撒馬利亞所得的拯救，並不是它被提升到一個經濟學對它再也無關重要的領域裏。耶和華對以色列的拯救，是藉著賜它地上豐富的財物和歷史上的救援。祂是市場的主，祂能夠一時間破壞供求的曲線，就像祂能夠帶來一次導致物價飛漲的嚴重缺糧那麼容易。經
210 濟上的起伏並不是由物以罕為貴的非位格性勢力來支配的，而是由一位擁有無限資源的上帝來管理的，祂確實能夠開啟天上的窗戶。由那位更大的以利亞——耶穌——所帶來的拯救，同樣是在地上和在歷史上恢復一個豐盛的人生，又是應許在一個新天新地裏有永恆的生命。不但從經濟學上說，從社會學上說也是一樣，列王紀下六章是福音的預覽。所有文化都劃定界線，以分清誰在文化之內、誰在外，也在該文化之內不同階級的人之間劃清界線。文化高舉某些人，又把某些人看為低下。福音把世上一切文化的界線推翻了，正正是因為它在道成肉身中，推翻了創造主和受造物之間的界線。在撒馬利亞得拯救一事上，我們看見它預示了道成肉身這件具推翻效能的大事，以及隨著那國度來臨而開始的、世界被顛倒過來的事實——這奇特的國度歡迎謙卑而慷慨的痲瘋患者，卻把驕傲的人排擠在外。

當痲瘋患者回到城裏的時候，他們帶來了「好消息」（王下七9），他們所用的字眼（שׂרה）在別處是用來描述以色列得救贖的好消息，就是彌賽亞要來的福音。這裏和別處一樣，好消息是勝利的好消息，是逾越節和出埃及的上帝的勝利；這位上帝利用一些本身不是要用來克勝所存在之物的事物（Ellul 1972, 61）。這裏和別處一樣，這好消息是關於耶和華的介入，祂改變人生的具體處境，而不是在人生的困境中帶來屬天的拯救（Brueggemann 2000, 360）。這裏和別處一樣，這福音是關於食物的好消息，它應驗了先知所說的預言：在敵人面前要擺設筵席。這裏和新約中所記，以及整個教會歷史所展示的一樣，好消息是給處於邊緣的、被社會所遺棄的人的；如此，拯救不是來自耶路撒冷之內，而是來自城牆之外，在加利利的拿撒勒。

註釋

1. 列王紀下七章明顯是以一個交叉式結構的首尾呼應作為框架的：

A 這時候（七1）
　B 一細亞細麵要賣銀一舍客勒
　　C 二細亞大麥也要賣銀一舍客勒
　　　D 在撒馬利亞城門口
　　C' 二細亞大麥賣銀一舍客勒（七18）
　B' 一細亞細麵賣銀一舍客勒
A' 明日這時候
　　　D' 在撒馬利亞城門口

列王紀下七章2節和七章19節也有工整的對仗：

A　軍長回答（七 2）
　B　攙扶王的
　　C　對神人
　　　D　説
　　　　E　看！即使耶和華使天開了窗户
　　　　　F　也不能有這事
A'軍長回答（七 19）
　　C'對神人
　　　D'説
　　　　E'看！即使耶和華使天開了窗户
　　　　　F'也不能有這事

在這個框架之內，本章經文整體上是以同心圓的結構鋪排的：

A　以利沙預言，軍長存疑（七 1～2）
　B　痲瘋患者發現營盤（七 3～8）
　　C　痲瘋患者回來報告（七 9～11）
　　　D　君王存疑，疑慮解開（七 12～13）
　　C'派出使者（七 14～15a）
　B'使者回來（七 15b）
A'預言應驗（七 16～20）

2. 痲瘋患者的想法預示了在巴比倫圍城期間耶利米的勸告：向亞蘭投降，碰碰運氣，總比在城裏餓死要好（王下七 4）。
3. 布雷克（John Breck；Breck 1994）主張，交叉式結構起到「螺旋式」的作用，它可以讀作A-A、B-B、C-C、D，如此類推。以這種讀法來研究經文，六章 24 至 31 節關於饑荒的報導，即在八章 1 至 6 節中得到補充：

A　撒馬利亞有饑荒
A'事實上，那長達七年之久

4. 感謝比設小組（Pesher Group）的組員來斯（Peter Roise）提出是項建議。

5. 就像列王紀上三章 16 至 28 節的事件，這段簡短的經文充滿著引人關注的預表線索。一個孩子被取去，另一個給留下，這與逾越節近似。這個倒轉了的逾越節的暗示，更由於兩個婦人奇異地指出頭一個孩子是被「煮」來吃的，而得到強化（王下六 29；比較出十二 9）。兩個婦人參與在一個可怕的聖餐之中，以兒子當食物。被母親藏起來而得到保護的孩子，預示了約示巴的英勇事迹：當另一個同樣食人的母親亞她利雅在謀殺王太子約阿施的時候，約示巴把他藏在聖殿裏。
6. 普羅文（Iain W. Provan；Provan 1995, 202～203）指出，列王紀下六至七章撒馬利亞被圍困的故事中，有兩處地方玩弄著有趣的文字遊戲。第一處是利用「痲瘋患者」（**מצרעים**）與「埃及」（**מצרים**；王下七 6）的諧音：亞蘭人聽見大軍的聲音就驚慌，以為是埃及人來襲，可是根本甚麼都沒有，只有幾個搜索食物的痲瘋患者。上帝使亞蘭人害怕起來，草木皆兵。用來表示「窗戶」（**ארבות**；七 2）的字眼，是和「四」字（**ארבעה**；七 3）一語雙關的。多疑的王室官員不相信以利沙的預言會應驗，即使耶和華從天上的窗戶降糧下來，那也是不可能發生的；但最終四個痲瘋患者卻帶來好消息，說有大量食物。四個痲瘋患者就是天上的窗戶，耶和華藉著他們把糧降給祂的子民。

列王紀下八 1～29

211 在她那令人愉快的第一本小說《家事》（*Housekeeping*）裏，羅賓遜（Marilynne Robinson）的敘事者路得（Ruth）指出，缺席是一種強烈的臨在方式。只要朋友和家人是在**此地**（here）具體地、可經驗地臨在的話，他們就會被局部化和受限制。當他們缺席的時候，我們的記憶就會在每一處地方發現他們——親愛的妻子總是在廚房和臥房裏，同時間並在所有的時間都蜷縮在她最愛的椅子裏、整理她的頭髮。當然，羅賓遜的說法更勝一籌：「施維亞（Sylvie；路得的嬸嬸）不想失去我。她不想我變得愈來愈巨大和複雜，以致我似乎是充滿了整個房子；她也不想我變得神祕而難以捉摸，變成可混合的，以致我可以穿過那分隔夢與夢之間的薄膜。她不想想起我。她情願我簡單地、平常地臨在，雖然我或許會是靜靜地、笨拙地臨在……假如她失去我，我會因為我的消失而變得不平凡。」（Robinson 1980, 195）當然，基督的真正缺席／真正臨在比這個還要多，但它至少包含了這一點。這就是為甚麼祂離去是一件好事，又解釋了祂的離去如何使祂能充滿萬有。

在列王紀下八章的開頭，對一個缺席的先知的回憶，證明是具有強大的政治力量的，甚至是具有救苦救難的力量。這一章讓書念婦人的故事發展來到尾聲。早前，書念婦人因以利沙的話語而生了一個兒子，她並親眼看見她的兒子從死裏復活過來（王下六章）。在那次的「逾越節」事件之後，便是婦人的出埃及和回歸。她因饑荒離開本地（正如以色列於雅各時代所做的），[1] 並在非利士人中間經歷了七年流放的生活（就如以色列在埃及經過了四代那樣）。到她流放的生活結束回來之時，她得回她的地業。

以利沙再次作了她的近親拯救者。他的缺席使他變得愈來愈巨 212
大，單是他的名聲就足以影響君王。書念婦人歸回本地，這是一個「禧年」（利二十五章），讓她重新得回祖先的產業。在禧年之外，王更把她在流放期間所失去的一切土產償還給她。她的七年流放不單有出埃及的影子，它更指向未來七十年以色列被擄到巴比倫的日子。被擄期間的讀者可以希望，那些順從先知的吩咐，保留其對先知的記憶的人（王下八1），也要同樣回到那片上帝應許要給亞伯拉罕的土地。書念婦人之前出現的時候，她曾被界定為「大戶的婦人」（אשה גדולה；四8），現在，她卻被界定為先知所行的神蹟的受益人，是「得著以利沙救活其子的那婦人」（האשה אשר־החיה את־בנה；八1、5）。她的名聲不在於她的財富和地位，而像以色列那樣，是來自耶和華的恩寵。就以上各方面來說，書念的「大戶婦人」代表著忠信的以色列，其生命給那受不誠實的以色列王后耶洗別所統治的死亡國度，造成挑戰。

約蘭王的心有明顯的改變。面對著另一個懇求伸張（不合情理的）公義的婦人（王下六24～31），這位以色列王只能撕裂衣服，並聲言惟有耶和華才能回應那婦人的需要（六27）。而在列王紀下八章，情況就很不一樣，王表現了上帝的慷慨，他讓婦人回到自己的地業。他興緻勃勃地要聆聽以利沙的事迹，他先前是急欲將之置諸死地的。毫無疑問，撒馬利亞不再受圍困，這促成了他產生這種反應。布魯格曼（Walter Brueggemann）提出有趣的一點：婦人的土地在她流放期間是歸王管理的（Brueggemann 2000, 369）；假如那是真的話，約蘭就是亞哈的相反，不像他的父親，他樂意把奪來的產業物歸原主。[2]

然而，列王紀下八章的事件次序卻是不調和的。在撒馬利亞得拯救之後，約蘭似乎深深地被以利沙的能力所打動，在有關他統治的記錄中，他有了一次真正屬於王者的表現。自從所羅門以來（王上三 16 ~ 28），這是頭一次有婦人向王提出訴求，並得到了公平的對待。這是在暗利王朝執政期間，頭一次有一個王自願地，而不是勉強地對先知作出回應。約蘭在以利沙的職事和名聲的影響下施行公義，但是，緊接下來的故事卻引介了那延遲出場的哈薛——耶和華藉這個外邦人向亞哈家報仇。正當亞哈王朝達到它的頂峯、
213 有一刻鐘的敬虔和公義之時，它就被摧毀了。如果我們從一個廣闊的角度看，這種不調和也是明顯的。約蘭是暗利家**最好**的王（王下三 2），他（有的時候）顯明是對以利沙有回應的（三 13 ~ 20，六 20 ~ 23），他容許先知羣蓬勃增長，而不是把他們趕進山洞。他不是斯大林（Joseph Stalin）而是戈巴卓夫（Mikhail Gorbachev），可是，正是在他的統治期間，耶和華才向亞哈家釋出祂的怒氣。為甚麼是現在呢？

首先，主忠於祂藉先知所傳遞的預言。以利亞宣布，亞哈家將會在亞哈的兒子統治期間遭毀滅（王上二十一 27 ~ 29）；這預言應驗了。再者，約蘭只是部分逆轉了他父母的政策。不像表面看來所顯示的，約蘭不是一位那麼可靠的王。他承認是主把災難帶給以色列的（王下三 10，六 27），但他幾乎從沒有轉向那惟一可能的幫助來源——以利沙（如約阿施後來在十三章 14 至 19 節所表現的）。當三王流落曠野缺水期間，是約沙法而非約蘭提出，要尋求

耶和華的先知（三 11）；當亞蘭人乃縵到來要得潔淨的時候，約蘭並沒有想到要把他轉介給以利沙（王下五章）。在撒馬利亞遭遇饑荒期間，約蘭不但沒有謙卑地轉向以利沙這人肉「聖殿」來尋求代求，他反而派人去殺害以利沙（六 31）。

不論列王紀下八章的事件次序是如何不調和，這也不是列王紀惟一的事件次序。在亞述入侵之前，北國經驗了一段政治復興（若非屬靈復興）的時代（王下十三 22～25，十四 23～27），而猶大就在約西亞推行改革之後不久，便淪陷了。耶和華的審判不是在那段迫害先知和拜偶像的最黑暗的日子裏，而是在人看來是黎明初現的時候，臨到以色列。照樣，上帝的審判臨到耶穌身上之日，正是羣眾歡迎祂到耶路撒冷作王之後的一個星期。

列王紀下六至八章的事件次序，大致上對應著列王紀上十八至十九章的事件次序；要明白列王紀下六至八章的事件次序，特別重要的是要留意約蘭威嚇要殺以利沙一事：

以利亞結束旱災（王上十八章）	以利沙結束饑荒（王下七章）
耶洗別發誓要殺以利亞（王上十九 2）	約蘭發誓要殺以利沙（王下六 31）
以利亞到西奈去（王上十九 3～8）	以利沙到大馬士革去（王下八 7）
以利亞被吩咐去膏哈薛和耶戶（王上十九 17）	以利沙膏哈薛和耶戶（王下八 13，九 1～3）

從以上平行可以看出，亞哈和約蘭遭遇審判，那決定性的導火線是對先知的「頭」的攻擊。

以利沙作為一個行神蹟者，他的名聲傳到以色列之外，就如他到訪大馬士革的故事所顯示的。這是自從以利沙跟隨以利亞過約旦河以來，頭一次離開以色列地，這也是以色列即將遭遇審判的徵兆。在大馬士革逗留期間，他遵從以利亞的指示，告知哈薛他將要作王。[3] 就如在列王紀下五章的情況（那時以利沙幫助了亞蘭人的

將軍乃縵），以利沙（像後來的耶利米）看來似乎作了背叛者，為
214 那對以色列最具威脅性的政敵提供幫助。哈薛在他主人便．哈達的吩咐下來找以利沙——便．哈達是列王紀所記錄另一個患病的王。便．哈達不像以色列的亞哈謝（王下一章），他曉得以色列中有上帝，並曉得到哪裏去尋找祂。亞蘭人乃縵曾經向以色列王求助，但他從該次事件得知，以色列的能力不在王宮之內，而在先知門徒中間，特別是在眾先知的「父」那裏（九 9）。亞蘭王便．哈達比以色列本身大多數的王更懂得從哪裏尋求神聖的幫助，這是對以色列的光景的一個痛苦反思。

自從以色列開始實行君主制之後，先知就是政治上的行動者，但在掃羅、大衛和所羅門統治期間，先知都不曾干預外邦人的政治。以利亞和外邦人雖有接觸，但他從沒有幫助或接觸過外邦人的君王。以利沙是第一個膏立外邦君王的以色列先知，這膏立的行動啟動了先知對外邦人歷時幾個世紀的職事。以色列的墮落導致耶和華要尋找別的民族，好藉祂的先知而賜福給他們。以色列的墮落對世界來說意味著那給世界的豐富（羅十一章），因主陸續興起幾個大國，作為祂子民的守護者（參列王紀下二十三章 31 節至二十五章 30 節的註釋）。

在以利亞於西奈山上與耶和華的相遇中，耶和華提到要以哈薛作為對亞哈家報復的工具（王上十九章）。在第一和第二次提到哈薛之間，相隔了十章經文以上。自列王紀上十九章起，讀者預期哈薛不久就要出現，同時他們也預期，從天上來的火將快要降臨在亞哈家之上。這樣提及列王紀上十九章的預言，也引出了一個有關以利沙的職事的重要問題，因為根據耶和華的描述，以利沙也是上帝彰顯祂憤怒的工具，他將要收拾耶戶所留下的殘局。耶和華所說有關以利沙的聲明，讓讀者以為以利沙的職事是具破壞性的。事實上，除了在伯特利那羣不幸的「童子」（王下二 23～25）以外，以

利沙餵飽飢餓的人、使死人復活、扶助在困境中的寡婦、拯救孤兒免遭奴役。以利沙的職事怎麼會是帶來審判的職事呢？約拿可能會問，煙火在哪裏？主的再來為何要這樣延遲？[4]

以利亞那帶來生命的職事，正是耶和華所描述的、帶來審判的職事。以利亞畢竟是一股使政權不穩定的力量。藉著把生命和自由帶給忠誠的窮人，即忠心的先知門徒，以利沙搖動了北國正常的階級制度。藉著從事一項帶來生命的職事，他把那些拒絕遵從他話語的人定了死罪。以利沙這「處死」的職事跟哈薛或耶戶的職事相比，是以較大規模的形式來進行的，因為以利沙沒有為把個別的敵
人分成兩半而費心。他的職事把以色列民族分成兩半——使兒子 215
跟父親分開、女兒跟母親分開、君王和先知分開——而把某件東西分為兩半，就是肯定會把它殺死的方法。和耶穌的一樣，以利沙那醫治和救贖人的職事是一把利劍，把以色列民族分開。正如在本書的導論部分所指出的，耶和華藉著把以色列分開這個弔詭的方法，著手修補以色列和猶大之間的裂痕。

再次，這一點具有引人入勝的教會論含義。在很多主流教會裏，復興運動務求把整個宗派引回正統和忠誠之路。這些運動是帶來生命的職事，但它們也是對整個教會施行審判的工具。當復興運動在循道宗或長老宗教會中開始時，整個宗派就從內部分裂。用以維持宗派運作的資源、人力和精力，被掏空和重新使用，因為本來用在宗派活動上的資源和人力，都被轉向用以支持復興運動的活動和計劃。復興運動往往耗盡一個宗派中最優秀最出色的領袖和最有活力的教會。主流教會的復興過程和所有復興過程都是一樣的：復興之路不是道德改革，而是殺戮和變形、分裂和統一、死亡與復活。

耶和華宣告了審判，然後延遲審判，這延遲有兩個目的：它給予時間，讓像亞摩利人的亞哈家的罪惡滿盈（王上二十一26；比較

創十五 16）；它給予時間，讓以利沙建立一個羣體，好作為以色列復興的苗圃。在新約中有同樣的次序：耶穌宣告，聖殿與耶路撒冷必定滅亡（太二十四章），但這結局隔了一代才臨到。在這間隔的時期，殺害耶穌的猶太人迫害使徒（徒七章），而在這間隔的時期，主亦招聚以色列內一羣尋求逃避將來的憤怒的人。[5]

表面看來，以利沙是吩咐哈薛向他的主人説謊（王下八 10）。大多數版本把他的話譯成這個意思：「告訴他他必要活，但我知道他將會死。」〔編按：按英文原書翻譯〕希伯來文是比較含糊的：**אמר־לא חיה תחיה והראני יהוה כי־מות ימות**；那可以譯作：「你要説：『不你必要活』，但耶和華指示我他必要死。」如果「不」是用來否定整個片語，那麼以利沙就是吩咐哈薛去告訴他的王，他必定**不能**活下去。在希伯來文，該否定語聽來和介詞短語「對他」（to him）一樣（兩者都讀作“lo”），而哈薛就選擇了把以利沙的話當作是：「你要**對他**説：『你必要活。』」哈薛向便・哈達回報説，
216 他會好起來：**אמר לי חיה תחיה**（「他對我説：『你必要活』」；八 14）。也許這又是一個例子，説明以利沙在預言將要發生的事之時，他並不贊同它的（三 16～19），因為他知道哈薛會殺死便・哈達，並對以色列發動一場完全毀滅的戰爭（八 12）。即使以利沙明白，以色列受審判是罪有應得的，但他還是像耶穌一樣，為以色列的前景而哭泣（太二十三 37～38）。真先知會向他所愛的對象發出預言。

列王紀下八章的最後部分專寫南國，補述繼約沙法之後的諸王。約沙法不只一次跟亞哈合作，他的統治為這時期以色列和猶大之間的關係設定了樣式。約沙法是「合一」運動的首領，他和亞哈合作以推展統一兩國的計劃。猶大和以色列一旦達成了這個層次的共同作戰關係，猶大也就開始採納北國的一些宗教禮儀；約沙法甚至去到一個地步，讓自己的兒子娶亞哈的女兒（王下八 18）。以色

列和猶大變得愈來愈不能區分，甚至連它們君王的名字也相同。猶大和以色列各有一個約蘭，以色列和猶大亦各有一個亞哈謝。這帶來一個結果：耶戶要毀滅暗利王朝的熱心，同時也威脅到大衞家。

經文只記錄了在猶大的約蘭統治期間的一個片段，就是以東的背叛。各項細節都是熟悉的：以東背叛（פשע אדום；王下八20），而約蘭去鎮壓叛亂。在打仗期間，約蘭被以東的軍隊包圍，他試圖在夜間突破以東人。雖然他成功突破了以東人和他們的戰車，但他的士兵卻戰敗而逃，各歸各家。連串事件都是摩押背叛北國的翻版（王下三章）。不但以東，立拿人也背叛了（תפשע לבנה；八22）。立拿靠近非利士人的邊界，此城的失守是深入南國的一擊。大衞的後人不只喪失了偏遠的地區，就是大衞先前所征服而歸所羅門統治的領土；他們也喪失了猶大本土內的城鎮。當猶大效法它姊姊以色列的淫行（結二十三章），耶和華就削去猶大的部分領土，正如祂在暗利王朝執政期間，對待以色列那樣。

約蘭的繼承人亞哈謝在家庭的影響下，繼續奉行與亞哈合作的政策。他像祖父約沙法那樣，與亞哈的兒子有軍事上的合作：在基列的拉末（亞哈死在那裏）跟亞蘭人打仗（王下八28）。約蘭也在基列的拉末被打傷了，他退到耶斯列養傷。耶斯列這個城，正是亞哈奪取拿伯的葡萄園之處；而約蘭留在這個城，也許他住進了與葡萄園鄰接的那個王宮裏，這撤退具有不祥的意味。他所退到的地方，就是狗在那裏舔亞哈的血的地方（王上二十一19），而他的血脈裏所流的，正是亞哈的血。猶大的亞哈謝到耶斯列與約蘭相會。所有人都聚在一處，像基斯妲（Agatha Christie）小說的最後一篇裏的眾多角色；以致一旦炸彈爆發，那就會產生最大的威力。

經文還有另一個不祥的提示。猶大的亞哈謝是在以色列王約蘭十二年登基作王的（王下八25），而我們已經從三章1節知悉，這是約蘭統治的最後一年。我們也得知亞哈謝作王只有一年（八

26）。對於心水清的讀者來說，經文預示了這會是決定性的一年，它見證了北國和南國君王的死亡。我們知道，約蘭會像以色列的亞哈謝那樣（王下一章），不會從病牀上起來，而會死於耶斯列；而且我們預期，耶和華派來的狗已準備好要舔亞哈家的血。

註釋

1. 正如早在列王紀下六章 24 節至七章 20 節的註釋所指出的，是次饑荒看來是和列王紀下六至七章的饑荒相同的，而亞蘭人撤退所帶來的緩解，就使書念婦人得以回國。
2. 基哈西詳述以利沙所作的「大事」（八 4），那對書念婦人的處境的影響，藉著那把過去和現在交織在一起的經文，聰明地表現出來。如果生硬地翻譯，八章 5 節是這樣寫的：

   A 敘述他〔怎樣〕使死人復生
   B 看，他曾使她的兒子死而復生的那婦人
   C 為她的房子和田地呼求
   B' 基哈西說：「我主我王，這就是那婦人和兒子
   A' 就是以利沙使之死而復生的」

   婦人在基哈西說的故事的中間部分具體地現身，因此王的行動變成了已開展的故事的延伸。
3. 作為一件歷史的事，以利沙到訪大馬士革是可能的，因為列王紀下六章記述了關於以利沙曾放過了亞蘭軍隊的事。作為一個表現這樣慈悲的行為、並救了一批亞蘭人性命的先知，他當然可以不受拘束地在大馬士革出現。
4. 從歷史的觀點看來，亞蘭軍先在撒馬利亞被一場盛筵所「打敗」（王下六 15～23），繼而在夜間被莫名的響聲所趕散（七 6～7），軍心遭這樣的貶抑以後，他們很可能不只對他們的王失去些微的信心。明顯，不只是便．哈達這個人，連他的國也已日漸積弱，而哈薛乘機奪取王位。

5. 從更廣闊的角度看，我們也許可以得出一個結論：主容許邪惡的政權延續下去，是為讓祂的教會有時間，從迫害中恢復過來。譬如說，今天的俄羅斯是由前蘇維埃（Soviet）的官員所統治的，即使蘇維埃政權已經垮台。在蘇維埃統治的許多年間，有數以十萬計的基督徒殉道，他們的血仍未被追討，而且統治形態大致上還是沒有改變。公義之上帝在哪裏？也許主是在讓俄羅斯教會有時間強壯起來，能以捱過另一次更為嚴重的坍塌，一次更徹底的審判。

列王紀下九 1～十 36

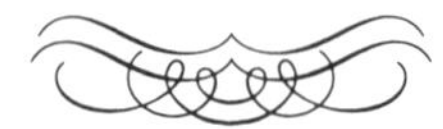

在論及新約神學的書本中，最有趣的肯定是史懷哲（Albert Schweitzer）所寫的那一本。他在其中詳述，現代「對歷史耶穌的探索」（quest of the historical Jesus）如何一而再意外地發現一個印證著、並受限於其自身文化偏見的耶穌：「每個時代的神學都把它的思想建基於耶穌；事實上，那是它能以使耶穌活著的惟一一個方法。」（Schweitzer 1952, 4）從事大規模歷史研究的理性主義者所發現的，是一個理性主義的耶穌；道德學者所發現的是一個教導道德的教師；革命分子所發現的是一個政治的鼓動者。最為人所認識的，是耶穌作為「蒼白的加利利人」（pale Galilean）的形象：一個仁慈、謙和而溫柔的耶穌，一個天真的、靈魂到處遊蕩的前衛佩花嬉皮士（flower-child；譯按：嬉皮士的一種，常戴花象徵愛）。雷南（Ernest Rena；譯按：法國學者，將歷史的方法運用到聖經的故事）的《耶穌生平》（*Vie de Jesus*）所展現的就是這樣的耶穌，但這個基督論的視象（christological vision）特別是在德國浪漫主義（German romanticism）和黑格爾（Georg W. F. Hegel）所說的「美麗靈魂」(beautiful soul)上，才得到充分的發揮(Hart 2003, 64～65)；它不單在神學界和哲學界流行，也在無數的通俗圖畫和聖像中流行。

正如哈特（David Bentley Hart)所指出的，尼采（Friedrich Nietzsche)明白到，他為反對基督教而提出的理據，與其說是邏輯上的，不如說是美感上的，是對基督教信仰中的基督的一種厭惡。奇怪的是，尼采在此與正統信仰的看法建立起相一致的基礎，因為基督教長久以來早就明白到，它為信仰所能提出的根本理據，不外乎是基督自己的形象，再沒有比福音的故事更基本的了(Hart 2003, 116～117)。尼采認識到這一點，並強烈地表達他對耶穌的厭惡，然而——這又是和正統信仰相一致的——他所痛恨的是德國浪漫主義的偶像耶穌。

尼采發現，他難以把耶穌套進祂那有關求取權力和恨意的故事裏。耶穌放棄權力，卻不是出於對權力的憤恨。那麼應該如何處理祂？尼采採取兩個主要的行動，其一是把耶穌從教會分割出來，主張祂是絕對的獨一無二；其次是，主張耶穌一開始就是處於頹廢狀態，是否定生命的。尼采對耶穌的描述很倚賴當時聖經學者的 219
研究，但他比大部分的學者都要直率，因他坦言自己是在追求一個想像出來的耶穌，而不是一個他認為是不可得知的歷史耶穌。他嘗試描述耶穌的心理，但他這樣做的時候，他對福音書中有關耶穌的記載，並沒有加以真正留意。尼采把福音書看成不外乎是一塊可廢掉重寫的羊皮紙，他總可以自由地隨意選取其中的片段，將之拼湊起來，從而造出一個有利於他的目的的耶穌(Hart 2003, 116～119)。

對尼采來說，福音書中的耶穌是不能懷有敵意的，因此不能做英雄。反倒是，耶穌是「活在一個甜美的狂喜狀態中，在其中，似乎每一刻都有永恆的愛的生活；在其中，所有人看來都是平等的，都是上帝的兒女；他親自創造的一個內在世界，他逃遁到那裏，主要是因為他對觸摸與磨損過分敏感，他對現實的刺痛懷著病態的畏懼；他所宣傳的是孩子的福音，是呼籲人轉向單純的信仰，專注於內在的亮光，免受一切具體的現實所牽累」（Hart 2003, 119）。這個耶穌不是猶太人；他不是傳遞天啟預言的先知；他不是一個把兌換銀錢之人趕出聖殿的耶穌。這一切嚴厲和急躁的個性都是出於猶太人對福音的曲解。尼采所主張的耶穌像天使般從世界隱退，飄過一生。尼采其實沒有從福音書找到甚麼，除了自由主義新教（liberal Protestantism）所提倡的學說之外，他甚至重複了那為人所厭倦的自由主義新教的姿勢，就是把耶穌與保羅分開。耶穌是第一個、也是惟一一個基督徒，但保羅在其對十字架的理解上，在致力維護他以神職人員的身分對羣眾的控制上，重現了猶太人對基督教的憤恨。

尼采誤解基督，這並不叫人感到意外，但類似的基督論這麼容易就滲進教會裏面，則叫人擔憂。只要對聖經的預表稍微敏感，就足以令教會免受這類自大的情緒所影響。列王紀下九至十章提供了一劑矯正的良藥；該處經文所描述的耶戶，正是要來的彌賽亞的預表。列王紀下九章部分應驗了最先在列王紀上十九章所發出的預言——在那裏耶和華曾吩咐以利亞去膏立三個騎馬人：以利沙、哈薛和耶戶。我在前一章已經指出，以利沙的職事大體上是關乎在一片流著血和死亡的地土上，開拓一個流奶與蜜的領域；但以利沙那帶來生命的職事，對於亞哈家來說卻是一種審判，因耶和華把以色列加以細分。此時，耶和華開始實現祂對亞哈家的威脅。耶戶的名字是很適切的：יהוא 的意思是「他是耶和華」（"he is Yah"）；他是約沙法的兒子，而「約沙法」的意思是「耶和華審判」（"Yah judges"；王下九 2）。「耶戶」有可能是一個較長的名字的縮寫，而該名字用以強調：上帝的行動與祂人類復仇者的行動之間是等同的。[1]

耶戶復仇的工作是在暗中開始的，就如以利沙不少職事也是在 220
室內進行的（以利沙在緊閉的門戶後施行醫治、身處房間內等候別人來向他求助、知道亞蘭王在臥室裏所說的話）。耶戶進入屋子的一幕（王下九 6），叫我們想起列王紀早前出現那些門口的場景（王上十七 19；王下四 33）；又，就如在早前的場景裏，門口象徵著生產。耶戶是在緊閉的門後被膏立的（王下九 6～10），但在暗中的低語，不久就在明處被宣揚。耶戶是以「基督降臨」（advent）的姿態走出屋子的，這預示了：耶穌來到耶路撒冷，祂挑戰那像亞哈的希律王，並譴責耶路撒冷聖殿（實際上它與巴力廟一樣）。前來找耶戶的先知是個瘋子（**המשגע**；九 11），但他把他的瘋狂傳了給耶戶（**כי בשגעון ינהג**；九 20）。[2] 耶戶為耶和華的殿所發的熱心把他吞沒了（十 16；比較詩六十九 9；約二 17）。耶戶像以利亞一樣，為上帝的榮耀大發熱心（王下十 16），祂的名字就是忌邪者（出三十四 14；譯按：「忌邪者」英文原文與「熱心」相同）。

列王紀共有三個被膏立的王：建造聖殿的所羅門、第一個偉大的聖殿改革家猶大的約阿施，以及摧毀巴力廟的耶戶。耶戶是北國的歷史上惟一一個被膏立的王（王下九 6；Wiseman 1993, 218～219），他是北國諸王中惟一的「彌賽亞」〔譯按：「彌賽亞」即「受膏者」〕。三個王都預示了那要來的受膏者——這受膏者要像耶戶那樣，為眾先知所流的血伸冤（九 7；比較太二十三 29～36）。再者，在希伯來聖經中，再沒有別處經文記述，有臣民為一個王把衣服鋪作地氈（王下九 13），這幕情景再沒有出現，直到耶穌在棕枝主日進入耶路撒冷之時才再次發生（太二十一 7～8）。耶戶代表基督，這又意味著，解脫暗利王朝的統治，對那羣圍攏著賜人生命的聖人——以利沙——的忠心以色列人來說，是一個拯救。作為一個「基督」，耶戶跟那些毀壞偶像的大衛家諸王相似，這還不止，他更不祥地與掃羅相似（列王紀下九章 3 節的「油瓶」〔פך־השמן〕，另只用於撒母耳記上十章 1 節；Wiseman 1993, 219）。這樣間接地提到掃羅，這暗示耶戶的王朝將維持不久。

耶戶的毀滅行動是復仇的行動（王下九 7）。耶和華藉著耶戶為那些死在耶洗別手中的先知報血仇。復仇的行動在本質上經常被視為是邪惡的，但據保羅的了解，基督徒之所以拒絕採取復仇的行動，並不是因為那是邪惡的，而是因為復仇是上帝的工作（羅十二 19）。當基督徒抑制復仇的行動之時，他們是「留下空間，讓上帝發怒」，也是留下空間，讓那些被賦予權力的「掌權者」好成為那「帶來憤怒的復仇者」（十三 4）。在採取復仇的舉動之時，耶戶扮演了一個與以利沙相若的角色。以利沙把人從死亡和債務中解救出來，因而履行了近親拯救者（kinsman-redeemer）的義務，而耶戶就藉著為耶和華的近親——眾先知——所流的血復仇，他亦扮演了近親拯救者的角色（民三十五章）。

221 耶戶實現了申命記三十二章 43 節的威脅和應許：「你們外邦人當與主的百姓一同歡呼；/因他要伸他僕人流血的冤，/報應他的敵人，/救贖他的地和他的百姓。」〔編按：按英文原書翻譯〕這段經文不只談及復仇，更說出了耶和華對祂的敵人所採取的復仇行動，對以色列地和以色列民的罪是具有「救贖」或「遮蓋」的功效。耶戶的復仇行動有救贖的果效，從幾點可以看出來。像一個祭司，耶戶「充滿他的手」（ויהוא מלא ידו），以進行獻祭的儀式（王下九 24；比較撒下二十一章）；「充滿他的手」這希伯來文片語，在出埃及記二十九章及利未記八至九章中被譯作「承接聖職」（ordain）。耶洗別的死也是用獻祭的措詞來形容的。她是以色列偶像崇拜的鼓動者，也象徵了以色列偶像崇拜的淫亂（王下九 22）；當耶戶來到之時，她決定（也許是鬧著玩的）參與其中，又擦粉又梳頭，像是要歡迎一個重要人物（九 30）。她把耶戶叫作「心利」，暗指另一個發動政變但作王只有一週的將軍（王上十六 8～20）。耶戶在耶洗別的隨員中找著盟友，他們把她拋下來。她像啟示錄的淫婦那樣，成了野狗的食物（啟十九 1～2、19～21），並且成為糞土（王下九 37）。她的血「濺」在牆上（ויז מדמה אל־הקיר；九 33）；「濺」這個動詞通常用來指把贖罪的血濺在祭壇上。耶戶在獻過了他的「平安」祭之後，他就吃喝一番；在淫婦被毀滅了以後，耶戶現享用「羔羊的筵席」（啟十九 6～10）。[3] 耶洗別在她席上招待巴力先知，並拒絕接受以利亞和以利沙所提供的食物，於是她成了野狗的食物；她喝足了耶和華先知的血，而她自己的血就成了野獸的飲料（Appler 1999）。耶洗別之死的整個流程，是依照獻祭的程序的。

有其父必有其子：像亞哈那樣活著的，也就像亞哈那樣死去。約蘭死於箭下（王下九 24；比較王上二十二 34～35）。亞哈謝受了傷，死在米吉多（王下九 27）。亞哈謝的死也預示了約西亞後來在米吉多之死（二十三 29）。復仇之血流在拿伯的血所流的地方（九 25）；拿伯正是那無辜的亞伯，他的血從地裏發出哀告。耶戶留意到以利亞的預言，並把自己看作是預言的應驗（九 26），就如在一世紀耶路撒冷受攻擊，正好應驗了耶穌的預言，並為眾先知所流的血伸冤那樣（太二十三 34～36）。

上述事情預視了在啟示錄十八至二十章中，對淫婦的審判，也正好切合耶戶的行動那終末論的回響。納爾遜（Richard Nelson；Nelson 1987, 200）指出，耶戶政變的故事有七個毀滅性的行動，其高峯在於巴力廟的遭毀滅：

1. 約蘭（涉及欺騙）
2. 亞哈謝
3. 耶洗別（平安，太后） 222
4. 亞哈的七十個兒子（涉及欺騙）

5. 亞哈謝的四十二個兄弟(平安,太后)
6. 在撒馬利亞其餘效忠於王的人
7. 巴力廟和崇拜巴力者(涉及欺騙)[4]

七重行動的模式把耶戶所作的與創造,特別是安息日,連接起來。耶戶並非帶著平安而來。「平安嗎?」這個問題貫串在經文中,成了一個主旋律(王下九 11、17～19、22);而其回答卻是否定的,但最終耶戶藉著具救贖力量的復仇行動,帶來了平安和安息。亞哈像基甸(士八 30),有七十個兒子;這個數目使人聯想起外邦民族(創十章),而且有時候聯想起作為新人類的以色列(出一 5)。因此,亞哈家遭毀滅一事預示了對世界所施行的終末性審判,這審判在耶穌的十字架上施行出來,並針對一切民族(約十二 31)。還有,上表所列屠殺的流程徘徊於猶大和以色列之間:以色列的約蘭、猶大的亞哈謝、耶洗別、約蘭的親屬、亞哈謝的親屬,以及約蘭在撒馬利亞的盟友。這樣的交錯令人預期,將有第八件事發生在猶大,並對應著巴力廟被毀一事。可是在耶戶的時代並沒有發生甚麼;這樣的結構倒是令讀者預示了耶路撒冷聖殿被毀一事;這聖殿已被大衛家的諸王忽略並遭他們掠奪了。

耶戶在殺死猶大王、以色列王和太后之後,控制了亞哈的「第二座城」耶斯列,但為了鞏固他的統治,他必須征服撒馬利亞。耶戶的征服行動是以書信的方式進行的。在撒母耳記和列王紀裏,書信經常使人聯想到欺騙(撒下十一～十二章;王上二十一章)。就如早期現代的小說(它們勸人要提防閱讀小說的危機〔*Don Quixote*, *Northanger Abbey*〕)一樣,列王紀的經文也勸人慎防文本。表面看來,頭一封信是邀請撒馬利亞的領袖決定繼承亞哈的人選,並守護首都以免被耶戶侵佔。撒馬利亞的領袖把該信理解為是一種威嚇,他們曉得他們不能反抗這位「瘋人」——他是為上帝大發熱心的瘋子。他們情願投降，把自己當作是耶戶的僕人（王下十5）。第二封信則試驗他們的忠心程度，以條件句「你們若〔或，既然〕歸順我」（十6）為開始。在希伯來文及英文，「頭」（head）可以指位於頸項上的球體，或指一個領袖。耶戶玩弄這種模棱兩可，他吩咐長老們把那些人的「頭」帶來耶斯列。這或許可以理解為是提出交涉的邀請，但它也可以理解為是一種吩咐：要把亞哈的眾子斬首。耶戶保留他的否認權；我們可以聽見他在晚間新聞中抗議道：
「我不是指**字面**的頭。」撒馬利亞的領袖從字面上理解「頭」的意思， 223
他們除掉了耶戶在權勢上的一個重要障礙，同時他們也表明了他們是耶戶的追隨者。在他們殺死了亞哈家的七十個人之後，他們就再不可能重返事奉亞哈家之路了。

耶戶在往撒馬利亞的路上有兩次差異很大的相遇。亞哈謝的親屬要向王和太后問安，而在途中（十13），耶戶把他們殺了，因為他們雖是大衛家的人，但他們也是亞哈家的成員。當審判臨到亞哈家的時候，大衛家也被捲入其中。耶戶又遇見利甲的兒子約拿達——在列王紀裏，其他經文並沒提及這個人。耶利米以利甲族作為給猶大的實物教材，因利甲族緊守他們的祖先約拿達所定下的、類似拿細耳人所守的規矩（耶三十五章）。據歷代志上二章的家譜所記，約拿達是基尼人迦勒的後代，因此他是與耶戶同在的一個外邦人。他父親的名字（「利甲」）與「戰車」（רכב）一詞是一語雙關的。亞哈謝的兄弟反對耶戶（他是耶和華的工具），但身為半個外邦人的約拿達就與耶戶共同作戰——這個戰車之子上了耶戶的戰車。

當耶戶來到首都撒馬利亞，他就很快地著手進行毀滅巴力廟的計劃。耶戶設下圈套來捕捉那些拜巴力的人，那無疑違反了宗教自由法，並且無疑地是藉著欺瞞的手段來貶低了巴力崇拜。耶戶把拜巴力的人趕盡殺絕，正如他對待亞哈家的情況。他依從約書亞的榜樣，把境內一切供奉偶像的神龕拆毀，把供奉巴力的大廟變成了廁所。

「正確」或「正直」一詞在列王紀下十章出現了多次（王下十 9、15），其高峯是耶和華宣稱，耶戶在祂的眼中是正直的（十 30；Provan 1995, 216, 218）。往往，耶戶的行動應驗了耶和華的話（九 36～37，十 10～11、30），但最後一段經文的指涉則令人感到不調和：殘虐的耶戶實現了耶和華的「心意」。這為「大衛是『合上帝心意的人』」增添了一個轉折的意思；這也說明，向惡人——特別是那些攻擊耶和華的先知的惡人——報仇，是以色列的上帝所重視的（太二十一 33～46）。再者，耶戶是**藉著欺騙**的手法，成就了「我的心意」。正如祂對待乖僻的亞哈家那樣，耶和華以乖僻待乖僻的人，祂是非常狡猾的上帝。

耶戶雖然在消滅巴力崇拜上大發熱心，但他卻容忍了那位於但和伯特利的金牛犢神龕（王下十 31），耶和華的反應是繼續削減以色列的領土，藉著縮小它的疆界，把以色列征服並定居於迦南地一事逆轉過來（十 32～33）。雖然如此，聖經稱讚耶戶，北國沒有一個王得到這樣的稱讚：耶戶「做得好」，行「我眼中看為正的事」（十 30）。耶戶足可媲美大衛，因為他的忠心，上帝應許給他建立一個王朝（十 30）。他是北國中代表「基督」的重要人物。以色列諸王之中，他是惟一一個把偶像崇拜的趨勢逆轉過來的，而他的熱心也成為一個榜樣，讓猶大幾個推行改革的重要的王——約阿施、希西家和約西亞——有例可循。

此外，耶穌也是在衣服鋪成的地氈上走過而進入耶路撒冷的，
224 祂又直接走進聖殿，把它將要遭受的毀滅預演一番（Wright 1996a, 490～493）。耶穌以復仇者的姿態來到耶路撒冷，祂懷著滿腔熱心，要維護祂父親的尊榮，把玷污祂父親的殿的人趕出去。耶穌是更大的耶戶，因福音書和啟示錄所表現的耶穌，並不是謙和溫柔的

耶穌，不是十九世紀人們所幻想那甜美的「美麗靈魂」，而是天啟預言中的羔羊，發出完全神聖的憤怒。

註釋

1. 當耶戶初次出現的時候，他是和約蘭一起「把守基列的拉末」（**שמר ברמת גלעד**），防犯亞蘭人入侵的（王下九1、14；比較王上二十二章）。表面看來，基列的拉末再次落入以色列的手中。亞哈是在基列的拉末的戰事中陣亡的，而殺害亞哈眾子的陰謀，就隨著耶戶在基列的拉末受膏而開展。
2. 該先知逃跑（王下九3），這預演了後來的約蘭和亞哈謝在果敢堅決的耶戶面前逃跑的情景（九23、27）。先知所說的話打造了歷史；先知所做的行動也推動歷史前進。
3. 這段經文的結束提到亞哈謝登基作王。那似乎是錯置了，但這裏有一點黑色幽默的味道，因敘事者先講述他死亡的故事，然後才回頭告訴我們他登基作王的事：他命中注定是**那麼的**失敗。至於約蘭，我們根本沒有他的死訊。我們所得知的最後一件事是：他的屍體被隨便地拋棄在拿伯的田間，任由它腐朽。
4. 沃爾什（Jerome T. Walsh；Walsh 2001, 43～45）指出，經文有一個死亡的循環規律，一直延伸至列王紀下十一章：

以色列的約蘭 （九14～16）	亞哈的七十個兒子 （十1～11）	耶戶 （十29～36）
猶大的亞哈謝 （九27～29）	亞哈謝的四十二個兄弟 （十12～17）	亞哈謝的後裔 （十一1～3）
耶洗別 （九30～37）	崇拜巴力者 （十18～28）	亞她利雅 （十一4～20）

列王紀下十一 1～十二 21

225 在北國，耶戶消滅亞哈家，這行動展示了他具破壞性的熱心，也成為那由以利亞和以利沙所領導的復興運動的一個高峯。然而，因著大衛家和暗利家通婚，猶大也需要一個屬於它本身的耶戶。王后亞她利雅奪取了猶大的王位，她是來自亞哈家的人，具備她母親耶洗別——或斯大林（Joseph Stalin）——的一切政治手腕；一旦得勢以後，她就把有可能成為她對頭的人殺了（王下十一 1；比較王上十八 3～4）。她是反母親（antimother）的，她要把王室的後裔消滅而不是將之撫養成人。她就是以色列本身，是那個吞吃親生的兒女、用母親的奶煮孩子的肉的母親（比較王下六 24～31）。她的統治在南國是史無前例的，這是猶大國的歷史中頭一次、也是惟一一次，有一位大衛家以外的人坐上大衛的王位上；而列王紀的作者沒有運用標準的公式來開始和結束描述她的統治，以示這種反常的狀態（Provan 1995, 222），就好像她是一個入侵猶大國歷史、卻從未統治過猶大的人一樣。

約示巴（「耶和華起誓」）跟亞她利雅這位殺人的母親恰好相

反，她是以色列之中一個真正的母親，她公然違抗自己的母親亞她利雅（王下八18、25～26，十一2）。她為了大衛的後裔而憎恨自己的母親，又像聖經中的許多婦女，用欺騙的手段來保護這個後裔，以其人之道還治其人之身（出二2；書二章）。列王紀下十一章4節介紹了一個新的人物耶何耶大，但經文只在十一章9節才透露他是一位祭司。他是自所羅門時代以來，第一位出現在列王紀而又值得注意的祭司，他所扮演的角色（通常是由先知來扮演的）是具創造性的。[1]

現代哲學、神學和社會學對祭司或神職人員多加鞭韃，我們會 226
受慫恿，以接受一個被技術性擊倒（TKO），作為勇敢之本。[2] 在他的《單純理性限度內的宗教》（*Religion within the Limits of Reason Alone*）一書裏，康德（Immanuel Kant）主要攻擊的對象是「神職人員的策略」、「所有小說中最古老的小說」，以及不正確的「教會信仰」的源頭；這種不正確的「教會信仰」把宗教看成是教條和儀式，把純正的、蒙光照的倫理學宗教（religion of ethics）壓下去（Kant 1960, 15）。雖然尼采（Friedrich Nietzsche）對基督教的攻擊更廣泛，但其攻擊是聚焦於神職人員的不誠實和他們的虛無主義；這些神職人員藉著保羅的教導和宣教的努力，使那些不誠實和虛無主義，得以在一個基督教處境中恢復過來（Nietzsche 1988, 50, 85～86, 121, 134）。韋伯（Max Weber）的主張交織著康德和尼采的觀點（參 Milbank 1990b, 83～92, 94），他反對靈恩式的預言（charimastic prophecy）和例行公事的神職人員的宗教，這很大程度上不利於後者。對於神職人員和神職人員的職事，現代的舊約學者倚重一個類似的評價，因後宗教改革運動（post-Reformation）的反天主教情緒被投射到古代以色列的身上。雖然舊約聖經並無提及，但以色列祭司制度的**真正**歷史，是在眾多利己的祭司家族之間其中一場苦戰，也是在那些嫉妒他們的特權的聖殿祭司，和那些為他們在獻祭制度中爭取一片餅的郊野利未人之間其中一場苦戰；可是，就是這些既主宰又壓迫著利未人和平民的祭司，他們對於大衛家諸王在宗教禮儀上的每一番興緻，都默然順從。正如蔡思他敦（G. K. Chesterdon）在另一處提過，任何表現出種種如此不一致的惡習的制度或機構，不但是走歪了，更是錯得十分離譜的（Chesterdon 1986, 294）。

以上的闡述有不少問題，其中不算為小的一個問題是，它所倚賴的經文理據是薄弱的。雖然以色列有腐敗的祭司，但是一些最重要的先知都是祭司（耶利米、以西結，也有可能包括以賽亞），而至少自從亞哈的時代開始，也有無數的假先知。雖然耶何耶大沒行過神蹟，但他總是一個有信心又有行動的人，他的作風如以利亞或以利沙一樣叫人印象深刻。在猶大，聖殿依然還算可以發揮作用，所以重要的是祭司而不是先知。就連一個像沃克斯（Roland de Vaux）那樣嚴謹的學者也知道，在君主制早期便初露頭角的撒督家族，是「思想保守的家族，他們不太喜歡新意，因那可能改變他們的生活方式」（Vaux 1961, 375）。暫且撇開這樣平淡無奇的描述（有誰**不**抗拒轉變呢？）和「保守」一詞的貶義用法不提，那更嚴重的問題是，沃克斯所引述的經文（王上十五 12～13；王下十八 3～4、23）根本就不支持他的結論：首先，除了最後一處經文以外，其他經文根本沒提到祭司；第二，即使假設經文含有暗指祭司之意，但所有這些經文都是描述大規模禮儀**改革**的計劃，我們簡直不可能認為那是來自「思想保守的家族」的東西。誠然，這些改革是針對偶像崇拜和在邱壇的崇拜，即在以色列大部分的歷史上分佈在境內各
227 處的神龕。因此，沃克斯會說，改革並沒有觸及撒督家的特權和地位，因他們是負責中央聖所的運作的。可是，如果他們覺察不到，取消邱壇會「改變他們的生活方式」的話，我們就要在沃克斯對撒督家那有限制的描述（它本來已經令人生厭的）之外，加上「短視」

一項了。

同樣，沃克斯為撒督家和亞比亞他的後裔之間的角力所提出的證據，主要是倚賴那針對以利（撒母耳記上頭幾章所記的示羅祭司）的預言，以及耶利米書的若干經文（Vaux 1961, 375～376）。然而，無論就哪一個情況來說，所涉及的預言都是針對那些在宗教上濫用職權的祭司的。說亞比亞他家把這些指控當作是弄權的一種宗教外衣，這只是暴露了沃克斯背後的信念：以色列的祭司是見利忘義的，令人詫異；他們甚至到了一個地步，為求在競爭中佔上風，不惜操縱律法。無疑，在以色列的祭司之中有權力鬥爭的事，正如在舊約學者羣中也有，但我們必須戒除一種觀念，就是以為這兩種職業（無論過去或現在）都是完全缺乏德性的。

康德的倫理宗教大體上相當於一種從哲學來說是前後一致的敬虔主義，但在康德和尼采看來，祭司制度是一種特別地屬於猶太人的制度，而猶太教作為一種純然「外在」（external）的宗教，它都是不利於康德純理性的信仰和尼采對自然的高舉。保羅——尼采故事中的歹角——畢竟是個法利賽人。這種對具有祭司制度的猶太教的憎恨，對於批判性的聖經研究來說，也是很基本的。據此說法，祭司都是吝嗇及小氣的，那就是說，他們是反猶神話中的原型猶太人。威爾浩生（Julius Wellhausen）的《以色列史緒論》（*Prolegomena to the History of Israel*）主導了舊約研究超過一個世紀，他聲稱五經所記的摩西時代的神權政治（他認為這是猶太教的來源），是從早期以色列那自發的、孩子般與生俱來的宗教變壞而成的，是「和心疏遠了」，以致崇拜變成了「教師執行紀律的工具」（Wellhausen 885, 121～167；引文來自頁425）。肯定地說，威爾浩生和其他抱著同一信念的學者，以對猶太律法主義和儀式主義的憎恨，作為現代聖經研究的基石，他們多少要為猶太人遭大屠殺這個可怕惡果而負責，因他們早已播下這惡果的種子（Blenkinsopp

1992, 12）。

上述考慮不但對基督徒和猶太人的關係是重要的，對教會的自我觀和它所相信、認信、宣揚和實踐的宗教觀，也是同樣重要的，因近代神學和聖經研究的形成是基於這個假設：基督教不只是和猶太教不同，而是一種不同**種類**的宗教，跟由祭司管轄的以色列所奉行的宗教不一樣。對於康德來說，猶太教根本不是宗教，只是一個「多人的聯合體，因同屬於某個家族，因而就在純粹政治的法律之下組成了一個聯邦（commonwealth），而不是一間教會」（Kant 1960, 116）。由「純粹政治的法律」聯合起來的猶太教？這使人難以接受。康德對猶太教的評價受他之前的信念所限定，這信念就
228 是：「純粹的宗教」（pure religion）是個人和內在的事，是關乎良善意向的事，卻不理會這意向是怎樣在行動上、習慣上或在團體中表現出來；用這個定義所建構的網來捕魚，難怪康德不能從古代以色列的宗教中捕捉到甚麼。而且，不幸的是，我還要再說一遍，不論是耶穌或保羅，康德的假設都是不會被接受的。

在列王紀的作者看來，耶何耶大是個具英雄特質的祭司；他之所以具英雄特質，是因為他不緊抓著權力，反而幫助猶大重新確立正當的王權。像耶戶一樣，耶何耶大在策劃政變上表現了他的機智。雖然他所提出關於加冕的指示是不清楚的（王下十一 5～9），但其效果是使耶和華的殿和巴力廟（在十一章 6 節被稱為「毀滅之家」）在約阿施顯露和受加冕的那天，都在守衛的嚴密看管之下。大衛家的復興需要一個新的約——一個涉及王、百姓和耶和華之間複雜的三維盟約（十一 17）。再者，舊的政體因一次具復仇性的救贖行動而得到洗淨，這救贖行動與耶戶所進行的屠殺相似。亞她利雅在馬門被殺（十一 15～16），正如其母遭耶戶的馬踐踏那樣，而她所鼓吹的巴力崇拜的設施就被清除淨盡（十一 18）。緊接在聖殿山上的立約之後（那使人想起西奈之約），藉盟約所更新了的百

姓陸續從聖殿出來，肅清這地，就如以色列曾一度橫過約旦河、把迦南人的神龕和偶像推倒那樣。惟有當百姓順從申命記十二章的教導，執行了這大規模毀壞偶像的行動之後，約阿施才坐上王位（王下十一19），到那時候，耶路撒冷和猶大才開始歡樂起來（十一20）。

耶何耶大推翻了亞她利雅，這完成了對亞哈家的毀滅行動；而列王紀下十一至十二章的事件次序，就與列王紀下九至十章的次序相似：

王下九～十章	王下十一～十二章
耶戶接受祕而不宣的加冕（九1～10）	約阿施接受祕而不宣的加冕（十一4～8）
吹號宣告新王登基（九13）	吹號宣告新王登基（十一14）
高呼「耶戶作王」（九13）	高呼「願王萬歲」（十一12）
一個王喊道「反了」（九23）	一個王后喊道「反了」（十一14）
耶戶讓耶洗別被殺（九30～37）	耶何耶大讓亞她利雅被殺（十一15）
巴力廟被毀（十18～28）	巴力廟被毀（十一18）

然而，兩段經文之間的相似更突顯了它們之間的對比。耶戶把亞哈家的王室後裔殺個清光，而當亞她利雅企圖把大衛家的所有王子都殲滅的時候，主卻保全了約阿施的性命。在列王紀經常都是這樣：耶和華為祂所揀選的大衛家給予特別的照顧和保護。

約阿施跟耶戶不一樣，耶戶所作的全然是毀滅與破壞，但約阿施不但毀壞巴力廟，他更復修了耶路撒冷聖殿（王下十二4～16）。這是一個關於兩座殿宇、也是關於兩個母親的故事：只要王后崇拜巴力，王宮就是一座帶來毀滅的殿宇；但在耶和華的殿裏，卻可以尋得生命和安全。在耶何耶大的指導下，約阿施成為猶大第一個重要的改革人物（但參王上十五9～15），在亞她利雅趁王權虛懸時所施行的血腥統治之後，他恢復了大衛家的君主制。他的統 229

治因此不但恢復了政治上的正當性，也恢復了在猶大的純正崇拜。

這復興來得很晚。在看過了列王紀的頭幾章以後，我們會預期，在猶大整個歷史之中，對聖殿的關注會是一個舉足輕重的因素。然而，在列王紀上十五章 18 節與列王紀下十一章 3 節之間，提到聖殿的地方並不多，而且沒有一個王對它給予最低限度的注意。在聖殿故事經過了這樣悠長的一個間斷之後，敍事者終於在列王紀下的後半部分，讓它成為一個重要的主題。聖殿之所以沒有出現，固然部分是因為敍事者把注意力放在北國及以利亞和以利沙兩位先知的職事上，但這也顯示出，猶大國的諸王把聖殿和它的功能置諸不顧。在猶大，建造和維修耶和華的殿是君王的責任，而它的日常運作就由祭司執行。只有少數的王履行這個職責，他們情願掠奪聖殿的珍寶。在約阿施之後，聖殿的地位恢復過來。希西家在聖殿裏禱告（王下十九 1、14～19），而約西亞就復修聖殿（二十二 3～7）。聖經以惡王對待耶和華的殿的態度來評價他們（十六 10～18，二十一 7～9）。當尼布甲尼撒攻入耶路撒冷之時，他把聖殿和其內的佈置都拆毀了（二十四 13～17）。

在復修聖殿一事上，約阿施扮演了一個新摩西的角色（十一章 2 節的「乳母」是 מינקתו；比較出二 7、9）。像摩西一樣，他被藏起來、被救出來，免遭統治者陰謀殺害，以致隨後他得以在第七年的一次「出埃及」中，把猶大領出來，並帶來安息日般的休養。他的加冕禮是一個禧年，宣告著安息和復興，並為本城帶來平安（王下十一 20）。像摩西那樣，約阿施在上帝的殿那裏帶領以色列人恢復真正的崇拜。他又是新所羅門（Nelson 1987, 212）：兩者的加冕都涉及繼位之爭；兩者都統治了四十年；兩者都著手經營聖殿；兩者的加冕經過都是以類似的措詞來描述的（王上一 38～40；王下十一 9～12）。約阿施和所羅門之間的相似，為約阿施的稱呼——「王的兒子」（王下十一 4、12）——增添了深層的意義。這個稱呼

(「王的兒子」)突顯了他作為大衛王位繼承人的合法性，並暗示約阿施像所羅門一樣(撒下七章)，是耶和華這位至高的王的兒子。約阿施畢竟是在他父親的殿——聖殿——裏被養大的，而且在加冕禮的期間被聖殿守衛包圍著，就如大君王耶和華被千萬的天使包圍著一樣。[3] 為要與所羅門的預表相一致，在這好幾章經文之中，聖殿始終佔有重要的角色。約阿施是被藏在聖殿裏(王下十一 3)，而加冕禮是在聖殿裏進行的(十一 17～18)；而且約阿施站在「柱子」(在希伯來文是一語雙關的：עמד על־העמוד；十一 14)旁邊，這表示約阿施是以色列家的「柱子」(二十三 3)。

約阿施是在第七年、他七歲的時候登基的(王下十一 21)。代
表安息日的數字重複被提起，這提示了他會像他偉大的先行者所羅
門那樣，在安息中統治一羣子民。約阿施像所羅門，著手經營聖 230
殿。「殿」(house)一字幾乎在每一節都出現，這足證他的決心。所雇用來修理聖殿的工匠名單，與所羅門所使用的工人的名單相似(王上五 13～18，六 7)。約阿施和所羅門都被批評為容忍「邱壇」的存在(王上三 2；王下十二 3)。約阿施不但指向過去的所羅門，也指向未來的約西亞，並更遠地指向被擄後的羣體那重建聖殿的重大努力。到最後，約阿施毀壞偶像的行動並不夠徹底，以致不能使耶和華滿意。

除此以外，約阿施決不是所羅門；說得確切些，他在關注聖殿一事上效法了所羅門，而在最終離棄耶和華一事上，他也效法了所羅門。約阿施只有在耶何耶大指導他的時候，才遵行耶和華的道(王下十二 2；比較代下二十四 2)；而且，所羅門在建殿的工程上順暢，這顯出他的智慧，但約阿施在督促祭司工作上則遇著困難(王下十二 7)。經文用了不少篇幅來敍述修理聖殿的資金來源：「銀子」(在這章內共用了十四次)；從「分別為聖之物」所得的錢(十二 4)；捐獻給祭司和聖殿的一切東西，包括用來贖出頭生牲畜

的錢（出十三 1～16）；摩西所開徵的「稅項」（代下二十四 6；出三十 11～16）；所捐出來的物業和人（利二十七章）；以及甘心祭（出三十五 22、29；代上二十九 1～9）。[4] 但約阿施所收集得的款項很少，他沒有製造金銀器皿（王下十二 13），故無法讓聖殿回復舊日的光輝。祭司們辦事不力（十二 6～7），因而約阿施不得不另找人來辦理這事（十二 15）。要責怪的似乎不單是管理不當或辦事不力。列王紀下十二章 7 節可（生硬地）譯作：「現在不要再從你們的估價員收取銀子了，因為你們沒有交出來給聖殿的缺口。」（אל־תקחו־כסף מאת מכריכם כי־לבדק הבית תתנהו）祭司們像大衛家的許多君王那樣，濫用了 —— 大概是掠奪了 —— 耶和華的銀子；那是一項嚴重的褻瀆，而且這使得約阿施後來掠奪聖殿的行動變得更具諷刺性（十二 17～18）。他們像祭司以利的兩個兒子何弗尼和非尼哈；這二人曾盜取祭物中那歸給主和百姓的部分，導致耶和華向示羅的聖所發怒（撒上二章）。耶何耶大以一個上了鎖的箱子來收集銀子的做法，是回應了祭司們的管理失當和盜用公款。[5] 約阿施所找來接管工程的工人是那麼的誠實可靠，所以他們不需要為花費交賬。因此列王紀下十二章的故事把貪心的祭司和忠心的工人形成鮮明的對比，並預示了耶穌與祂那個時代貪心的猶太人領袖交手的場面。[6]

231 約阿施和所羅門之間最強烈的對比，出現在列王紀下十二章 17 至 18 節。所羅門祈求，當他的子民面向聖殿禱告的時候，耶和華就拯救他們（王上八章）；但當猶大國受到亞蘭人威脅的時候，約阿施卻掠奪聖殿以求解困，而不是面向聖殿禱告。說來諷刺，約阿施所掠奪的聖殿，正是他於在位期間曾一度修理的，這清晰地預示了巴比倫後來對聖殿的掠奪。歷代志下二十四章為整幅圖畫替補了一筆，它讓我們看見的約阿施，就像一個妄想症患者似的所羅門，是一個亞哈、一個希律（代二十四 15～22）。據歷代志所記，約阿施結束其統治時，他像一個暗利家的人，而不像大衛的後裔，因他殺了耶何耶大的兒子——先知撒迦利亞。[7] 約阿施後期的統治變得令人無法忍受，以致他的百姓要密謀背叛他，把他推翻。謀反，是早期北國歷史的標記（王上十五27，十六9、16），而約阿施則是猶大國中第一個被謀反推翻的王。

北國的歷史說明了倚靠別的神明是何等愚昧。一次又一次，以利亞和以利沙勸君王和百姓從他們的偶像崇拜回轉過來尋求主；一次又一次，二人證明了耶和華超過了一切神明，別的神明都不是神。但當列王紀的歷史由北國的先知，轉而仔細地注意大衛家最後的諸王時，敘事者要帶出一個同樣重要但較微妙的重點。到猶大面對巴比倫人入侵之時，它對聖殿有形的臨在，已培養出一種愚蠢的信任（耶七4），就好像一個由香柏木和黃金造成的空殼，能拯救他們脫離尼布甲尼撒的手一樣。假如猶大國的百姓留意他們本國的歷史，他們就會清楚看見，這種信任是沒有理由的。在耶和華殿中所進行的虛謊崇拜，決不會比在伯特利或但所進行的、最誠心的崇拜更有力量。約阿施雖然潔淨了聖殿，但連他自己都不能從中得到拯救，免去他後來掠奪聖殿的行為；從耶和華的殿中除去偶像，也不足以把偶像從上帝子民的心中除掉。

這需要更深奧的神蹟；先知們向以色列保證，主會施行那神蹟。以色列和猶大會經歷被擄之死，但在死亡的另一端卻有新約的應許，這新約不是應許人把雕刻的偶像從聖殿除盡，而是應許人藉那進入人心的聖靈的力量，把偶像從人心中除掉（結三十六24～27）。石頭所造的殿與石頭所造的偶像一樣，都是不應該信靠的；屬肉體的以色列把石頭所建成的殿，即按著屬天聖所的樣式所造的殿，變成了另一個偶像。更深奧的神蹟需要有一座血肉的殿，一座活的聖殿——在耶穌的肉身中、在教會的肉身中活著的殿；教會就是永生上帝的靈所居住的殿。當主在怒中差遣尼布甲尼撒來摧毀聖殿之時，祂就是在毀壞——就如祂在出埃及時所行的（比較出埃及記十二章 12 節與約書亞記二十四章 14 至 15 節）——猶大其中一個最為人所珍惜的偶像。

註釋

1. 我的學生喬（Jenny Jo）指出，在列王紀裏，「臥室」場景經常包括了一個男人、一個女人和一個先知：大衛、拔示巴、拿單；耶羅波安一世的兒子亞比雅、耶羅波安一世的妻子、亞希雅；亞哈、耶洗別、以利亞。在這幕臥室場景中，一個賜生命的祭司填補了那賜生命的先知的角色。
2. 接下來的幾段與我在另一本書（Leithart 2003c）的第二章那較長的討論重疊。
3. 士兵們發揮祭司的功能，他們圍繞著耶和華的君王兒子，「履行看守之責」（王下十一 7～8；比較 Milgrom 1970）。
4. 經文強調收集材料，這暗示著和以下人物相似：摩西（在出埃及記二十五章，他搜集造會幕所用的材料）、大衛（在歷代志上二十八章 11 至 19 節，他收集建殿的原料），以及所羅門。
5. 跟某些教會的崇拜習慣相反，這不是一個用來收集金錢的常法，而是一個專為防止貪心的祭司盜用公款的方法。
6. 祭司們照舊從贖愆祭（אשם）和贖罪祭的收入（חטאות；利五 14～19，六 24～30）獲得款項（王下十二 16）。後者是不尋常的，因律法並無規定有付款的贖罪祭。米格羅姆（Jacob Milgrom；Milgrom 1991, 287～288）提出，這錢是從販賣牲畜而得來的（申十四 24～26）。
7. 約阿施和撒迦利亞從小就認識對方；當我們想到這一點，事件就顯得更加悲慘了。

列王紀下十三 1～25

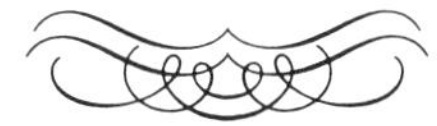

暗利王朝對北國和南國有持久的影響。雖然兩國並非由一個王朝統治，但正如以西結書二十三章所描述的，它們成了一雙的妓女。如上所述，南北兩國之成雙成對，正好由兩國君王名字的重複出現而表現出來；在列王紀不少篇幅裏，這類在名字上的平行強調了南國的背道情況。只要南國成為崇拜偶像的北國的反像，它也注定要滅亡。在列王紀下十三章，這反映倒轉過來：耶和華為亞伯拉罕的緣故而向以色列展現信實，這使祂對大衛家的信實得到放大了（王下十三 22～25）。

在列王紀下十三章的表面記述底下，有一個出埃及／征服迦南的預表，這預表把這段經文跟士師記的事件連結起來。士師記記錄了一個周而復始的模式：以色列崇拜偶像，耶和華因忌邪而發怒；祂把以色列人交在外邦君王的手裏，他們呼求幫助；於是耶和華派士師來拯救他們，使他們轉向真正的崇拜，直到士師死後，循環又再開始（士二 6～23）。士師記的模式是以出埃及的模式為基調的：當耶和華回應祂百姓的呼求，記念祂的約，並興起摩西來拯救，以色列便得以從埃及地被救出來。列王紀下十三章 1 至 3 節有多處字句都暗指著出埃及的事件：「出來」是出埃及的標準用語（ויצאו מתחת יד־ארם；王下十三 5；比較創十五 14；出十二 41）；「拯救者」譯自 מושיע（王下十三 5），[1] 這字詞和摩西（משה）這名字一語雙關；「帳棚」雖然沒有文字上的對應，但足以叫我們想起，以色列出埃及之後在曠野上紮營的情況；耶和華之所以拯救以色列人，是因為祂曾與列祖立約（王下十三 22～25；出二 24～25）；在列王紀下十三章 4 節的「欺壓」（לחץ）一詞，在出埃及記三章 9 節中用過（Davis 2005, 189）。

233 除了這些文字上的直接對應之外，出埃及的模式還是很明顯的。據列王紀下十三章 4 節所記，約哈斯「病了」（ויחל יהואחז）。此片語在《新美國標準聖經》（New American Standard Bible）被譯作「懇求寵愛」（entreated the favor），但在列王紀，它通常是用來表達患病的字眼（王下一 2）。耶和華「聽見」〔編按：《新標點和合本》譯作「應允」〕約哈斯，儘管經文一點也沒有顯示約哈斯說過甚麼。顯然地，耶和華對約哈斯的病本身作出了回應，也許也對該病所帶來的痛苦作出回應。耶和華不但「聽見」了君王的病，也「看見」了國家所受的欺壓（十三 4），就如祂看見埃及在欺壓以色列那樣（出三 9）。「聽見」和「看見」一同出現，這就把經文與列王紀上八至九章的獻殿辭拉上關連了，在那裏耶和華承諾會注意所有向聖殿發出的禱告。約哈斯從亞蘭收復一些城鎮，這明顯具有征服迦南的預表成分。

這一章經文讓我們得見以利沙的最後一幕。說來奇怪，列王紀下十三章 10 至 13 節總結了約阿施的統治，但在十三章 14 節，在他被埋葬之後，他竟探望以利沙（Cohn 2000, 87），在敘事文中復活過來，這隱約預示了在十三章 20 至 21 節那真實的復活。這種經文秩序上的擾亂，不過是要再次顯示出，先知的工作是不能被約化為以色列的編年史，而是突破了時間、轉變和死亡的限制的。約阿施尊重以利沙為「父」和「戰車馬兵」（王下十三 14），這樣的稱呼正是以利沙給予那離開他的以利亞的（二 12）。約阿施承認，以利沙是以色列軍事力量和保障的真正源頭，耶和華乘駕在他上面，走遍全地，保護一羣沒有足夠馬和戰車的子民。

對以利沙來說，他用了兩個相關的記號來保證約阿施將會獲勝。第一個把箭界定為勝利的箭，對準東面的亞蘭（王下十三 17）。它保證以色列會在亞弗打勝仗，一反它之前曾在那裏被打敗的命運（撒上四章），並完成了亞哈未竟的勝利（王上二十章；比較王下十三 25）。以利沙在界定了那些箭是勝利的箭以後，他吩咐約阿施用箭反覆擊打地，就是亞蘭滿佈塵沙的「土地」。以色列被迫使成為塵沙一般（王下十三 7），但約阿施有機會逆轉這個過程而把亞蘭磨成粉末。約阿施（像亞哈那樣）沒有追求全面的勝利，倒是突然停住。他的勝利將會是非決定性的，他像亞哈那樣缺少了向以色列的敵人作敵人的雄心。這一章經文重複使用「手」這個字：有幾次這字是用來形容亞蘭的勢力的（十三 3、5、25），但十三章 16 節則四次使用這個字來指約阿施的手。以色列得拯救，是藉著約阿施的手，但這只是在一個條件之下才達成，就是約阿施的手必須在先知的手的引導之下。

在他整個職事裏，以利沙都作為一個生命來源，即使在他死後，他仍是一個生命來源，在春天這個再生的時期，在摩押人成隊出去搶奪、騷擾以色列的時候，他使死人從墳墓裏復活過來（王下十三 20～21）。米沙的背叛是成功的（王下三章），他不但建立了一個獨立自主的摩押，更使摩押有能力反客為主，越過約旦河來入侵以色列。摩押從東面入侵，這預示了猶大在被擄之前的狀
況（二十四 4）；這裏的上下文也提示了，先知的墳墓是被擄的象徵 234
（如：王上十三章；比較結三十七章）。由於列王紀下十七章 20 節

和二十四章20節用「拋」這個動詞來描述被擄，因此這種平行更得到加強（Fretheim 1999, 84）。儘管摩押人成隊的來襲擊以色列，又儘管猶大和以色列一起被拋進墳墓裏，但它們還是有復活的盼望的，不過，這復活必須是通過與先知（就是肩負上帝話語和上帝臨在的人）接觸而發生的。即使先知已死去，但以色列也可以藉著緊緊依附著先知的話而得拯救。如果以色列聽從先知的話，連死亡也將不會是終局。

保羅準確理解以色列的歷史。以色列的律法和以色列的王都不能拯救以色列，因為，無論以色列內在是多麼以律法為樂，但它還是無法隨心所欲地行出來。到最後只有審判。然而，律法所不能行的（它因肉體變得軟弱），上帝在耶穌裏卻作成了，並因此實現了祂對亞伯拉罕、以撒和雅各的應許，展示了祂的能力和公義（羅一16～17，八1～4）。列王紀所關注的也是相同的事情。北國在耶戶王朝的統治下仍得保全，這並非由於它忠心遵守律法——其實它已是十分不忠的。耶戶家也不是倚賴上帝對大衛的應許，因為北國早已和大衛斷絕關係。要解釋北國在背道的情況下仍然得以保全和（相對來說）興旺的原因，敘事者追溯至比大衛、摩西更早的時期，就是上帝對列祖所作的應許（王下十三22～25）。在這些應許四百年之後才出現的律法，並不會抵銷了這些應許，這就正如猶大的失敗不會抵銷了上帝給大衛的應許一樣。即使以色列人大規模地背棄律法，但盟約的主依然忠於祂的應許，祂沒有把以色列棄置一旁。就算是在以色列背道的時候，耶和華仍堅定不移地信守祂的話語。對那些信靠祂的人來說，被判死刑不是最終的；有一天，墳墓會交出它的死人來。

這一章經文讓我們對後宗教改革運動時期的基督教國家（post-Reformation Christendom）有相當重要的啟悟。整卷列王紀讓我們清楚看見，有好的和壞的聯合存在，有好的和壞的分裂存在。暗利王朝——特別是在亞哈統治下的暗利王朝——企圖把以色列和猶大重新統一起來，成為一個歸一個暗利家的王所管理的巴力子民。這幾乎成功了，因約沙法愚蠢地容讓他的兒子娶亞哈的女兒為妻，使亞她利雅在耶戶消滅了北國暗利家的人（包括大衛家的王亞哈謝）之後，得以執掌猶大。而且有線索顯示（參列王紀下十四章1至29節的註釋），耶戶王朝在猶大裏佔了上風，這勉強地把王國重新統一起來，這維持了兩代之久。還有一些忠貞子民的聯合：正如我們將在下文看見的，希西家和約西亞都從以色列和猶大招聚人民前來過逾越節，他們在聖殿那裏把以色列重新統一起來。

然而，列王紀最有趣和最具相關性的經文，就是那些與兩國在王國分裂時期的地位有關的經文，因敍事者清楚表明，在整個充滿偶像崇拜、政治動亂和分裂的時期之內，無論是就整體或個別來說，以色列和猶大始終都是上帝的子民。示瑪雅先知吩咐羅波安不可攻打北方的「弟兄」（王上十二24）；而即使在暗利家誘惑以色列 235
崇拜巴力、並使國中滿了先知的血之後，耶和華仍繼續把以色列看作是祂的子民（王下十三22～25，十四25～26）。至少，列王紀下假定了在上帝的子民之內存在著一個真實的分裂。當以色列從大衛的國度分出來的時候，那不是說，以色列就停止作為上帝立約之民；而當猶大不顧聖殿而在邱壇崇拜的時候，那也不是說，耶和華就棄絕了猶大。猶大不可以沾沾自喜地下結論說，只有它才是聖潔的國民、是亞伯拉罕的子孫；又或者說，上帝已把北方崇拜偶像的叛徒看為毫無價值。新教徒經常淡化了教會分裂的現實，他們說教會不是真正分裂了。教會是完整的（在新教徒中間），不過，有些多少與教會相似、但又**不是**教會的東西，存在於羅馬天主教和東正教之中。即使在梵蒂岡第二次會議（Vatican II）之後，天主教徒有時候也是以類似的方式（加上必要的修改）來看新教徒的。列王紀沒有給我們這個令人感到舒服的選擇，而是讓我們看見，一個公開地崇拜偶像的國家，也有可能是上帝立約之民。列王紀帶出了這個令人不安的可能性：基督本身可能被分開（林前一 13）。

這是唯靠恩典（*sola gratia*）的教會論。就如之前的情況，即使君王和子民都沒有悔改的表現，耶和華也可以介入來拯救以色列。約哈斯是個惡王（王下十三 2），子民依舊崇拜金牛犢，結果他的軍事力量大大地被削弱了（十三 7）。以色列成了打穀場上的塵沙。這幅圖畫叫人想起創世記三章 14 節的咒詛，那段經文所描述的死亡是歸回塵土；這幅圖畫又叫人想起對惡人的種種描述：他們如同風中的糠粃（詩一篇）。儘管如此，耶和華派來一位拯救者，使以色列從塵土中興起；祂之所以這樣做，純粹是由於祂對以色列受欺壓而產生的憐憫。以色列存留下來，這是單靠上帝的恩典支撐著的。以色列的歷史因此成了唯靠恩典的意象；而我們也可盼望，教會的分裂和重新聯合，同樣必定是這意象的實現，這意象已從耶穌的身上表現出來了。

不過，這一章經文也為我們對以色列的歷史提供了一個冷靜的看法。列王紀的敘事者用了三分之一的篇幅，集中描寫以利亞和以利沙的職事（王上十七章～王下十三章）。這兩位先知帶來成功的復興運動：他們呼籲以色列回轉來敬拜耶和華；創立先知門徒羣體；膏立耶戶，使他得以消滅亞哈家；並為許多人帶來生命。即使在以利沙死後，他仍為人帶來生命；但是，在列王紀下十三章以後，以利沙離開了，而有關他的回憶立時消失得無影無蹤（對比列王紀下八章）。再者，在那個膏立耶戶的先知門徒之後，經文也沒再提起「先知門徒」（王下九 1）。以利亞為寡婦提供食物，並使她的兒子從死裏復活；他在迦密山上領導以色列人與上帝重新立約；他在耶和華面前控告以色列人；他在旋風中被接到天上。而以利沙呢，他靠著那感動以利亞的靈的大能行事，他給人食物和飲料，使一個男孩從死裏復活，潔淨痲瘋患者，為以色列內忠貞的一羣扮演

著近親拯救者的角色。這神蹟的迸發有甚麼長遠的結果？結果幾乎
是無。在與先知結伴同行了漫長的一程、馳騁一番以後，敘事者回 236
到那乾涸如塵土的編年史，單調地吟唱出那不可逆轉的、現在已是
無可避免的被擄之路。

事實上，先知的職事差不多完全從君主體制的後期歷史中消失。我們從舊約的多卷先知書得知，較後期的君主體制見證了先知活動的急速發展，但列王紀下幾乎沒有關於這方面的明顯記錄。敘事者只概略提到那些被子民和君王所忽略的先知（王下十七13，二十四2），而被提名的先知只得少數：約拿只是順帶地被提及（十四25）；以賽亞向希西家宣講預言（王下十八～二十章），但對希西家來說，他只是一個配角；約西亞在聖殿發現律法書以後諮詢女先知戶勒大（二十二14～20）。但在以色列和猶大逐漸趨向被擄之時，先知也就從舞台上退下去。

就實現上帝對亞伯拉罕的應許而言，先知的職事不過是另一個失敗的機制，這職事到最後與聖殿、君王的智慧和律法一同成為廢堆。先知是這幾樣之中最接近上帝的了，因他們是活的聖殿，散發著耶和華的生命。以利沙從墳墓裏帶給人生命，可是，最具關鍵性的是，他的骸骨**留在**那裏。緊緊依附著先知固然是得著生命之道，但到先知死了，躺在墳墓中不再起來的時候，那生命將要如何呢？以色列不能靠任何一個普通的或任何一個非凡的先知而得拯救。以色列需要的先知，必須是一位藉著一次勝過墳墓而徹底地勝過，並在墳墓的另一端帶來生命的先知。

註釋

1. 對於這拯救者是誰，有種種的意見，但觀乎緊接的上下文，最好的答案是以利沙：他的名字包含了「拯救」一詞（Hobbs 1985, 167～168）。

列王紀下十四 1～29

237 據箴言一章 6 節所記，箴言這卷書之寫成是為了給人智慧，好「明白箴言和譬喻，╱懂得智慧人的言詞和謎語」。這節經文所用的四個名詞代表了四種智慧話，其中「箴言」（משל）尤其重要。按當代英語的用法，箴言（proverb）是常識或經驗的簡潔概要，但在希伯來文，這個字的用途則廣泛得多。以西結書十七章記載著一個關於大鷹的比喻，牠把香柏樹梢擰去，為要把它種在另一片土壤裏。該比喻被介紹為一個 חידה（「謎語」）和一句 משל（「箴言」）。以西結書二十四章 3 節用 משל 來形容一個寓言，在這寓言中，那被圍困的城被描述為一個裝滿肉塊的大鍋。簡單來說，משל 所指的，不但是我們現代「箴言」之意，也可以指「比喻」（parable）甚至「寓言」（allegory），這兩種敘事形式在希伯來聖經中是不能區分的。

列王紀下十四章有一個由以色列王約阿施講述的 משל（王下十四 9～10），而整章經文及整卷列王紀的不少其他部分，都發揮著比喻和寓言的作用，它首先是為教導最初被擄的讀者而寫的，其次及較一般地，也是為教導以色列和新以色列的未來讀者而寫的。列王紀的作者在講述古時的事上，開口說出「謎語」（dark sayings；詩七十八 2）。我把列王紀的性質定為比喻，並不意味著我懷疑它的歷史準確性，而是要表達一點：作者著重用一個會造就未來讀者的比喻方式，來記錄過去所發生的事。

年代表（chronology）提供了一個例子，以說明列王紀的比喻
性質。根據列王紀所記的數字來建構一個前後一致的年代表，這
已明顯是學術界一個重大的努力。蒂勒（Edwin Thiele）對列王紀
的年代表給予最完整的處理，他歎道該書的年代細節是不能協調的
（Thiele 1983, 35～36），但他的著作本身也不是普遍地為人所信服
（Jordan 1990c）。要協調列王紀內的資料，那就像協調福音書的努 238
力那樣，可會模糊了某些經文的文學意義與神學意義。就福音書來
說，歧異的記錄給我們線索，好窺見福音書作者的神學議程，而列
王紀內有關年代表一些令人困惑的資料，也有同樣的作用。要為這
些困難找一個歷史的／年代的答案，當然是有可能的；盡力為資料
提供解釋，也是值得讚賞的，因那是就作者對歷史所明顯關注的事
情，持認真看待的態度。但這不應該模糊了一點：列王紀中的年代
表之所以令人困惑和有缺口，是因為所記載的歷史令人困惑和有缺
口。時勢紛亂，經文所提供的年代表也就紛亂；那本是合宜的。

列王紀下十四章提供了幾個例子，以說明這個比喻式或寓言式的風格。例如，當以色列來到一個結束的時候，歷史就開始重複發生。在所羅門的統治以後，王國一分為二，耶羅波安一世建立了一個分裂出來的國度，羅波安計劃攻打他，但受先知所勸而放棄了，但埃及王示撒把聖殿掠奪一番。我已在列王紀下十一章 1 節至十二章 21 節的註釋中指出，約阿施是新的所羅門；如果這模式保持不變的話，那麼他的兒子亞瑪謝就是新的羅波安。這模式確實保持不變：亞瑪謝就像所羅門的兒子（王上十二 21～24），他要到攻打北

方而遭先知干預，但他和羅波安不同，他拒絕聽從先知的話而被北國的王約阿施打敗了。為了報復，約阿施把聖殿掠奪一番，又拆毀耶路撒冷的城牆（王下十四 13～14），就如示撒在羅波安統治期間所作的（王上十四 25～28）。拜偶像的猶大最終返回了循環的起點。

起點和結束之間的平行，不但發生於猶大的歷史中。在這一章經文的末段，另一個耶羅波安出現在以色列，而接下來的數章經文指向，在北國的開始與衰亡之間，一種如有天意的年代上的和歷史上的對稱：

A 耶羅波安一世
　B 七個王
　　C 第七個王：亞哈
　　　D 耶户（消滅亞哈家）
A' 耶羅波安二世
　B' 七個王
　　C' 第七個王：何細亞
　　　D' 亞述入侵

耶羅波安二世的統治啟動了以色列結局的倒數，就如耶羅波安一世開始了以色列的分離歷史。

不過，列王紀下十四章的比喻特性，在以色列與猶大之戰的記
錄裏最為明顯，這記錄佔了在這一章最重要的篇幅。亞瑪謝是個好
王，但他的好就如約阿施的好，卻不如大衛的好（王下十四 3）。
把他跟約阿施比較，不但顯出了他在處理邱壇一事上的失敗（十四
239 4；比較十二 3），更顯出了在他統治期間那不成體統的和不公義的
結局（十四 17～22）。列王紀下十四章 5 至 6 節說明了亞瑪謝的公
義：有人謀殺了他的父親，他就把那殺他父親的人治死，卻沒有治

死殺父之人的兒子，這是依從律法行事的（申二十四 16）。他像大衛那樣（撒下八 13～14），攻打並打敗了以東人和亞蘭人。可是亞瑪謝不像大衛，他變得心高氣傲，並採取了愚蠢的行動。

根據申命記二十八章 7 節，那些遵守盟約的人可預期在戰爭中獲勝。亞瑪謝行正直的事（王下十四 3），而約阿施則行惡（十三 11），然而當兩雄相遇的時候，邪惡卻戰勝了公義。亞瑪謝是一個具智慧的王，他敬畏耶和華，但那具智慧的比喻卻是出自約阿施的口，他對來自南方的對手提出明智的勸告，並警告那些自高的要降為卑（十四 10）。這一章經文讓我們看見那種有關賞和罰的複雜性，正如在其他智慧文學裏，特別是在約伯記和傳道書之中所見的。耶穌並不是第一個否認為人公義和作事成功之間有一種一一對應關係的人（約九 1～3）。這是聖經中常見的一個主題；藉著觀察列王紀內這一點，讀者自然會曉得，上帝並不是機械性地操作，祂是不可預測的。貫穿列王紀的敍事文裏，耶和華已顯示出，祂是隨己意向人展示憐憫的上帝。亞哈一旦悔改，祂就讓亞哈的國多存留一代；祂藉先知以利亞和以利沙使外邦人也得著生命；即使以色列持續地崇拜偶像，祂還是保全了以色列，並拯救它。歷史沒有證明申命記二十八章的應許是虛假的，反倒是，歷史顯示了耶和華是自由的及獨立自主的，特別是祂有施憐憫的自由。

「來吧，我們相見」（**נתראה פנים**；王下十四 8；編按：按英文原書翻譯），這可以是一種宣戰或是一種要求進行商議的邀請。無論是哪個情況，它都暗示雙方是平等的。雙方平等，彼此就面對面地相見；如果雙方是從屬關係，較次等的就會在處於較高位的那方面前低下頭來。約阿施在他所說的比喻裏，否認雙方有對等的關係，他把他自己和他的國比作大有能力、屹立不倒的香柏樹，把亞瑪謝比作無用的、危險的、受咒詛的（創三 17）蒺藜。蒺藜怎樣在香柏樹面前低下頭來，亞瑪謝也怎樣「面對」約阿施。約阿施可能暗示士師記九章，指亞瑪謝是個殘暴的亞比米勒，是注定要失敗的。

比喻中提到嫁娶（תנה־את־בתך לבני לאשה；王下十四9），這叫人感到意外。也許王所指的「女兒」是指他的首都或他的土地。如果屬實的話，那麼亞瑪謝是在提出與約阿施作一次較量，看誰是「迎娶」該地的「丈夫」。亞瑪謝像羅波安那樣，要以武力把王國重新統一起來。約阿施的比喻裏還有一個第三者，就是從黎巴嫩來的一頭野獸（十四9）。在希伯來人有關動物的象徵用法裏，家畜（牛、綿羊、山羊）與以色列有相似之處，以色列是在耶和華的殿裏「被馴養」的子民，可以作為祭牲的。而野獸，不論是否掠食者，都代表了那些遠離上帝的殿的外邦人。故此，約阿施是在警告說，外邦人不久要來踐踏猶大的蒺藜。

亞瑪謝不加注意那警告，並繼續驕傲地備戰。亞瑪謝要從這場戰爭中獲取榮譽，但他準備不足，他根本從中未能獲得些甚麼。兩個王彼此「面對面」（王下十四11），但那只導致亞瑪謝「丟臉」，
240 結果猶大被擄，這預示著猶大後來被擄到巴比倫。亞瑪謝被約阿施俘虜，就如約雅斤後來被尼布甲尼撒俘虜那樣；約阿施並向首都進發，做了一些後來尼布甲尼撒做得更徹底的事：拆毀城牆、掠奪聖殿和王宮，並且把人質帶到撒馬利亞。是次預示未來的被擄事件，由以色列執行，這也是合宜的；說來夠諷刺的是，猶大起初轉離耶和華的道，便是因為它隨從以色列的壞榜樣。

列王紀下十四章15至16節似乎是錯置了。[1] 約阿施的死訊出現了兩次（王下十三13，十四15～16），而第二次死訊的位置似乎是為了結束亞瑪謝的統治，而非為結束約阿施的統治的（十四1～2）。也許這突顯了二王之間的對比；約阿施勸亞瑪謝放棄戰爭，結果他和平地與其他諸王葬在一起，而堅持使用暴力的亞瑪謝，就成為謀反的受害者，遭人謀殺致死。死訊的位置也顯示了一點：亞瑪謝在餘下的統治年日裏，一直居於約阿施之下。畢竟，沒有線索

顯示，亞瑪謝從他「被擄」的形勢下回轉，儘管他在約阿施死後，再活了十五年（十四 17）。然而，他死的時候是在耶路撒冷（十四 19）。是項資料的最佳分析是，亞瑪謝在伯．示麥一役之後，成為約阿施的從屬者。亞瑪謝嘗試與約阿施面對面，這努力的結果使亞瑪謝在敵方，即在以色列那高大的香柏樹面前俯首稱臣。亞瑪謝在他的統治期間，有大部分時間是受以色列支配的。

王國在耶戶王朝的統治下重新聯合起來，這個結論從耶羅波安二世統治期間的幾項細節中，得到證實。根據列王紀下十四章 25 節，以色列的疆界從北方的哈馬口伸展到南方的亞拉巴海，但這南面的邊界是深入猶大領土內的。此外，以色列的國土從哈馬口伸展至亞拉巴的這一點描述，對應著最初的聯合王國的理想邊界（王上八 65）。再者，列王紀下十四章 28 節可以譯作「他把大馬士革和哈馬收回並歸給以色列的猶大」（השיב את־דמשק ואת־חמת ליהודה בישראל；編按：經文乃按英文原書翻譯）；這是難解的經文，它提示了耶羅波安二世收回領土歸給猶大，而猶大就被看作是以色列的一部分（「以色列的猶大」〔in Israel〕）。由耶羅波安二世來統治一個（半）聯合的王國，這是一種巧妙的諷刺。經文巧妙地顯示，亞瑪謝想要重新把王國統一起來的盼望得到實現了，可是這國度卻是歸給亞瑪謝的對手約阿施和他的兒子所管理。就如在列王紀結尾的情況，敘事者以不屬猶大本身的王來計算猶大的年期；在這裏，就是以約阿施的年期來計算。敘事者又一次象徵性地使用年代表的排列，來暗示猶大已失去對其歷史的控制權。與此同時，這個結論加強了敘事的預表性意義。不只是亞瑪謝在自高的時候被降為卑；這裏表現了那來自上帝的、明確的、富想像力的公義：他在哪個王面前抬高自己，就在哪個王面前被降為卑。

就如在約哈斯統治期間的情況（王下十三 22～25），在耶羅波安二世統治下，以色列之所以出現復興，並不是由於北國的宗教取

241 向有甚麼根本的改變。耶羅波安二世繼續犯耶羅波安一世所犯的罪（十四 24），而在他作王期間，先知約拿前往尼尼微，以保全該城免遭審判，好讓亞述人後來得以毀滅以色列（十四 25；拿一章、三章）。再次，以色列的命運之所以被復興過來，完全是由於耶和華其無限的憐憫。但是，祂不會永遠地把背道的事置諸不理的。

戴爾．戴維斯（Dale Ralph Davis）提出，列王紀下十三至十四章是以同心圓的結構來鋪排的，這段經文追溯了北國及耶戶王朝的復興歷史，從簡略而枯燥無味的死訊，到耶羅波安二世統治下的復興（Davis 2005, 214）：

A　約哈斯的統治：以色列的軟弱無力（十三 1～7）

　B　雙重訃聞（十三 8～13）

　　C　以利沙的死（十三 14～21）

　　C'　約阿施的政迹（十三 22～十四 14）

　B'　雙重訃聞（十四 15～22）

A'　耶羅波安二世：以色列的復興（十四 23～29）

這樣的鋪排強調了先知之死的影響。以利沙的骸骨使那被拋進他墳墓中的死屍復活過來；以利沙一死，以色列的際遇就開始有所轉變。最終來説，這指向一種比列王紀所傳遞的智慧更深邃的智慧，就是那隨著福音而來的智慧，因為有一天，以色列將會藉著一位更偉大的先知的死和復活，而被更新過來。

註釋

1. 下面幾段內容取材自普羅文（Iain W. Provan）的議論（Provan 1995, 236～238）。

列王紀下十五 1～十六 20

亞述在經文中突然出現，成為以色列的威脅；它要把以色列轉 242
變為一個向它進貢的國家（王下十五 19）。亞述像眾先知一樣，是耶和華隱藏的工作的彰顯（王上十七 1）。從列王紀下十五章 9 節到該卷書的結束，一共有四十八次（十二乘四次）提到亞述；這使亞述取代了亞蘭的地位，成為北國最主要的威脅（列王紀下二十四章 2 節約略提到亞蘭軍，但他們實質上在十六章以後就再沒有出現）。巴比倫最初在經文裏出現的時候，是與亞述攻打以色列有關的（王下十七 24），但在列王紀下二十四至二十五章，巴比倫擔當了重要的角色，它被提及共二十六次，還有八次是以「迦勒底人」的名稱出現的。自分裂王國的早期歷史以後，埃及已經從經文中消失，但在以色列和猶大與東方那些逐漸冒起的帝國抗爭之時，埃及就成為了以色列和猶大一個具誘惑力的盟友（十七 4）。[1] 聖經多次明確地提及這些大國，同時出現的詞彙有：服事（十七 3，二十四 1）、攻取（十七 6，十八 10，二十五 6）、囚禁（十七 4，二十五 27、29）、進貢（十七 3～4）及背叛（十八 7、20，二十四

1、20）。

對於處於這樣的國際形勢下的諸王，聖經對他們的評價是根據他們對耶和華所興起的外邦君王的回應，以及他們對耶和華的回應來決定的。以色列諸王以傳統的政治手段來回應那些外邦君王，他們向外邦君王行賄或伺機反抗。米拿現曾付錢給亞述王普勒，以賺取他對以色列的保護（王下十五 19～20），但到比加統治以色列的時候，亞述人再度來犯，把位於以色列北部的一大片土地削去，並使部分以色列人成為俘擄（十五 29）。而推翻比加的何細亞就與埃
243 及結盟，以背叛亞述（十七 4）。此舉惹來亞述的懲罰性行動：亞
述在主前七二二年滅了撒馬利亞。[2]

當代對帝國這個論題的政治爭論，激發歷史學家為美國歷史提出多種修正主義式的理論。屬於保守派的巴塞維奇（Andrew Bacevich；Bacevich 2004）對美國的帝國主義和軍國主義作出批評，而安德生（Fred Anderson）和克萊頓（Andrew Clayton；Clayton 2005）也相仿，他們認為帝國主義不是美國人生活的新現象，而是美國擴張歷史的本質。神學家也來加入這場論戰，他們對帝國的神學評價幾乎一面倒地是負面的。卡瓦諾（William Cavanaugh）對民族國家的懷疑延伸到帝國，他形容全球化是一種「假的大公主義」（false catholicity；Cavanaugh 2002）。奧多諾萬（Oliver O'Donovan）發現在以色列被擄的時期，有一種「對帝國的批判發展起來」，這批判植根於巴別塔的故事（創十一章）：

> 耶和華的統治被認為是跨國性的；這統治固定了各國之間的關係，並引導各國趨向和平。但在國際的層面上卻不存在著一個中央集權制的媒介。我們從教父及中世紀著作中所見那建構中的帝國主義，以色列從來都沒有為之提出辯解；這種帝國主義是要指出，一個支配世界政治的強國，

> 代表著並作為媒介傳遞著耶和華這位至高上帝對全世界的統治。耶和華的世界秩序是由多個國家所構成的。統治全世界的帝國是一種野蠻的扭曲。耶和華的統治，是從各項事件的精妙佈署而得見的；這統治只會通過先知和先知式的子民的權柄來傳遞的。（O’Donovan 1996, 72）

奧多諾萬主張，聖經所贊同的跨國性秩序，是根據法律而非根據政府來建構的（O’Donovan 1996, 72）。

奧多諾萬把「中央集權制的世界強國」與多個顯然獨立自主的國家兩極化，這從歷史來說是天真的做法，因為大部分現代國家，包括奧多諾萬的祖國，都是某種帝國征戰下的產物。蘇格蘭和愛爾蘭的國家主義分子大概不會把英國看成是多元化政府；意大利是馬志尼（Giuseppe Mazzini）和加理博爾迪（Giuseppe Garibaldi）所創立的產物；至於美國，它那充滿了修正主義和帝國主義的歷史（無論是如何由意識形態所推動的），都表現了美國政治歷史的重要特徵。那麼，奧多諾萬是基於甚麼來認為英國是合法的，而一個更大的世界強國卻是不合法的呢？奧多諾萬並認為，國際秩序是可以由法律，而非由制度化的組織來支配的；這也是天真的想法。正如奧
多諾萬本人所知道的，法律是需要執行的，而從神學上來說，主張 244
一個由法律而非由人來管治的政府，在政府的人本主義中，是一個奇怪的基督教觀念。

就聖經而論，它沒有一處譴責這類帝國。以色列不求統治世界，但當年的摩押人、非利士人、以東人和赫人，都不會把以色列看為一個非帝國的國家。所羅門的統治範圍從幼發拉底河延伸到大海那邊，這實現了耶和華給亞伯拉罕的應許；這個小帝國是他的父親在約旦河西進行激烈的征戰所爭取得來的。在猶大的君主制被推翻以後，但以理在視象中看見一連串由耶和華陸續興起的帝國，它

們要統治世界，直到人子來臨的時候為止(但二章、七章)；而尼布甲尼撒、塞魯士和大流士等諸王，就被描繪為敬虔的外邦君王，他們恩待那些如但以理等有智慧的猶太人。在耶利米的描述中，尼布甲尼撒是新的亞當，耶和華已把地上的人類和走獸交給他管理(耶二十七5～6)；又，雖然保羅那有關「基督是萬有之主」的宣稱，對羅馬皇帝的所有權構成挑戰，但是他精明地運用了其作為羅馬公民的權利，經由羅馬帝國的道路周遊各地，並耗用國家公費，愉快地踏上一次以羅馬為目的地的宣教之旅。

當然，我們不能夠簡單地把以上親帝國的經文應用到當今美國的處境上，又或，更廣泛地，應用到奉行資本主義的全球帝國上。我們沒有耶利米來告訴我們，現今的美國總統是二十一世紀的新亞當，也沒有但以理來告訴我們，哪一個統治者是那金頭，哪一個是那鐵腳。然而，以上經文倒是削弱了神學對這類帝國的攻擊，它們至少顯示了這個**可能性**：耶穌的天父已建立了一個全球性的美利堅帝國，作為推行祂計劃的一個政治工具。

與此同時，聖經確實批評帝國，也批評那經常推動帝國主義的偶像崇拜式傲慢；在這一點上，奧多諾萬說對了。而一個世俗的全球性秩序，正是天主教教會的淫蕩複製品；在這一點上，卡瓦諾也說對了。以賽亞提醒亞述人，他們的攻擊只是作為耶和華發怒的工具，他提醒他們不要像一把自誇的斧子(賽十章)；而耶和華也向哈巴谷保證，祂必定追究迦勒底人苦待猶大的行為(哈二～三章)。巴比塔肯定不是上帝國的模型，而只是其拙劣的仿製品。

列王紀對以上那類帝國是持相當中立的立場的，但列王紀下十五至十六章的事件，則讓我們看見那伴隨著帝國興起而來的試探；敘事者透露了以色列在政治和宗教上的動盪，如何因著那從正在冒起的亞述帝國而來壓力，而得到加劇。來自東方的亞述使北國變得不穩定，北國諸王不是爭相收買亞述，就是試圖組織那注定會

失敗的反亞述聯盟。在南國裏，亞述的擴張促成了南國在宗教上的
改革和政治上的動亂。[3] 在惡王亞哈斯統治期間，猶大更靠攏北國 245
及外邦人的偶像崇拜，如同在以色列這條船漸往下沉之時，亞哈斯
盲目地登上這船（王下十六 3）。

亞述擴張的影響可見於經文的快速步伐和所記的騷亂事件。若只看表面，列王紀看來不外乎是一連串無休止的、簡略而沉悶的記錄，但只有兩處採用了這種接二連三式的編寫風格：列王紀上十五至十六章，以及列王紀下十四至十六章。這兩部分除了寫作風格相似之外，還有好幾個共通的特徵。兩部分那接二連三式的風格都是與事情發生的快速步伐相配的，不斷有君王冒起、掌權、敗落，而又很快由另一位繼任；兩部分都是以耶羅波安開始，而且正如我在列王紀下十四章 1 至 29 節的註釋所指出的，兩部分在敘事上都先概述了七個王的統治，然後才來一個明顯的中斷。兩部分都記載了過多陰謀、政變和宮廷革命。只有少數的王能安詳地死去，而且少數會被葬在首都：

王上十五～十六章	王下十四～十六章
巴沙推翻拿答	沙龍推翻撒迦利雅
心利推翻以拉	米拿現推翻沙龍
暗利推翻心利	比加推翻比加轄
（耶戶推翻亞哈家）	何細亞推翻比加

在這兩節歷史的中間部分，是有關暗利王朝和耶戶繼承者的記錄，這兩個王朝是北國僅有的兩個真正的王朝。故此以色列的歷史有一個大體上是同心圓的結構：

A　耶羅波安一世和另外六個王；快速的轉變，然後是亞哈的出現

B　亞哈家族

B' 耶户和他的王朝

A' 耶羅波安二世和另外六個王；快速的轉變，然後是被擄

列王紀下十五章 32 節至十六章 20 節詳述猶大兩個王的統治，似乎是一個在主要記錄以色列歷史的段落中的插段，但這段也與列王紀上十四至十六章互相平行。列王紀上十五至十六章記載了自耶羅波安一世至亞哈時期的一段以色列史，在這段記錄中，作者包括了一大段關於亞撒的統治的記錄（王上十五 9～24），就如在列王紀下相對應的一節裏，他把亞哈斯的統治也包括在內。儘管亞撒是一個帶來改革的王，而亞哈斯是一個拜偶像者，但他們二人的統治在某些方面卻是相似的：兩者都受著以色列的威脅，兩者都從聖殿竊取金錢，交給一個外邦國家，以求獲得幫助（王上十五 16～22；王下十六 5～9）。亞撒起初鼓勵亞蘭攻擊以色列，而亞哈斯就直接把金銀送給亞述，求它攻擊以色列。處於被帝國征服的陰影下的以色列和猶大，它們彼此的敵意更加深了，雙方都試圖以外邦人為雇傭兵，進行手足相殘的陰謀。

246 列王紀下十六章是以交叉結構的形式來鋪排的：

A　公式化的引言（十六 1～4）

B　耶路撒冷受威脅，收買提革拉·毗列色（十六 5～9）

C　王到訪大馬士革（十六 10～11：祭壇）

D　亞哈斯在新壇上獻祭（十六 12～14）

C' 持續地在新壇邊崇拜（十六 15～16）

B' 給提革拉·毗列色的貢品，以及掠奪聖殿（十六 17～18）

A' 總結（十六 19～20）

敘事者藉著集中描寫亞哈斯對大馬士革的祭壇的關注，從而強調了這段經文某方面的預表意義。列王紀上讓我們看見在祭壇邊的所羅門和耶羅波安一世（王上八章，十二 32～33；比較 Davis 2005, 232）；當亞哈斯站在從大馬士革來的祭壇邊之時，他就是另一個耶羅波安，他在所羅門的聖殿之外設立另一種崇拜。猶大再次重蹈以色列的覆轍，結果它注定滅亡。

聖經對亞哈斯的評價，較之對任何一個猶大王（除了瑪拿西以外）都要嚴厲。他所效法的是以色列諸王的道而不是大衛的道。猶大的亞哈謝也是一樣（王下八 27），但亞哈謝卻有一個「藉口」：他是亞哈家的人。亞哈斯可沒有藉口。他除了效法以色列之外，還進一步地追隨外邦人的習俗，但這些外邦人正是以色列起初所驅趕的（十六 3）。「經火」一語常常表示「獻人為祭」的意思；那是一個邪惡的行動，預示著耶穌被釘十字架的事件（結十六 20～21）。「可憎的事」（תעבות；王下十六 3）特指那污染迦南地的宗教陋習，這陋習導致這地上的居民被趕出去（Jordan 1991）。作者強調，亞哈斯在「各青翠樹下」進行崇拜（十六 4；比較王上十四 23）。從字面看，神龕之下還有神龕；此片語並暗示了一種為崇拜的（虛假的）伊甸園場景。在所羅門的統治下，猶大和以色列在葡萄樹和無花果樹下高興歡喜，而在亞哈斯的統治下，猶大恢復到一個迦南化的光景，偶像崇拜的神龕遍佈全地。當猶大逐漸採用了迦南人的崇拜方式，難道被擄會是遙不可及的事嗎？

以色列和亞蘭站在同一陣線對抗亞述，二者是亞哈斯北方的威脅（賽七章）；以色列王比加且成功地攻取了猶大的一個城（王下十六 6），把其中的居民擄去，帶來一次小規模的被擄。亞哈斯沒有轉向聖殿禱告，他反而掠奪聖殿和王宮，並自認是亞述的一個附庸國，是其「僕人和兒子」（十六 7），為求從提革拉．毗列色得到救助。亞述從北面攻打大馬士革和亞蘭，把其中的居民擄去。從帝國而來的壓力驅使以色列和猶大與外邦人妥協並結盟：以色列與其宿敵亞蘭結盟，而猶大就與刻下的大國亞述結盟。上帝的兒子們「娶了」人的女子（創六 1～4），所以不久之後，外邦人就會如洪水沖來，把猶大和以色列捲走，使他們成為被擄者（創六～九章）。

亞哈斯到訪大馬士革的提革拉．毗列色，也許是為了堅定雙方
的盟約。在那裏亞哈斯與外邦帝國主義者的結盟，超越了政治的層
247 面（王下十六 10）。他發現了一座具吸引力的祭壇，於是他將其藍
圖送交耶路撒冷。「樣式」（model）的希伯來文是 תבנית，在別的
經文裏，這字用來指以色列聖所的屬天原型（出二十五 9、40）。
亞哈斯沒有依從屬天的 תבנית，他反而依從了外邦人的樣式。亞哈
斯把自己放在耶和華或耶和華先知的位置上，像一個神聖的建築
師，指示他的祭司[4]去「照著亞哈斯王從大馬士革送來的一切」行
事（王下十六 11），這是顛倒了那要求：「照著耶和華所吩咐的」行
事（出四十 16）。亞哈斯又制訂有關在祭壇上常獻的祭的規矩，這
拙劣地模仿了以色列的會幕崇拜的建立（出二十九章；利八～九
章），他又像所羅門在耶和華的殿那裏所行的，獻上祭物，為他的
新聖所舉行獻殿禮（王下十六 12～13）。與此同時，那照著屬天的
樣式所造的耶和華的祭壇，就被置於一旁，它只被用來求問耶和華
（申十八 9～13）。

亞哈斯按時給亞述進貢，但他只是靠拆散聖殿來做到這一點。可是，他拆散和重組聖殿的程度，遠較他要長期賺取亞述的恩惠所需的為多。他雖然沒有把銅送給亞述，但他卻把好些銅器從聖殿挪去（Davis 2005, 233～234），這意味著他改變聖殿的裝潢，只是為了革新。他從十二頭銅牛的背上把銅海搬下來，又把安置水盆的盆座拆散（王上七 27～39），這象徵著他使水不再從聖殿流到萬民。

他切開以基路伯為裝飾的鑲板，就如後來巴比倫人把雅斤和波阿斯這兩根意義深遠的柱子切開那樣。把基路伯挪去，象徵著把聖殿的守衛者和保護者挪去：亞哈斯熱中於收買亞述作為他的保護者；但諷刺的是，就在他這樣做的時候，他使自己變得比以前更脆弱。亞哈斯把為安息日所蓋的廊子和王從外入殿的廊子挪移（王下十六18），這象徵了把大衛家的王的重要性降低，並象徵了耶和華和以色列王之間的分離。以色列被召成為十二銅牛的國家（就是那支撐著穹蒼的民族），耶和華把盛載著賜生命的屬天之水的海，放在這民族身上，這民族背負著由外邦人所組成的海，然而它逐漸變為各個民族中的一個民族而已。它愈是與外邦人相似，它的存在理據就愈不充分。到了後來巴比倫人來侵的時候，這民族簡直就沒有多少可取之處。猶大把差不多每個可以象徵它是耶和華揀選之民的可見記號，都已經自我脱去了。

亞哈斯不需要用聖殿的銅作為進貢的禮物，這意味著，他對他
所作出的改變的象徵意義有一種自覺。他就是個早期自由主義者，
他認為聖殿的擺設是自大的表現；這些擺設體現了那含蓄的宣稱：
以色列在萬民之中的獨特性和中心性。即使提革拉．毗列色並沒
有吩咐亞哈斯作出這些改變，但在帝國的壓力下，亞哈斯還是作出
了這些改變。在其他事情之中，帝國是促進貿易的政治和運輸機
制，而貿易是一種促進跨文化接觸的途徑。一個人只要一生都住
在同一條村子裏，只和同族的人接觸，他的信念和實踐就會和他的 248
膚色一樣自然。當帝國把持有各種信念和各種實踐的民族擠壓在
一起，我們就面臨伯傑（Peter Berger；Berger 1979）所説的「異教
的律令」（heretical imperative），就是人需要選擇；而當一個人認
識到他的信念和實踐是由於他的選擇而非由外力加在他身上的，
該等信念和實踐的確定性就會被削弱。對於一個像亞哈斯（他既遇
過帝國統治者，又見過大馬士革）那樣在國際事務上有所訓練的人

來說，沒有一小隊哨兵可以在一個包含多個民族的帝國裏自稱是世界的中心點（umbilicus mundi；比較 Provan 1995, 246）。這是現代帝國所面對的試探之一：當基督教的信仰表白和其他信仰表白在交換場所裏互相競爭的時候，基督教的信仰表白會被沖淡而為一種意見。宗教多元主義是一個事實，然而重要的是要明白，這不一定會減弱了教會在見證方面的勇氣。每一個基督徒都可以在羅馬帝國的每一個街角上，看見宗教選項百花齊放的景象，然而他們並沒有退縮，他們仍然放膽宣揚耶穌是**那**道路、**那**王。

亞哈斯的事迹為當代的基督教實踐構成了另一種挑戰。為了種種理由，不少當代教會的基督教崇拜都從娛樂圈或廣告界承襲了一些禮儀風格。如果教會的成功端賴乎抄襲最新的方法的話，教會那看來穩重的傳統主義、關乎它作為上帝寵愛的對象的宣稱、其作為上帝的伊甸園、上帝的聖山、永生上帝的殿的宣稱，這一切看來都將會是奇異的——如果不是完全驕傲自大的。有人認為，使我們的崇拜和我們的語言順應主流文化的力量而作出調適，總比充撐著狂妄的偽裝——我們正享有特別的地位——為佳。教會在順應世界的時候，它就逐漸離開了那應該支配著其崇拜的模式或樣式。惟有當教會依從屬天崇拜的 **תבנית**（樣式），活水才會從聖殿流到世界。假使教會採納大馬士革的 **תבנית**，那麼萬民就會各行己路，也沒有活水流出，來滋潤乾旱的土地。不久，這樣的教會就會失去其存在的意義；最終，它不會再存在了。

註釋

1. 列王紀共四十次提到埃及，這無疑是個意味深長的數字。其中二十五次是在列王紀上一至十四章內出現的，其餘在列王紀下十七至二十五章出現。

說來有趣，有十二次埃及的名字被提及，是與出埃及的事件有關的（王上六1，八9、16、21、51、53，九9，十二28；王下十七7〔兩次〕、36，二十一15），最後的那段經文實際上是一個警告：十二支派的出埃及事件，將會因瑪拿西的罪而被逆轉過來。

2. 列王紀的作者用了幾章經文，來強調耶和華對北國的信實和憐憫。祂差遣先知向暗利家的王傳話，又讓耶戶家作王四代。但一旦耶和華開始攻擊耶戶王朝之時，祂就迅速行動。耶羅波安二世作王四十一年，他統治一大片領土（王下十四23），但接續他的是幾個相對來說作王時間較短的王：撒迦利雅（六個月；十五8）、沙龍（一個月；十五13）、米拿現（十年；十五17）、比加轄（二年；十五23）。比加作王共二十年，這打破了那模式，但耶羅波安二世和比加之間相隔只有十年多一些，在那期間共有四個王。這期間的年代表困難重重，正如在前一章所指出的，那是時勢紛亂的記號。在一生之中，以色列在耶羅波安二世統治下，從相對輝煌的聯合王國，跌落到被擄的深淵。

3. 今天學者們的共識認為，亞述並不要求它所征服的民族一律信奉某一種宗教。據此看法，與亞述聯盟只是亞哈斯對崇拜進行革新的時機，但他不是被迫要接受外邦人的崇拜（Davis 2005, 231～232）。可是列王紀下十六章18節與此看法有所牴觸，因經文強調亞哈斯是「因亞述王的緣故」而引進種種的崇拜革新的。

4. 再次，我們難得地看見祭司的出現（比較王下十一章），但烏利亞可不是耶何耶大。

列王紀下十七1～41

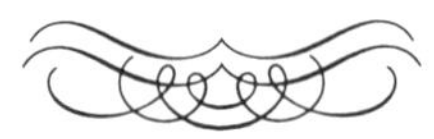

249 新教徒經常宣稱，在基督教神學裏，沒有一件事比正確地區分律法和福音更為重要。儘管人們經常以唯信仰論的（antinomian）作風來展開這種區別，即是把恩典與任何對這道德律的關注分別開來，但對於路德（Martin Luther）和瑞士的改教者來說，這是一種嚴重的誤解。楊格（David Yeago）認為，路德並沒有廢棄道德律，或廢棄律法在人的行為上所起的塑造作用，他反倒主張「上帝藉福音把恩典賦予人……這是真正塑造人心的，惟有這恩典的賦予能整頓人心，使之真正有秩序」（Yeago 1998, 164）。

對路德而言，區分律法在人類墮落前和墮落後所起的作用，是很重要的。以路德的話來表達：「上帝創造亞當，使他能以陶醉在上帝的喜樂中，並因其他一切受造物而歡喜，然後上帝才創造一棵不曾有過的樹，用它來區分善惡，好讓亞當有一個崇拜上帝和敬畏上帝的明確記號。」（轉引自Yeago 1998, 176）故此，據路德看來，上帝給亞當誡命，是讓「亞當對上帝的愛」能以「一種歷史的、具體的生活方式來表現出來」，就是以「崇拜在社會上的具體實踐」

來表現出來。在亞當墮落後，律法的功能和意義都改變了，因為亞當已經改變了。誡命起初所假定那個在園裏的主體，即「那個陶醉在上帝的喜樂中的主體」不再存在了，取而代之的是一個「從上帝面前退去」的人，「他相信了魔鬼所說的有關上帝的謊言，因此他逃跑避開上帝」（Yeago 1998, 177）。但是，當上帝藉聖靈把罪人更新過來的時候，祂便恢復他/她和律法之間的關係，使之大概像亞當和律法之間的關係那樣。從靈性方面來理解，所有誡命都必須參照第一條誡命，就是人在上帝面前，再沒有別的神（Yeago 1998, 176～177）。

對蒙恩的人來說，律法是呼召人相信。在路德看來，「如果說
上帝的誡命是要求有某些特定的行為，那就是——就某種意義來 250
說——誤解了上帝的誡命；較準確的說法是，上帝的誡命**要求**人對上帝有一顆敬畏、愛和信靠的心，它們向這樣的一顆心**提出**一種相宜的、具體的生活方式」（Yeago 1998, 181）。這不會使具體的誡命變得可有可無，因為人不能真的愛上帝、敬畏上帝，而又不理會祂的話語的。反倒是，「每一條誡命都含蓄地、並且在本質上要求人成為某種**人**（person），即人類的某種存在形態，在這形態中所要求的特定行為可以發揮它們應有的角色」（Yeago 1998, 181）。沒有從心而來的委身，人就不能履行律法；路德說：「祂的律法也要求人以心作為根據，而不能僅僅止於行為」，但這個要求是我們不能達到的（Yeago 1998, 181～182；粗體為原文的強調）。路德說，這意味著，「那需要基督，並迫使我們趨向基督，好讓我們先藉著祂的恩典，因信而變成不一樣的人，變得和祂相似，然後才能有真正的好行為」（Yeago 1998, 183）。律法宣布：「你必定要有基督和聖靈」；楊格認為，那就是說，「律法要求人有信心，因為信心正是新約的名字，指那與基督及聖靈連結的人生」（Yeago 1998, 184）。[1]

據此方法來理解路德的律法神學，就可以看見它和列王紀的福音神學，是極之一致的。與某些人對舊約的理解相反，律法和信心並不是互相牴觸的。正如列王紀下十七章所表明的，律法只是呼召人相信，而北國之所以有一整批人被擄去，是因為它「不信服耶和華 —— 他們的上帝」（王下十七 14）。這一章經文壓倒性地強調，以色列違反了第一誡，這顯示出對上帝盡忠，總是上帝對以色列最重要的 —— 從某種意義說是惟一的 —— 要求（十七 12）。正如費利暗（Terence Fretheim）所指的，「以色列『廢棄』盟約，這語言差不多全部都是以第一誡的措詞來表達的」，[2] 他並提出，西奈之約和大衛之約是從不同的觀點來看的、同一個約的兩個階段：「從上帝的一面看，焦點在應許；從人的一面看，焦點在第一誡，或者，換句話說，單單在相信和信靠上帝。故此，後者惟一的『條款』最終是相信和信靠。」（Fretheim 1983, 22 ～ 23）如果這樣的理解正是路德的理解的話 —— 即認為律法的詳情就是給信仰生命的詳細指引 —— 那麼費利暗的評論就反映了列王紀的關注。當時的以色列
251 就像出埃及時期那一代的以色列人一樣，他們並不倚靠耶和華，不信靠祂，倒是到處搜求別的救主（Gray 1970, 647）。

雖然列王紀下十七章所記的是撒馬利亞的陷落，但經文所強調的是以色列和猶大都沒有信靠耶和華。這一章經文有幾處明顯提及猶大（王下十七 19 ～ 23），故此以色列被擄一事對猶大來說是當頭捧喝，而在十七章 9 至 12 節及十七章 16 至 18 節所列出的種種罪惡，也不是北國所獨有的（Provan 1995, 248）。猶大也在邱壇上崇拜（十七 9、11），在「每棵青翠樹下」建造神龕（十七 10；比較王上十四章；王下十六 4）。十七章 16 節的「兩個牛犢」是耶羅波安一世所設置的，但十七章 17 節所提到的「使兒女經火」，倒是只有一個猶大王才會做的惡事（王下十六 3）。至於占卜（十七 17，十六 15）和敬拜天上萬象的事（二十一 5），也是如此。以色列已

變成了淫婦，而且遭受毀滅（像淫婦耶洗別）；猶大則是個較年輕的妓女，它也必遭遇同樣的命運。那些提到猶大的經文尤其重要，因整卷列王紀在猶大歷史的結束部分，並沒有類似的經文，只是以編年史作結（王下二十四～二十五章）。當我們考慮到列王紀的整體歷史，我們便不能把猶大從以色列分割出來，並對之作出單獨的評價，而敘事者把對兩國的評價置放於他這一段的敘事中，這表明了敘事者不但想要強調南北兩國的相似性，更是要表明，兩個國家都是趨向一個共同的結局。重要的一點是，敘事者在交代希西家和約西亞的重大改革運動之前，已宣布了猶大將要敗落的信息。自撒馬利亞落入亞述人之手的那一刻，猶大也同時注定要滅亡的。正如拉德納（Ephraim Radner）所指出的，整個以色列——北國以及在撒馬利亞淪陷之後在猶大剩下來的餘民——都被毀滅了。猶大和以色列只能藉著兩國**共同**經歷被擄，才得以重新聯合起來（Radner 1998, 36）。

敘事者讓我們看見，上帝在對待祂的百姓上秉持一種以眼還眼的公義（Provan 1995, 249）。以色列總不「轉離」他們的罪（王下十七 22～23），於是耶和華就「轉離」祂的百姓（十七 23）。以色列「棄絕」耶和華的律例和盟約（十七 15），於是耶和華就「棄絕」它（十七 20）。耶和華把迦南人「趕出去」（十七 11），於是祂對待那些隨從迦南風俗的以色列人也是一樣（十七 8）。以色列不能投訴耶和華的公義有甚麼不妥當的地方，也沒理據認為祂不信守盟約。以色列毀約在先，這一點可從十七章 15 至 17 節所列出的十個違約項目而清楚看出來（Davis 2005, 243）；在數目上，這些違約項目與摩西的十誡相對應——這十誡概括了起初以色列在領受迦南地的時候，與耶和華所立的約。列王紀是關乎神義論的，它說明上帝待以色列的方式是合理的，因為以色列和猶大在耶和華長久的恩慈和重複的警告之面前，還是繼續犯罪。

「何細亞」(הושע)這名字的意思是「救主」，它與「約書亞」和「耶穌」這兩個名字有關。約書亞帶領以色列人進入應許地，而當以色列被驅逐離開應許地之時，作王的是何細亞(在被擄之後，又有一個約書亞帶領以色列人)，這其中充滿巧妙的護佑。有關何細亞統治的記錄是以平常的方式開始的(王下十七 1～6)，但沒有結束。
252 他的統治中途被打斷，就如以色列在應許地的歷史中途被打斷一樣。聖經譴責何細亞，像譴責其他的以色列王那樣，但在十七章 2 節則有稍為正面的語氣。以色列的歷史不是由一個最糟的王，而是由一個相對來說較正派的王來作結的，就如暗利王朝不是以亞哈，而是以較優秀的約蘭來結束的。雖然何細亞是僅僅比較好一些，但耶和華早已決定毀滅以色列，而十七章 3 節關於撒縵以色這人物的引介，這與十七章 2 節關於何細亞是較正派的王的提示，形成對比。在這方面，北國的沒落再次預示了南國的沒落，因為耶和華在約西亞之後，儘管約西亞推行改革，祂還是把猶大驅逐離開本土。

何細亞藉著試圖與埃及結盟，而背叛亞述。信靠埃及或信靠耶和華以外的任何強國，都會帶來災難性的結果，這是違約的行為，因為那是違反信仰的。這些事也預示了猶大後來被擄的命運：約雅敬像何細亞那樣，背叛他的大王(王下二十四 1)，這導致尼布甲尼撒入侵猶大。在這相似性之中又有一重要的對比：何細亞被擄至外邦，並從歷史上消失，但在尼布甲尼撒揮軍遠征耶路撒冷時登基作王的約雅斤，就在列王紀下二十五章結束時得以被提升。大衛家會被復興過來；但何細亞這個假的救主就不一樣了。

列王紀下十七章 7 至 23 節以平鋪直敍的方式來描述以色列不忠守盟約的表現。以色列違反了西奈之約(王下十七 7、36、39)，並且(如上所述)特別違反了「單單敬拜耶和華」的誡命(十七 7)。以色列的敗落不單是它起初不忠守盟約的結果，更是它無視耶和華的結果——即使面對祂的忍耐和祂藉先知所提出的多番勸告，它仍不肯悔改（十七 13 ～ 14）。以色列顯明是硬著頸項和硬心的民族，就像在曠野的以色列，又像法老（參羅九章）。根據申命記十章 13 至 22 節所記，在西奈山製造金牛犢，是以色列硬心的具體例子，這就是北國重複又重複犯的罪。以色列人敬拜虛無的神，它自己也就成為虛無，輕如空氣，正如它所事奉的神（王下十七 15）。

特別是在士師時期，以色列抵抗外邦的暴君而獲得解救，而希西家王也因尋求耶和華，而被救脫離亞述的圍城行動。然而，當何細亞嘗試掙脫亞述所加諸他身上的進貢要求，那就被描述為一種「謀反」的行動；在列王紀的其他部分，「謀反」這個字是用來描述那些篡位的貴胄或不法的王的奪權行動（王上十六 20；王下十二 21，十四 19，十五 15）。為何何細亞會被判斷為一個謀反者，而基甸和參孫就被歌頌為信心英雄？耶利米勸以色列人向巴比倫投降（耶二十九章），他的預言也引出了同樣的問題。答案是，耶和華把歷史推向一個「外邦人的時代」；對抗新的外邦帝國就是對抗上帝。

儘管聖經尊重古人的道路和古代的地標，但它最終卻不是一份保守的文獻。當可拉反對當時具「創新」意味的、由亞倫領首的祭司制度時，結果是他和他一家都被活活地吞進陰間（民十六章）；當羅波安試圖保留當時的聯合王國時，結果是他遭先知阻止（王上十二章）。最終，這個模式在教會把猶太人和外邦人聯合起來這一
事上，達到頂峯；保守的猶太主義基督徒反對這種聯合。然而，教 253
會的秩序和教會事工的政治環境，不時都會經驗到結構性的轉變，因為創造主就是其中的主角；聖經不斷記錄新事，凡反對上帝正在做的事的人，都顯明是上帝的敵人。

雖然如此，上帝的目標卻不是可改變的，彷彿巴力崇拜或有一天會變成新的耶和華崇拜，淫亂會變成忠於婚姻的新形式，又或，

同性戀會變成可接納的另類生活方式那樣。啟示的歷史和教會的歷史是有其連貫性的。上帝在歷史之內工作，故此祂的作為是隨著時間而發展起來的，並且伴隨著一切必有的起伏。但上帝在歷史的作為有其邏輯，而且是按著創世之時和（如保羅所說）在創世以前（弗一 3～14）所定的軌迹運行，趨向在基督身上所達到的高峯的。

保羅的加拉太書是一份重要的文獻，它有助我們反思救贖歷史的連貫性和間斷性。保羅一方面主張以色列和教會之間有巨大的間斷性，並認為基督的降臨決定性地削弱了猶太人與外邦人之間的分隔（加二 11～16，三 23～29）。與此同時，保羅盡力說明，這種改變與上帝之前向亞伯拉罕所透露的計劃，是完全一致的（三 1～14）；因此這「新事」本身就是一件十分古老的事，甚至比律法還要古老，它是作為一種實現對亞伯拉罕的應許的手段而被增添上去的（三 19）。我們可以從加拉太書得出這個基本原則：教會內的任何「新事」如果沒同時實現了某些「古老的事」，那就是一條錯誤的路。

正如納爾遜（Richard Nelson）所指出的，以色列被逐離開應許地之後的情況，跟被逐離開應許地之前只有少許分別（Nelson 1987, 231～232）。亞述把外地人遷到這地（王下十七 24），這些外地人帶同他們的神來，耶和華差遣獅子來攻擊偶像崇拜者（就如王上十三章、二十章；王下二章）。亞述人以為耶和華是必須加以安撫的地方神明，於是他們找一個以色列的祭司來幫忙。最低限度，這些定居應許地的異族人對獅子作出回應，他們對耶和華的審判所表現的敏銳度，比以色列的還要高（Davis 2005, 248）。畢竟，那頭咬死來自猶大的神人的獅子，對耶羅波安一世或在他之後的諸王，都沒有產生甚麼影響，他們仍是依然故我，走自己的「道」（王上十三章）。以色列因拜偶像而被趕離本地，而亞述王吩咐人把一個大概是拜偶像的祭司帶回來，好指教人民「敬畏耶和華」，但他們卻同時繼續「事奉他們的神」(王下十七32～33)。列王紀下十七章34節讓我們知道，作者對這種混合主義的評價：那不是「敬畏耶和華」。

從前，以色列進入應許地，是肩負著一項責任的：要把異族的神龕從這地除去，並建立向耶和華的崇拜。可悲的是，情況竟被逆轉過來，這地回到了被征服以前的情況，那裏充滿著偶像崇拜的神龕。即使被擄也改變不了北國的面貌。這是以色列的受難日(Good Friday)，是從上帝面前被驅逐的幽暗之日(王下十七18、20、23)。以色列死了，它有的只是遙不可及的復活傳說(十七39)。那就像另一個幽暗之日，當時，那個真以色列人在羅馬人的十字架上，擔負著祂子民的罪；當時，真以色列從幽暗中喊道：「我的上帝、我的上帝！為甚麼離棄我？」

註釋

1. 楊格(David Yeago)提出，這種把基督和聖靈與信心連結，就是路德所謂稱義的意思：「在路德看來，法庭的關係較一種**聯合**的關係更為次要；這聯合的關係是指信徒與基督位格的聯合，成為基督的身體——教會——的一個活的成員。」故此，稱義「就是基督與信徒兩者的完全聯合，藉著這義，我們活在天上，並且基督在我們裏面，以及在我們裏面活著及作工。我們是靠著義得救，這義就是基督本身，祂活在我們裏面」；法庭的宣告是「端賴乎這個首要的聯合關係的」。因信稱義包含死和復活，舊的、倚靠自己的老我，遠離基督的老我死掉了，而一個新的我誕生，這新我是由基督的樣式所塑造的(Yeago 1998, 184～185；粗體為原文的強調)。
2. 費利暗所引用的經文：申命記十七章2至3節，二十九章25至26節，三十一章6及20節；約書亞記二十三章16章；士師記二章20節；列王紀上十一章9至11節；列王紀下十七章15節。

列王紀下十八1～二十21

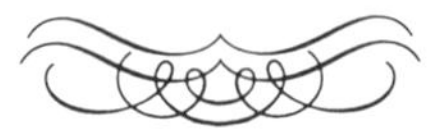

列王紀下十七至十八章的事件次序，跟列王紀上十九至二十章的事件次序相若。昔日當以利亞在西奈山上站在耶和華面前控告以色列的時候，耶和華給他一些毀滅亞哈家的工具（王上十九15～18）。在這些武器之中有亞蘭人（十九15、17）；一瞬之間，便·哈達便上來圍攻撒馬利亞（二十1）。顯然，耶和華在西奈山上所作的判決正在實現，不過耶和華還是兩次拯救以色列人脫離亞蘭人的手（王上二十章），而且，到亞哈的兒子作王的時候，亞哈家仍是屹立不倒的。同樣，列王紀下十七章描述北國的敗落，但正如本書前一章所述，該段經文也列舉了猶大的罪（王下十七19）。其中的邏輯似乎無懈可擊的：猶大「隨從以色列人所立的條規」（十七19）；以色列敗於亞述（十七6），因此，猶大也必敗落。這個印象更由於十八章9至12節而被加強了，該段經文再次總結了對以色列的控訴，這正好在敘事者開始記錄亞述圍困耶路撒冷之前。看來對耶路撒冷和猶大那先知式的神諭快要實現了。

可是，正如亞哈家的情況，耶和華把最後一擊延遲了。在這個

情況下，這種延遲是比較容易理解的。即使亞哈沒有悔改的迹象，
耶和華還是救他的首都脫離亞蘭人的攻擊；而希西家（北國在其統
治期間敗落）卻回轉離開他祖先所拜的偶像，使猶大臨崖勒馬（王下
十八4）。在他統治期間，猶大和大衛家經歷另一次的復興——就
如在約阿施的統治下所曾經歷過的（王下十一章）——因為希西家
跟他的父親亞哈斯完全相反（十六2）。希西家把子民從「別是巴到
但」都招聚過來，一起過逾越節，這是自從耶羅波安一世以來，王
國第一次在崇拜中重新聯合（代下三十5～6）。希西家是自大衛以
來一個最像大衛的王（王下十八；把列王紀下十八章7節與撒母耳
記上十八章14節作比較），他隨時準備好與那自誇和褻慢的、像歌
利亞的無賴西拿基立爭戰，亦準備好去征服非利士人（王下十八8；
Provan 1995, 260）。他遵守摩西律法（十八6），廢除邱壇（十八4）； 255
就像一個新的、更良善的亞當，他亦把人們盲目崇拜的銅蛇（銅塊）
打碎（十八4）。自從猶大被一個像亞當的君王統治至今，那已經歷
了一段好長的時間（參列王紀上三章1至28節的註釋）。

關於希西家統治的記錄，有不少都是聚焦於亞述的威脅。希西家起初給亞述進貢，但後來卻背叛亞述，就像約雅敬後來背叛巴比倫那樣（王下二十四1）。亞述滅了北國之後（十八9～12），它南下轉向猶大，要迫使希西家恢復給它納貢。希西家爽快地向西拿基立承認他的「罪」（十八14），並答應隨他所要的給他。像先前的猶大諸王，他把聖殿和王宮掠奪一番，甚至把殿門和柱子上所剩的金子（就是他先前給聖殿修復之時所加上去的）都刮下來（十八16）。儘管希西家給予顯然的保證，但亞述還是不滿意；西拿基立派來一隊兵，要把希西家教訓一番。西拿基立圍困耶路撒冷，並站在耶路撒冷「上池的水溝旁」要求與希西家的政府官員交涉（十八17）。那不是吉利的開始。我們懷疑，作者這樣熱中於描寫希西家的敬虔，會不會是誇大其詞；我們也懷疑，這一次耶和華將不會救

他的百姓脱離外邦人的威脅了。

由十八章13節開始，亞述人圍困耶路撒冷一事，是以平行的結構來講述的：

A　亞述人來到耶路撒冷（十八13～16）
　B　亞述派來的使者向百姓講話（十八17～37）
　　C　希西家請示先知並禱告（十九1～5）
　　　D　以賽亞説預言（十九6～7）
A'　亞述人離去（十九8～9a；經文上的轉折）
　B'　亞述給耶路撒冷的信（十九9b～13）
　　C'　希西家的反應：進聖殿禱告（十九14～19）
　　　D'　以賽亞説預言（十九20～34）
A"　亞述人永久離開耶路撒冷（十九35～37）

敍事者特別注意到希西家的代表和那稱為拉伯沙基的亞述官員之間的對話。拉伯沙基向在城牆上的猶大百姓説話，他聰明地利用了有關以色列信仰的修辭，卻同時也削弱它。他的兩次講話來回於應許和警告之間：應許百姓將會得到亞述王的祝福，並警告猶大不應信靠耶和華或希西家：

A　不要信靠埃及（十八19～21）
　B　不要信靠耶和華或希西家（十八22）
A'　亞述王而不是埃及，會提供戰車和馬（十八23～25）
　B'　不要信靠希西家或耶和華（十八29～30）
A"　亞述王要領你們進應許地（十八31～32）
　B"　耶和華與別的神明差不多，祂不能保護你們（十八33～35）

在好些點上，拉伯沙基的講話與先知們的信息相呼應。他猛烈 256
抨擊列王紀下十七章的重要議題——信靠的問題（王下十八19～21）；他強調埃及並不可靠，就如先知們的做法那樣（十八21；比較賽三十2～3、7）。他提出一種神學上的挑戰並指出，希西家拆毀了崇拜的場所，惹來耶和華的不悅；他亦暗示不論是希西家抑或耶和華，都是不可靠的（王下十八22）。然而，西拿基立會給猶大提供戰車和馬（十八23～24），以引誘猶大王忘記先知才是以色列的戰車馬兵（二12，十三14）。而且，亞述已經征服了耶和華北方的百姓。他的講話以大膽的聲明作結：西拿基立而非希西家，才是實行主的旨意的人（十八25）；亞述王要作以色列的牧人君王，他結合了摩西、約書亞和所羅門的特質，他要把猶大領到水邊的青草地，並領他們進入應許地，那裏流淌著酒、油和蜂蜜（十八32）。猶大不應該從耶和華那裏尋求解救，因為在猶大周圍的列國，他們的神都不能抵抗亞述的擴張，因此耶和華也不能拯救猶大。

正如布魯格曼（Walter Brueggemann）所指出的（Brueggemann 2000, 498），這段取笑耶和華不能拯救猶大的講話，其結構強調了耶和華只是眾多神明之中的一個：

A　耶和華會拯救嗎？

　B　有哪一個神曾經拯救？

　　C　哈馬、亞珥拔的神等等

　B'　這些神之中，有誰曾經拯救？

A'　耶和華能拯救嗎？

拉伯沙基最後的一個論點去得太盡了。這論點所發出的一個挑戰，耶和華是不會置諸不理的；它並透露了在其餘的講話中所隱含的偶像崇拜。亞述王聲稱自己能夠成就一些只有耶和華才能成就的事，其實他只是在耶和華的允准之下才能成就他所成就的事（王下十九25～26）。重要的一點是，拉伯沙基那富學究味道的議論，是產生自一種對帝國的偶像崇拜，也是在這種偶像崇拜中達到高峯。別的民族有拯救他們的神，但亞述就只有亞述王，在亞述王面前，沒有神明可以站立得住。在這裏，信靠的議題被鮮明地提出來了：對耶和華的信靠和對帝國的信靠在交戰。對耶和華的信靠可以以歸降於帝國作為其表現的形式（正如耶利米書的例子），但當以色列信靠帝國或君主，它就必定會出賣其那位真正的主。儘管拉伯沙基的講話中多次提及耶和華，但他卻不是信奉耶和華的人，而是一個帝國主義的宣傳者，也是一個宗教比較的研究生；他處身於多種宗教主張之上及之外，從而評論各家的長短。

就其本源來說，西方的宗教比較研究是起源自基督教處境之內的，在這領域內不少的早期作者都強調其他世界宗教的不完美，並設法説明這些不完美是如何在基督教裏得著實現或被矯正過來。
257 在一八七一年出版的一本名為《十大宗教》（*Ten Great Religions*）的書裏（先是在《大西洋月刊》〔*The Atlantic Monthly*〕內連載），克拉克（James Freeman Clarke）力言，我們可以用「比較神學」（comparative theology；摻雜那具競爭性的進化論）來確立基督教信仰的卓越性。「對世界的各大宗教作公正的瀏覽」，那就可看出基督教在每一點上都是卓越的：「世界宗教受種族和地區所限，但基督教卻是大公或普世的；世界宗教是有瑕疵的，擁有某些真理但缺少其他的，但基督教則擁有全部真理；而且世界宗教是靜止不動的，但基督教則是前進的。」基督教是那麼完美地適用於人性，憑著這一點，就可推斷它的真確性，因為「我們一看見有適應的現象，就自然推定當中存在著設計」（轉引自 Masuzawa 2005, 77～79）。

儘管這種護教的努力或會是出於好意，但從基督教傳統的這個觀點看來，它卻是建基於錯誤的神學之上。在表面上，它建基於一個概念：基督教是其他眾多宗教之一；因此，它也建基於一個宗教定義，就是這宗教在西方歷史中是有一個相當短的起源的。米爾班克（John Milbank）對《上帝道成肉身的神話》（*The Myth of God Incarnate*）一書的作者們作出批評，他指他們把佛教、伊斯蘭教和印度教當作是某一類屬（genus）的不同品種，這手法把「外來的文化現象歸入那包含著西方概念的類別內，這些西方概念說明宗教思想和實踐是由甚麼構成的」。把不同的宗教當作是同一種現象的不同變化，這是「看不見的基督教化」（covert Christianization；Milbank 1990a, 176～177）。諸宗教根本上是不相稱的，人可以把這些別的宗教改造成信仰（它們本身並不是信仰），藉此顯出基督教比其他信仰卓越。

再說，要從各種宗教找出共同的特徵，這種努力總是不能成功的，因為總有例外。宗教的定義愈狹窄，它就愈不適合用來描述許多不同的宗教；但若宗教的定義愈廣闊，人就愈難區分宗教與文化。正如米爾班克所指出的，「任何宗教概念，要是用來指定文化之內的某個範圍，譬如說屬靈經驗、靈恩式的能力，或意識形態上的正當性，它就必定傾向於只反映西方現代社會對宗教的解釋」（Milbank 1990a, 177）。

這樣把宗教歸為一類屬的做法，其背後無形中是否定了基督教的傳統主張：上帝從來都不屬於某一類屬，也不會自成一類屬。據阿奎那（Thomas Aquinas）認為，上帝不是任何類別的成員。祂的本質是存在，這一點把祂和其他一切的存在物（beings）區分開來：「品種是在屬於某一類屬之外加上特定的分別，因此任何品種的本質是在它所屬的一類屬之外，擁有某些額外的東西。但存在（existence）本身（*ipsum esse*），即上帝的本質，在其自身之內並不包含任何因素之外的因素。故此，上帝不是任何一類屬中的一個

品種。」既然一個類屬「潛在性地含有特定的分別」，它就是由行動
和影響力所組成的，又因為在上帝裏面不可能有影響力，所以上帝
就不是一個類屬。再者，一件東西的本質，即「它是甚麼」(what
it is)，是衍生自它的類屬，但它的存在，即「它之所是」(that it
is)，則是由它所在的某一類屬的特定分別來確立的。既然上帝的
本質就是存在，祂的存在不是由任何特定分別來確立的，那麼，祂
258 就不可能是一類屬(Aquinas 1993, 16～18)。從阿奎那的觀點看，
宗教比較含蓄地是偶像崇拜的行為，因它假設了一個內蘊的上帝，
祂是一切存在物之中的一個存有，可以把祂跟其他存在的或非存在
的存在物作個比較。即使拉伯沙基還未開始對以色列上帝的至高
無上作直接挑戰，他的議論本身已經隱含了偶像崇拜的成分，因為
它假設了有一個由各種神明所組成的類別，而耶和華是其中一位
成員。

聖經經常把耶和華與列國的神明作比較，它採用「神」(god)這個籠統的詞彙來指稱大衮、巴力，甚至指稱耶和華(士十6；王上十一2)；但這些比較的性質確認了阿奎那的觀點，雖然其中並沒有用上他那種專門的、哲學性的議論。舊約聖經承認耶和華的卓越性，並說明祂在某種意義上是和列國的神明不同的。以「獨一上帝」(God)來稱呼耶和華，和以「神」(god)來稱呼基抹或摩洛，在其中存在著類比上的差異。耶和華向人展示出，祂比一切神明都大：祂帶領以色列人走過出埃及的紅海(出十五11)；而大衛也可以承認，「主啊，諸神之中沒有可比你的」(詩八十六8)。毫不誇張地說，在天上沒有一個可「與耶和華相比的」(八十九6)。那些被外邦人拿來當作神來崇拜的東西，並不真的配得上被稱為「神」：他們「並不是神」(not-gods；王下十九18；耶二11，五7，十六20；加四8)。耶和華把拉伯沙基所作的比較——同樣也把近代不少的宗教比較——批評為是褻瀆的。

餘下來的圍城故事，是其中一個的悔改故事：希西家的代表團聽見拉伯沙基的講話就撕裂衣服，而一度倚靠財寶來拯救他的希西家，聽見拉伯沙基的褻瀆話也與代表團一樣，撕裂了外袍（王下十九1），並轉向耶和華尋求拯救。他不再掠奪聖殿的寶庫，他如今反而照著聖殿原先所設計的用途來使用它，就是以它作為禱告的殿（十九1、14；Cohn 2000, 141）。希西家又派人去見以賽亞，以賽亞應許耶和華會使亞述大軍因聽見謠言而感到驚嚇（十九7），並使西拿基立受引誘而滅亡，如同祂對亞哈（王上二十二章）和亞蘭軍（王下七章）所作的那樣。希西家所「聽見」的威嚇，將會因西拿基立所「聽見」的謠言而得到解決。西拿基立確實聽見有人回報，但他沒有折返家門，反而派人送信給希西家，再次提出先前所說過的恐嚇，警告猶大人不要信靠埃及，並聲言要揮軍毀滅他們（十九8～11）。希西家再次藉禱告求助於耶和華，這第二次的禱告回響著所羅門獻殿的禱告，因希西家懇求耶和華「睜眼看」、「側耳聽」，回應亞述的褻瀆話（十九16；比較王上八37～40）。他最主要所關心的，是耶和華為祂的名辯明（王下十九34）。

以賽亞的第二次預言描畫耶路撒冷嘲笑亞述人（王下十九
21），以譏笑還亞述的譏笑。不管西拿基立的恐嚇為何，以賽亞預
言，錫安將保留處女的身分，不會被城門口的外邦施暴者所傷。西
拿基立高舉眼目，揚聲挑戰耶和華，他差不多自稱有分開埃及的
河水（十九24）和砍伐香柏樹（十九23；比較詩二十九）的能力，
足以與耶和華匹敵。因他這樣傲慢，他將會被摔下來。耶和華宣 259
稱，亞述的能力是完全倚賴祂的能力的（王下十九25），並且祂警
告要捉拿亞述，把西拿基立帶走，如同牽走一頭野獸那樣（十九
28）。猶大不是快要枯乾的草，而是一棵深深扎根的樹，茁壯成
長，出產果子（十九29～31）；它用不著一刀一槍，就能勝過亞
述。長遠來說，以賽亞遙望著未來，就是猶大和以色列所存留下來

的餘民將要復興過來，他們定必歸回，在被擄完結之後在本地繁盛增長。

正如拜倫（Lord Byron）所指出的，耶路撒冷的得蒙拯救是一次逾越節事件。死亡使者在夜間殺了十八萬五千個亞述人，把西拿基立趕回本鄉，讓他有一個可恥的收場（王下十九 35～37）。是次逾越節一方面毀滅亞述，另一方面使猶大獲得新生；耶和華應許猶大將於「第三年」得拯救（十九 29），這「第三年」指向耶穌「第三天」復活。這棵遭恐嚇、以為將要被毀滅的樹活了下來，因耶和華再一次證明（正如祂對埃及所作的），祂自己比一切神明和一切君王都大，祂是無可匹敵的。

列王紀下二十章的頭一幕，發生在亞述危機出現的時候（「在那些日子」；王下二十 1；編按：《新標點和合本》譯作「那時」），而希西家患病這事，實際上是發生在圍城期間。[1] 米羅達．巴拉但（Berodach；有時會寫成 Merodach）聽見希西家患病，就派遣使者到來（二十 12），因此巴比倫來訪也是與圍城一事有緊密關連的。我們可以推斷，巴比倫來訪是發生在圍城之前的，因為亞述人不大可能會容許一個巴比倫代表團突破他們的圍城防線。故此希西家之所以向巴比倫展示他的財寶，有可能是因為他有意請求巴比倫幫助他抵抗亞述，並且巴比倫人的來訪有可能使希西家壯膽起來，敢於背叛西拿基立（十八 7）。在這事上，希西家的行動把外邦人與所羅門的關係逆轉過來（Nelson 1987, 245）。示巴女王從前來訪的時候，所羅門把一切都告訴她，並向她展示一切。這給她留下深刻印象，她所看見的一切更加強了她對以色列和所羅門的卓越的這個印象。但巴比倫到訪猶大，卻標示著希西家有意從屬於這個正在崛起的外邦帝國。希西家「聽從」巴比倫人（二十 13），這是錯誤的一著，他應該聽從的是耶和華的聲音。

在列王紀裏，患病的王通常都會死去（王上十四章；王下一章），他們的王朝也很快隨之滅亡。患病的王求問先知是其中常見的情景（王上十四章；王下八 7～15），但先知通常都帶來壞消息。希西家患病的故事也相似，但最終還是打破了這個規律。以賽亞沒經傳召就來了，而且，更重要的是，當以賽亞宣布了希西家將要 260
死的消息之後（王下二十 1），希西家沒有轉臉朝牆而死去。他轉臉朝牆，向耶和華禱告，這是之前所患病的王，沒有一個這樣做過的（二十 2～6）。有人指希西家的禱告是自我中心，甚至自以為義的，但這類禱告在詩篇中是常見的。他懇求耶和華記念他的忠誠，求耶和華仁慈地對待他。耶和華應許要看守、保護和醫治那些懷著盼望和信心，緊緊依附祂的人。希西家所做的正是這樣，他確信耶和華必定守約。

和典型的規律剛剛相反，希西家病好了。以賽亞回來，宣告耶和華答應增加希西家十五年的壽命，這應許與耶和華答應在「第三天」復活之日拯救該城，是相配的（王下二十 8）。我們得知希西家面對著死亡的危機，我們又意外地曉得，他所患的是膿瘡（二十 7）。膿瘡是埃及十災之一（出九 8～12）；也是申命記二十八章 27 節的咒詛之一。希西家生瘡，這表示猶大所遇到的威脅，就像埃及昔日所遇到的威脅那樣，而猶大的王就受到那難看的皮膚病的威脅。希西家被醫治過來，以色列再次得拯救，免受「埃及人的」疾病。希西家的病是用無花果餅來治好的，因為以色列地將要被葡萄園和無花果樹，而不是被瘟疫和膿瘡所充滿。[2]

耶路撒冷城所遇的危機得以解除，其君王得以被高舉，這說明了耶和華的能力是無與倫比的。祂不是諸神之中的一個，而是獨一永活的上帝。祂從無造出萬有，使死者復生，這超凡地展示了祂的能力。耶路撒冷死了；但請看，它又活過來。希西家「死了」，又再次復生。撒馬利亞雖然已敗落了，但猶大則存留到下一代。可是列王紀下十七章的神諭已經發出，猶大國已經注定要被擄。

註釋

1. 以賽亞告訴希西家，他還能多活十五年（王下二十6），而他一共統治了二十九年（十八2），所以希西家患病得治，必定是在他統治的第十四年，即亞述人圍城的那一年發生的（十八13）。列王紀下二十章6節顯示，耶路撒冷是在希西家患病之時被圍困或即將被圍困的（Hobbs 1985, 288～289）。這有聖經以外的年代資料為證。米羅達．巴拉但二世的統治分成兩段時間：主前七二一至七一〇年及主前七〇三／二年的其中六個月。希西家的統治大約在主前七一六年開始，主前七〇一年是亞述人圍困耶路撒冷的年份（Wiseman 1993, 288）。故此，巴比倫人來訪是發生在西拿基立圍困耶路撒冷之前大約一年的時間。在面對亞述危機的整個期間，猶大都在以賽亞的預言——巴比倫來襲——的陰影之下。
2. 希西家既然已被醫治，為甚麼還需要兆頭呢？鑒於他有皮膚上的污損，那會妨礙他進入聖殿。因此他需要一個兆頭，以證明他能夠早些（在第三天）進聖殿去。正常來說，他必須經過第八天的一個儀式才能進聖殿（利十四章）。以賽亞言承諾要給他一個兆頭，這兆頭代表著那要發生在希西家身上的事。他的人生正趨向黃昏，但是主把拖長的日影逆轉了，並給他一個新的人生。耶和華不受時間所限，祂能使潔淨的時鐘加速，正如祂能夠把死亡的過程逆轉過來，兩者對祂來說都同樣容易。「亞哈斯的日晷」大概是指他的祭壇；這個兆頭顯示，因亞哈斯的偶像崇拜而衰落的猶大國，還有第二次機會。

列王紀下二十一 1～26

猶大國因其善忘而得到最終的下場，這發生在一個名為「忘記」的王的統治期間。最初，約瑟給兒子取名瑪拿西，是因為兒子的出生安慰了被逐出的他，使他忘記他所受的痛苦（創四十一 51）。值得注意的是，瑪拿西這個名字在列王紀共用了十二次，其中十一次被指為希西家的兒子，他那五十五年的統治決定了猶大的命運（王下二十一 1）。他的名字取得恰當，不是因為他使以色列忘記它的困苦，而是因為它忘記了主，忘記了主如何救以色列脫離埃及，以及忘記了主的誡命（二十一 7～15）。[1] 每當聖經說，猶大「因瑪拿西的緣故」而被判定接受被擄的刑罰，最初的讀者就會明白，他們是因善忘而被定罪：善忘誘使他們行惡（二十一 9）；因著善忘，應許地充滿了無辜人之血（二十一 16）。即使在約西亞之後，主也沒有從祂的怒氣回轉，「因為『忘記』諸事惹動祂」（二十三 26）。終於，主因「忘記」的罪使各路軍隊來攻擊猶大（二十四 2～3）。有關忘記的後果的故事，對被擄的以色列來說是一個鑑戒，以提醒他們永不要再忘記。

善忘導致猶大接受被擄的刑罰，然而從另一個角度看，使它遭遇刑罰的是記憶，因耶和華不肯對「忘記」的罪既往不咎，予以赦免（王下二十四 4）。從人的方面看，拯救是因記憶而有的行動；從上帝的方面看，拯救是因忘記而有的一種富恩典的行動。藉這行動，主記得祂要施恩的應許，並把我們的罪置諸腦後（詩二十五 7，七十九 8）。新約的應許是應許顛倒「記憶」和「忘記」二者之間的關係：以色列將會記得主，而主就會把它的罪收起來，不再記得它們（耶三十一 34；來八 8～12）。

記憶模塑個人和羣體的身分，因為記憶把我們過去的身分和現在的身分結合起來。各個家庭在餐桌上分享他們的集體回
262 憶，這些回憶很人程度是使史密斯家庭（Smiths）跟史蒂文森家庭（Stevensons）或斯潘塞家庭（Spencers）有所不同的原因。教會的會眾有他們的集體回憶，大公教會通過禮儀和信經，記念上帝在基督身上的大作為。現代教會（特別是新教的某些宗派）其中的一大惡行，是患了集體健忘症。新教可以表現得像是：教會是始於一五一七年的，並在一六四〇年代達到顛峯；而有關福音派基督教的記憶，經常至多只能伸延到二十世紀中葉 —— 如果有那麼遠的話。但其實教會的整個歷史都是我們的歷史，而聖經所記載的歷史就是我們的歷史一個極其重要的部分。保羅對哥林多的基督徒說：「我們的祖宗」（林前十 1～4）都在海裏受洗，都吃了嗎哪，並在曠野背叛上帝。耶羅波安一世、巴沙、心利和暗利、亞哈和耶戶，都是我們的故事、教會的故事的所有部分。如果記憶模塑了我們對自己身分的意識，那麼現代教會的集體健忘症產生出沒有根或沒有船舵的教會，一些隨著教義之風調整船帆的教會，這就決不是偶然的。善忘是不知感恩，不知感恩就是原罪之一。崇拜是歷史課，在其中更新我們的集體回憶；在其中我們承認：我們忘記了主和祂的誡命。

記憶把我們的過去和我們的現在結合起來；但在聖經中，記得過去決不是留戀過去，而總是喚起我們對未來的信心。當我們思想到耶和華的先知如何進入了亞哈的歷史，我們就得著鼓勵，並盼望：祂必不會讓我們活在自身的罪和黑暗之中，祂也必不會容讓以色列的燈熄滅的。在申命記的多篇講章之中，摩西由始至終勸以色列要記得埃及的事，好叫他們在未來降伏迦南地的敵人時無所懼怕。

在一本引人入勝的、論及衰老和腦的書裏，戈德堡（Elkhonon Goldberg）提出一個有趣的觀點：他聚焦於「模式識別」（pattern recognition）的現象，即「那辨認出某個新的物體或新的問題，並把它歸類為某個已經熟悉的物體或問題類別的能力」（Goldberg 2005, 85）。隨著經驗增加，我們辨認模式的能力也會增加，問題也可以變得更容易解決。試想一想那位經過數千小時的輔導、而神奇地（先知式地）在幾秒之內把握住婚姻問題的核心的老牧師，你就會相當明白戈德堡所說的現象。故此個人記憶孕育出智慧。但戈德堡還提出一點：模式識別不是單以個人經驗和「一般記憶」為基礎，而是以文化記憶為基礎的：

> 我們人類得以免除那因從零開始去發現世界而來的艱難。反而，數千年以來，社會逐漸累積知識，我們從這不斷增加的知識的效果而獲益。這知識以象徵的形式，透過不同的社會手法而得以儲存和傳遞，並且代代相傳。人類社會每一個個別的成員都會因為參與在這種社會所累積的集體智慧，因獲取這種知識而在認知上得著能力。如果把智慧
> 定義為有一個可供使用的、豐富的模式寶庫，讓我們能以 263
> 把新的處境和新的問題識別為熟悉的類別的話，那麼我們就真是有智慧的人類了。（Goldberg 2005, 88～89）

雅各布斯（Jane Jacobs；Jacobs 2004）把我們的時代形容為黑暗的時代，他的意思是指一個以患集體健忘症為特色的時代。向來是屬於第二天性的技能已經失去了；向來是常識的知識已不見了；一度構成最低限度的公德的行為標準已遭人輕視。對教會來說，那任務是巨大的；基督徒面臨這項任務：把曾幾何時已被福音化的世界再度福音化；把長久以來似乎是自然的信念，再次教育我們的社會；把一些一度是屬於西方社會生活結構的部分習慣恢復過來。列王紀的作者會曉得這個情況，因瑪拿西的時代也是類似的黑暗時期，就是一個患了文化健忘症、特別是宗教健忘症的時代。

正如我在本註釋書的導論部分所解釋過的，列王紀所揭示的上帝，似乎是不負責任地縱容祂的子民。祂勸導、祂警告、祂哄誘，但祂的子民仍是犯罪、再犯罪、再犯罪。而祂似乎從來都不實現祂的警告。最後，祂審判北國以色列了，但存留在猶大的餘民同樣地違背了祂的盟約。終於，到了瑪拿西，祂失去耐性，決定要毀滅耶路撒冷和祂的聖殿，並使猶大遭遇被擄的命運。為甚麼是現在呢？

列王紀的內在預表有助解答這個問題。有關以色列聯合王國的紀錄，構成了列王紀的框架。在所羅門的統治下，王國統一起來（王上一～十一章）；又在某程度上，王國由耶戶王朝重新聯合起來，並在希西家和他後人的統治下，更徹底地重新聯合起來（王下十八～二十五章）。作為框架的這兩段經文是互相平行的。列王紀上以大衛為開始，他把國傳給所羅門；所羅門因拜偶像而導致王國分裂。希西家是個新的大衛，那繼承他的瑪拿西則把所羅門的偶像崇拜推向更糟的境地。在這個體系裏，約西亞就是耶羅波安一世的相反，他把耶羅波安一世所分裂的王國重新聯合起來，又毀壞在伯特利的金牛犢神龕。瑪拿西像所羅門那樣，是偉大的建築師，他「製作」（二十一 3、7）和「建造」（二十一 3）邱壇（比較王上十一 7）。列王紀下二十一章 7 節特別間接提到上帝給所羅門的應許，這是自從列王紀上十四章26節以來，所羅門的名字首次在敍事中出現。所羅門因拜偶像而得到王國分裂的懲罰，但瑪拿西的結果就更嚴重——就是被擄。猶大的被擄不只牽涉到猶大，整個以色列都在猶大的死亡中死去。就如北國結束的情況，南國的結束也和其開頭相配：

王上一～十二章	王下十八～二十五章
大衛：在牀上；被復興過來	希西家：在牀上；被復興過來
所羅門：建造偶像的神龕	瑪拿西：建造偶像的神龕
羅波安	亞們
耶羅波安一世：分裂王國；伯特利	約西亞：把王國重新聯合；伯特利

就如耶和華以分裂王國來審判所羅門的偶像崇拜，祂把猶大丟進被 264
擄的大鍋中，以此來懲罰瑪拿西那更嚴重的偶像崇拜。

那覆蓋在這個體系的表面上的，是另一組平行的事件。聖經明確地把瑪拿西的罪跟亞哈的罪作個比較（王下二十一3）；結果，耶和華會審判耶路撒冷，就如祂審判亞哈王的首都撒馬利亞那樣（二十一13）。聖經只把亞哈和瑪拿西跟那些在以色列征服迦南地以前，在該地居住的亞摩利人作比較（王下二十一11；王上二十一26）。這跟瑪拿西那所羅門式的預表是一致的，因為正如我已在列王紀下十六章15至34節的註釋中所指出的，「暗利—亞哈」的事件次序，也是「大衛—所羅門」的事件次序的一個變化。經文提到亞摩利人，這叫人想起，耶和華承諾要在第四代之時把亞伯蘭的子孫帶離埃及，領進應許地，「因為亞摩利人的罪孽還沒有滿盈」（創十五16）。與創世記十五章16節的連繫，解釋了為何亞哈和瑪拿西是那使他們各自的王國垮台的最後一擊：在他們統治期間，「亞摩利人的罪孽」已經滿盈，那是時候要把征服應許地一事逆轉過來，並引進一些外邦的「約書亞」，以求潔淨「以色列—迦南人」

的地，以及清除他們的可憎之物。

經文較不明顯地暗指耶羅波安一世；耶羅波安一世所犯的罪使以色列注定滅亡（王下十七 21～23）。瑪拿西像耶羅波安（和亞哈），比在他之前的諸王都要差勁（二十一 11；比較王上十四 9，十六 25、30；比較 Knoppers 1994, 106）。還有，瑪拿西的建築最後以遭毀滅為收場，就如耶羅波安所建造的公牛神龕，最後淪為一堆廢墟（Knoppers 1994, 109）。除此之外，敘事者指出瑪拿西對猶大人所產生的影響。貫穿整卷列王紀，敘事者記載，以色列諸王都隨從耶羅波安一世所行的道，「使以色列犯罪」（王上十四 16，十五 26、30、34，十六 2）；這一短語在全書中用了大約二十次。可是，在列王紀整卷書中，卻沒有一個王是「使猶大犯罪」（**ויחטא את־יהודה**）的，直到瑪拿西出現，情況才有所改變（王下二十一 11、16）。每一個使以色列犯罪的王朝都被毀滅了——耶羅波安王朝、暗利王朝、耶戶王朝——而當瑪拿西帶領猶大人走歪路的時候，大衞王朝也遭受審判。耶羅波安王朝沒有因為亞比雅較良善而被拯救過來，亞哈王朝也沒有因為亞哈的悔改而被拯救過來，照樣，一旦有一位大衞家的王「使猶大人犯罪」，約西亞的改革也不能挽救大衞王朝免遭被擄的刑罰。當一位本來被召去牧養耶和華之民的大衞家的王，變成了上帝之民的敵人，那麼這個王朝就必定滅亡。

從另一方面說，瑪拿西的統治也是邪惡無雙的。亞哈不但專於追求偶像崇拜，他還殺死一些反對他的先知和忠心的以色列人，譬如拿伯（王上二十一章）。從這方面說，瑪拿西也是另一個亞哈，他使城內充滿了血（王下二十一 16），這種暴行被引用為猶大被擄的原因之一（二十四 4）。拿伯的血高呼著要向亞哈報仇，並召來耶戶作為復仇使者。在瑪拿西統治期間，有血從耶路撒冷的地裏發出呼聲，尼布甲尼撒就聽見了這呼喊。上一個在猶大太平之時流人

血的人是約押（王上二 5），他也是沒有好的下場（二 28～35）。儘
管經文沒有明說瑪拿西迫害先知，但從列王紀下二十一章 10 至 15 265
節到二十一章 16 節的事件次序，就讓我們得到這個清晰的印象。正如暗利王朝的情況，當一個猶大王攻擊耶和華使者的時候，耶和華已受夠了（參列王紀下八章 1 至 29 節的註釋；比較太二十一 33～46）。在列王紀下十五章，在我們得悉米拿現採取殘酷的手段攻擊提斐薩和得撒（王下十五 16）之後不久，亞述就忽然出現，這顯示出，那是耶和華把亞述召來，好報復米拿現流無辜人之血的舉動。所以，巴比倫也是一樣：當無辜人的血從地裏發出呼叫，耶和華就吩咐復仇者尼布甲尼撒來抹淨這地（二十四 3～4）。

聖殿本身決不是得到耶和華恩寵的保證（儘管「耶和華的名在聖殿中」這一點，確實保證了祂是與以色列同在的），但在所羅門時代被「立」在聖殿裏的那名（אשים את־שמי），已由瑪拿西「立」在那裏的偶像所取代了（וישם את־פסל；王下二十一 7）。再次，瑪拿西拜偶像的行為，在猶大歷史中是獨一無二的。所羅門在聖殿對面的橄欖山上給基抹建造神龕（王上十一 7）；亞哈斯按他自己的設計把聖殿重新佈置（王下十六 10～20），但在瑪拿西之前，沒有一個大衛家的王膽敢在耶和華面前豎立偶像。[2] 瑪拿西行「可憎的事」（二十一 2、11），在聖殿中的亞舍拉柱像是其中最主要的可憎之事——這可憎的舉動帶來荒涼，導致應許地把其中的居民吐出去。[3]

在亞哈的時代，耶和華差遣先知去呼召君王悔改；在瑪拿西的日子，祂本於慈愛也做了同樣的事（王下二十一 10）。像以色列一樣，猶大有回轉的機會，而它將會因硬著頸項不肯聽先知的勸告的話，而最終遭受審判。耶和華聲言，這消息會令聽見的人耳鳴（二十一 12）；這一短語在撒母耳記上三章 1 節曾被用來預告示羅的敗落。正如耶利米所言（耶七章，十九 3），耶和華使所羅

門的聖殿變成另一個示羅，使列國引為鑑戒。猶大行了「惡事」，於是主就使它遭遇「惡事」(王下二十一 12)。他們拒絕「聽從」(לא שמעו；二十一 9)，拒絕持守他們偉大的示瑪(Shema)，拒絕堅持上帝的獨一性，因此他們必會聽見那令人耳鳴的、關於毀滅的消息。以色列在名為「忘記」的君王的領導下，忘記了它的主、它的丈夫，因此祂計劃發出一個它永不會忘記的信息。

註釋

1. 瑪拿西經驗了一種惡魔般的「悔改」。二十一章 3 節的希伯來文説：「他轉回、他建造」(וישב ויבן)，所用的動詞通常是用來指罪人轉向耶和華，但在這裏這些動詞就用來描述瑪拿西轉離耶和華和他祖先的道。建造有時、拆毀有時(傳三章)：瑪拿西不正確的建造行動，導致耶路撒冷和聖殿後來被拆毀(王下二十一 13～14)。
2. 列王紀下二十一章 3 節列出一張包含具體罪惡的清單，從遠離聖殿的邱壇(王下二十一 5)到聖殿本身(二十一 7)。當可憎的事愈接近耶和華的面，祂的怒氣就愈猛烈。經文從違反第一誡開始，繼而進到第二誡和第三誡。列王紀下二十一章 4 節記載了冒犯那「名」的事，這在二十一章 7 節重複了。第二和第三誡都附帶刑罰(出二十 1～7)，而上帝將會對猶大施行這些刑罰。
3. 納爾遜(Richard Nelson；Nelson 1987, 250)指出，這段經文把上帝的許多應許變成威脅。列王紀下二十一章 15 節提到出埃及，可是那並不是作為耶和華必定照顧猶大的保證，而是被描述為背道的開始。耶和華在以色列人流落曠野之後要賜下安息的應許，被逆轉過來，祂並聲言猶大將要再度飄流(王下二十一 7～8)。正常來説，耶和華是保護祂的產業的，但現在祂情願丟棄它。

列王紀下二十二1～二十三30

就像約阿施一樣，約西亞在年幼的時候作王，他登基的時候只 266
有八歲（王下二十二1）。在他作王第十八年，他再次效法約阿施
的榜樣，著手修葺聖殿，把瑪拿西所造成的傷害逆轉過來。有關這
兩個王的紀錄構成了一個連續的、平行的事件次序，涵蓋了列王紀
下最後的一大部分：

A　亞她利雅（亞哈的女兒）殺死王室後裔（王下十一1）

　B　約阿施的統治（王下十一～十二章）

　　C　以色列和猶大諸王的快速紀錄（王下十三～十六章）

　　　D　撒馬利亞淪陷（王下十七章）

　　　　E　猶大在希西家統治下的復興（王下十八～二十章）

A'　瑪拿西（一個像亞哈的王）鼓勵偶像崇拜，並殺死無辜的人（王下二十一章）

B’ 約西亞的統治（王下二十二～二十三章）

C’ 猶大諸王的快速交替（王下二十四章）

D’ 耶路撒冷淪陷（王下二十五章）

E’ 約雅斤得到提拔(王下二十五 27～30)

以上次序各自以較小的規模再現了列王紀的整體結構（參本書的導論及 Leithart 2005a），這顯示出，耶羅波安一世所建立的國度及大衛所建立的國度之間的平行，並展示了耶和華對大衛家那不斷的憐憫，祂堅決要在大衛的帳棚倒塌之後把它重建起來。

在約西亞的統治中，一個重要轉捩點是，祭司希勒家（另一個
耶何耶大）在聖殿裏發現了律法書（王下二十二 8～13）。「律法書」
267 （ספר התורה；二十二 8）一語和「約書」（ספר הברית）相似；「約
書」在出埃及記二十四章 7 節，被用來形容起初在西奈山上所揭示的律法。雖然經文沒有列出該書的內容，更沒有提及它的名字，但人們通常認為它是某種形式的申命記；這樣的看法是基於約西亞的改革主要集中在聖殿崇拜之上（申十二章；王下二十三 8～9）。[1] 當宣讀律法時，約西亞表現哀傷，這顯示了一顆戶勒大後來稱之為「自卑」或「敬服」的心（王下二十二 19；比較申二十 3；賽七 4）。自所羅門那顆聆聽的心以來，這是一顆最有反應的君王心。約西亞隨即向女先知戶勒大尋求更多的指導；儘管當時有好些活躍的男先知，但約西亞卻向一個在以色列內的「母親」求問（王下二十二 13～20）。[2] 他差遣男性代表團到一個女先知那裏，這以相反的方式重演了耶羅波安一世的做法：耶羅波安一世派遣他的妻子去諮詢亞希雅（王上十四章）。兩個王所領受的信息，都是宣告毀滅的信息：他們的國度都分別將注定要滅亡。

戶勒大的預言分兩大部分。第一部分是關於攻擊猶大和耶路撒冷的預言，它宣布他們的命運已經是鐵定的事實（王下二十二 16～

17）；因他們拜偶像的舉動觸怒了耶和華，律法書上所記的咒詛必定臨到「這地和其上的居民」。第二部分預言是稱讚約西亞，因他聽見律法書上的警告而作出了反應；它並承諾不讓約西亞（像亞哈和希西家那樣）於在世的日子看見災禍的臨到。正如主先前終於對暗利王朝、對亞哈家，以及對北國失去了耐性，現在，祂對猶大亦失去了耐性。

雖然約西亞知道他會得享太平，但是他沒有只是對審判默從而在其統治期間胡混過去便算了。儘管他知道他的努力注定是白費的，但他還是著手進行一次在猶大的王國歷史上最全面的改革。改革過程以更新盟約為起始。像所羅門在獻殿禮上所做的（王上八章），約西亞招聚了一批被稱為「猶大眾人與耶路撒冷的居民」——這個稱呼在列王紀下的較後部分被用得愈來愈頻密——的羣眾（王下二十三2）。那是給猶大的新名字。現在，猶大和以色列這兩個名字已不再適用。先是王「站著」（ויעמד המלך）立約（二十三3），然後百姓「站著」立約（ויעמד כל־העם בברית）。猶大人歷代以來拒絕事奉耶和華，但在更新盟約之時，他們把自己當作是祂的隨從——他們會「站著事奉」他們的王，就是他們的上帝。在古代以色列，君王的性質不只是政治性或統治性的，他們也代表了百姓，猶如全體的頭。藉著與君王聯手，百姓與耶和華立約，正如耶穌成為一條道路，使祂的百姓能藉著祂得以進入與父上帝所立的約之內。約西亞站在「豎立的柱子」（על־העמוד）旁邊（二十三3），與
耶和華立約，他要作為猶大家的柱子，豎立在耶和華殿的門口，像 268
那巨大的柱子波阿斯，又要像火柱那樣引導以色列民。

一旦盟約被更新過來，約西亞就對這地進行一次徹底的淨化。儘管有關約西亞改革的紀錄會給人散亂無序的感覺，但這故事其實是有秩序的。有關約西亞統治的紀錄是以交叉結構的形式鋪排的：

A 開場：約西亞不偏左右（申命記式語言；二十二 1～2）

B 發現律法書（二十二 3～20）

C 按照「約書」更新盟約（二十三 1～3）

D 約西亞的改革（二十三 4～20）

C' 按照「約書」守逾越節（二十三 21～23）

B' 律法的一切話（二十三 24）

A' 約西亞遵守摩西的律法：盡心、盡性、盡力歸向主（申命記式語言；二十三 25）

約西亞的改革從文學來說是以立約的儀式（王下二十三 1～3）和逾越節（二十三 21～23）作為框架來表達的；立約的儀式和逾越節都是在約西亞第十八年舉行的，即在聖殿發現律法書的那一年。故此，整體經文是從聖殿中的盟約更新而進展到正月所守的大型安息節期。約西亞把約書亞的次序倒轉了：約書亞是先以逾越節為開始（書五章），然後著手征服迦南，毀壞迦南人的神龕；而約西亞就先毀壞迦南化的以色列（Canaanite-Israel）的神龕，然後才慶祝逾越節。

在這個框架內，改革是有全面的組織的，最先是由潔淨耶路撒冷聖殿為開始，然後向周圍伸延。約西亞從聖殿開始（王下二十三 4～9），把偶像崇拜用的器皿搬出來，又廢去那些祭司（二十三 4～7）。他污穢猶大境內的邱壇，把那些在邱壇服事的祭司重新分配到耶路撒冷，讓他們在翻新了的聖殿中服事（二十三 8～9）。約西亞又從那裏把注意力轉向猶大諸王所建立的神龕，因他試圖廢除前人的偶像崇拜，特別是所羅門、亞哈斯和瑪拿西的偶像崇拜（二十三 11～13）。接著他開始於撒馬利亞巡行，在北國各處推行改革，其焦點在於毀滅耶羅波安一世在伯特利所豎立的神龕（二十三 15～20；Cohn 2000, 158～160），這對應著他對南國所進行的潔淨行動（Knoppers 1994, 201）。約西亞在這段紀錄裏所做的事情，奇妙地與尼布甲尼撒不久之後在猶大所做的相似：把器皿從聖殿搬出去，打碎神龕，使百姓「被擄」到遠方。[3] 改革是一種審判。

從文法來說，約西亞是這章經文的惟一行動者，是所有動詞的 269
主語；這是一個單人匹馬的破壞偶像運動，而經文可以圍繞著約西亞的「吩咐」和「任命」而被聯絡起來（Davis 2005, 314）。在這一點上，約西亞較之前的約阿施更為優勝，因約阿施的改革很倚賴耶何耶大的指導和啟發。約西亞王差遣人（王下二十三 1）；他命令人（二十三 4）；他下令守逾越節（二十三 21）；他把巴力崇拜的器皿搬出來（二十三 4），廢除偶像崇拜的祭司（二十三 5）；他焚燒亞舍拉，把它打碎成灰，並把灰撒在汲淪溪（二十三 6）。二十三章 4 至 20 節適切地敍述了約西亞的十二個行動（Davis 2005, 320）；「十二」這個數字表示，他是在進行一種十二重的潔淨，改革以色列的十二個支派，並從伯特利到別是巴，把王國更新過來。

希西家是新的大衞，瑪拿西則是拜偶像的所羅門。約西亞把耶羅波安一世所做的顛倒過來（Nelson 1987, 255），他結束了耶羅波安的崇拜實驗，並以淨化了的耶和華崇拜為中心，把王國重新統一起來，他影響所及的範圍是「從迦巴直到別是巴」（王下二十三 8）——此片語使人回憶起早前的「從但到別是巴」（王上四 25）。約西亞是聖經中惟一被稱為盡心遵行律法的人（王下二十三 25），正如示瑪（Shema；申六 4～9）所要求的，他的忠誠足以媲美舊約聖經中的偉人。他像希西家那樣，行大衞所行的道（王下二十三 2）；他又像約阿施，修葺聖殿(二十二 4～7；比較十二 6～16），但是他沒有像約阿施那樣跌倒。他是約書亞，不肯偏離左右（二十三 6；比較申五 32，十七 20；書一 7），他把以色列諸王及他們的猶大盟友所進行的迦南化行動倒轉過來，並完成征服迦南的大業。在約書亞記和列王紀下之間只有兩次守逾越節，分別由約書亞（書五章）和約西亞（王下二十三 21 ～ 23）執行；聖經更明言，約西亞所執行的逾越節是「照這約書上所寫的」來執行（二十三 21）。約西亞是個新的摩西，他服從摩西的律法（二十三 25），宣告摩西律法，並拆毀金牛犢。他與摩西的這些比較，支持了一種說法：他的義是無人能及的（二十三 25；比較 Sweeney 2001, 39）。他是「從猶大來的一個神人」，像較早在以色列的歷史上所出現過的那個神人；約西亞毀壞了耶羅波安一世的祭壇（王上十三 1 ～ 5）——不過，這次是永久的毀壞。他是位於最高峯的第八個王，因他被稱讚為「行耶和華眼中看為正的事」（Davis 2005, 315）；他八歲時登基（王下二十二 1），「八」這數目正是受割禮、更新、重生的數目 ——那是安息日之後的一天，是新的一週的第一天。

布魯格曼（Walter Brueggemann）提出一點：約西亞的統治（特別是列王紀下二十二章）標示著一個從以聖殿為本的猶太教，轉為
270 以律法為本的猶太教的過渡時期（Brueggemann 2000, 548），然而，正如我在本書的導論部分所指出的，約西亞的故事最終趨向一個很不一樣的方向，因它說明了律法的無能為力。列王紀上一至十一章記錄了智慧無雙的所羅門王的統治，但這段落最終以偶像崇拜和國家分裂為結束。在所羅門的統治之後，智慧從列王紀中消失了，這是一個記號，表示了智慧是不能救以色列免於分裂，以及最終的毀滅，除非這智慧是神聖智慧的化身（incarnation of divine wisdom）。同樣，列王紀下差不多要結束之際，敍事者用了兩章的篇幅來寫這位完美地遵守律法的王 ——約西亞。他是歷史上惟一一個實際上聆聽律法和宣讀律法的王（Knoppers 1994, 134）；他像所羅門（王上三 9），有一顆「聆聽的心」（王下二十二 10 ～ 11、18 ～ 19，二十三 25），樂意接受以色列的上帝的責備，並決心遵行示瑪。

雖然約西亞是那麼的傑出，但他還是無法挽救猶大免於被毀滅。像亞哈家那樣（王上二十一 27 ~ 29），即使君王悔改了，但猶大還是注定要滅亡；又，就如耶羅波安一世的家（十四 13）和亞哈家（王下三 2）那樣，最後有關滅亡的預言，是臨到一個相對來說較好的王身上。智慧不能挽救以色列免於分裂；律法 —— 即使是以無比的忠誠來持守它 —— 也不能逆轉因歷代以來偶像崇拜所帶來的結果。約西亞的統治所帶給我們的信息，不是聖殿要屈從於律法；而是在拯救耶和華的子民上，律法是和聖殿一樣無能為力的。律法無力淨化猶大的偶像崇拜，猶大注定要遭遇被擄的命運。正如哈巴谷所說的，律法「變得無力」（哈一 4；編按：經文乃按英文原書翻譯）。約西亞指向耶穌，主要是由於他的失敗；他說明了律法是軟弱的，這導致以色列極度渴望有一位更大的君王，來履行律法所無法成就的事。

那麼，正如保羅或會問的，為甚麼要有律法？保羅在羅馬書中用了很長的篇幅來回答這個問題。他開宗明義地宣告：福音彰顯了上帝的義；這義是本於信，以致於信（羅一 16 ~ 17）。上帝的義包括了祂信守祂給以色列的眾多應許，就是要藉亞伯拉罕及其後裔來使萬國得福的應許；但是，義的意思也可以是一些像「正確的秩序」之類的東西，它顯示出上帝決心要在這個被罪破壞的受造世界裏，建立正確的秩序。故此，義的來臨經常等同於「拯救」（賽五十一 4 ~ 11）。當上帝帶來義的時候，祂就是來趕散惡人和祂的一切仇敵，以拯救祂所揀選的人，並在受造世界裏建立和諧及正確的秩序。耶穌體現了上帝的義，而有關耶穌的福音則揭示了上帝對以色列的決心，以及上帝藉著以色列要把祂所造的世界引向其正確的目標的決心。上帝決意要藉著拯救祂所造的美善世界脫離罪和死的專制統治，從而彰顯祂的美善，以及祂所造的世界的美善。

然而，當羅馬書繼續開展的時候，保羅讓我們看見，要實現這

些應許，當中有一個障礙：一般而言就是人類的罪，而特定的就是
以色列的罪。以色列本來是上帝用來復興受造世界和重新招聚萬
民到主的殿的工具，但它卻使耶和華的名字在外邦人中間受了褻
271 瀆（羅二17～29）。以色列處於咒詛之下，具體來説就是在被擄的
咒詛之下，這咒詛是死亡的咒詛；除非在以色列身上的咒詛得到解
除，除非死亡的咒詛被生命所吞滅，除非有一個真正的亞伯拉罕的
子孫，不然的話，那使祝福流到萬民的盼望必定落空。

羅馬書四至八章的事件次序與加拉太書三至四章的事件次序相似，都是針對著律法在拯救歷史中的角色問題。亞伯拉罕被稱為義，是由於他的信心，而不是由於他遵守律法的行為（無論這富爭議性的語句的意義為何）。那麼為甚麼要加上律法？保羅在加拉太書三章19節説，律法是因過犯而加上的；在羅馬書，特別是羅馬書七章，保羅斷然地主張，律法是不能帶來生命的。因著罪和被肉體所轄制，領受律法的人是徹底地分裂的（參列王紀下十七章1至41節的註釋），是精神分裂者，是個活死人，那人內裏渴望順從上帝，但完全無力做到，以致在二者之間被撕裂。在羅馬書七章，保羅作為愛慕律法的以色列人的代表，他在極端痛苦中，伸手渴望得拯救。律法本是好的，它為人對上帝的愛賦予一個形狀。但如果人心不正直，律法可以把人殺死。如上所述（參列王紀下二十一章1至26節的註釋），律法驅使人趨向基督，使人相信祂。惟有透過信心，律法才能真正得到實現，而律法也因此高舉了那使死人復活的上帝的榮耀和能力。藉著一位道成肉身的「道—律法」（Word-Torah），律法才得到實現。

羅馬書八章把以上主題發揮到極至。和保羅在一章18至32節所描述的那個充滿偶像崇拜和罪的、處於上帝憤怒下的世界恰好相反，羅馬書八章描述了上帝恢復受造世界和恢復人性的結果，祂憑著祂的公義把世界恢復過來，並彰顯祂無限的美善。律法所做不到

的事情，即把肉體轉化成靈、勝過罪和死亡（上帝定罪的結果）的權勢，上帝則在子和聖靈裏做到了。只有通過聖靈的工作，罪人才有可能滿足律法對義的要求（羅八 3～4），因為只有通過聖靈，人才能陶醉在喜樂和對上帝的愛中，正如亞當以前那樣。這就是為甚麼罪人得救是憑著信心而不是憑著行為：上帝必須做到我們所做不到的事情，就如亞伯拉罕在他和撒拉將近死亡、不能生育的時候，必須倚靠上帝來給他一個孩子。這就是整卷列王紀，特別是列王紀下二十二至二十三章裏的福音，因為這兩章經文顯示了律法的無能，人極需要一位願意與人分享祂的靈，並成為肉身的道。

註釋

1. 然而戴爾·戴維斯（Dale Ralph Davis；Davis 2005, 319）指出，聖經沒有明言，二十三章 4 至 20 節的改革，是由於在聖殿中發現那卷書，因而得到啟發而產生的。
2. 好幾個拉比都提出這個解釋：約西亞認為戶勒大會比男先知柔順和有慈心。這個解釋有趣但欠缺說服力。戶勒大一點也不柔順。
3. 經文也因用字上的重複而被貫串起來。「焚燒」（שרף）這動詞在經文中用了六次，而且還有其他用來指焚燒的字眼。這動詞有三次是用來指在猶大和耶路撒冷的焚燒行動，有三次則用來指焚燒北國的主要神龕。這個六重焚燒在數字上是值得注意的，因它達不到七重焚燒（七重焚燒代表著圓滿的焚燒）；因此，經文留下空間給進一步的焚燒，那就隨著尼布甲尼撒的出現而得到實現。譯作「骨頭」（עצמות）的字也用了六次；再次，用字的分佈也很重要。這個字有三次是用來形容弄髒的行動，即指約西亞用骨頭以死亡使偶像崇拜的神龕污穢了（王下二十三 14、16、20；比較民十九章）。其餘的用法全都出現於列王紀下二十三章 18 節，它用來指那保存已久的、先前從猶大來的那個先知的骸骨。有使物污穢的骨頭，也有帶來生命的骨頭；那神人的骸骨就像約瑟的骸骨那樣，保證未來有出埃及這事情的發生（創五十 24～25）。

列王紀下二十三31～二十五30

總體來説，我們可以把聖經的歷史書看作為律法書內的應許和警告的實現，而律法書和歷史書之間在結構上具有趣的平行。約書亞記和士師記兩卷書構成了一卷新的創世記：約書亞記敍述以色列承受那應許給亞伯拉罕的那地，而士師記則講述十二位士師的故事，這十二位士師對應著雅各的十二個兒子。在撒母耳記裏，大衛以一個新的摩西的形象出現；他帶領百姓脱離非利士人的轄制，征服耶路撒冷城，豎立一個專為約櫃而設的帳棚，並且領受了一個應許，這應許為以色列設定了一套新的盟約條款（撒下七章）。列王紀在許多方面對應著民數記：耶羅波安一世的背道行為重複了以色列那拜金牛犢的背道事件（出三十二章）；周而復始的背叛和毀滅是列王紀的特色，民數記也是一樣；與此同時，列王紀下的結局就對應著申命記：這結束是該書的高潮，預言了以色列的被擄和歸回（申二十八～三十三章）。

與此同時，列王紀下的結局也和該書的開頭在結構上有關連，儘管在所羅門的黃金時代所建立的一切開始解體。在所羅門的統治下，埃及與猶大因婚姻關係而互相結盟，但到最後，埃及征服了猶大（王下二十三 31～37）。所羅門接受各國的貢物，但他的後代就需要向別國進貢。隨著多個世紀過去，所羅門所積聚的大量金銀，逐漸流出以色列和猶大，尼布甲尼撒更把僅有剩餘的都奪去了（二十五 15）。所羅門所建造的聖殿遭人焚燒，王宮和耶路撒冷城的不少建築也是一樣（二十五 9）。猶大所擁有的土地，不再超過所羅門和亞伯拉罕時期的邊界（王上四 21）；反而，尼布甲尼撒卻能做到（מנחל מצרים עד־נהר־פרת；王下二十四 7）。

列王紀下的最後一個部分也延續了北國與南國之間的平行，特別突顯出暗利王朝與大衛王朝結束時的相似性（Leithart 2005a）。約西亞雖是一個公義的王，他的死卻是使人想起亞哈的死：二人 273
都是在與外邦政權打仗之時戰死的，二人的屍體也都是從戰場被帶返首都埋葬的（王上二十二 34～37；王下二十三 28～30）。二人都聽到他們的王朝將要滅亡的預言，但二人都得知，審判來到的時候將是在他們的兒子作王期間，而不是在他們一生的年日裏（王上二十一 20～29；王下二十二 15～20）。除此以外，亞哈和約西亞就各自的王朝和國度來説，都活在相似的歷史階段裏。亞哈死後才不過一代，他的兒子就被耶和華的復仇者耶戶所推翻（王下九～十章）。耶戶消滅王室，並摧毀撒馬利亞的巴力廟。亞哈其中兩個兒子作以色列的王（亞哈謝〔王下一章〕和約蘭〔王下三 1，九 14～16〕）；至於約西亞，儘管在他之後還有幾個王（約哈斯、約雅敬、約雅斤、西底家），但他的王朝在他之後其實只維持了兩代（約哈斯和約雅敬都是約西亞的兒子〔二十三 34〕，而約雅斤就是他的孫兒）。撒馬利亞淪陷的過程，同樣為耶路撒冷的淪陷設定了模式。兩個城都經歷了三次圍城，各自經歷了兩個不同的仇敵來襲。撒馬利亞兩次遭亞蘭人圍困（王上二十 1；王下六 24），一次遭亞述圍困（王下十七 5）；而耶路撒冷就有一次遭亞述圍困（王下十八～

十九章），兩次遭巴比倫人圍困（二十四 10，二十五 1）。兩個城都是因為以色列王和猶大王中斷與強國的聯盟，而導致敵人來攻擊的（Provan 1995, 278 ~ 279）。在兩個情況下，被圍困的城各自在頭一次的圍城中化險為夷，但最終都在最後一次的圍城危機中淪亡。

正如在以色列歷史中最動盪時期的情況那樣，那些自己登上王位的猶大王，只能統治一段短時間，而那些由外邦人所設立的猶大王就能統治較長久，雖然到後來他們許多都起來反抗。在二十年多的時間裏，猶大從約西亞的全盛時期墜落到被擄的光景，就像北國在耶羅波安二世至何細亞期間的急促墜落那樣，被趕逐離開耶和華的面。[1] 一如科恩（Robert L. Cohn）所指出的，猶大的沒落是依循一個整齊的綱要，這顯示出所記載的歷史是亂中有序的（Cohn 2000, 163 ~ 164）：

王下二十三 31 ～二十四 2	王下二十四 8 ～二十五 1
約哈斯作王三個月	約雅斤作王三個月
約哈斯遭法老囚禁	約雅斤遭尼布甲尼撒囚禁
法老立以利亞敬作王並給他改名	尼布甲尼撒立瑪探雅作王並給他改名
法老把約哈斯帶到埃及；約哈斯死在埃及	尼布甲尼撒把約雅斤帶到巴比倫；約雅斤沒有死在巴比倫
274 約雅敬作王十一年	西底家作王十一年
約雅敬背叛尼布甲尼撒	西底家背叛尼布甲尼撒
上帝使各路大軍前來攻擊猶大	耶和華丟棄猶大[2]

比較上述連串事件，我們可以看見：猶大與埃及的交往，預示了它如何與巴比倫交往。這意味著列王紀的作者採用了以賽亞先知的觀念：從巴比倫作「第二次出埃及」（second exodus）；這「第二次出埃及」是重演了出埃及事件。列王紀的最後幾章也完成了「七」這個較大的模式——這模式貫串了猶大的歷史：

有六個王，然後亞她利雅打斷王朝；

有六個王，然後瑪拿西作王，他是大衛家最糟糕的一個王；

有六個王，然後尼布甲尼撒摧毀這城和聖殿。

在這三重「安息式」次序的結尾，耶和華在人類之中的新創造——猶大——被有系統地「去創造」（decreated；譯按：這正是一個反創造的行動），耶和華並且把祂百姓中的餘民交在他們的仇敵手中。由於埃及是巴比倫的典型，因此猶大在經歷一段被擄的時期以後，還有一點復興的盼望，因列王紀的作者讓我們得以盼望，在審判的安息之後還有第「八」天。

耶和華有系統地把聖殿和猶大國「去創造」，這也明顯地從尼布甲尼撒掠奪聖殿一事上露出端倪；尼布甲尼撒之掠奪聖殿，在列王紀的歷史中，是第七次發生（Davis 2005, 207）：

1. 埃及的示撒（王上十四 26）
2. 亞撒（王上十五 18）
3. 約阿施（王下十二 17～18）
4. 以色列的約阿施（王下十四 13～14）
5. 亞哈斯（王下十六 7～8）
6. 希西家（王下十八 14～16）
7. 尼布甲尼撒（王下二十四 13～14）

隨著尼布甲尼撒的入侵，聖殿被荒廢和被掏空了，土地從猶大的偶像崇拜和流無辜人之血的禍害中，得著歇息。經歷多個世紀的被忽略和濫用之後，聖殿進入被逐的時期，正如耶和華早已向所羅門所預言的（王上九 6～9）。在這一點上，被荒廢的聖殿預示了那人肉聖殿，就是上帝在肉體內寓居，這人肉聖殿也同樣地被人忽略和荒

275 廢，祂忍受了在十字架上被逐的痛苦，深信自己必在三天後被重建起來，得著父上帝為他辯白（約二 19～22）。

據舊約先知斷定（但二 7），巴比倫是一連串外邦帝國之中第一個統治以色列的，又是看守以色列的，直到彌賽亞來臨為止。外邦人的時期滿了以後，第五個君主國就要來到，那就是人子的國度，他將要接收四個獸所有的統治權、權柄和能力，並將要統治一個永恆的國度（七 9～22）。時間不再以大衛家的王的統治年日來計算，而是以巴比倫王的統治年日來計算（王下二十五 1、8、27）。耶路撒冷的淪陷發生在西底家作王第九年（二十五 1），那時候，所剩下的就只有尼布甲尼撒的執政年份。由尼布甲尼撒所委任的總督基大利是沒有年份的：他在「第七個月」被殺，但在哪一年則不得而知（二十五 25）。外邦人的時代——即帝國的時代——開始了（Nelson 1987, 263）。

奧韋爾（George Orwell）的《1984》是具先知性的，這比許多讀者或模仿者所能覺察到的更為微妙。跟某些人所害怕的相反，一九八四年已來了又走了，儘管有奧韋爾的小說，但卻沒有獨裁者（Big Brother）出現的徵兆。情侶們仍然可以在公眾地方手牽手，在私人地方做愛；孩子們還是可以學唱兒歌，並在街上高歌；沒有遙控的螢幕來管制著每個人的呼吸和心跳，也沒有揚言要在午夜入屋突擊搜查的思想警察。然而，依我看來，就著該小說的中心思想來說，奧韋爾是具先知性的。《1984》的焦點不全是那針對個人自由的極權統治的。儘管極權統治明顯是一個重點，但奧韋爾至少也同樣關注，政府（無論是極權主義的還是非極權主義的）如何馴化人的記憶、如何重寫歷史。

歷史在奧韋爾的小說中佔有最重要的位置。男主角史密夫（Winston Smith）在「國家真理部」（Ministry of Truth）任職，他每天忙於更新舊報紙的報導，並把原作丟進一個記憶洞內。史密夫那最新版本的歷史成了官方紀錄，而一切與之相反的報導就被取代和銷毀。黨的哲學其中一個重要的基石就是「歷史的無常」(mutability of history)；黨說甚麼，歷史就是甚麼。革命前的世界只存在於那批還活著的人的思想裏，但他們被當作是瘋子。沒有文件證明，發生過甚麼不一樣的事情，甚至史密夫也不能確定，那一年是一九八四年。

黨重寫了歷史：第一，因為它去掉任何可以用來判斷現狀的標準，藉此強迫每個人去接受現狀；第二，因為它保護了黨的無誤性。黨從不承認在政策上有任何改變，或在預計未來的經濟狀況上有任何錯誤。一切紀錄都證明，生活水平不斷提升。在某一刻，大洋洲(史密夫所住的地區)與歐亞大陸爭戰，而與東亞地區和好；在下一刻，它與東亞地區爭戰，而與歐亞大陸和好。但是，黨從不承認發生過甚麼改變。黨堅稱，大洋洲一直都與東亞地區爭戰；幸好有國家真理部的工作，黨有文件證明這一點。

在美國人和美國的基督徒中間，歷史性的理解是十分薄弱的， 276
並且有不少迹象顯示，他們不單是對過去無知，更是具有一種故意的壓制。歐洲似乎熱中於把有關基督教的紀錄從昔日的事情中消除(Weigel 2005)，而這重寫歷史的做法可見於明顯的和較巧妙的方式之中。多個世紀以來，西方基於相信基督已確實開創一個新的創造，所以把基督置放於歷史的中心；基督的死和復活標示了**那個**轉捩點，就是斷定其他事件的年代的那日子。在耶穌之後的時間是耶穌的年代，是我們的主的歲月。上一個世紀的學者已不再使用舊有的基督教系統——即「主前」(BC)和「主後」(AD)——來劃分歷史，而採用了「公元前」(BCE)和「公元後」(CE)來代替。共通、寬容、緩和政策和民主制度，取代了主基督的統治，成為我們這時代最基本、最具決定性的特徵。日子沒有改變，只是十字架已被丟進一個記憶洞裏去。年代表是至高無上的權威，而尼布甲尼撒替代了猶大諸王，這正是猶大被逐的記號。同樣，非基督教的年代計算勝出了，這正是教會在當代世界裏被逐的記號。

所羅門的榮耀不斷地從應許地被移除，尼布甲尼撒就完成了這個過程。他先是移去聖殿的金子（王下二十四 13），然後取去一切的銅（二十五 13～17）。敘事者特別把注意力放在雅斤和波阿斯這兩根巨柱被毀一事上，他更諷刺地交代了這些被切割解體的柱子的大小。很久以前，法老王示撒曾入侵耶路撒冷，移去金器但留下銅器（王上十四 25～28），但至少耶羅波安的國度可以為餘下的銅誇口。這樣的情景不再有了。不但是黃金時代退化為銅器時代，就連銅器時代也到了盡頭。與聖殿器物的移除平行的，是人的移除。起初，尼布甲尼撒把耶路撒冷的專才——即國家的「金子」——移去，留下最窮的百姓。最後，他把窮人也移去了。

當西底家背叛尼布甲尼撒之時，巴比倫人重返猶大，並且毫不留情。他們捉拿西底家（「耶和華是公義的」），把他弄瞎了，並帶到巴比倫，我們從此就不再有關於他的消息。他是在目睹兒子們被殺死以後才被弄瞎的（王下二十五 7），這不單突顯出了巴比倫人的兇殘，也隱約反映了早前示羅被蹂躪一事。瞎眼祭司以利的兩個兒子在亞弗之戰中被殺，隨後以利本人也死了。但這場戰爭最叫人痛心的一面是，非利士人把耶和華的約櫃擄去了。在此，一個王目睹他的眾子被殺，接著被驅逐出境，而從上下文可以看見，整個耶和華的殿都被拆散分解了。示羅的悲劇又再次發生（耶七章）。

耶路撒冷一度擠滿了人，現在卻是哭泣的寡婦（哀一 1～2），然而在哭泣之間仍存有一線盼望。在七十年被擄的中期，就在第三十七年，巴比倫王把約雅斤從監牢裏釋放出來（王下二十五 27～30），就像很久以前法老把約瑟從監牢裏提出來那樣。更換衣服，代表著地位和角色的轉變；約雅斤從囚犯變成了王的寵兒，得以與
277 巴比倫王同席吃喝。將有一天，猶大會在被擄的牢房中被提起，得

以穿上榮耀華美的衣服，被安置在應許地，並且一輩子從大君王耶和華那裏得份。

在整卷列王紀裏，耶和華的百姓，特別是出身於大衞王朝的，從來都不會絕望。只是，他們盼望的焦點是逐步地被修訂、被磨煉、被過濾的。對於那些信任王的智慧的人，列王紀記載了所羅門的故事，以作為警惕；所羅門是諸王之中最有智慧的，最終卻成為偶像崇拜者。對於那些信任律法的人，列王紀有約西亞那令人沮喪的故事；約西亞是完美的守律法者，他的順從卻不足以逆轉猶大的沒落。而對於那些高呼「耶和華的殿、耶和華的殿、耶和華的殿」的人，列王紀就有關於聖殿最後被摧毀的故事。不過，耶和華正是計劃藉著這一切的失敗，來成全祂對以色列的拯救；這拯救總是存在於那超越墳墓的新生命中的。從某個角度看，列王紀是講說聖殿被忽略、被撇棄，最終被分解和被逐出本地的故事。可是，把聖殿分散，也就是把上帝的百姓分散，就如猶大的活水（包括了如但以理和以西結等的屬天明星）流向大地的四方。以色列的被毀給萬國帶來祝福，正如數世紀以後，活水從耶和華的人肉聖殿流出；這人肉聖殿在十字架上被撕裂，正當那時，在聖殿的幔子裂開，而兵丁用槍刺祂的肋旁（約十九 31 ～ 37）。

雖然猶大的歷史是指向末後亞當的歷史，但猶大的歷史本身是亞當式的歷史，早在列王紀下二十五章的一項重要細節，已經透露了這個特點。西底家的逃跑重演了列王紀下九章亞哈謝的逃跑。這兩個情況都是，一個猶大王逃避他的仇敵：亞哈謝是逃避耶戶，而西底家就是逃避尼布甲尼撒和迦勒底人。這兩個情況都是，王沒有成功逃脱。亞哈謝被殺掉，而西底家就被捉拿、被弄瞎，並被帶去過被擄的生活。這兩個情況都是，在王死了或被捕之後，大衞家的王朝被打斷。亞哈謝死了以後，亞她利雅在耶路撒冷繼位，她是自猶大實行君主制以來惟一一個非大衞家的統治者；而在西底家被殺之後，並沒有一個大衛家的統治者起來取代他。

兩個故事也因著兩個園子而被連繫起來。列王紀下九章27節告訴我們，「猶大王亞哈謝見這光景，就從園亭之路逃跑〔דרך בית הגן〕」；在有關西底家逃避正在逼近的尼布甲尼撒軍隊的記述中，類似的描述再次出現：「一切兵丁就在夜間從靠近王園兩城中間的門逃跑〔על־גן המלך〕」（王下二十五4）。[3] 有關園子的主題在聖經裏是常見的，但「園子」一字並不常出現，在舊約的歷史書中是非常罕見的。事實上，在創世記三章和列王紀上之間，
278 這個字只用過一次，就是在申命記十一章10節；而列王紀中這個字的第一次使用，就是用來指拿伯的葡萄園——亞哈想把它變成「菜園」（王上二十一2）。列王紀下九章21節提到，耶戶把亞哈的孫子約蘭的屍體拋在拿伯的田間（王下九25），那所指的明顯是拿伯的葡萄園；在列王紀下二十五章中位於逃跑之路上的園子，叫人想起那呼求伸冤的拿伯的血，這血現在已和瑪拿西所殺之人的血混和在一起了。[4]

這些提及園子的經文有伊甸園作為其深層背景。西底家是被逐離開園子的亞當，又是該隱——他弟兄的血把地玷污了。作為大衛後裔的猶大諸王，是像亞當的王，他們要承受上帝的恩賜——一片花園地。他們因聽從了那試探者的聲音，不斷沉迷於偶像崇拜，他們就連同以色列這個新的夏娃，被逐離開園子。他們一旦違反了盟約，死亡的咒詛就臨到。耶和華耐心等待那些像亞摩利人的以色列人惡貫滿盈；一旦那日來到，祂就絕不縮手。來自大衛家的亞當會被趕到園子的東面，有基路伯封住他回來的路，直到主喜悅的時候為止。

在列王紀上十七章1至24節的註釋裏，我曾謹慎地把餘民及由以利亞和以利沙領導的復興運動區分開來。根據舊約的用法，餘民只在那威脅要完全毀滅以色列的審判後才有的，而餘民不是以色

列的一部分，而是在審判之後存留下來的整個以色列。這一點分別固然重要，但同樣重要的是要認識到，以色列歷史裏的先知運動和最終歸回本地、如同從死裏復活的餘民羣體之間，在一些重要方面是具有連續性的。這在猶大的後期歷史中尤其顯而易見——如果我們從耶利米的觀點來讀列王紀下的歷史。

耶利米活在猶大衰落的時期，他對於一切形式的愛國狂熱，以及一切徒勞無功的、要擊退巴比倫的入侵和征服行動的努力，都加以尖銳批評。耶利米並不主張抵抗巴比倫，他反倒預言說，猶大應該向尼布甲尼撒投降，因他是耶和華所興起的代理人（耶二十七章）。耶利米力言，向巴比倫投降，向它求和，你們就必得存活（耶二十九章）。凡聽從耶利米的都存活下來，甚至在被擄的時期變得興盛（例如，但以理）；但那些抵抗尼布甲尼撒的，就遭毀滅。總之，那些與耶和華的先知站在同一陣線的，在經歷了巴比倫的入侵之後都存活下來，並成為被擄歸回的、被更新過來的餘民以色列的一部分。在被擄的時期，那批忠心聽從律法、聽從先知的人，都為所被擄到的那城帶來和平，而且使自己遠離拜偶像的事。雖然生活在外邦人中間，但那些忠信者卻沒有被外邦人的文化或崇拜所吞
沒。具先知性的復興羣體，雖然不等同餘民，但也為未來的餘民而 279
預備了道路。同樣，教會中的更新復興運動，雖然不等同於真教會或餘民，但倒也為後來經歷被逐歸回的餘民而預備了道路。當主煉淨祂的教會之時，那憑信心緊緊依附著教會之主的人將要得救，並會與那些在其他教會倒下之時所倖存的人重新聯合起來，在日光之下閃亮著，他們就是那些忠心聽從那偉大先知，順從那成肉身的律法，向著這活聖殿禱告的人。

在被擄之中的死亡，是耶和華把以色列重新聯合起來的方法；孔加爾（Yves Congar）覺察到，以色列的被逐與教會的重新聯合之間，有著一些平行之處。在一篇探討基督教分裂在以色列歷史裏

的輪廓的文章中，他猜想道：「我們不禁會問：基督徒或許需要甚麼試煉或被擄的事件，才能再次聯合起來……我們不禁會想：我們或許需要付出甚麼代價，才可賺取重新聯合的恩惠。」（轉引自Radner 1998, 36n61）

我認為（用不著借助先知的說法為外衣）那情況可能是，孔加爾正活在他所想到的試煉之中，以及在多個世紀以來，教會為了重新聯合而已在付出代價。我們可以論證，現代性正是教會被擄至巴比倫的事件——教會（經常是自願性地）邊緣化，並從文化和政治契合（cultural and political engagement；這內在於「耶穌是主」的福音宣告的）中撤離。假使現代性看來是一次舒服的被擄，那麼我們應該記住那幾十萬（或許幾百萬）信徒，他們是被那些受躁狂的現代意識形態所支配的人殺害的；我們應該記住那些在十七世紀使許多歐洲人死去的殘酷的宗教戰爭，以及在法國大革命期間出現的、有系統地拆毀基督教的努力；我們應該回想起，在納粹集中營中被殺的也有基督徒，而在各處馬克斯勞改營（Marxist gulag）中也有信徒遭囚禁、被施以酷刑，和被殺害；我們應該思忖在亞敏（Idi Amin）所領導的烏干達內那些頭顱，以及那些在柬埔寨殺戮場上的基督徒。如果說現代性是一次頗舒服的被擄，那只是因為我們太專注於自我，而看不見其他人為我們那巧妙的偶像崇拜及其所造成的分裂，一直付上了代價。

現代性是教會被擄至巴比倫的事件，這個想法說到底是一個令人振奮的想法，因為明顯地這個現代企劃正在各處瓦解。現代世界已喝盡了大怒的杯，並開始像個醉漢般蹣跚而行（耶二十五章）。雖然現代性正在其死亡的劇痛中搖搖晃晃，但有迹象顯示，教會多個世紀以來與自身疏離的習慣正在結束，而且在是次被擄裏，正如在以色列的被擄裏，主靜靜地把猶大的杖與以色列的杖聯合起來，以把兩者從墳墓裏拯救出來。

列王紀把以色列留在伊甸園的東面，等待著一次還沒有發生的回歸。同樣，它讓我們——一個在現代世俗主義中被擄的、分裂的基督教國家——忍受著外邦人的時期。它把我們留在被擄的光景裏，可是它並沒有讓我們在毫無回歸的盼望底下等待。

註釋

1. 約哈斯在約西亞的死後只統治了三個月（王下二十三 31），但他的弟弟以利雅敬／約雅敬則統治了十一年；後者是法老尼哥所設立的傀儡（二十三 36）。約雅敬後來背叛法老（二十四 1），耶和華因此派來迦勒底人、亞蘭人、摩押人和亞摩利人（二十四 2）；所以，一度被大衛和所羅門所制伏的各個民族，得以捲土重來。因著猶大的罪，尤其是瑪拿西的罪，猶大差不多已變成了一個迦南化的民族：為甚麼不把迦南人遷回來？約雅敬死後，由他的兒子繼位，但約雅斤即位不久，巴比倫人就來到，兵臨城下，結束了約雅斤為時才不過三個月的統治（二十四 8）。尼布甲尼撒立約雅斤的叔叔瑪探雅／西底家代替他；西底家統治了十一年，後來他就背叛了尼布甲尼撒（二十四 18～20）。
2. 霍布斯（T. R. Hobbs；Hobbs 1985, 360）認為，列王紀下二十五章有一個工整的結構：

   A　王（二十五 4～7）
   　B　城（二十五 8～12）
   　　C　聖殿（二十五 13～17）
   　　C'領袖（二十五 18～21）
   　B'百姓（二十五 22～26）
   A'王（二十五 27～30）

3. 雖然列王紀下二十五章沒有明言，王是與其他逃跑的人一起逃走的，但我們可以從兩點推斷出這個結論：（1）二十五章 4 至 5 節記載了，「兵丁」向亞拉巴逃走，後來王在耶利哥的平原上被迦勒底人拿住，而耶利哥平原是屬亞拉巴的範圍之內的；(2) 關於王被追趕和拿住的描述，是緊接「兵丁」逃跑一事的，這意味著，二十五章 5 至 6 節那批被追趕的人，就是二十五章 4 節那批逃走的人。

4. 霍布斯 (Hobbs 1985, 360) 認為，列王紀下二十五章有一個工整的結構：

A 王（二十五 4～7）
B 城（二十五 8～12）
C 聖殿（二十五 13～17）
C' 領袖（二十五 18～21）
B' 百姓（二十五 22～26）
A' 王（二十五 27～30）

參考書目

Ackerman, James S. 1990. "Knowing Good and Evil: A Literary Analysis of the Court History in 2 Samuel 9～20 and 1 Kings 1～2." *Journal of Biblical Literature* 109.

Allison, Dale. 1993. *The New Moses: A Matthean Typology*. Minneapolis: Fortress.

Anderson, Fred, and Andrew Clayton. 2005. *The Dominion of War: Empire and Liberty in North America, 1500～2000*. New York: Viking.

Appler, Deborah A. 1999. "From Queen to Cuisine: Food Imagery in the Jezebel Narrative." *Semeia* 86.

Aquinas, Thomas. 1920. *The Summa theologica of St. Thomas Aquinas*. Second and revised edition. Translated by Fathers of the English Dominican Province. http://www.newadvent.org/summa.

__________. 1993. *Light of Faith: The Compendium of Theology*. New York: Book-of-the-Month Club.

__________. 2003. *On Evil*. Translated by Richard Regan. Oxford: Oxford University Press.

Augustine. 1983. *Ennarations on the Psalms*. Nicene and Post-Nicene Fathers 1.8. Reprint, Grand Rapids: Eerdmans.

__________. 1997. *On Christian Teaching*. Translated by R. P. H. Green. World's

Classics. Oxford: Oxford University Press.

__________. 1998. *The Trinity*. Translated by Edmund Hill. Works of Saint Augustine: A Translation for the 21st Century. Hyde Park, NY: New City Press.

Bacevich, Andrew. 2004. *American Empire: The Reality and Consequences of U.S. Diplomacy*. Cambridge: Harvard University Press.

Barth, Karl. 1939~1969. *Church Dogmatics*. 4 vols. Translated by Geoffrey Bromiley. Edited by Thomas F. Torrance. London: Clark.

Bauman, Zygmunt. 2005. *Liquid Life*. Cambridge: Polity.

Berger, Peter. 1979. *The Heretical Imperative: Contemporary Possibilities of Religious Affirmation*. Garden City, NY: Doubleday.

Blenkinsopp, Joseph. 1992. *The Pentateuch: An Introduction to the First Five Books of the Bible*. London: SCM.

Boersma, Hans. 2004. *Violence, Hospitality, and the Cross: Reappropriating the Atonement Tradition*. Grand Rapids: Baker.

Bonhoeffer, Dietrich. 2004. *Creation and Fall: A Theological Exposition of Genesis 1～3*. Translated by Martin Ruter and Ilse Todt. Dietrich Bonhoeffer Works 3. Minneapolis: Fortress.

Borg, Marcus. 1998. *Conflict Holiness and Politics in the Teaching of Jesus*. Harrisburg, PA: Trinity.

Breck, John. 1994. *The Shape of Biblical Language*. Crestwood, NY: St. Vladimir's Seminary Press.

Brodie, Thomas L. 1999. *The Crucial Bridge: The Elijah-Elisha Narratives as an Interpretive Synthesis of Genesis-Kings and a Literary Model for the Gospels*. Collegeville, MN: Liturgical Press.

Brown, Francis, S. R. Driver, and C. A. Briggs. 1980. *The New Brown-Driver-Briggs-Gesenius Hebrew and English Lexicon*. Lafayette, IN: Associated Publishers & Authors.

Brueggemann, Walter. 2000. *1 and 2 Kings*. Smyth and Helwys Bible Commentary. Macon, GA: Smyth & Helwys.

Calvin, John. 1960. *Institutes of the Christian Religion*. 2 vols. Translated by Ford Lewis Battles. Edited by John T. McNeill. Library of Christian Classic 20 ～ 21. Philadelphia: Westminster.

__________. 1983. *An Admonition, Showing the Advantage Which Christendom Might Derive from an Inventory of Relics*. Edited and translated by Henry Beveridge. Selected Works of John Calvin: Tracts and Letters. Grand Rapids: Baker.

Cavanaugh, William. 1998. *Torture and Eucharist*. Challenges in Contemporary Theology. London: Blackwell.

__________. 2002. *Theo-political Imagination: Discovering the Liturgy as a Political Act in an Age of Global Consumerism*. London: Clark.

Charry, Ellen. 1993. "Academic Theology in Pastoral Perspective." *Theology Today* 50.

Chesterton, G. K. 1986. *Orthodoxy*. Collected Works 1. San Francisco: Ignatius.

Coakley, Sarah. 1996. "What Does Chalcedon Solve and What Does It Not? Some Reflections on the Status and Meaning of the Chalcedonian 'Definition.'" In *The Incarnation*. Edited by Stephen T. Davis. Oxford: Oxford University Press.

Cohn, Robert L. 1982. "The Literary Logic of 1 Kings 17 ~ 19." *Journal of Biblical Literature* 101.

__________. 1985. "Convention and Creativity in the Book of Kings: The Case of the Dying Monarch." *Catholic Biblical Quarterly* 47.

__________. 2000. *2 Kings*. Berit Olam. Collegeville, MN: Liturgical Press.

Colson, Charles. 2002. "A New Century of Martyrs: Anti-Christian Intolerance." http://www.bereanpublishers.com/Persecution_of_Christians/a_new_century_of_martyrs.htm.

Davis, Dale Ralph. 2002. *The Wisdom and the Folly: An Exposition of the Book of First Kings*. Fearn, Ross-shire, England: Christian Focus.

__________. 2005. *The Power and the Fury: 2 Kings*. Fearn, Ross-shire, England: Christian Focus.

Deurloo, K. A. 1989. "The King's Wisdom in Judgment: A Narration as Example (1 Kings iii)." *Old Testament Studies*.

Dillard, Ray. 1999. *Faith in the Face of Apostasy: The Gospel according to Elijah and Elisha*. Phillipsburg, NJ: P&R.

Dulles, Avery. 1987. *Models of the Church*. Expanded edition. New York: Doubleday.

Eire, Carlos M. N. 1989. *War against the Idols: The Reformation of Worship from Erasmus to Calvin*. Cambridge: Cambridge University Press.

Ellul, Jacques. 1972. *The Politics of God and the Politics of Man*. Translated by Geoffrey Bromiley. Grand Rapids: Eerdmans.

Fretheim, Terence. 1983. *The Deuteronomistic History*. Nashville: Abingdon.

___________. 1999. *First and Second Kings*. Westminster Bible Companion. Louisville: John Knox.

Frisch, Amos.1991. "Structure and Its Significance: The Narrative of Solomon's Reign (I Kings 1 ~ 12:24)." *Journal for the Study of the Old Testament* 51.

Gay, Craig. 1998. *The Way of the (Modern) World; or, Why It's Tempting to Live as If God Doesn't Exist*. Grand Rapids: Eerdmans.

Gierke, Otto. 1987 [1900]. *Political Theories of the Middle Age*. Translated by F. W. Maitland. Cambridge: Cambridge University Press.

Girard, René. 1986. *The Scapegoat*. Translated by Yvonne Freccero. Baltimore: Johns Hopkins University Press.

___________. 2001. *I See Satan Fall Like Lightning*. Translated by James G. Williams. Maryknoll, NY: Orbis.

Goldberg, Elkhonon. 2005. *The Wisdom Paradox: How Your Mind Can Grow Stronger as Your Brain Grows Older*. New York: Gotham.

Gowan, Donald E. 1998. *Theology of the Prophetic Books: The Death and Resurrection of Israel*. Louisville: Westminster John Knox.

Gray, John. 1970. *I and II Kings: A Commentary*. Second edition. Old Testament Library. London: SCM.

Harnack, Adolf von. 1895 ~ 1900. *History of Dogma*. Translated by Neil Buchanan. 7 vols. London: Williams & Norgate.

Hart, David Bentley. 2003. *The Beauty of the Infinite: The Aesthetics of Christian Truth*. Grand Rapids: Eerdmans.

Heaney, Seamus, trans. 2000. *Beowulf*. New York: Norton, 2000.

Henry, Matthew. 1708. *Matthew Henry's Commentary on the Whole Bible*. 6 vols. Reprint, Iowa Falls, IA: World Bible.

Herntrich, V., and G. Schrenk. 1967. "Λεῖμμα κτλ." In *Theological Dictionary of the New Testament*, voL 4. Edited by G. Kittel. Translated by Geoffrey W. Bromiley. Grand Rapids: Eerdmans.

Heschel, Abraham J. 1955. *The Prophets*. 2 vols. New York: Harper & Row.

Hobbs, T. R. 1985. *2 Kings*. Word Biblical Commentary 13. Waco: Word.

Hodge, Charles. 1986. *Systematic Theology*. 3 vols. Reprint, Grand Rapids: Eerdmans.

Hollerich, Michael. 2004. "Carl Schmitt." In *The Blackwell Companion to Political Theology*. Edited by Peter Scott and William T. Cavanaugh. London: Blackwell.

Horne, Mark. 2003. *The Victory according to Mark*. Moscow, ID: Canon.

Irenaeus. 1981. *Against All Heresies*. Ante-Nicene Fathers. Reprint, Grand Rapids: Eerdmans.

Jacobs, Jane. 2004. *Dark Age Ahead*. New York: Random.

Jones, Peter. 2003. "The Paganization of Biblical Studies." http://tcrnews2.com/biblicalstudies.html.

Jordan, James B. 1988a. *Through New Eyes: Developing a Biblical View of the World*. Nashville: Wolgemuth & Hyatt.

___________. 1988b. *Thoughts on Jachin and Boaz*. Tyler, TX: Biblical Horizons.

___________. 1990a. "Confusion among Kings." *Biblical Chronology*.

___________. 1990b. *The Meaning of Clean and Unclean*. Studies in Food and Faith 10. Tyler, TX: Biblical Horizons.

___________. 1990c. "The Mysterious Numbers of Edwin R. Thiele." *Biblical Chronology*. http://www.biblicalhorizons.com/ch/ch2_09.htm.

___________. 1991. "The Abomination of Desolation, part 4a: Abominable and Detestable." *Biblical Horizons* 31. http://www.biblicalhorizons.com/bh/bh031.htm.

___________. 1998. "The Third Word." *Rite Reasons* 60. http://www.biblicalhorizons.com/rr/rr060.htm.

Kagan, Robert. 2004. *Of Paradise and Power: America and Europe in the New World Order*. New York: Vintage.

Kant, Immanuel. 1960. *Religion within the Limits of Reason Alone*. Translated by Theodore M. Greene and Hoyt H. Hudson. Second edition. LaSalle, IL: Open Court.

Keil, C. F. 1965. *The Books of the Kings*. Translated by James Martin. Biblical Commentary on the Old Testament. Reprint, Grand Rapids: Eerdmans.

Kierkegaard, Søren. 1983. *Fear and Trembling / Repetition*. Translated by Howard V. Hong and Edna H. Hong. Kierkegaard's Writings 6. Princeton: Princeton

University Press.

Kim, Jean Kyoung. 2005. "Reading and Retelling Naaman's Story (2 Kings 5)." *Journal for the Study of the Old Testament* 30.

Klawans, Jonathan. 2000. *Impurity and Sin in Ancient Israel*. Oxford: Oxford University Press.

Kline, Meredith G. 1986. *Images of the Spirit*. South Hamilton, MA: privately printed.

Knaut, Ernst Axel. 2000. "Does 'Deut. Historiography' (DtrH) Exist?" In *Israel Constructs Its History: Deuteronomistic Historiography in Recent Research*. Edited by Albert de Pury et al. Journal for the Study of the Old Testament Supplement Series 306. Sheffield: JSOT Press.

Knoppers, Gary N. 1994. *Two Nations under God: The Deuteronomistic History of Solomon and the Davidic Monarchies*, vol. 2: *The Reign of Jeroboam, the Fall of Israel, and the Reign of Josiah*. Harvard Semitic Museum Monograph 53. Atlanta: Scholars Press.

LaVerdiere, Eugene. 1994. *Dining in the Kingdom of God: The Origins of the Eucharist according to Luke*. Chicago: Liturgy Training Publications.

Leithart, Peter J. 2000a. *A House for My Name: A Survey of the Old Testament*. Moscow, ID: Canon.

__________. 2000b. "Making and Mis-Making: Poiesis in Exodus 25 ~ 40." *International Journal of Systematic Theology* 2.

__________. 2001. "Nabal and His Wine." *Journal of Biblical Literature* 120.

__________. 2003a. *From Silence to Song: The Davidic Liturgical Revolution*. Moscow, ID: Canon.

__________. 2003b. "The Gospel, Gregory VII, and Modern Theology." *Modern Theology* 19.

__________. 2003c. *The Priesthood of the Plebs: A Theology of Baptism*. Eugene, OR: Wipf & Stock.

__________. 2003d. A *Son to Me: An Exposition of 1~2 Samuel*. Moscow, ID: Canon.

__________. 2005a. "Counterfeit David, Davidic Restoration, and the Architecture of Kings." *Tyndale Bulletin*.

__________. 2005b. "Old and New in Sacramental Theology New and Old." *Pro Ecclesia*.

____________. 2005c. “Still Our Ancient Foe.” *Touchstone*.

Leithart, Peter J., and James B. Jordan. 1995. “At the Center of the Book of Kings.” *Biblical Horizons* 79. http://www.biblicalhorizons.com/bh/bh079.htm.

Lemke, W. E. 1976. “The Way of Obedience: 1 Kings 13 and the Structure of the Deuteronomistic History.” In *Magnalia Dei, the Mighty Acts of God: Essays on the Bible and Archaeology in Memory of G. Ernest Wright*. Edited by F. M. Cross et al. Garden City: Doubleday.

Lewis, Naphtali. 1983. *Life in Egypt under Roman Rule*. Classics in Papyrology. Oxford: David Brown.

Locke, John. 1963. “A Letter concerning Toleration.” In *The Works of John Locke* 6. New edition. Reprint, Aalen, Germany: Scientia Verlag.

Long, Stephen. 2004. “God Is Not Nice.” In *God Is Not*.... Edited by D. Brent Laytham. Grand Rapids: Brazos.

Marshall, Bruce. 2005. “Quod scit una uetula.” In *The Theology of Thomas Aquinas*. Edited by Rik van Nieuwenhove and Joseph Wawrykow. Notre Dame: University of Notre Dame Press.

Masuzawa, Tomoko. 2005. *The Invention of World Religions*. Chicago: University of Chicago Press.

Mead, James K. 1999. “Kings and Prophets, Donkeys and Lions.” *Vetus Testamentum* 49.

Meier, Heinrich. 1998. *The Lesson of Carl Schmitt: Four Chapters on the Distinction between Political Theology and Political Philosophy*. Translated by Marcus Brainard. Chicago: University of Chicago Press.

Milbank, John. 1990a. “The End of Dialogue.” In *Christian Uniqueness Reconsidered: The Myth of a Pluralistic Theology of Religions*. Edited by Gavin D’Costa. Maryknoll, NY: Orbis.

____________. 1990b. *Theology and Social Theory: Beyond Secular Reason*. London: Blackwell.

____________. 1991. *The Religious Dimension in the Thought of Giambattista Vico, 1668～1744*, part 1: *The Early Metaphysics*. Studies in the History of Philosophy 23. Lewiston, NY: Mellen.

____________. 1995. “Can a Gift Be Given: Prolegomena to a Future Trinitarian

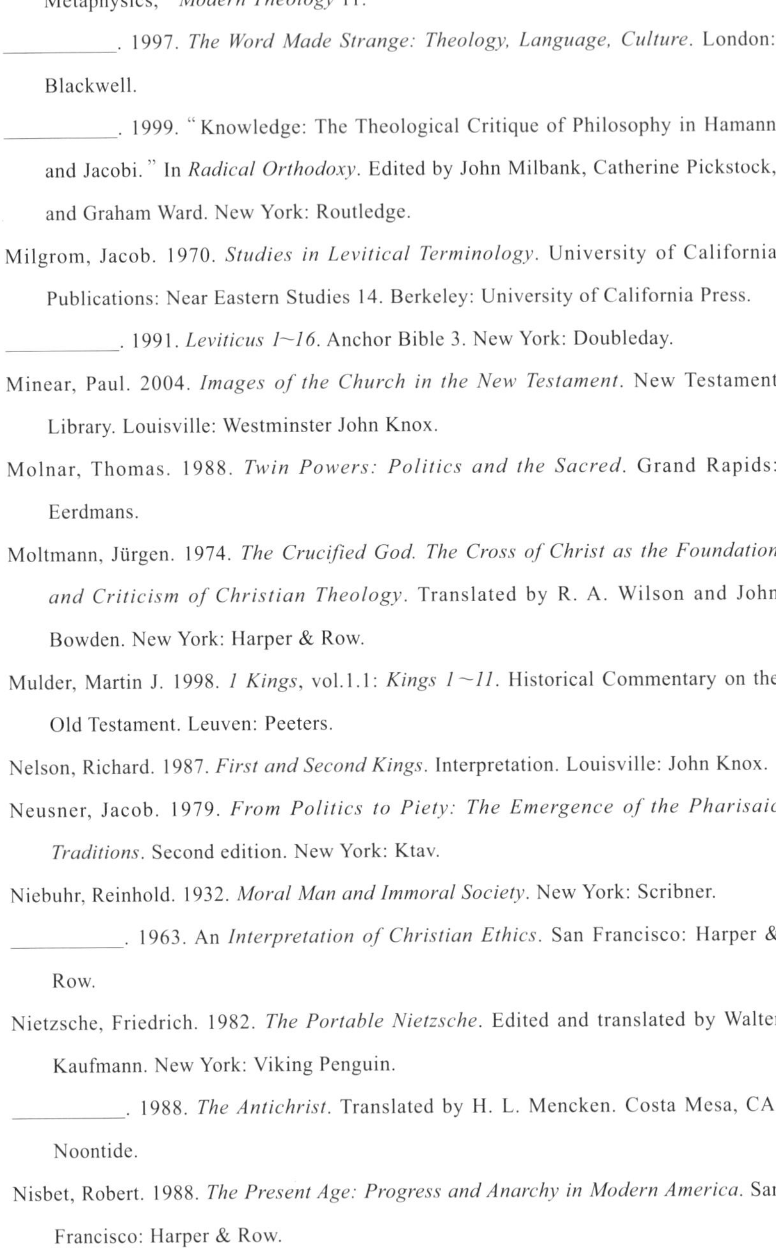

Metaphysics," *Modern Theology* 11.

__________. 1997. *The Word Made Strange: Theology, Language, Culture*. London: Blackwell.

__________. 1999. "Knowledge: The Theological Critique of Philosophy in Hamann and Jacobi." In *Radical Orthodoxy*. Edited by John Milbank, Catherine Pickstock, and Graham Ward. New York: Routledge.

Milgrom, Jacob. 1970. *Studies in Levitical Terminology*. University of California Publications: Near Eastern Studies 14. Berkeley: University of California Press.

__________. 1991. *Leviticus 1~16*. Anchor Bible 3. New York: Doubleday.

Minear, Paul. 2004. *Images of the Church in the New Testament*. New Testament Library. Louisville: Westminster John Knox.

Molnar, Thomas. 1988. *Twin Powers: Politics and the Sacred*. Grand Rapids: Eerdmans.

Moltmann, Jürgen. 1974. *The Crucified God. The Cross of Christ as the Foundation and Criticism of Christian Theology*. Translated by R. A. Wilson and John Bowden. New York: Harper & Row.

Mulder, Martin J. 1998. *1 Kings*, vol.1.1: *Kings 1~11*. Historical Commentary on the Old Testament. Leuven: Peeters.

Nelson, Richard. 1987. *First and Second Kings*. Interpretation. Louisville: John Knox.

Neusner, Jacob. 1979. *From Politics to Piety: The Emergence of the Pharisaic Traditions*. Second edition. New York: Ktav.

Niebuhr, Reinhold. 1932. *Moral Man and Immoral Society*. New York: Scribner.

__________. 1963. An *Interpretation of Christian Ethics*. San Francisco: Harper & Row.

Nietzsche, Friedrich. 1982. *The Portable Nietzsche*. Edited and translated by Walter Kaufmann. New York: Viking Penguin.

__________. 1988. *The Antichrist*. Translated by H. L. Mencken. Costa Mesa, CA: Noontide.

Nisbet, Robert. 1988. *The Present Age: Progress and Anarchy in Modern America*. San Francisco: Harper & Row.

Noth, Martin. 1957. *Überlieferungsgeschichtliche Studien: Die sammelnden und bearbeiten Geschichtswerke im Alten Testament*. Second edition. Tübingen:

Niemeyer.

O'Donovan, Oliver. 1996. *Desire of Nations*. Cambridge: Cambridge University Press.

Pannenberg, Wolfhart.1989. *Christianity in a Secularized World*. New York: Crossroad.

Pelikan, Jaroslav. 1971. The *Christian Tradition: A History of the Development of Doctrine*, vol. 1: *The Emergence of the Catholic Tradition (100 ~ 600)*. Chicago: University of Chicago Press.

Pickstock, Catherine. 1998. *After Writing: On the Liturgical Consummation of Philosophy*. Oxford: Blackwell.

Pritchard, James B., ed. 1969. *Ancient Near Eastern Texts Relating to the Old Testament*. Third edition. Princeton: Princeton University Press.

Provan, Iain W. 1995. *1 and 2 Kings*. New International Biblical Commentary. Peabody, MA: Hendrickson.

Rad, G. von. 1953. *Studies in Deuteronomy*. Translated by David Stalker. Studies in Biblical Theology 9. Chicago: Regnery.

Radner, Ephraim. 1998. *The End of the Church: A Pneumatology of Division the West*. Grand Rapids: Eerdmans.

Reno, Russell R. 2001. "American Satyricon." *First Things* 116.

Roberts, Kathryn L. 2000. "God, Prophet, and King: Eating and Drinking on the Mountain in First Kings 18:41." *Catholic Biblical Quarterly* 62.

Robinson, Marilynne. 1980. *Housekeeping*. New York: Bantam.

Romer, Thomas, and Albert de Pury. 2000. "Deuteronomistic Historiography (DH): History of Research and Debated Issues." In *Israel Constructs Its History: Deuteronomistic Historiography in Recent Research*. Edited by Albert de Pury et al. Journal for the Study of the Old Testament Supplement Series 306. Sheffield: JSOT Press.

Rousseau, Jean-Jacques. 1968. *The Social Contract*. Translated by Maurice Cranston. NewYork: Penguin.

Sarna, Nahum M. 1986. *Exploring Exodus: The Origins of Biblical Israel*. New York: Schocken.

Sayers, Dorothy. 1949. *Creed or Chaos?* New York: Harcourt, Brace.

__________, trans. 1955. *The Comedy of Dante Alighieri: Purgatory*. London: Penguin.

Schweitzer, Albert. 1952. *The Quest of the Historical Jesus: A Critical Study of Its Progress from Reimarus to Wrede*. Translated by W. Montgomery. London: Black.

Sider, Ronald. 2005. "The Scandal of the Evangelical Conscience." *Books and Culture*. http://www.ctlibrary.com/bc/2005/janfeb/3.8.html.

Stivers, Richard. 2004. *Shades of Loneliness: Pathologies of a Technological Society*. Lanham: Rowman & Littlefield.

Sweeney, Marvin A. 2001. *King Josiah of Judah: The Lost Messiah of Israel*. Oxford: Oxford University Press.

Tanner, Kathryn. 2004. "Trinity." In *The Blackwell Companion to Political Theology*. Edited by Peter Scott and William T. Cavanaugh. London: Blackwell.

Tertullian. 1964. *Tertullian's Homily on Baptism*. Translated by Ernest Evans. London: SPCK.

___________. n.d. *Against Marcion*. Ante-Nicene Fathers 3. Reprint, Grand Rapids: Eerdmans. http://www.ccel.org/fathers2/ANF03/anf03-01.htm#TopOfPage.

Thiele, Edwin. 1983. *The Mysterious Numbers of the Hebrew Kings*. Revised edition. Grand Rapids: Zondervan.

Van't Veer, M. B. 1980. *My God Is Yahweh: Elijah and Ahab in an Age of Apostasy*. Translated by Theodore Plantinga. St. Catherines, ON: Paideia.

Vaux, Roland de. 1961. *Ancient Israel: Its Life and Institutions*. Translated by John McHugh. London: Darton, Longman & Todd.

Walsh, Jerome T. 1989. "The Contexts of 1 Kings xiii." *Vetus Testamentum* 39.

___________. 1996. *1 Kings*. Berit Olam. Collegeville, MN: Liturgical Press.

___________. 2001. *Style and Structure in Biblical Hebrew Narrative*. Collegeville, MN: Liturgical Press.

Weaver, J. Denny. 2001. "Violence in Christian Theology." *Cross Currents* 51. http://www.crosscurrents.org/weaver0701.htm.

Weigel, George. 2005. *The Cube and the Cathedral: Europe, America, and Politics without God*. New York: Basic Books.

Wellhausen, Julius. 1885. *Prolegomena to the History of Israel*. Translated by J. Sutherland Black and Allan Menzies. Edinburgh: Black.

Wenham, Gordon J. 1979. *The Book of Leviticus*. New International Commentary on the Old Testament. Grand Rapids: Eerdmans.

Westbrook, Raymond. 2005. "Elisha's True Prophecy in 2 Kings 3." *Journal of Biblical Literature* 124.

Williams, Rowan. 2005. *Grace and Necessity: Reflections on Art and Love*. Harrisburg, PA: Morehouse.

Wink, Walter. 1998. *The Powers That Be Theology for a New Millennium*. NewYork: Galilee.

Wiseman, Donald J. 1993. *1 and 2 Kings*. Tyndale Old Testament Commentaries. Downers Grove, IL: IVP.

Worth, Roland H. 1997. *The Sermon on the Mount: Its Old Testament Roots*. New York: Paulist Press.

Wright, N. T. 1993. *The Climax of the Covenant: Christ and the Law in Pauline Theology*. Minneapolis: Fortress.

___________. 1996a. *Jesus and the Victory of God*. Christian Origins and the Question of God 2. London: SPCK.

___________. 1996b. "Jesus' Self-Understanding." In *The Incarnation*. Edited by Stephen T. Davis. Oxford: Oxford University Press.

___________. 1996c. "Paul, Arabia, and Elijah (Galatians 1:17)." *Journal of Biblical Literature* 115.

Yeago, David. 1996. "The Catholic Luther." In *The Catholicity of the Reformation*. Edited by Carl E. Braaten and Robert W. Jenson. Grand Rapids: Eerdmans.

___________. 1998. "Martin Luther on Grace, Law, and Moral Life: Prolegomena to an Ecumenical Discussion of Veritatis Splendor." *Thomist* 62.

索引的頁碼為英文原書頁碼，而原書頁碼已標於正文兩旁。

主題索引

二劃

三劃

六劃

七劃

八劃

九劃

十劃

十一劃

十二劃

十三劃

十四劃

十五劃

十六劃

十七劃

十八劃

十九劃

二十劃

二十一劃

二十二劃

索引的頁碼為英文原書頁碼，而原書頁碼已標於正文兩旁。

經文索引

創世記

出埃及記

利未記

民數記

申命記

約書亞記

士師記

路得記

撒母耳記上

撒母耳記下

列王紀上

列王紀下

歷代志上

歷代志下

以斯拉記

尼希米記

約伯記

詩篇

箴言

傳道書

系統神學叢書

進入聖言思想的殿堂，剖示神學的方法及基礎。

統一與多元的基督教信仰
The Mosaic of Christian Belief: Twenty Centuries of Unity & Diversity
奧爾森（Roger E. Olson）著／李金好 譯／鄧紹光 學術顧問／HK$98

如此我信——基督教教義導引
The Christian Faith: An Introduction to Christian Doctrine
根頓（Colin E. Gunton）著／趙崇明、鄧紹光 譯／HK$108

基督、聖靈與救贖：基督教要義導覽
陳若愚 著／HK$118

上帝論：全球導覽
The Doctrine of God: A Global Introduction
卡維里（Veli-Matti Kärkkäinen）著／陳永財、蔡錦圖 譯／鄧紹光 學術審閱／HK$138

聖靈論：全球導覽
Pneumatology: The Holy Spirit in Ecumenical, International and Contextual Perspective
卡維里（Veli-Matti Kärkkäinen）著／陳永財 譯／鄧紹光 學術顧問／HK$93

教會論：全球導覽
An Introduction to Ecclesiology: Ecumenical, Historical & Global Perspectives
卡維里（Veli-Matti Kärkkäinen）著／陳永財 譯／鄧紹光 學術顧問／HK$118

基督教三一論淺析
The Trinity
奧爾森（Roger E. Olson）、霍爾（Christopher A. Hall）著／蔡錦圖 譯／HK$63

基督教基督論淺析
Jesus Now and Then
伯理奇（Richard A. Burridge）、古爾德（Graham Gould）著／區秉中 譯／HK$98

基督教詮釋學淺析
A Short Introduction to Hermeneutics
賈思柏（David Jasper）著／紀榮神 譯／HK$73

聖經：一個教義式的勾畫
Holy Scripture: A Dogmatic Sketch
約翰・韋伯斯特（John Webster）著／鄧紹光 譯／HK$78

聖潔神學
Holiness
約翰・韋伯斯特（John Webster）著／陳永財 譯／HK$48

聖經研究叢書　探索與鑽研神的話語，傳承真理。

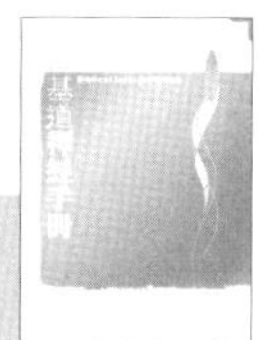

基道釋經手冊
Introduction to Biblical Interpretation
(Revised and Expanded)
威廉·克萊因(William W. Klein)、克雷格·布魯姆伯格(Craig L. Blomberg)、羅伯特·哈伯德(Robert L. Hubbard, Jr.)合著／邵樟平 學術顧問／蔡錦圖 主編／HK$258

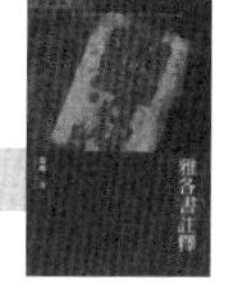

雅各書註釋
張略 著／HK$148

記號——耶穌的先知式和預示式行動
The Signs of a Prophet: The Prophetic Actions of Jesus
何蒙娜(Morna D. Hooker)著／郭靈飛 譯／HK$58

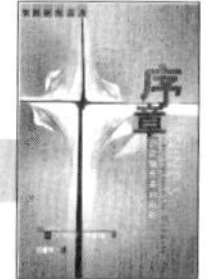

序章——開啟福音書的鑰匙
Beginnings: Keys that Open the Gospels
何蒙娜(Morna D. Hooker)著／郭靈飛 譯／HK$38

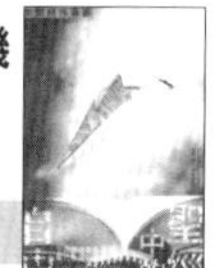

聖經中的自由——從基督教觀點反思當代社會的自由危機
God and the Crisis of Freedom: Biblical and Contemporary Perspectives
包衡(Richard Bauckham)著／陳永財 譯／HK$118

跨界福音——後現代世界裏的基督徒見證
The Bible and Mission: Christian Witness in a Postmodern World
包衡(Richard Bauckham)著／李金好 譯／HK$48

啟示錄神學
The Theology of the Book of Revelation
包衡(Richard Bauckham)著／鄧紹光 譯／HK$88

政治中的聖經——從政治角度閱讀聖經的原則與範例
The Bible in Politics: How to Read the Bible Politically
包衡(Richard Bauckham)著／廖惠堂 譯／HK$83

緊扣時代　服事教會

以文字傳揚基督真道

讀者意見表

衷心多謝你購買本社書籍。本社一直致力以出版事工服事教會，幫助信徒扎根於神的話語，促進靈命增長。為使我們的出版更能滿足你的需要，請填寫下列各項資料，並寄回或傳真予本社。

所購書籍：＿＿＿＿＿＿＿＿＿＿

本書最吸引你的地方：

□作者　□適切性　□文筆　□設計　□實用性

□其他：＿＿＿＿＿＿＿＿＿＿

購買本書地點：

□基道書樓　□基督教書店　□非基督教書店

性別：□男　□女　職業：＿＿＿＿＿＿＿＿

信仰：□基督徒　□非基督徒

年齡：□ 16 歲或以下　□ 17～25 歲　□ 26～35 歲

□ 36～55 歲　□ 56 歲或以上

學歷：□中三或以下　□中五　□預科

□大學　□研究院

□我欲更多了解基道出版社的事工及考慮支持，請寄給我下列資料：

□機構簡介　□新書資料　□基道會員通訊

□《基道文字事工通訊》

姓名：＿＿＿＿＿＿＿＿　電話：＿＿＿＿＿＿＿＿

地址：＿＿＿＿＿＿＿＿＿＿＿＿＿＿＿＿

傳真：＿＿＿＿＿＿＿＿　電子郵件：＿＿＿＿＿＿＿＿

其他意見：＿＿＿＿＿＿＿＿＿＿＿＿＿＿＿＿

多謝賜教！

基道出版社

意見表可以傳真（2687-0281）或直接郵寄以下地址：
香港沙田火炭坳背灣街26號富騰工業中心1011室
基道出版社編輯部收